中华成语故事

·青少年版·

杨建峰　主编

汕頭大學出版社

图书在版编目(CIP)数据

中华成语故事 / 杨建峰主编 . —汕头:汕头大学出版社, 2018.2(2020.6 重印)
ISBN 978－7－5658－3275－8

Ⅰ. ①中… Ⅱ. ①杨… Ⅲ. ①汉语－成语－故事
Ⅳ. ①H136.31－49

中国版本图书馆 CIP 数据核字(2017)第 317041 号

中华成语故事　ZHONGHUA CHENGYU GUSHI

主　　编: 杨建峰
责任编辑: 邹　峰
责任技编: 黄东生
封面设计: 松雪图文　王进
出版发行: 汕头大学出版社
广东省汕头市大学路 243 号汕头大学校园内　邮政编码:515063
电　　话: 0754－82904613
印　　刷: 北京楠萍印刷有限公司
开　　本: 880mm×1230mm　1/32
印　　张: 19
字　　数: 450 千字
版　　次: 2018 年 2 月第 1 版
印　　次: 2020 年 6 月第 2 次印刷
定　　价: 42.00 元
ISBN 978－7－5658－3275－8

前　言

成语是汉语言体系的一个重要组成部分，源自浩繁的古代文化典籍以及诗词歌赋，是长期以来形成的形式简洁、意思精辟的固定词组或短语，多由四个字组成，也有三个字或四个字以上的多字组合。 它有着不同于一般词语的特点：言简意赅，结构严谨，内涵深远，韵律和谐，富于哲理而又形象生动，表现力强。 因此，在汉语言中始终发挥着独特而不可替代的巨大功用。

成语是历史的浓缩，是民族智慧的结晶，也是中华文化的载体，其内涵极其丰富。 凡有来源与出处的成语，追根溯源，往往都有一个历史故事作为背景。 无论是盛世华彩，还是乱世风云；无论是慷慨激昂的壮士，还是金戈铁马的将军；无论是封侯拜将的荣耀，还是贬官失意的凄凉……都可以在成语故事中一探其究竟。这些约定俗成的成语故事，可以诱发读者学习历史的兴趣，了解古今风尚习俗的异同，增长历史知识。

具体来讲，成语故事的来源可分为以下五个方面：一、源自古书中记载的神话传说和民间故事（有一部分为口头文学），如夸父逐日、补天浴日、此地无银三百两等；二、源自古代典籍中记载或引用的寓言故事，如刻舟求剑、狐假虎威、杞人忧天等；三、源自

历代史书中所记载的大大小小的历史故事和风云人物，如负荆请罪、城下之盟、破釜沉舟、鸡鸣狗盗等；四、源自古代文学作品、笔记杂文中的断字成句或轶闻趣事，如人杰地灵、走马观花、鹤立鸡群、洛阳纸贵等；五、源自佛、道等宗教文化，如借花献佛、当头棒喝、天花乱坠等……

可以说成语故事包罗万象、庞杂宏大，涉及了古代政治、军事、文化、民间习俗、道德、理想等方方面面，内容丰富，多角度地反映了古代人民的生活方式、精神信念和处世智慧。

《中华成语故事》一书从浩如烟海的成语中精选了那些具有历史性、故事性、艺术性、哲理性、趣味性的条目，以全新的视角和语言形式生动地再现了成语故事的风貌，使读者能全面领略中国传统文化的深厚积淀，也展示了中华民族博大精深的语言文化。

概括说来，全书有以下特点：

1. 收录全面，编排新颖。全书选取了近一千一百多条成语，大多是在当今社会及文化中应用频率较高的。按照当代读者的阅读和检索习惯，按照音序进行编排，使读者能够方便快捷地找到自己想要阅读的词条故事。

2. 注解详细。书中对所选成语的释义、难字等进行了详细的解释，最大限度地发挥本书阅读成语和学习成语的双重作用，使其兼具故事书与工具书的双重效能。

3. 明确成语的出处。一般成语出处都包括了朝代、作者、著作书目等内容，对于没有明确作者（或由不同时期的作者完成的作品）则只保留了书名，如《庄子》《论语》等。成语典出的相关文字也会在故事的正文中以“（仿宋字体）”标注出来，或者在正文中加以引述，使读者能体会相关古代文字的韵味。

4. 大部分的成语故事都是典故故事，以成语的来龙去脉为主线，完整地讲述故事的内容，使读者看完后，对成语有一个完整的理解。 还有一部分成语典出较早，但故事性不强，而其他典籍中出现了针对该成语的、更有代表性的故事，我们则选择后者，使读者对此成语有一个完整的概念。

总之，成语浩繁博大，只靠一本书不可能容纳所有的内容。所以，我们本着去粗存精、古为今用的原则选取了其中的精华，以飨读者。 我们希望能帮助读者从这些故事中体会到源远流长的中华五千年文明的精髓、中华民族语言文化特有的内涵，以及历代古人高超的智慧。

2018 年 2 月

目　录

A

爱鹤失众 / 001

爱毛反裘 / 002

爱屋及乌 / 003

安步当车 / 004

安于故俗 / 006

按图索骥 / 007

暗度陈仓 / 008

暗送秋波 / 009

B

八攻八克 / 011

拔山扛鼎 / 012

白虹贯日 / 013

白驹过隙 / 014

白首同归 / 015

白头如新 / 016

白衣苍狗 / 016

白云亲舍 / 017

百不当一 / 018

傍人门户 / 019

包藏祸心 / 020

抱残守缺 / 022

抱蔓摘瓜 / 022

抱薪救火 / 024

豹死留皮，人死留名 / 025

暴虎冯河 / 026

杯弓蛇影 / 027

彼一时，此一时 / 028

笔走龙蛇 / 029

闭关却扫 / 030

筚路蓝缕 / 031

髀肉复生 / 032

补天浴日 / 033

捕风捉影 / 034
不辨菽麦 / 035
不逞之徒 / 036
不痴不聋，不做家翁 / 037
不敢越雷池一步 / 038
不寒而栗 / 039
不合时宜 / 041
不教而诛 / 042
不堪回首 / 043
不欺暗室 / 044
不识之无 / 045
不贪为宝 / 046
不忘沟壑 / 047
不为五斗米折腰 / 048
不舞之鹤 / 049
不知人间有羞耻事 / 050
不足为意 / 051

C

才高八斗 / 052
才疏意广 / 053
沧海横流 / 054
沧海桑田 / 055
差强人意 / 056
长袖善舞 / 057
车载斗量 / 059
沉鱼落雁 / 060
成也萧何，败也萧何 / 061
城狐社鼠 / 063
城门失火，殃及池鱼 / 063
城下之盟 / 064
乘风破浪 / 065
乘龙快婿 / 065
程门立雪 / 067
惩前毖后 / 068
惩一儆百 / 069
痴人说梦 / 071
魑魅魍魉 / 072
尺璧寸阴 / 072
尺寸之功 / 073
赤地千里 / 074
垂帘听政 / 075
春风风人，夏雨雨人 / 076
此可忍，孰不可忍 / 077
从善如流 / 078
摧枯拉朽 / 079
厝火积薪 / 080

D

大功毕成 / 082
代人捉刀 / 083
待价而沽 / 083

箪食壶浆 / 084
箪食瓢饮 / 085
胆大如斗 / 086
弹铗无鱼 / 087
当局者迷 / 088
当头棒喝 / 089
党同伐异 / 089
倒屣相迎 / 091
道不拾遗 / 092
道合志同 / 093
道听途说 / 094
得陇望蜀 / 095
得其所哉 / 096
东窗事发 / 097
东床快婿 / 098
董宣强项 / 099
动辄得咎 / 100
洞见症结 / 101
断鹤续凫 / 103
断齑画粥 / 104
多难兴邦 / 105
咄咄怪事 / 106

E

恶贯满盈 / 108
尔虞我诈 / 109
耳闻不如目见 / 111
二桃杀三士 / 111
二者必居其一 / 114

F

发奸擿伏 / 115
发蒙振落 / 116
罚不当罪 / 117
反求诸己 / 118
方寸之地 / 119
防民之口，甚于防川 / 120
防微杜渐 / 121
飞沙转石 / 123
飞扬跋扈 / 124
非驴非马 / 125
吠形吠声 / 127
分我杯羹 / 127
风声鹤唳 / 128
佛头着粪 / 129
扶摇直上 / 130
釜底抽薪 / 131
釜底游鱼 / 132
负重致远 / 133
妇人之仁 / 134
覆巢无完卵 / 135
覆水难收 / 136

G

改弦易辙 / 138
干将莫邪 / 139
干卿何事 / 141
肝肠寸断 / 142
肝脑涂地 / 143
高屋建瓴 / 144
高下在心 / 145
工力悉敌 / 146
篝火狐鸣 / 147
苟延残喘 / 148
狗尾续貂 / 149
顾曲周郎 / 150
瓜田李下 / 151
挂冠而去 / 151
管鲍之交 / 152
管中窥豹 / 154
归马放牛 / 155

H

骇人听闻 / 157
邯郸学步 / 158
含沙射影 / 159
汗流浃背 / 159
汗牛充栋 / 160
沆瀣一气 / 161
好好先生 / 162
好谋无决 / 162
好逸恶劳 / 163
好整以暇 / 164
合浦珠还 / 165
红叶题诗 / 166
鸿鹄之志 / 167
侯门如海 / 167
囫囵吞枣 / 168
狐假虎威 / 169
怙恶不悛 / 170
怀璧其罪 / 171
黄粱一梦 / 172
黄袍加身 / 173
挥戈反日 / 175
回天之力 / 175
讳疾忌医 / 176
浑金璞玉 / 178
祸起萧墙 / 179

J

鸡虫得失 / 181
鸡鸣狗盗 / 182
鸡犬升天 / 183

激浊扬清 / 184
疾风知劲草 / 185
家徒四壁 / 186
家有敝帚，享之千金 / 188
坚壁清野 / 189
监守自盗 / 190
兼听则明，偏信则暗 / 190
交浅言深 / 191
胶柱鼓瑟 / 192
蛟龙得水 / 193
狡兔三窟 / 194
矫枉过正 / 195
嗟来之食 / 196
结草衔环 / 197
捷足先登 / 199
竭泽而渔 / 200
解衣推食 / 201
借花献佛 / 202
金城汤池 / 203
金瓯无缺 / 204
金石为开 / 205
金屋藏娇 / 206
金玉其外，败絮其中 / 207
近水楼台 / 208
精卫填海 / 209
九牛一毛 / 210
举案齐眉 / 211
聚蚊成雷 / 212

K

开门揖盗 / 214
克勤克俭 / 214
口蜜腹剑 / 215
口血未干 / 217
夸父逐日 / 218
胯下之辱 / 220
快刀斩乱麻 / 221
脍炙人口 / 222
旷日持久 / 223
困兽犹斗 / 224

L

蓝田生玉 / 226
揽辔澄清 / 227
劳师袭远 / 228
老当益壮 / 229
老马识途 / 230
老牛舐犊 / 231
乐不可支 / 232
离群索居 / 233
犁庭扫穴 / 234

李代桃僵 / 235
立锥之地 / 236
利令智昏 / 237
连篇累牍 / 238
梁上君子 / 239
临渴掘井 / 240
临深履薄 / 241
罗雀掘鼠 / 242
洛阳纸贵 / 243

M

马齿徒增 / 245
马革裹尸 / 246
马首是瞻 / 247
买椟还珠 / 248
卖剑买牛 / 249
满城风雨 / 250
芒刺在背 / 251
门可罗雀 / 252
门墙桃李 / 253
靡靡之音 / 254
面折廷争 / 256
灭此朝食 / 257
冥顽不灵 / 258
明珠暗投 / 259
模棱两可 / 260
摩肩接踵 / 261
莫逆之交 / 262
莫予毒也 / 263
墨守成规 / 264
目不见睫 / 265
目不识丁 / 266
目光如炬 / 268
目无全牛 / 269
沐猴而冠 / 270
暮夜无知 / 271
暮云春树 / 272

N

南风不竞 / 273
南柯一梦 / 274
南山可移 / 276
囊萤映雪 / 277
脑满肠肥 / 278
鸟尽弓藏 / 279
宁为鸡口，无为牛后 / 280
宁为玉碎，不为瓦全 / 282
牛鼎烹鸡 / 283
牛衣对泣 / 283

O

鸥鸟不下 / 285

呕心沥血 / 285

P

排难解纷 / 287
蓬生麻中 / 288
鹏程万里 / 289
皮里春秋 / 290
贫贱骄人 / 290
萍水相逢 / 291
剖腹藏珠 / 293
扑朔迷离 / 294
铺锦列绣 / 295

Q

七步之才 / 296
七纵七擒 / 297
期期艾艾 / 298
欺世盗名 / 299
蹊田夺牛 / 300
齐大非偶 / 301
齐人攫金 / 303
歧路亡羊 / 304
骑驴觅驴 / 305
乞儿向火 / 306
前倨后恭 / 307
前事不忘，后事之师 / 308
前徒倒戈 / 309
钱可通神 / 310
黔驴技穷 / 311
强弩之末 / 312
巧夺天工 / 313
亲痛仇快 / 314
秦晋之好 / 315
秦镜高悬 / 317
轻财好施 / 317
倾城倾国 / 318
倾筐倒箧 / 319
情随事迁 / 320
请君入瓮 / 321
庆父不死，鲁难未已 / 323
罄竹难书 / 324
穷兵黩武 / 325
茕茕孑立 / 326
秋风过耳 / 328
求田问舍 / 329
曲高和寡 / 330
曲尽其妙 / 331
曲突徙薪 / 332
趋炎附势 / 333
全无心肝 / 334
犬牙交错 / 336

雀屏中选 / 337

R

让枣推梨 / 338
人给家足 / 338
人面桃花 / 339
人琴俱亡 / 341
日不暇给 / 342
如火如荼 / 343
如鸟兽散 / 344
如坐针毡 / 345
孺子可教 / 346
入幕之宾 / 347
入室操戈 / 348
阮囊羞涩 / 349

S

塞翁失马 / 350
三寸不烂之舌 / 351
三分鼎足 / 353
三人成虎 / 354
三纸无驴 / 356
丧家之狗 / 357
杀敌致果 / 359
杀马毁车 / 359
山鸡舞镜 / 360
山雨欲来风满楼 / 361
姗姗来迟 / 362
生花妙笔 / 364
生灵涂炭 / 364
尸居余气 / 365
尸位素餐 / 366
师直为壮 / 368
十行俱下 / 369
十羊九牧 / 370
拾人牙慧 / 371
食不甘味 / 372
食言而肥 / 373
使羊将狼 / 374
市无二价 / 375
噬脐莫及 / 376
手不释卷 / 378
守成不易 / 379
首鼠两端 / 379
树倒猢狲散 / 380
数典忘祖 / 382
数见不鲜 / 383
率马以骥 / 384
水火无交 / 386
水深火热 / 387
水中捞月 / 388

死诸葛吓走生仲达 / 389
素面朝天 / 390
虽死犹生 / 391
所向风靡 / 392
所向无前 / 394

T

太公钓鱼，愿者上钩 / 396
泰山北斗 / 397
泰山压卵 / 398
贪天之功 / 399
弹冠相庆 / 401
谈何容易 / 403
谈言微中 / 404
探骊得珠 / 406
探囊取物 / 407
唐突西施 / 407
螳臂当车 / 409
桃李不言，下自成蹊 / 410
天女散花 / 411
天无二日 / 412
觍颜人世 / 413
听人穿鼻 / 414
同工异曲 / 415
痛饮黄龙 / 416
投笔从戎 / 417
投鞭断流 / 419
投袂而起 / 420
投鼠忌器 / 421
图穷匕见 / 421
土龙刍狗 / 423
兔死狗烹 / 424
推心置腹 / 426
豚蹄穰田 / 427
唾面自干 / 428

W

外强中干 / 429
顽石点头 / 431
万人之敌 / 431
亡戟得矛 / 432
网开三面 / 434
往者不谏，来者可追 / 435
惘然若失 / 435
望门投止 / 436
望洋兴叹 / 437
危如累卵 / 438
危若朝露 / 439
韦编三绝 / 439
为富不仁 / 440
为虎作伥 / 441

为人说项 / 443
为人作嫁 / 444
为渊驱鱼，为丛驱雀 / 445
未可厚非 / 446
尾大不掉 / 447
畏首畏尾 / 448
文武之道，一张一弛 / 449
蜗角虚名 / 450
我见犹怜 / 451
卧榻之侧岂容他人鼾睡 / 452
握发吐哺 / 452
握椠怀铅 / 453
乌合之众 / 454
巫山云雨 / 455
无出其右 / 456
无能为役 / 457
无所不容 / 458
无妄之灾 / 459
无以复加 / 461
吴牛喘月 / 462
吴下阿蒙 / 463
梧鼠技穷 / 464
五里雾中 / 465
五日京兆 / 466
五十步笑百步 / 467

X

席不暇暖 / 469
下笔成章 / 470
下车泣罪 / 471
下马作威 / 471
先驱蝼蚁 / 472
相顾失色 / 474
响遏行云 / 474
想当然耳 / 475
向壁虚构 / 476
项庄舞剑，意在沛公 / 477
萧规曹随 / 479
跳梁小丑 / 479
小时了了 / 480
小巫见大巫 / 481
信口雌黄 / 482
行百里者半九十 / 483
行将就木 / 484
行尸走肉 / 485
休戚相关 / 486
羞与哙伍 / 487
虚有其表 / 488
虚与委蛇 / 489
虚左以待 / 490
徐娘半老 / 491

悬梁刺股 / 491
削足适履 / 493
雪泥鸿爪 / 494
血流漂杵 / 495
睚眦必报 / 496

Y

烟霞痼疾 / 498
言不二价 / 499
言人人殊 / 500
眼中之钉 / 501
偃旗息鼓 / 502
羊裘垂钓 / 503
羊质虎皮 / 504
杳如黄鹤 / 505
要言不烦 / 506
曳尾涂中 / 507
夜以继日 / 507
一曝十寒 / 508
一不做，二不休 / 509
一筹莫展 / 511
一饭千金 / 512
一傅众咻 / 513
一鳞半爪 / 515
一丘之貉 / 516
一日三秋 / 517
一身两役 / 518
一时之秀 / 519
一蟹不如一蟹 / 520
一薰一莸 / 521
一言九鼎 / 521
一叶障目，不见泰山 / 522
一衣带水 / 523
一字之师 / 524
依样画葫芦 / 525
颐指气使 / 526
以暴易暴 / 527
以讹传讹 / 529
以古非今 / 529
以管窥天 / 530
以规为瑱 / 531
以邻为壑 / 532
以夷制夷 / 533
倚马可待 / 534
亦步亦趋 / 535
薏苡明珠 / 536
饮醇自醉 / 537
蝇营狗苟 / 538
庸人自扰 / 539
优孟衣冠 / 540
予取予求 / 541

余音绕梁 / 542
余勇可贾 / 542
鱼目混珠 / 543
与狐谋皮 / 544
玉汝于成 / 545
欲盖弥彰 / 546
欲加之罪 / 547
鹬蚌相争 / 548
缘木求鱼 / 549
远交近攻 / 550
月下老人 / 551
越俎代庖 / 553
运筹帷幄 / 553
运斤成风 / 554
运用之妙，存乎一心 / 555

Z

载酒问字 / 557
凿壁偷光 / 558
朝令夕改 / 559
朝三暮四 / 560
招摇过市 / 560
枕戈待旦 / 562
郑人买履 / 563
之乎者也 / 564
止戈为武 / 565
纸醉金迷 / 566
指鹿为马 / 566
炙手可热 / 567
掷地有声 / 568
中饱私囊 / 569
中流砥柱 / 570
中流击楫 / 571
终南捷径 / 572
庄周梦蝶 / 573
壮士解腕 / 574
惴惴不安 / 575
捉襟见肘 / 576
自拔来归 / 577
走马看花 / 578
罪不容诛 / 579
作壁上观 / 581
作法自毙 / 582
坐观成败 / 584
坐怀不乱 / 585
坐山观虎斗 / 586

A

爱鹤失众

【释义】 原意是因为宠爱鹤而失去民心。 比喻因小失大。现也用于比喻人不务正业。

【出处】 春秋·鲁·左丘明《左传·闵公二年》。

春秋时期，卫惠公的儿子姬赤继位，为懿公。 他不思富国强兵，却特别爱养鹤。 鹤苑也不断扩大，甚至侵占了百姓的农田。卫懿公按照毛色、长相、个头大小，将鹤分成几等，派专职官员负责饲养。 饲养的要求很高：不仅饲料要新鲜，还在池塘里养着鱼，花园里养着蚱蜢等鹤爱吃的食物。 官员们每天按时给鹤“梳洗打扮”，保证每只“仙鹤”羽毛洁净，仪表非凡。 到了后来，他甚至给这些鹤加官晋爵，让它们享受俸禄。 百姓怨声载道，大臣们纷纷离开，他的兄长也投奔他国。

听说卫懿公好鹤，远在北方的燕国特地送来几十只稀有的灰鹤。 卫懿公当时要巡游全国，便下令说：“灰鹤是鹤中珍品。 快准备几辆安装大华盖的马车，配上最好的马，让灰鹤陪我一起出巡，这样既能显示卫国的富有，又能让邻国知道卫国的国威有多高，连名贵的灰鹤也有人送来！”

卫懿公四处招摇之时，北方的狄人倾全国的兵力攻打卫国来

了。卫懿公知道来者不善，下令国内成年的男子一律上前线打仗。人们当面不敢说，但是背后都在抱怨：“不是说鹤群能显示国威吗？让鹤群披甲上阵好了。它们还享受禄位呢，我们连肚子都吃不饱，哪有力气作战！”

卫懿公亲自率领军队迎战狄人，可是士兵无心恋战，最后在黄河边上吃了大败仗。卫懿公战死沙场，卫国也被狄人灭亡了。

爱毛反裘

【释义】 怕裘衣上的毛受损害，而把裘衣反穿起来。比喻不重视根本，轻重倒置。

【出处】 汉·刘向《新序·杂事二》。

魏文侯是战国初期一位具有雄才大略的君王，也是魏国百年霸业的开创者。他在“战国七雄”中首先实行变法，任用李悝、吴起、乐羊、西门豹、子夏、翟璜、魏成等人，富国强兵，抑制赵国，灭掉中山，连败秦、齐、楚诸国，开拓大片疆土，使魏国一跃成为中原的霸主和战国初期的强国。

有一次，魏文侯出游，见路上一个人反穿着一件皮裘（古人穿皮裘以毛朝外为正），背着一捆柴火行走。文侯问他：“你为什么要反穿着皮裘背柴呢？”

那人说：“因为我太爱惜皮裘上的毛了，怕它被磨掉了。”文侯说：“你难道不知道皮裘的里子要是被磨坏了，皮裘上的毛也就失去依托了吗？”

后来有一年，魏国东阳地区交纳的钱粮布帛比往年多出十倍，为此满朝大臣都向魏文侯表示祝贺。但魏文侯却忧心忡忡，说：

“东阳这个地方土地没有增加，人口没有增多，怎么一下子比往年多交了十倍的钱粮布帛呢？ 即使是丰收了，向国家上交赋税也是有比例的。 这一定是当地官员盘剥得来的。 我心里忐忑不安，担心这样下去，国家不会安定，你们为什么要向我祝贺呢？”

魏文侯继续说：“这就像我遇见那个反穿皮裘背柴的人，因为爱惜皮裘的毛，却忘了皮裘的里子更重要。 如果老百姓不得安宁，国君的地位也就难以巩固。 希望你们记住这个道理，不要被一点小利蒙蔽了眼光，看不到实质。”

魏文侯的话让众大臣深受启发。

爱屋及乌

【释义】 乌：乌鸦。 由于爱某个人而连带地爱护停留在他屋上的乌鸦。 比喻非常喜爱某人，从而也连带喜爱和他有关的人或物。

【出处】 汉·优胜《尚书大传·牧誓·大战》。

商朝末年，纣王穷奢极欲，残暴无道。 西方诸侯国的首领姬昌决心推翻商朝统治，积极练兵备战，准备东进，可惜他没有实现愿望就逝世了。 姬昌死后，他儿子姬发继位称王，史称周武王。周武王在军师姜尚（太公）及弟弟姬旦（周公）、姬奭（召公）的辅佐下，联合其他诸侯，出兵讨伐纣王。 双方在牧野交兵。 这时纣王已经失尽人心，军队纷纷倒戈，终于大败。 周武王的军队势如破竹，很快占领了殷商都城朝歌。 纣王自焚，商朝灭亡。

纣王死后，武王心中并不安宁，因为他感到天下还没有真正安定，而且如何处置商朝遗留下来的臣子也让他头疼。 他召见姜太

公，问道：“进了殷都，对那些旧臣应该怎么处置呢？”

姜太公说：“我听说过这样的话：如果喜爱那个人，就连同他屋上的乌鸦也喜爱（爱人者，兼其屋上之乌）；如果不喜欢那个人，就连带厌恶他家的仆从家人。那么，杀尽全部敌对分子，一个也不留下。大王你看怎么样？”

武王认为这样不行。这时召公上前说：“我听人说：有罪的，要杀；无罪的，让他们活。应当把有罪的人都杀死，不让他们留下残余力量。大王你看怎么样？”

武王认为也不行。这时周公上前说道：“我看应当让各人都回到自己的家里，各自耕种自己的田地。君王应不偏爱自己旧时的朋友和亲属，用仁政来感化普天下的人，这样就可以了。”武王听了非常高兴，心中豁然开朗，觉得天下从此可以安定了。

后来，武王就照周公说的办，善待商朝的官吏和百姓，天下果然很快安定下来。民心归附，西周也更强大了。

安步当车

【释义】 安：安详，徐缓；当：当作。指从容地缓步行走，就像坐着车一样安适。形容人能安于贫困，自得其乐。现多解作徒步而行。

【出处】 汉·刘向《战国策·齐策四》。

战国时期，齐国有位大贤士，名叫颜斶。他才华出众，心藏韬略，而且为人特别正直，从不奉迎权势。齐宣王听说了他的大名，便把他召进宫来。

颜斶来到宫中，走到殿前台阶处，便不走了。齐宣王看见了

很奇怪，唤他道：“颜斶，你过来！”

颜斶还是站在原地不动，冲齐宣王叫道：“大王，你过来。”

齐宣王的左右侍臣一听颜斶竟敢叫齐宣王过去，便齐声斥责颜斶道：“你这个人好不懂礼仪，大王是一国之君，而你只是一介草民，怎么可以让大王过去呢？只有你过来才是。”

颜斶却不慌不忙地说：“你们这些人说话真是好没见识。我如果照大王的话走过去，那就只能意味着我屈从权势，是一个为人们所不齿的奉迎拍马之人；而大王要是能够屈尊走过来，却能显示出大王礼贤下士的国君风度。现在就是这样两种情况，你们说说，是我仰慕权势好呢，还是大王尊重贤人好呢？”

齐宣王听了颜斶的话觉得非常不顺耳，恼怒地问：“那你说说看，到底是一国之君尊贵，还是博学的贤人尊贵？”

颜斶不假思索地说：“当然是博学的贤人尊贵，大王认为这个问题还用讨论吗？”

齐宣王心里不服，又问：“你说话可有根据？可不能信口开河！”

“当然有，”颜斶泰然自若地接着说道：“记得前不久，秦国发来数十万大军进攻齐国，他们曾下过这样一道严厉的军令：‘谁敢在柳下惠坟地周围五十步的范围内砍伐树木，处死。’同时，又下了一道命令：‘能砍掉齐宣王脑袋者，封万户侯，赏千金。’从秦国的军令便可得知，大王，你的头颅还不如贤士柳下惠坟墓周围的树呢，当然更不能与贤士相比了。”

齐宣王无言以对，满脸不高兴。大臣们忙来解围：“颜斶，过来！颜斶，过来！我们大王拥有千乘（一千辆战车）之国，东西南北谁敢不服？大王想要什么就有什么，老百姓没有不俯首听命的。你们士人太卑鄙了！”

颜斶驳斥道：“你们说得不对！从前大禹的时候，诸侯有万国之多。这是为什么呢？因为他尊重士人。到了商汤时代，诸侯有三千之多。如今，称孤道寡的才二十四个。由此看来，重视士人与否是得失的关键。从古到今，没有能以不务实事而成名于天下的。所以君王要以不向人请教为羞耻，以不向地位低的人学习而惭愧。”

齐宣王听到这里，才觉得自己理亏，说：“我是自讨没趣，听了您的一番高论，才知道了小人的行径。请您当我的老师。今后您就住在我这里，我保证您饮食有肉吃，出门有车乘，您夫人和子女个个都会衣着华丽。”

颜斶却辞谢说：“玉原来产于山中，如果一经匠人加工，就会破坏；虽然仍然宝贵，但毕竟失去了本来的面貌。士人生在穷乡僻壤，如果选拔上来，就会享有利禄；不是说他不能高贵显达，但他外在的风貌和内心世界会遭到破坏。所以我情愿大王让我回去，每天晚点吃饭，也像吃肉那样香；安稳而慢慢地走路，足以当作乘车（晚食以肉，安步以当车）；平安度日，并不比权贵差；清静无为，纯正自守，乐在其中。命我讲话的是您大王，而尽忠直言的是我颜斶。”

颜斶说罢，向齐宣王拜了两拜，就告辞而去。

安于故俗

【释义】 形容思想守旧，喜欢按老一套办事。

【出处】 汉·司马迁《史记·商君列传》。

商鞅原名公孙鞅，卫国人，所以又被称作卫鞅。后来因为他在秦国变法有功，秦国封他在商地，因此后人又称呼他为商鞅。

商鞅应秦孝公“求贤令”之招，来到秦国，说服秦孝公变法革新。秦孝公让商鞅制定变法的新法令时，朝廷的一些守旧的大臣反对商鞅的主张，与他辩论起来。大臣甘龙说：“古代的圣人都是不改变民俗而教导他们；智慧的君主也是不变换法令而治理国家。这样不必花费很大力气就能成功。按照旧的法令办事，官吏熟悉，百姓也习惯，何必变法呢？”

商鞅驳斥甘龙说：“你这是目光短浅，平常的人安于老一套的习俗，学者沉溺于旧的见闻（常人安于故俗，学者溺于所闻），这样的人做官守法还是可以的，但不能与他们谈论变法、革新的道理，因为他们的思想过于保守了。三代不同礼而王，五伯不同法而霸，从古至今哪有不变化的道理呢？贤者智人变法更礼，而愚人不肖者不明变通，才阻拦限制实行变法！”

大夫杜挚也反对商鞅说：“反正效法古人是无罪的，遵循古礼是不会犯错误的！”

商鞅批驳他说：“商汤和周武都没有效法古制，但却得了天下；夏桀和殷纣没有改变礼法，然而却灭亡了。所以说，违反古例不一定错，遵循古法也不一定对！”

秦孝公觉得商鞅的见解很有道理，就坚决地支持他改革法规。秦国后来果然成为了“春秋五霸”之一。

按图索骥

【释义】 索：寻找，觅求；骥：好马。按图像寻求好马。比喻做事拘泥于成法，不能灵活变通。现在也用于按照线索去寻找人或事物。

【出处】 明·杨慎《艺林伐山》。

春秋时秦国有个叫孙阳的人，相传是我国古代最著名的相马专家。无论什么样的马，他一眼就能看出好坏来。因为传说中伯乐是负责管理天上马匹的神，因此人们也都把孙阳叫作伯乐。

据说，伯乐把自己丰富的识马经验，编写成一本《相马经》。在书上，他写了各种各样的千里马的特征，并画了不少细节插图，供人们作为识马的参考。

伯乐有个儿子，智商很差，他也很想出去找千里马。他看到《相马经》上说千里马的主要特征是“高脑门、大眼睛，蹄子像摞起来的‘酒曲块’”，便拿着书，往外走去，想试试自己的眼力。

走了不远，他看到一只大癞蛤蟆，忙捉回去告诉他父亲说：“我找到了一匹好马，和你那本《相马经》上说得差不多，只是蹄子不像摞起来的‘酒曲块’！”

伯乐看了看儿子手里的大癞蛤蟆，一开始很生气，后来一想儿子天生就是这样傻，便转怒为笑，幽默地说：“这‘马’爱跳，没办法骑呀！”接着感叹道：“你这是按图索马啊。”

这个成语最早的出处是《汉书·梅福传》，但以明代杨慎《艺林伐山》中的这个故事最为有名。

暗度陈仓

【释义】 度：通“渡”，越过；陈仓：古县名。正面迷惑敌人偷偷地从侧面迂回袭击。也指暗中进行某种活动。

【出处】 汉·司马迁《史记·高祖本纪》。

秦朝灭亡后，项羽自恃兵力强盛，违背与刘邦约定的“谁先入关中谁就为王”的诺言，自封为西楚霸王，却将先入关的刘邦立为

汉王，把巴、蜀、汉中三处偏远的地方分封给他。刘邦采用张良的计策，从关中到汉中时，故意烧毁栈道，表明自己没有图谋天下的心思。后来，刘邦拜韩信为大将军，韩信便为他定下了“明修栈道，暗度陈仓”的计策。

陈仓是刘邦进入关中的必经之道，不仅地势险峻，而且还有雍王章邯重兵把守。韩信命令大将樊哙率几千人去修复栈道，并限期三个月完成，做出一副要从栈道进军关中的假象。

此时，项羽派到关中监视刘邦的守将司马欣等听说新被刘邦拜将的韩信只派了几千人去修复栈道，认为那简直如同儿戏一般：几千人要想把烧毁的栈道修复，没有三五年的时间，根本是不可能的。于是他们都嘲笑韩信也不过如此，丝毫没有将这事放在心上。而陈仓守将章邯听说后，也放松了警惕。

项羽的手下哪里会想到，韩信派人去修栈道，只不过是虚晃一枪，用意是麻痹他们。此时，他已暗中集结重兵直取陈仓。

韩信深知兵贵神速的道理。率领大军，一鼓作气拿下陈仓。进而接着长驱直入，迅速攻下咸阳，占领关中，从而揭开了楚汉大战的序幕。至此，楚霸王项羽才意识到形势的严峻，但为时已晚。

暗送秋波

【释义】 秋波：旧时比喻美女的眼睛像秋天的水波一样清澈明亮。原形容暗中眉目传情。引申为谄媚他人，在其他人看不到的情况下暗中示意。

【出处】 明·罗贯中《三国演义》第八回。

公元 188 年，汉灵帝驾崩，汉少帝即位，朝政由十常侍操纵。大将军何进为了铲除十常侍，愚蠢地给凉州刺史董卓下令，命他率

兵进京。十常侍杀死何进，后他们又被袁绍所杀。

此时，董卓率大军进入京城洛阳。他废掉少帝，另立陈留王为帝，自封丞相，独揽朝政，任意妄为。他杀人无数，随意处置对他稍有不满的大臣，一时朝野上下人神共愤。

当时的司徒王允决心除掉此贼。思前想后，他找到自己府中的侍婢貂蝉，说道："董卓有一义子，名叫吕布，这个人武艺高强，英勇无比。但他与董卓一样，也是个好色之徒。我今用'连环计'先将你许配给吕布，然后，再将你献给董卓。到董卓身边之后，你见机行事，从中挑拨离间，让他们父子反目成仇，让吕布在一怒之下杀死奸贼董卓，这样国家才能从此太平。不知你肯是不肯？"

貂蝉听了王允的话，义无反顾地答道："既是为了国家，上安社稷，下抚百姓，我万死不辞！请大人照计行事，貂蝉唯命是从！"

第二天，王允将吕布请到府中，送他金冠，并摆下酒宴款待吕布。席间王允唤出貂蝉为吕布斟酒。

吕布此时醉眼惺忪，看到一位天仙般的女子从后堂走出为自己斟酒，顿时又惊又喜。他再仔细看看貂蝉，真是天香国色，顿生爱慕之心。貂蝉也以"秋波送情"，引吕布上当。

王允将这一切看在眼中，便对吕布说："将军如果喜欢小女，我就将她许配给你为妻。"

吕布大喜过望，立即答应下来。随后，王允又将貂蝉送与董卓，并对吕布说是董卓强抢而去。于是王允与吕布定计除掉了董卓。

后人从这段故事中的"吕布欣喜无限，频以目视貂蝉。貂蝉亦以秋波送情"一句中，概括出"暗送秋波"这个成语。本意是以眉目传情，后引申为献媚取宠，暗中勾搭，多含贬义。也作"秋波暗送"。

B

八攻八克

【释义】 屡次攻击，屡次胜利。

【出处】 五代·后晋·刘昫等《旧唐书·娄师德传》。

唐朝高宗时期的名将娄师德智勇双全，是当时抵抗吐蕃的一员名将。他自幼才思敏捷，弱冠便以进士及第，授江都(今江苏扬州)县尉。仪凤二年(公元677年)，鉴于不断加剧的吐蕃的威胁，唐高宗李治颁发《举猛士诏》，在全国范围内招募勇士，想对吐蕃进行军事反攻。娄师德虽身为文臣，却也应召入伍，并于次年参与了唐军与吐蕃军之间的青海之战。虽然当时唐军各路兵马达十八万，但因主帅李敬玄初战时怯懦失机，失利后又消极防守，使唐军处处被动挨打，军士四分五裂。危急时刻，娄师德挺身而出，聚集散失的将士，使唐军士气得以复振。随后，娄师德又奉命出使吐蕃，促成和谈，争取到充足的时间，完善了边防的军力和部署。

青海之战后，吐蕃虽然没有深入唐朝腹地，但却经常骚扰边境地区。永淳元年(公元682年)五月，吐蕃统帅噶尔钦陵率军进犯柘(州治在今四川黑水南)、松、翼(州治在今四川黑水东)等州。十月，吐蕃又入寇河源军（今青海南部）。面对吐蕃的不断进

犯，娄师德奉命率兵进行反击。双方在白水涧(今青海湟源县南)相遇。由于娄师德指挥有方，唐军八战八捷。这次辉煌的胜利，使吐蕃的势头彻底得到了遏制。

“八攻八克”这条成语，是从后来的蒙学教材《幼学琼林》上的“北方势方强，娄师德八遇八克”一句提炼而来的。

拔山扛鼎

【释义】 扛鼎：把鼎扛起来。拔起山峰，扛起鼎。形容力大无穷，勇猛过人。

【出处】 汉·司马迁《史记·项羽本纪》。

秦始皇统一中国后，老百姓的生活不仅没有得到丝毫改善，反而负担日益加重。战争虽然暂时停止了，但无穷无尽的徭役，无休无止的征兵仍然困扰着人民。

西楚霸王项羽年轻时就勇力过人，能轻松地举起一只大鼎。当时，秦二世统治的天下，局势动荡，危机四伏。陈涉、吴广在大泽乡起义，很快星星之火便呈燎原之势，全国各地到处飘扬反秦大旗。项羽也跟着叔父项梁在吴中举事，后来一路斩关夺隘，大败秦兵，力量日益壮大。秦亡后，项羽自立为西楚霸王，并大封诸侯王。

楚汉战争中，项羽多次被汉王刘邦击败。在垓下会战中，楚军被汉军用十面埋伏之计团团围住。项羽见大势已去，悔恨自己空有一身本事，却败在刘邦手下。于是，在和美人虞姬饮酒诀别时，不由叹息道：

力拔山兮气盖世，时不利兮骓不逝。

后来他突围至乌江，因羞于见江东父老而自杀。

后人据《史记·项羽本纪》中的项羽《垓下歌》，概括出“拔山扛鼎”的成语，形容力大无比，英雄盖世。

白虹贯日

【释义】 指日光通过云层中的冰晶时，经折射而形成的光圈，即晕。古人迷信，以此来喻示凶兆。

【出处】 汉·刘向《战国策·魏策四》。

战国时，韩国大臣严遂与相国韩傀在政见上产生分歧，两人在朝廷上当众争吵了起来，甚至到了拔剑相向的地步。韩傀是个器量狭小、睚眦必报的人，严遂怕报复，便逃到了齐国。他一心想找个人除掉韩傀。后来，他听说有个勇士叫聂政，因杀人避仇，藏身于市井当屠夫，就带着酒食前去拜访。但聂政以母亲年老、需要有人侍奉为由，拒绝了他，但严遂仍然十分礼遇他。

等聂母寿终，聂政守孝期满后，长叹道：“我一个穷屠夫，受到位极人臣的严仲子看重，又是送酒食，又是送黄金。先前没有报答他，是因为要供奉老母，现在母亲已终天年，我要为知己献身了。”于是，他就投奔了严遂。

严遂对他说：“我的仇人是韩相韩傀，他宗族甚多，住处警卫森严。我已经准备好坚车骏马、勇壮猛士，助您成就大事。”

聂政说：“行刺诸侯的相国，勇士再多也不顶用。另外人一多，行事中难免有被活捉的，审问时就会带出指使的人，这样，韩国绝不会放过您。我还是独来独往吧。”

就这样，聂政仗剑独行来到韩都阳翟，穿越重重护卫，拔剑刺杀了韩相，未待护卫靠身，他就自毁面容，剖腹自尽。传说，那天有白色的虹光贯日而过（聂政之刺韩傀也，白虹贯日），后来人们就以此来形容发生了不平凡的事情。

白驹过隙

【释义】 白驹：白色骏马，喻指太阳像白色的骏马在缝隙中飞快地越过，比喻时间过得极快，一闪而过。

【出处】 《庄子·知北游》。

《庄子》中记载：有一次，孔子专程去请教老子说："先生学问高深，请给我讲讲道学吧！"

老子说："你想问道的学问，必须先去掉杂念，清净精神，心志专诚，洗涤身心，然后才能听讲玄道。不过今天我先粗略地给你说一说吧！我先说人吧。人活在天地之间，时间是十分短促的，好像骏马过狭窄的空隙，一闪而过（人生天地之间，若白马过郤，忽然而已）。世上的事情，总在变化不停，生的生，死的死，生了死，死了生。生死往来皆是变化，本来是不足为奇的。可是对于死，人们却感到悲伤，这是人还被生死的观念所束缚，如果将死看成骨肉埋在地下，精散天空，变成无形的东西，这便是从有形归之无形，也就没什么可以感到悲哀的了。道这个东西，不可以多求问，关键在于领会它的妙处，真正弄懂了，就能深得其奥秘……"

孔子谢过老子，回去细细地琢磨他的道理。

白首同归

【释义】　表示两个老人同时而死。

【出处】　南朝·宋·刘义庆《世说新语·仇隟》。

西晋时，大富豪石崇有一爱妾绿珠，貌美而且擅长吹笛。当时的中书令孙秀想霸占绿珠，就派了人去强行索要。石崇勃然大怒："绿珠是我最喜欢的，谁要也不给！"使者回报后，孙秀大怒，决心报复石崇。后来，孙秀假传诏书去逮捕石崇。当抓人的军士到了石崇的别墅金谷园时，石崇正在楼上与绿珠饮酒，他对绿珠说："我现在是因为你而获罪。"绿珠流泪泣道："您因为我而获罪，我应当死在您面前，表白我的愧意。"说罢跳楼自尽。

石崇的朋友潘岳自小就被誉为神童，长大后却不得志，三十多岁就白了头发。潘岳的父亲担任琅琊太守的时候，孙秀还只是服侍他的小吏。因为孙秀为人行事诡诈狡猾，而且自以为是，潘岳非常厌恶他，常常打骂他。孙秀对此一直怀恨在心，当了中书令后，就设计陷害潘岳。

潘岳与石崇同一天被捕，并都以谋反之名，在同一天处死。

石崇被先押到刑场，他事先并不知潘岳也被捕了。所以，当潘岳也被押来时，石崇很吃惊，问："安仁（潘岳的字），你怎么也落到这个地步啦？"

潘岳说："这就是'白首同所归'啊！"

原来，潘岳在与石崇的交往中，曾作有《金谷集作诗》，其中有一句为"投分寄石友，白首同所归"，没想到这竟成了二人最终下场的预言。

白头如新

【释义】 白头：指时间很久。到了满头白发的年纪对多年的朋友却缺乏了解，是件很令人悲哀的事情。

【出处】 汉·司马迁《史记·邹阳传》。

邹阳是西汉时期的文学家。他起初在吴王刘濞的手下做事，后来，刘濞密谋反叛，邹阳便离开他，投奔了梁孝王。

在当时，羊胜、公孙诡和邹阳三人的文章不相上下。羊胜心中十分忌妒邹阳，几次在梁孝王面前说邹阳的坏话。于是，梁孝王下令将邹阳抓进监牢，准备处死。邹阳不甘心被流言所害，便在监狱中上书梁孝王，为自己申辩。书中写道：

“忠义必然得到厚报，诚信不会遭到怀疑，过去我一直信以为真，现在看来，这两句话简直是谎言。荆轲对燕太子丹绝对忠诚，他冒着必死的危险去刺杀秦王，为燕国报仇，但太子丹却一度怀疑他胆小怕死，不敢行动。卞和向楚王献出稀世珍宝，却因欺君的罪名而被砍去双脚。李斯根本没有反心，照样被秦二世将他全家杀害。常言说‘多年交往的朋友却像刚刚认识不久，仅仅初次见面就如同多年的老朋友（白头如新，倾盖如故）’，为什么这样呢？原因就在于相互之间是否了解……”

梁孝王看完信很受感动，命人将邹阳释放，待为上宾。

白衣苍狗

【释义】 云彩一会儿像白衣裳，一会儿又变得像只黑狗。

形容世事变幻无常，无法捉摸或把握。

【出处】　唐·杜甫《可叹》诗。

唐朝时，鄮城有个读书人叫王季友，他为人正派，很有学问，当地太守很敬重他。但是因为家里穷，妻子柳氏闹着和他离了婚。这本来是妻子抛弃丈夫，却有些人不了解内情，硬说是王季友作风不正派。

诗人杜甫知道这件事后，写了一篇《可叹》诗。他不叹王季友好夫无好妻，也不叹好人没好运，叹的是这样一个正派人竟被街巷谣言说得那样低劣。诗中写道：

天上浮云似白衣，斯须改变如苍狗。
古往今来共一时，人生万事无不有。
近者抉眼去其夫，河东女儿身姓柳。
丈夫正色动引经，鄮城客子王季友。
……

诗的大意是说：天上的浮云分明像一件清白干净的衣衫，一会儿却变成灰毛狗的样子了。从古到今都是如此，人生路上形形色色、奇奇怪怪的事太多啦！

处在封建时代的杜甫，用这样的诗句道出社会的炎凉世态，实在难能可贵。

白云亲舍

【释义】　专用为思念父母之辞。

【出处】　五代·后晋·刘昫等《旧唐书·狄仁杰传》。

狄仁杰，字怀英，是唐朝有名的朝廷重臣，历任法曹、大理寺

丞侍御史等职，武则天当政时还曾为宰相。他一生大部分时间与司法监察打交道，以不畏权势、秉公执法著称于世。

狄仁杰对别人很仁爱，对自己的父母也十分孝顺。他在并州做法曹时，他的父母远在河阳。一次，狄仁杰登上太行山，向家乡远眺，只见一片白云在天上孤零零地飘浮，便对随行人说："吾亲舍其下。"意思是：我的双亲就居住在那片白云下面呀。他惆怅地望了好久，直到那片白云缓缓散去，才恋恋不舍地离开了。

孟子说："老吾老以及人之老，幼吾幼以及人之幼。"正因为如此，狄仁杰对别人的尽孝顺之心也非常理解和同情。在并州任内时，他的一位同事郑参军，母亲年老多病，而他却被选中出使域外。郑参军正为此事愁眉不展，狄仁杰就主动请求上司，准他代郑参军出使。事情传开，大家对他十分赞叹。

百不当一

【释义】 一百个也抵不上一个。形容人或物异常出众。

【出处】 汉·班固《汉书·文帝纪下》。

汉文帝时，匈奴屡次入侵边界，他们简装轻骑，来去飘忽，弄得汉军疲于奔命。朝廷上下为此伤透脑筋。大臣晁错上书汉文帝，提出制伏匈奴的见解和主张。

他说："汉兴以来，胡虏屡次入寇，小入则小利，大入则大利。……克敌制胜之道，首先在于选良将，将士要善于审度形势。兵法说：阔丈五的沟渠，漫过车辆的河水，山陡林密，积石蔓藤，是步兵用武之地，两名骑兵抵不上一名步兵；土山丘陵绵延不断，平原旷野，这是骑兵用武之地，十名步兵抵不上一名骑兵；

小丘间隔的原野，隔河相望的坡岸，居高临下，这是弓弩兵用武之地，执短兵器的步兵和弩兵相较量，一百个步兵也抵不上一个弩兵（短兵百不当一）；两军相逼，平地短草，可前可后，这是长戟兵用武之地，执剑拥盾的步兵与之相较，三不当一。……另外，中国的马匹比不上匈奴马的健壮，中国骑兵的箭术比不上匈奴人，匈奴人更比中国士兵吃苦耐劳。但是战车、强弩、坚甲、列阵、三军聚射而万箭齐发，匈奴人比不上我们。匈奴所长者三，中国所长者五，只要将士用长避短，匈奴是可以被我们平定的。”

晁错还提出以夷制夷、徙民屯边等主张，都为汉文帝所采纳，使边界的紧张形势得到缓解。

傍人门户

【释义】 依靠在别人的门庭下。比喻完全依赖别人生活，自己不能立命处世。

【出处】 宋·苏轼《东坡志林》卷一二。

古时候，人们在过年的时候，常用两块桃木板，在上面写上神仙的名字，挂在门两侧，称作“桃符”，用来驱邪避灾（后来演化成春联）；端午节时又采艾蒿，扎成小人形状的草把，悬挂在大门上，以消毒气。

有一天，风很大，艾蒿人被吹起来，晃晃悠悠地不时敲打在桃符上。桃符本来就瞧不起艾蒿人，再加上总觉得大家的注意力都在艾蒿人的身上，心中十分生气，就抬头唾了艾蒿人一口，骂道：“你是什么东西，你到哪儿去不好，为什么老是站在我的头顶上？”

艾蒿人听了，怒不可遏，反唇相讥说：“你本来就是土埋半截了（从元旦到端午，有半年时间），还与我争什么高低？！”

桃符气得面红耳赤，大吵大嚷，两下里各不相让，争吵不休。门神听得不耐烦了，出来调解说：“吾辈不肖，方傍人门户，何暇争闲气耶！”意思是：喂，你们俩别吵了好不好？其实，咱们三个全是没用的东西，都靠依附在人家的门户上过日子，根本不能自立，还有什么工夫争这份闲气呢！

听了门神的话，桃符和艾蒿人都羞愧地垂下头，不再争辩了，似乎在慨叹自己的命运。

包藏祸心

【释义】 祸心：陷害他人之心。指内心隐藏着不可告人或对他人进行诬陷中伤的坏主意。

【出处】 春秋·鲁·左丘明《左传·昭公元年》。

春秋时期，与楚国北面接壤的郑国从自身的安全考虑，想与楚国交好，于是将大夫公孙段的女儿嫁给楚国令尹公子围为妻。

公元前541年春天，公子围到郑国迎娶公孙氏。但是，迎亲队伍却是一支武装整齐、威风凛凛的军队。原来楚国人怀有利用迎亲之际，吞并郑国的野心。

郑国上卿子产深知楚国的奸诈与狡猾，他听说公子围带大队人马前来迎亲，就知道他们居心叵测，于是，就派博学多闻、能言善辩、极富外交经验的子羽去对付他们。

子羽来到城外对公子围说：“非常抱歉！敝国都城甚小，容纳不下你们这么庞大的迎亲队伍，就请辛苦一下，在城外清扫出一

块地方，举行婚礼吧！”

公子围听了心里很恼火，就让太宰伯州犁对子羽说：“贵国国君不嫌有失自己的尊贵，恩赐敝国令尹公子围，亲自许诺嫁公孙段之女做公子围的夫人。公子围欢天喜地，大摆宴席，祭祀了祖父和父亲的宗庙才来迎亲。如果在荒郊野外举行结婚大典，岂不等于将贵国国君的赏赐弃置于野草堆中吗？这样，敝国令尹公子围就不能与其他公卿并列为伍了。不仅如此，公子围还将因欺骗辱没了祖宗，再也做不成楚国的臣子了。由此看来，他所遭受的轻蔑实在是无以复加。请您再认真考虑一下此事吧！”

子羽毫不退让，直言不讳：“太宰大人，我们郑国国家小，但国家小并不是错误。小国过分依赖大国而丧失警惕，那才是错误。小国大多渴望依赖大国保护自己的安宁，最可恨的是某些大国，外表友善而内怀恶意，暗中图谋吞灭小国（小国无罪，恃实其罪。将恃大国之安靖己，而无乃包藏祸心以图之）。这些貌似强大的大国看起来好像很聪明，其实却愚蠢得可怜！他们不懂得如果一个小国失去依赖而被其吞灭，其他的各个小诸侯国就会提高警惕，而不再轻信大国的甜言蜜语。我们郑国也从以往的痛苦中吸取了经验教训。对于让公子围在郊外成亲，我们同你们一样深感遗憾！但是，却不得不如此。假如让贵国军队入城，恐怕郑国就不复存在了。这一点，恐怕太宰比我更清楚吧？”

这一席话，捅到了楚国的痛处。他们看“迎亲灭郑”的阴谋已被识破，知道郑国已有准备，只得放弃了原定的偷袭计划，答应不带兵甲入城，郑国这才同意。于是，这年的正月十五，公子围进入郑国京城，娶了公孙氏后，马上离开郑国回去了。

抱残守缺

【释义】 原意为守住陈旧、残破的东西，不肯放弃。 现多用以比喻思想保守，不肯接受新事物。

【出处】 汉·刘歆《移书让太常博士书》。

西汉时，著名学者刘向的儿子刘歆曾拜为黄门郎，即内廷侍从官。 后来与刘向共同校勘和整理古代典籍，进行学术研究。 在校勘工作中，他阅读了不少秘藏的古籍，发现了古本《春秋左氏传》后，便爱不释手。 经过研究，刘歆认为《左传》是一本难得的古代历史文献资料，便上书皇帝，建议设立专门的学官来研究《左传》等古籍。 汉哀帝（刘欣）就命刘歆与五经博士讨论《左传》等一批古书的义理，可是诸博士既不同意为《左传》等建立学官，又不肯讨论研究此事。

刘歆对众博士的这种态度很气愤，给当时的太常写了一封公文《移书让太常博士书》，对此提出了批评和抗议。 刘歆的信中写道：这些博士不学无术，孤陋寡闻，怀着害怕别人识破他们的私意，没有服从真理的公心，所以因循守旧，而不肯探求新的学问（犹欲抱残守缺，挟恐见破之私意，而无从善服义之公心）。

由于刘歆的信言辞痛切，引起了博士们的怨恨，并因此遭受到了诽谤。 后来，刘歆自请到地方做了个小官。

抱蔓摘瓜

【释义】 原指瓜都摘完了，只得抱蔓而归。 后指罗织罪

名，株连无辜。

【出处】 《乐府诗集·黄台瓜辞》。

唐高宗时期，朝政由皇后武则天代为处理。武则天生了四个孩子，大儿子李弘，在显庆元年立为皇太子。他的老师郭瑜让他读《左传》，读到楚王世子商臣因为争夺王位，用残酷手段逼他父亲楚成王自杀的故事时，李弘问："商臣怎么会连自己的父亲也不放过？"

郭瑜说："为了权力，有些人是会无所不用其极的。太子你可要警惕啊！"

当时，武则天为了巩固自己的地位和权力，害死了很多人。太子李弘觉得母亲做得太绝，又不由得想起郭瑜教导他的话语，便对母后的言行十分不满。正谏大夫明崇俨深得武后信任，他将太子平日对母后不满的言行全部告诉了武则天，结果高宗上元二年，李弘随驾行幸合璧宫，宴会中喝了几盏酒，当晚便无缘无故地死了，死时年仅二十四岁。

李弘的弟弟李贤随后被立为皇太子。高宗皇帝身体不好，便将监国的重任交付太子。李贤处事很有决断，朝内大臣都对他赞誉有加，认为他日后必为一代英主。明崇俨却放出风声，说李贤是武后姐姐韩国夫人所生，并非正统皇嗣，结果闹得朝内沸沸扬扬。

李贤知道难以自保，他写了一首《黄台瓜辞》，令乐工歌唱。歌辞是：

种瓜黄台下，瓜熟子离离。
一摘使瓜好，再摘令瓜稀；
三摘尚自可，摘绝抱蔓归。

意思是说：瓜摘完了，只能抱着没用的瓜蔓回家，暗喻一再残害无辜，政事终将无成。

后来，唐高宗带着武则天离开长安到东都洛阳期间，明崇俨突然被人暗杀。武则天怀疑是太子指使的，便派人告发太子在东宫藏有几百件铠甲，旨在谋反。李贤遂被废为庶人，后来又被逼自杀。而成语“抱蔓摘瓜”便从他所作的这首《黄台瓜辞》中演变而来的。

抱薪救火

【释义】 薪：柴草。抱着柴草去救火。比喻人想消灭灾害，但使用的方法不当，反而使灾害扩大，变得更严重了。

【出处】 汉·司马迁《史记·魏世家》。

战国末期，秦国成为一方霸主，接二连三地向魏国发动进攻。魏国无力抵抗，大片土地都被秦军占领了。公元前273年，秦国又一次向魏国出兵。大兵压境，魏国的安釐王坐卧不安，便招来大臣们问计。大臣们由于经过多年的战乱，都被秦国给打怕了，谁也不敢谈“抵抗”二字，大多都劝魏王用黄河以北和太行山以南的大片土地为代价，向秦王求和。

谋士苏代是一贯主张“合纵抗秦”的苏秦的弟弟，他自己也极力主张各诸侯国联合起来抵抗秦国。听了这些话，很不以为然，忙上前对魏王说：“侵略者贪得无厌，你这样用领土、主权，想换取和平，是办不到的。只要你国土还在，就无法满足侵略者的欲望。这好比抱着柴草去救火，柴草一把一把地投入火中，火怎么能扑灭呢？柴草一天不烧完，火是一天不会熄灭的（且夫以地事

秦，譬犹抱薪救火，薪不尽，火不灭）。”

尽管苏代讲得头头是道，但是胆小的魏王只顾眼前的太平，还是依大臣们的意见把魏国大片土地割让给秦国。到公元前225年，果然秦军又向魏国大举进攻，包围了魏国都城大梁，并掘开黄河大堤，用洪水淹没了城池，魏国最终被秦国灭掉了。

豹死留皮，人死留名

【释义】 豹死了留下珍贵的皮毛，人死了要留下美名。表示人要凭美名流传后世。

【出处】 宋·欧阳修《新五代史·王彦章传》。

五代时期，后唐与后梁交战。后唐兵临城下，喊杀声震天动地，后梁政权岌岌可危，后梁皇帝授命王彦章出城退敌。

王彦章是当时一员名将，以骁勇善战著称于世。年轻时曾跟随梁太祖朱温转战各地，立下赫赫战功。当时，王彦章率领几千宫廷侍卫骑兵抗敌，想拿下后唐军占据的郓州，便领兵北上，却被后唐军所袭，只好退守到中都（今山东汶上）。不久后唐皇帝李存勖率大部队来攻，王彦章寡不敌众，率领他的百名亲军做殊死抵抗，但显然不是后唐兵的对手。战斗不久，只剩下王彦章一人还在跃马挥戈，奋勇杀敌。他身上已多处受伤，鲜血染红了战袍，但仍然毫不退缩，愈战愈猛。后唐将军夏鲁奇原是朱温的旧将，与王彦章关系不错，便喊了一声他的名字。王彦章听到有人喊他，一愣之下，被夏鲁奇刺中胸膛，当即滚下马背，不幸被俘。

夏鲁奇敬重王彦章，多次劝他投降，但都遭到严词拒绝。王

彦章说：“‘豹死留皮，人死留名’。我怎么能做没气节的事呢？”

后唐皇帝庄宗李存勖也怜爱王彦章的骁勇刚直，有意保全他的性命，但他谢绝说：“哪有早上还侍奉梁国，而晚上就改换门庭侍奉起唐国的道理？要是投降了，我还有什么面目见人呢？”最终，王彦章还是被杀害了。

暴虎冯河

【释义】 暴虎：徒手与虎搏斗；冯河：徒步过河。比喻有勇无谋。

【出处】 《论语·述而》。

孔子有个学生叫子路。他还未拜孔子为师之前，听说孔子在收徒讲学，便在帽子上插了几根鸡毛，佩着宝剑，到孔子讲学的地方来惹事。见到孔子后，子路拔出宝剑舞了一阵，剑锋好几次都逼近了孔子。孔子面不改色地看完了他舞剑后，称赞剑舞得好，接着劝他认真读点书。不料子路虎起脸说：“我像一根笔直的竹竿，天生是做一支好箭的材料，还读书做什么？”

孔子开导他说：“读了书就有了学问，就好比在竹箭尾部装上了羽毛，前面又安上了锋利的金属头。这样，箭就更有用了。”

子路觉得孔子说得很有道理，便拜孔子为师，但是，他粗鲁简单、有勇无谋的习性一直改不掉。

有一次，孔子当着子路的面，对最得意的弟子颜渊说：“用我呢，我就去干；不用我呢，我就藏起来。只有我和你才能做到这一点吧！”

子路好胜心强，见孔子这样赞扬颜渊，心中有些不服气，就问孔子：“老师，如果让您统率三军，那您找谁共事？”

子路本以为自己在军事方面很在行，老师一定会找他共事，不料孔子回答说：“对空手去和老虎搏斗以及徒步过河这种自以为勇敢不怕死的人，我是不和他共事的。我要的是遇事谨慎、善于谋划而能完成任务的人（暴虎冯河，死而无悔者，吾不与也。必也临事而惧，好谋而成者也）。”

子路听了，感到很惭愧。

杯弓蛇影

【释义】 把酒杯中的弓影当成了蛇。比喻因疑神疑鬼而让自己心生恐惧。

【出处】 汉·应劭《风俗通义·怪神》。

东汉学者应邵写过一本《风俗通义》。这本书里记载了一个与他父亲有关的故事：

应邵的父亲应郴在任汲邑县令时，有一年的夏天，邀请主簿杜宣到家中饮酒。当时，酒席设置在厅堂中，厅堂的北墙上悬挂着一张红色的弓，在光线的作用下，弓影正好投射在酒杯中，并且随着酒液的晃动，一动一动的。杜宣看了，以为有一条小蛇在酒杯中蠕动，心中大惊，但是在上司面前，他又不敢不饮，只能硬着头皮把酒喝了下去，随后便找了个借口匆匆告辞了。

回到家中，杜宣越想越不舒服，觉得胸腹之间真的非常疼痛，什么都吃不下去，结果病倒了。家里人想了各种办法来治，都不见好，人也变得骨瘦如柴。过了一段时间，应郴正好有事来找杜

宣，一见他这种样子，不由大吃了一惊，便问是什么缘故。杜宣便说是那天喝酒时，杯中有蛇，自己就是被此蛇害的。应郴回到家中，思考了很久，也没想明白为什么杯中会有蛇。忽然一抬头看到挂在北墙上的弓，不由心中一动，拿了一杯酒，坐在杜宣当天所坐的位置上，果然看到杯中出现了一个极似小蛇的影子。

于是，应彬马上派随从驾车将杜宣接来，又在当时的位置上摆上酒。杜宣一看杯中又有蛇影，吓得脸色更加苍白。应彬笑着指指北墙上的那张弓，说："你仔细看看，那只是墙上弓的影子而已，并不是什么蛇。"命人取下弓来，果然杯中再无蛇影。杜宣这才如梦初醒，疑虑顿消，病很快就好了。

同样的故事，也发生在西晋人乐广的朋友身上，也因为杯中的弓影而吓得患病，最后弄清了真相，消除了疑虑和恐惧，朋友的病马上就好了。

彼一时，此一时

【释义】 彼：那。此：这。形容时势不同，情况也随之发生变化。

【出处】 《孟子·公孙丑下》。

春秋时，燕王哙把政权交给宰相子从，从而引发大乱。齐王召集群臣，决定出兵攻打燕国。文武大臣都主张出兵，孟子也主张出兵燕国，但是他认为出兵的目的不是贪图邻国的土地财富，也不是为了让燕国给齐王上尊号。孟子说："天下动乱已有五百多年，百姓期望出个圣主。上天给大王一个当圣主的机会，圣主就是拯民于水火的。我们齐国出兵帮助邻国平定内乱，土地财物一

无所取，那么齐国就在诸侯中带了个头——推行仁义。这样一来各国效法，那么三皇五帝之治不久就会在中国重现。”

但齐王垂涎的是邻国的财宝，孟子的话哪里听得进去。当齐军攻入燕国后，便大肆烧杀掳掠，击起燕人的愤怒，齐国最终被打败。孟子见自己的政见不被采纳，便辞官离开齐国。

离开齐国的路上，学生充虞说：“老师好像有些不高兴，以前我听您教导大家说：‘君子不怨天，不尤人。’这是怎么了？”

孟子说：“那是一个时候，现在是另一个时候（彼一时，此一时也）。前些日子我可能真的不太愉快，可是现在我想到：五百年之间，必定会出现行仁义的王者，其间还必定会有协助王者的人士。从周朝开国以来，已有七百多年了，按照五百年的期限，现在正是有所作为的时候。除非上天不想平治天下，如果要平治天下，当今世上，除了我还有谁能够担当这个重任呢？现在我为什么还会不高兴呢！”

笔走龙蛇

【释义】 形容书法雄健洒脱，像龙蛇舞动一般。

【出处】 唐·李白《草书歌行》。

唐朝时，秘书监贺知章有一天在府上宴请宾客。高朋满座，好不热闹。正在酣饮之间，来了一位少年僧人。贺知章说：“他是玄奘法师的弟子怀素，出家不戒酒，写得一笔好草书。在他老家长沙和湖南七郡的知名人家，家家都挂有他书写的屏障。”

酒过三巡，贺知章向来宾敬酒致谢说：“嘉会良辰，少不得赋诗助兴，有请谪仙李翰林作诗以记盛会如何？”

李白并不推辞，只是说：“诗意因兴而起，酒兴有了，但还不够，请怀素师傅当众挥毫以助诗兴。”

书童抬出几箱书写用的麻笺、素绢，书案上摆出数方上好的宣州石砚，书童几人轮番注水研墨。怀素放下酒杯，飘然起立，堂上顿时一片寂静。但见少年僧人援笔蘸墨，凝神注视纸绢片刻，突然运气挥毫，臂转腕旋，写完一张又一张，不多久，满地尽是灵气飞动的草书。几箱麻笺素绢顷刻用完。

怀素掷笔返座时，李白《草书歌行》亦已写就，当众吟哦道：“少年上人号怀素，草书天下称独步……吾师醉后倚绳床……起来向壁不停手，一行数字大如斗。恍恍如闻神鬼惊，时时只见龙蛇走……”此诗对怀素运笔挥毫的形态动势描摹得淋漓尽致。

贺知章大加赞赏，说：“上人书写，左盘右旋，确实笔走龙蛇啊！好字，好诗！”

闭关却扫

【释义】 关闭大门，不再扫尘待客。形容屏迹深居，不与外界来往。

【出处】 南朝·梁·江淹《恨赋》。

东汉辞赋家赵壹，品行高洁，恃才傲物。当时，郡太守袁逢虽然表面上很清高，但暗中却和奸臣勾结。赵壹起先没有看清袁逢的真面目，便给他当了幕僚。

袁逢表面上喜交名士，经常屈尊前往赵壹家中拜访。每次袁逢前来，赵壹都大开正门，并让人把庭院中的通道打扫干净，以表示自己对袁逢的敬意。

后来，赵壹发现了袁逢和奸臣勾结的事情，心中十分恼怒。他也没有向袁逢说明理由，便毅然辞去了幕僚的职务。

袁逢不知道赵壹已看清自己的真面目，还去拜访赵壹。可当他来到赵壹家门口，只见大门紧闭，门前通道上也一片狼藉，无人打扫。袁逢对守门的仆人说："请你通报，说袁逢前来拜访！"

仆人前去通报后，出来说："主人说了，非有德之人来不见！"

袁逢听了，悻悻地走了。

筚路蓝缕

【释义】 筚路：柴车；蓝缕：破衣服。驾着柴车，穿着破旧的衣服。形容创业艰辛。

【出处】 春秋·鲁·左丘明《左传·宣公十二年》。

春秋时期，楚庄王领兵攻打郑国，郑国抵挡不住，只好求和。晋国得到消息，立刻派兵抗楚救郑，目的是要把郑国争取过来，使他归附晋国。可是晋军还没渡过黄河，郑国已经屈服，楚军也准备胜利回师了。晋军该何去何从呢？中军主将荀林父等部分将领，主张停止进军。而中军副将先縠和一部分将领却不同意，于是双方发生了争执。而此时恰好郑国派大夫皇戌来到晋军中，他说："现在，楚军轻而易举地获得胜利，因此很骄傲；另外，他们现在人困马乏，也没有戒备。如果你们出兵攻打，我们在一旁协助，一定能够大败楚军。"先縠等人都觉得他说得有理。

可是下军副将栾书却极力反对。他说："楚国自从灭掉庸国以来，经常教育百姓不要忘记建设国家的艰难，要经常警惕祸患的

到来。楚王还经常告诫百姓不要忘记，楚国先君若敖、蚡冒开创基业时驾着柴车、穿着破烂衣服开辟山林荒地的艰难（筚路蓝缕，以启山林）。从这种种迹象看来，楚军怎么会骄傲呢？师出无名就要打败仗，我军攻打楚军，是我军无理，楚军有理。楚国国君亲自统率大军，昼夜警戒，严防意外，怎么能说他们人困马乏、没有戒备呢？况且郑国劝我们攻打楚军，其实也并不是真心向着我们。要是我们打胜了，他固然会讨好我们，要是楚军打胜了，他还不是又要向楚国投降。我们怎么可以相信郑国的话呢？”

但由于主战派的意见占了上风，晋军没有采纳栾书的正确意见，结果被楚军打得大败。

髀肉复生

【释义】 髀：大腿。大腿上的肉又长起来了，说明人无所事事而胖了起来。感慨虚度光阴，很想有所作为。

【出处】 晋·陈寿《三国志·蜀书·先主传》。

汉朝末年，群雄割据。刘备领兵与曹操作战，结果大败，地盘全失，一时走投无路，只好投奔了宗亲——荆州刺史刘表。

刘备在荆州闲住了很长一段时间，生活得很舒适。有一天，刘表宴请刘备，两人在一起饮酒谈天，纵论天下局势。席间，刘备起身上厕所，摸了摸自己的大腿，发现上面的肉又长起来了，不禁掉下泪来。回到座上的时候，脸上还留着泪痕。刘表见了很奇怪，问他道：“贤弟这是怎么啦？”

刘备长叹一声说道：“我以前一直南征北战，天天骑马作战，大腿的肉都消掉了，却精壮结实；现在悠闲无事，很久没有骑马作

战了，大腿的肉又重新长起来（今不复骑，髀里肉生）。我一想到像这样长久混下去，虚度光阴，很快就要老了，而事业却毫无成就，因此感到非常伤心难过。”

补天浴日

【释义】 比喻人类征服大自然的意志，也比喻人的功劳极大。

【出处】 汉·刘安等《淮南子·览冥训》《山海经·大荒南经》。

传说上古时候，水神共工和火神祝融发生了争斗，共工大败，气得向西方不周山一头撞去，把不周山撞坏了。不周山是撑天的大柱，大柱一断，天就坍塌了一大块，地也陷裂了很多。整个大地要么是洪水滔滔，一片汪洋；要么是大火蔓延，熊熊不息。眼看着人类濒临灭绝的边缘了，创造世界万物的女神娲十分着急。她在大江大河中挑选了许多五彩的石子，架起火来，把石子炼成熔液，然后用这种熔液去修补破了的天。她又杀了一只大得无法形容的乌龟，斩下它的四脚，作为四根天柱，竖立在四方，把天撑住。还利用大火后遗留的芦草灰，堵住了洪水。一场大难，始告平息。

另外还有一个神话传说：东海之外、甘水之间，有一个羲和国，国君叫帝俊，他的妻子就是羲和。羲和是太阳神，她生养了十个儿子，也就是十个太阳。他们住在东方海外的汤谷。那里有一棵大树，名叫“扶桑”，所以那地名也叫“扶桑”。这棵大树有几千丈高，十个太阳，就住在这棵大树上。他们每天一个，轮

流在天空值班。早上，不论哪个太阳值班，都由他们的妈妈羲和驾车伴送。这辆车子很壮观，是由六条龙拉着的。从起点汤谷到终点蒙谷，共有十六个站，正好是一天的路程。车到第十四站悲泉，太阳就得下车步行，妈妈羲和驾着空车赶回汤谷，为伴送明天值班的儿子去做准备。每天早上，值班的太阳离开扶桑，在登上龙车之前，一定先要在咸池里洗一个澡。羲和还常常带着儿子们在东南海外的甘渊里一块洗澡。甘渊的水十分甘美，羲和把儿子们一个个都洗得干干净净，明明亮亮。

后来，人们形容无可比拟的极大的功绩时，就借用“女娲补天”和“羲和浴日”这两个故事来做比喻，后来就合称为“补天浴日”。

捕风捉影

【释义】 比喻说话做事没有确切的事实根据．或无事生非。

【出处】 汉·班固《汉书·郊祀志下》。

汉成帝二十岁继承西汉皇位，到四十多岁还没有孩子。他听信方士的话，热衷于祭祀鬼神。许多向汉成帝上书谈论祭祀鬼神或谈论仙道的人，都轻而易举地得到高官厚禄。成帝听信他们的话，在长安郊外的上林苑大搞祭祀，祈求上天赐福，花了大笔的费用，但并没有什么效果。

光禄大夫谷永上书汉成帝，说：“我听说对于明了天地本性的人，不可能用神怪去迷惑他；懂得世上万物之理的人，不可能受行为不正的人蒙蔽。现在有些人大谈神仙鬼怪，宣扬祭祀的方法，还说什么世上有仙人，服了不死的药，寿命长得像南山一样。听

他们的说话，满耳都是美好的景象，好像马上就能遇见神仙一样；可是，你要寻找它，却虚无缥缈，好像要缚住风、捉住影子一样不可能得到（听其言，洋洋满耳，若将可遇；求之，荡荡如系风捕景，终不可得）。所以古代贤明的君王不听这些话，圣人绝对不说这种话。”

谷永又举例说：“周代史官苌弘想要用祭祀鬼神的办法帮助周灵王，让天下诸侯来朝会，可是周王室更加衰败，诸侯反叛的更多；楚怀王隆重祭祀鬼神，求神灵保佑打退秦国军队，结果仗打败了，土地被秦削割，自己做了俘虏；秦始皇统一天下后，派徐福率童男童女出海求仙采药，结果一去不回，遭到天下人的怨恨。”

最后，谷永说道：“从古到今，帝王们凭着尊贵的地位、众多的财物，寻遍天下去求神灵、仙人，经过了多少岁月，却没有丝毫应验。希望您不要再让那些行为不正的人干预朝廷的事。”

汉成帝认为谷永说得很有道理，便接受了他的意见。

不辨菽麦

【释义】 菽：豆类。指分不清豆子和麦子。形容愚蠢无知。现在有时指脱离生产实践，缺乏实际知识。

【出处】 春秋·鲁·左丘明《左传·成公十八年》。

春秋时期，晋厉公奢侈淫乱，大夫们也争权夺利，都想借助晋厉公的名义打败对手，而晋厉公也想利用他们清除异己。胥童、夷阳五、长鱼矫等人是最受晋厉公宠信的大夫，在晋厉公的授意下，胥童和夷阳五指挥八百兵士包围了当时势力很大的郤氏家族。一番混战，郤氏三大夫皆被杀死。

三郤被除掉后，胥童又带兵到朝廷上劫持了大夫栾书和中行偃，也想把他们杀死。可晋厉公不同意，他说："一天之内已经斩杀了三个大夫，我不忍心再杀人啦！"栾书和中行偃这才保住了性命。晋厉公安慰两人说："寡人讨伐郤氏，他们三人已经伏诛，你们可以官复原职，忘记这件事，别把它当成一种耻辱。"

栾书和中行偃给晋厉公叩头拜谢，说："君王讨伐有罪之人，而赦免下臣一死，我们感激君王的大恩，即使死了也不敢忘记呀！"两人拜别晋厉公，回家后就密谋报仇，准备杀掉晋厉公和胥童等人。

不久，晋厉公在匠丽氏那里饮酒作乐，正在兴头上，栾书、中行偃突然出现，抓住了他。接着又捉住胥童，把他们杀死，埋在东门外边。

栾书和中行偃把晋襄公的后代周子请出来，让他当国君。周子这时只有十四岁。其实，周子还有个哥哥，可据说是个痴呆，连豆子、麦子都辨别不清，所以无法当国君（周子有兄而无慧，不能辨菽麦，故不可立）。于是，周子即位，称晋悼公。他英明决断，在他的统治下，晋国最终成为了"春秋五霸"之一。

不逞之徒

【释义】 逞：称心。欲望没有得到满足的人。指心怀不满、违法作乱的人。

【出处】 春秋·鲁·左丘明《左传·襄公十年》。

子驷是春秋时郑国的正卿。公元前566年，他派人刺杀了郑僖公，拥立僖公五岁的儿子为国君（即郑简公），这样，他就操纵

了郑国的国政。当时其他公子联合起来反对子驷，准备发动政变。子驷知道了，便下令捕杀了几个公子，其余的反对派也就不敢轻举妄动了。

子驷对尉止也有很深的成见，因此，在以晋国为首的、各诸侯国联军攻伐郑国的战役中，子驷故意减少尉止部队的兵车数量，并且对于尉止俘获的俘虏，子驷也不计功行赏。

后来，子驷又整顿田沟疆界，结果损害了司氏、堵氏、侯氏、子师氏等家族的田产利益。于是，尉止及这几家贵族纠合了一批不得志的人，以公子们被害为由，发动了政变（五族聚群不逞之人，因公子之徒以作乱）。他们攻入宫中，杀了子驷，把郑简公劫走。后来子产和子蟜发兵，杀了尉止和子师仆，侯晋、堵女父和司臣逃到国外去了，乱事才告平定。

成语“不逞之徒”，就是从“不逞之人”演变而来的。

不痴不聋，不做家翁

【释义】 指长辈对晚辈闺房争吵的事要装聋作哑，宽宏大量。

【出处】 宋·司马光《资治通鉴·唐纪》。

中唐时期，汾阳王郭子仪的儿子郭暧娶了唐代宗李豫的女儿升平公主，小两口虽说互敬互爱，但时间久了，难免为一些小事拌嘴。

有一天，两人吵得很凶。升平公主又哭又闹，郭暧气愤不过，责备道：“你耍什么脾气？你不就是依仗你父亲是皇帝吗？有什么了不起？我父亲如想当皇帝早就当上了。”这句话惹怒了

公主，她立即乘车回宫，禀告了父王。

当时，代宗正在批阅文件，听了公主的话，大笑道：“这你就不知道了，你丈夫说的话的确是真的；他父亲要肯做皇帝，天下还不就是他家的？”代宗之意是说：玄宗时，郭子仪是平定“安史之乱”的功臣；代宗时，郭子仪在防止吐蕃入侵上又立了大功。由于他功高权重，完全有自立为帝的实力。接着，代宗又说了很多好话安慰教导女儿，劝她回去。

郭子仪听说了儿子的事，火冒三丈，把儿子关进监狱。代宗却把郭子仪召进殿里，劝他说：“儿女拌嘴，说些私房话，怎值得听信呢？俗话说得好：‘不痴不聋，怎做家翁？’”

郭子仪还是打了儿子几十大板，才放他出狱。

不敢越雷池一步

【释义】　越：逾越；雷池：古水名，在今安徽省望江县东南，古时积水成池，故称“雷池”，这里借指一定的界线。形容只能在一定的界限内活动，不敢越出一步。也可比喻言行谨慎，只按陈规办事。

【出处】　晋·庾亮《报温峤书》。

庾亮，字元规，在东晋元帝、明帝和成帝三朝都担任过重要职务。元帝时，庾亮由于参与平定华轶叛乱有功，被封为都亭侯，转参丞相军事掌书记，后升任中书郎，并在东宫为太子讲解经义。

明帝即位后，任命庾亮为中书监，后又因平乱有功、军功卓著而被加封开国公。明帝驾崩后，庾亮任中书令，主掌朝政。他为了防备西部边境的敌人侵犯，推荐温峤到江州（今江西九江）做

官，加强防务。

温峤上任不久，庾亮得到了历阳太守苏峻企图谋反的报告。他想设计诱骗苏峻离开历阳，到京都建康（今江苏南京）来做大司农，然后将其捕杀。大臣们都以为这办法不妥，温峤也写信给庾亮劝阻，但庾亮不听。结果，苏峻看出朝廷对自己起了疑心，于是造起反来，发兵攻向京都。

温峤得知苏峻反叛，打算带领部下从水路进入建康，护卫都城。庾亮却写信给温峤说："我担心西方边境的敌人更甚于苏峻叛兵，你务必留在原地，不要越过雷池到京都来（吾忧西陲过于历阳，足下无过雷池一步也）。"

可是，庾亮低估了苏峻的实力。他领军迎战，被叛军杀得大败，京都也失陷了。心怀内疚的庾亮投奔温峤。温峤并不责怪，请他守卫白石的营垒，自己则加紧操练水军，准备与苏峻叛军决一死战。苏峻派了一万步兵，从四面包围白石，拼命攻打，庾亮手下只有两千人，渐渐支持不住。庾亮身先士卒，奋不顾身地挥刀猛冲。晋军受到激励，愈战愈勇，终于杀退了叛军。庾亮见叛军败退，大喝一声，率晋军冲出营垒，紧紧追击，斩杀数百名敌人，获得大胜。后来，庾亮、温峤等人集结天下兵力，终于杀掉苏峻，平定叛乱，弥补了因"无过雷池一步"战略错误而造成的损失。

不寒而栗

【释义】　寒：寒冷；栗：颤抖。不因为寒冷而发抖。形容非常恐惧。

【出处】　汉·司马迁《史记·酷吏列传》。

西汉武帝时期，山西有个叫义纵的人，由于家里贫穷，十几岁时便跟着同乡当了强盗。义纵的姐姐义姁医术十分高超，治好了太后的怪病，太后很感激她，便让武帝给她弟弟义纵一个官职。于是武帝派义纵到上党郡的一个县里去做县令。义纵没有辜负太后的一片苦心，他不畏权势，到任时间不长，便把全县治理得井井有条。因为政绩突出，汉武帝对他十分赏识，便把他调回长安任长安县令。

当时的长安城内，有两个横行霸道的不法之徒。因为是太后的外孙，所以历任的长安县令拿他们都没办法，只能听任其胡作非为。义纵到任不久，不讲情面，便对他们进行了惩处，使得长安城中大小无赖再也不敢轻举妄动。

汉武帝看到义纵胆识超群，精明干练，特别是执法严明，不畏权势，便将他调任河内都尉，掌管一郡的司法。在河内郡，有一姓穰的豪强人家，骄横跋扈，鱼肉乡里，简直到了无恶不作的地步。义纵到任后，立即查明穰家的罪恶事实，将穰家满门抄斩，为地方除了一害，为百姓出了一口恶气。

义纵很快又升任南阳太守。南阳城有个管理关税的都尉叫宁成，他贪婪无比，雁过拔毛，出入关口的人们对他又气又恨，都说："宁遇猛虎，莫遇宁成。"义纵对宁成的罪恶早有耳闻，到南阳不久，便明察暗访掌握了他的犯罪证据，毫不客气地治了宁成的罪，并没收了他贪污的全部财产。

后来，汉武帝又令义纵出任定襄太守。当时的定襄郡治安非常混乱，抢劫案屡屡发生。义纵一来到定襄郡，便将监狱中重罪轻判和私自去掉镣铐的罪犯两百余人全部改判死罪，同时将私自来探监的犯人家属两百多人也抓了起来，说他们想为犯人开脱罪行，因此要一并处死。一天时间内，杀死了四百多人。此事传开，定襄郡为之震惊，一时间，人们议论纷纷。尽管当时天气尚暖，但

人们听到这个消息后都感到心惊胆战，浑身发冷（其后郡中不寒而栗）。义纵的果断措施使犯罪分子深感畏惧，社会秩序从此安定了下来。

尽管义纵铁面无私，执法严明，但也存在着滥杀无辜的问题。所以司马迁在编写《史记》时，将其归入“酷吏”中。

不合时宜

【释义】 合：适合；时宜：当时的风气、需要或社会趋向。形容不合时代的要求。

【出处】 汉·班固《汉书·哀帝纪》。

汉成帝的养子刘欣二十岁时即位做了皇帝，史称汉哀帝，年号建平。汉哀帝身体不好，经常生病。建平二年（前7年）六月，哀帝的母亲丁太后又得病去世。于是，担任“黄门待诏”的顾问官夏贺良等人向汉哀帝上奏说：“汉朝的历法已经衰落，应当重新接受天命。成帝当时没有顺应天命，所以没能生养皇子。现在，皇上您生病的时间已很长了，天下又多次发生各种变异，这些都是上天的警告。皇上只有马上改变年号，才可以延年益寿，生养皇子，平息灾祸。如果不这样做，各种灾祸都会发生，人民就要遭受灾难。”

汉哀帝听从了他的建议，就在建平二年六月甲子，发布诏书，大赦天下，改建平二年为太初元年，改帝号为“陈圣刘太平皇帝”，把计时用的滴漏上的刻度从一百度改为一百二十度。

可是改变年号以后，哀帝还是依旧生病。夏贺良等人想趁机干预朝政，遭到朝中大臣的反对。哀帝也因夏贺良的话没有应验，派人对他们的所作所为做了调查，发现他们实际上是一个骗子

集团，于是在八月间又下诏书，说道：“黄门待诏夏贺良等建议改变年号和帝号，说增加漏的刻度可以使国家永远安宁，我误听了他们的话，希望给天下带来安宁，但是并没有应验。夏贺良等所说的所做的，都是违经背古、不合时宜的（皆违经背古，不合时宜）。六月甲子日的诏书，除了大赦一项之外，全部废除。”

这次改号不到两个月就结束了。夏贺良等人也因妖言惑众，被处以死刑。

不教而诛

【释义】 诛：重的刑罚，即杀人。对人事先不加管教，此人一旦犯了错就严加惩处。

【出处】 《论语·尧曰》。

孔子有个弟子，名叫颛孙师，字子张。有一次他问孔子：“怎么样才可以治理好国家的政事？”

孔子说：“尊奉五种美德，除掉四种恶政，就可以治理好国家。”

子张又问：“五种美德是哪五种呢？”

孔子说：“君子给人们以好处，而自己却没什么耗费；让百姓劳作，百姓却不怨恨；自己的欲望仅限于仁义，别人不能说是贪婪；安逸持重却不骄傲；威严但不凶猛。”

子张又问：“那四种恶政又是些什么呢？”

孔子说：“不加以教育，一犯错就杀人，这叫虐（不教而杀谓之虐）；平时不督促到时候就要成绩，这叫暴；开始懈怠，又突然限定期限，这叫贼；给别人财物，出手又悭吝，这就叫小家子气。

这就是我说的四种恶政！”

“不教而杀”后演化为“不教而诛”这个成语。

不堪回首

【释义】 表示对重大人事变迁的感慨。

【出处】 五代·南唐·李煜《虞美人》词。

南唐后主李煜在政治、军事上昏庸无能，但在文学艺术方面很有才能，诗词、书画都很精通。他从小在宫中长大，生活奢华，所以作品中也大多描写宫廷生活的情景。

李煜的妻子周后娥皇，容貌出众，擅长书史歌舞，但不幸早逝。后来，李煜又与娥皇的妹妹小周后相爱，在花前月下饮酒作乐，而把国家大事置之脑后。虽然北方宋朝的威胁越来越严重，但李煜还是只求眼前安逸，并不做抵御的准备。后来，又主动向宋朝上表，希望成为宋朝的附庸。

公元974年秋，宋太祖赵匡胤两次派使者通知他到开封朝见。可李煜怕赵匡胤杀他，称病不去。于是赵匡胤以此为借口，派十万大军征伐南唐。这年冬天，李煜被迫投降，被押到开封。李煜穿戴白衣纱帽，战战兢兢地接受赵匡胤的召见。赵匡胤没有杀他，封他一个带有侮辱性质的“违命侯”的名号，软禁在城里。

李煜是个多愁善感的人，降宋后的生活更是让他觉得备受煎熬，心情十分抑郁。不久宋太祖驾崩，宋太宗继位，又封李煜为陇西郡公。虽然名号没有侮辱性质了，但对他却仍然十分猜忌。有一天，李煜作了一首名为《虞美人》的词。词中有“小

楼昨夜又东风，故国不堪回首月明中”等句，意思是：过去美好的一切不能再回顾，回顾了只能使人更感到痛苦。这首词传到太宗那里，太宗对他至今还留恋故国非常忌恨。后来，李煜又写了一些怀恋故国的词作，也传到太宗那里，太宗忍无可忍，派人将他毒死了。

不欺暗室

【释义】 暗室：别人看不到的地方。在别人看不见的地方，也不做昧心的事。形容心地光明。

【出处】 汉·刘向《列女传·卫灵夫人》。

春秋时期，卫灵公夜里正坐着和夫人说话，忽然听到一阵车马行驶的声音，由远而近，大约行到宫门口却无声无息了。过了一会儿又响起车马声，由近而远，慢慢地又无声无息了。卫灵公很奇怪，问夫人：“你知道这是什么人？”

夫人自信地说：“这不会是别人，只能是大夫遽伯玉！”

卫灵公问：“你怎么知道一定是他呢？”

夫人说：“我听说凡是臣子路过王宫门前，都要下车致敬。忠臣和孝子既不在大庭广众之下故意做样子给人家看，也不在没人的地方疏忽自己的行为。遽伯玉是卫国有名的贤人，很遵守礼节。方才一定是他经过宫门，停下来表示敬意。虽然在夜间，不会有人看到，但他仍旧那么遵守礼仪。”

于是，卫灵公派人前去询问，得知夜里行车的果然是遽伯玉。后人便以“不欺暗室”形容在无人看见的地方，也不做昧心事。

不识之无

【释义】 之、无：指汉字中笔画简单的两个字。不认识最简单的“之”“无”二字。形容人不认识字或文化水平低。

【出处】 唐·白居易《与元九书》。

白居易是唐朝著名的诗人。他的诗通俗畅达，有“老妪能解”之誉。《长恨歌》和《琵琶行》两首叙事长诗，是千古传诵的名篇，也都体现了这种风格。

白居易有一个好朋友，叫元稹，因在家中排行第九，故又被称作元九。两人文学观点一致，诗的水平相近，就连做过翰林学士、被贬出京的经历，也是那样相似。所以，当时人们将他俩并称“元白”。

白居易被排挤出长安后，元稹也被贬到江陵。两人互有书信往来，并且依旧吟诗附和。在这期间，白居易写出了流传后世的名篇《与元九书》。文章中系统地阐述了白居易的诗歌创作理念和文学思想体系，并且回顾了自己的学习历程，其中有一段提到：“我出生六七个月的时候，乳母抱着我在书屏下边玩，有人指着‘无’字、‘之’字教给我。我虽然嘴上说不出来，但是心里已经默默地记住了。后来有人拿这两个字问我，即使试验十次百次，我都能准确地指出来。那么我是生来就与文字有缘了……”

后来，人们又从《与元九书》中的这段故事演变出“不识之无”这个形容目不识丁的成语来。

不贪为宝

【释义】　表示以不贪为可贵、崇高，也表示廉洁奉公。

【出处】　春秋·鲁·左丘明《左传·襄公十五年》。

春秋时，宋国有个人在山上挖到了一块宝玉。他非常高兴，便兜着它回家，请一个玉工来鉴别，玉工仔细看了后，赞不绝口地说："这块玉好极了，没有一点毛病，是个宝贝啊。不过你得小心，别在人家面前露富，以防让人把它偷了去！"

其实，这人请玉工来家，已经引起了邻居的注意。因为平时极少有人上他家，这回玉工突然来，邻居便不时进来张望。宋人心里不安，怕有个闪失空欢喜一场，便把宝玉藏好。尽管如此，他还是担心宝玉会被盗走。想把它卖掉，又怕不知它的真正价值，让别人占了便宜。他考虑来考虑去，最后决定把它赠送给一个有身份的人，这样多少还能留下些人情。于是，他便带了宝玉悄悄地前往都城。

到了都城，他去见掌管工程的大臣子罕，献上了宝玉，子罕不解地问："你把如此贵重的宝物送给我，大概是要我帮你办什么事吧？不过，我是从来不接受别人赠送的礼物的。"

宋人慌忙摇头说："我没什么事要您帮我办。据玉工鉴定，这块宝玉是稀有之物，所以小人想要献给您。"

子罕再次拒绝说："我绝不能收下这宝玉。因为如果收下了，你和我都丧失了宝。"

宋人听不懂子罕这话的意思。子罕解释说："我以不贪为宝，而你以玉为宝。你把玉给了我，当然就丧失了宝；而我收下

了你的玉，也就丧失了‘不贪’这个宝。这样一来，你我双方都丧失了宝（我以不贪为宝，尔以玉为宝，若以与我，皆丧宝也）。”

宋人无可奈何，只得实告：“现在即使小民留下宝玉，也不得安宁，迟早会有人偷了去，甚至小人的性命都有可能失去，所以小人特地到都城来献给您。”

子罕沉思了一会儿，叫宋人暂时住下。接着，便命一位玉工将这块宝玉雕琢成形，把它拿到市场上去卖掉，然后把这笔钱交给宋人，派人护送他回到家中去了。

不忘沟壑

【释义】 沟壑：山沟。念念不忘为正义而死，宁可弃尸山沟。形容人有为正义献身的思想。后也指显贵后不忘微贱患难的时候。

【出处】 《孟子·滕文公下》。

战国时，孟子到各国游说以仁政治理天下，一般要诸侯邀请他才去。他的学生陈代很不理解，认为老师过于消极，要能屈能伸才对。孟子长叹一声，说：“我先说一件事吧。齐国的景公生性浮躁，特别热衷于打猎，甚至一连几夜流连在外，不肯回宫。有一次，居然用羽毛装饰的旗帜当作令牌来呼唤猎场的小吏，小吏认为这种做法与礼仪相悖，拒不执行命令，因此被景公杀掉。”

陈代迷惑不解地问：“这与先生有什么关系呢？”

孟子说：“当然有啊。这件事传出以后，被孔子听说了。孔子十分赞叹这位小吏的做法，他评价说：‘注重节操的有志之士把

人生原则看得重于性命。为了保持节操，他不怕尸体埋葬在山谷大沟；有勇气的英雄更不惜牺牲生命维护正义（志士不忘沟壑，勇士不忘丧其元）。’别人能不惜性命来保持自己的人格，我怎么会放弃自尊卑躬屈膝谒见诸侯呢？”

孟子继续说：“你说的委屈与伸展，还只是从利益着眼。晋国有个车夫王良，他拒绝为晋国大夫赵简子的小吏驾车，因为这个小吏行为不端。连车夫都能做到的事情，我为什么做不到？儒家门徒怎能为了个人富贵而丢掉为人原则呢？”

陈代觉得自己对老师及儒家礼仪观念还是了解不够，暗下决心，要努力掌握儒家的思想精髓及处世之道。

不为五斗米折腰

【释义】 五斗米：指微薄的俸禄；折腰：弯腰行礼，指屈身事人。不能为了五斗米的俸禄而谄媚别人。形容为人清高，有骨气，不为功名利禄所动。

【出处】 唐·房玄龄等《晋书·陶潜传》。

晋代著名的诗人陶渊明，出身于没落的士族家庭，是东晋名将陶侃的曾孙子。陶渊明自幼博览群书，有远大的抱负，很想为国家效力。但他生活的那个时代政局动荡，社会极不安定，朝中官吏多鼠目寸光、贪功好利。陶渊明在任江州祭酒时，就已耳闻目睹了许多官场的险恶之事，所以不愿再与那些贪官污吏同流合污，没多久就辞职了。

公元 405 年秋，陶渊明为了养家糊口，来到离家乡不远的彭泽县当上了县令。就在这年的冬天，郡守派一位督邮来彭泽视察政

事。这位督邮粗俗傲慢，喜欢阿谀奉承，而且惯于收受下官送的礼物。他一到彭泽县的驿舍，就差县吏去叫当地县令来见他。

陶渊明平时就蔑视功名利禄，不肯趋炎附势，也十分讨厌督邮的装腔作势，但碍于身份，也不得不去见这个督邮一面。他刚要动身，县吏拦住他说："大人，参见督邮得穿官服、系官带，不然又要被他怪罪了。"

陶渊明听了，再也无法忍受，长叹一声，说："我不能为五斗米而向这种乡里的卑鄙小人低头哈腰（吾不能为五斗米折腰，拳拳事乡里小人邪）！"说罢，便解去印绶，辞职离开了只当了八十一天县令的彭泽县。

不舞之鹤

【释义】　不会起舞的鹤。用来讥讽无能的人，或是表示自谦之词。

【出处】　南朝·宋·刘义庆《世说新语·排调》。

西晋时期，尚书左仆射羊祜家里养了一只丹顶鹤。这鹤通体雪白，只有顶上一点丹红，羊祜非常喜爱，常亲手给鹤喂食物。鹤吃饱之后，有时轻举两腿在庭园中悠闲地散步，像个谦谦君子；有时翅膀有节奏地扇动，时开时合，步子时缓时急，像个"舞蹈家"。每逢这种时候，羊祜就会高兴得心花怒放。

有一次，羊祜向一位客人夸赞自家的鹤如何有灵性，如何会起舞。客人很好奇，想看看"鹤舞"。羊祜便领客人到庭园中去看那鹤。哪知这鹤十分怕生，见有客人来，早已躲到树后。两人好不容易将它赶了出来，却见这鹤一身光洁的羽毛早已被树、草蹭得

凌乱肮脏，没有了平日的俊俏模样，而且耷拉着脑袋，任你怎么逗弄，就是不肯起舞。客人失望地说：“原来是一只不舞之鹤啊！”

不知人间有羞耻事

【释义】 形容某人做的事情太无耻了。

【出处】 宋·欧阳修《与高司谏书》。

北宋文学家欧阳修为官期间，正赶上国内阶级矛盾激化，农民起义不断爆发，北方又有西夏入侵。以范仲淹为首的一批大臣主张改革官僚政治，积极抵御外敌，却遭到宰相吕夷简等人的反对。范仲淹在吕夷简等人的诬蔑攻击下，被贬到饶州（今江西鄱阳）。

欧阳修和许多大臣一起上书皇帝，称赞范仲淹正直敢言，为官清廉，请求将他留在京城。可谏官高若讷却昧着良心说范仲淹该贬。欧阳修立即给高若讷写了一封信，痛斥了他一番。

欧阳修在信中写道：“过去我听人说，你是正直而有学问的君子，但是我现在很怀疑。所谓正直，是不可屈曲，有学问，能辨是非。你身为谏官，对范仲淹遭贬却不能公正地讲话，我才发现你不是一个君子。范仲淹刚正好学，博古通今，这在朝野上下是一致公认的。他只是得罪了宰相，你是害怕宰相，爱惜你的官位，贪图利禄而不敢说公正的话。你这样做，有何面目去见各位大臣？有什么资格出入朝堂称谏官呢？我看你是不知人间有羞耻事（足下犹能以面目见士大夫，出入朝中谏官，是足下不复知人间有羞耻事尔）！”

高若讷和吕夷简采取报复手段，把欧阳修逐出京城，降职为夷

陵（今湖北宜昌）县令。直到几年后，朝廷重新起用范仲淹，欧阳修才又回到京城。

不足为意

【释义】 形容不值得放在心上，有轻视之意。

【出处】 五代·后晋·刘昫等《旧唐书·李密传》。

李密原在隋朝做一个小官，十分好学。一次骑牛外出，他将一只装着《汉书》的袋子挂在牛角上，自己一手抓住牛身上的带子，一手拿着书本观看。越国公杨素见了，对儿子杨玄感说："我看李密的见识、气度，你赶不上。"杨玄感于是与李密结为朋友。

隋炀帝大业九年（公元613年），杨玄感准备趁炀帝亲自征讨高丽的机会起兵谋反。他悄悄要李密替他出主意。李密献了上、中、下三条计策：上策是趁天子远在高丽，出其不意，发兵到蓟州（今北京附近）扼住隋炀帝的退路；中策是关中仅有卫文升镇守，这人不值得放在心上（有卫文升，不足为意），可迅速发兵袭取长安，使天子失去后方；下策是就停在洛阳，这样胜败不可预料。

杨玄感虽有野心，但不图进取，便采用了李密的下策，结果败于隋朝大将宇文述之手，自己也被抓住。而李密后来却领导了瓦岗军起义，声势搞得轰轰烈烈。

C

才高八斗

【释义】 才：指文采、才华。形容人的文才高，知识丰富，才华出众。

【出处】 唐·李延寿《南史·谢灵运传》。

南朝宋时的谢灵运，是我国历史上的第一位山水诗人。他自幼聪明过人，读书用功，成年后承袭了祖父谢玄康乐公的爵位，于是后人又称他为谢康乐。

宋武帝初年，皇帝下诏，任谢灵运为秘书监，授命他撰写《晋书》。但他刚刚编撰出提纲，还没有将书完成，便又被提升为侍中，可见皇帝对他的器重。

谢灵运不仅诗文出色，在书法上更有着特殊的造诣，每写完一首诗，都会被皇帝收藏。但谢灵运志不在此，他还满怀着政治抱负，却一直难以施展，因为皇帝只肯把他当作一位出色的文人看待。于是他心中十分不快，为此经常不上朝，只在家中修建池塘，栽植树木，广置飞禽，每天吟一诗、写一字，以排遣心中的抑郁。偶有高兴之时，便出门游山玩水，短则三五日，多则几十天不归，既不向皇帝报告，也不通知有关的朝臣。

皇帝见谢灵运如此随意，便暗示他辞职。皇帝说："谢灵

运，你能诗善文，又钟情于秀山丽水，愿意沉醉于自然景色之中，你如果……那你就能写出更多的好诗文来。”

谢灵运明白皇帝的意思，便主动提出辞去职务。回到家乡后，他更加寄情山水，并且大兴土木，凿山挖湖。他在老家会稽修建的别墅，依山临水，茂林修竹，景致幽雅，宛若仙境。他每有一首新诗写出，便从此处传到京城，人们都争相抄录。

有人称赞谢灵运才华惊世，他自己却说：“天下才为一石，曹子建独占八斗，我得一斗，天下共分一斗。”意思是：把才华分成十份，曹植有八份，他自己一份，天下所有的文人共一份。

人们从他的话中总结出成语“才高八斗”，又作“八斗之才”。

才疏意广

【释义】 疏：粗疏；广：广大。形容人志向很大，但才干不足。

【出处】 南朝·宋·范晔《后汉书·孔融传》。

东汉末年的孔融，字文举，是孔子的第二十世孙，幼年时就被人称为奇才。孔融成年后，声望确实很高，志向也不能说不远大，可惜缺乏治政、治军的实际才干（融负其高气，志在靖难，而才疏意广，迄无成功）。因此，《后汉书·孔融传》中称他“才疏意广”。

当时，黄巾军起义声势浩大，一连占领了好几个州。孔融因为触犯了董卓，被派到黄巾军首当其冲的北海郡为相。孔融到北海后，一方面表彰儒家，厚待儒生；一方面集合民众，迎击黄巾将

领张饶，却很快被张饶打败。他只好收拾残兵败将，退保朱虚县。不久，黄巾再次攻打北海，孔融不能抵抗，移兵都昌县，却又被义军包围，情势万分危急，只得向当时任平原相的刘备求救。刘备派出三千人马，替他解了围。

以后，袁绍、曹操势力越来越大，孔融揣摩出这两人有图谋汉室的野心，便立志要为国家平定这两股势力，只是最终一点成效也没有。

建安元年（公元196年），袁绍的儿子袁谭攻打孔融，杀得孔融部下仅剩下了几百人。孔融却依旧凭桌读书，谈笑自若，直到夜间城破才仓皇逃到东山，妻儿全部被俘。后来，孔融死于曹操之手。

沧海横流

【释义】 横流：水往四处奔流。大海泛滥，到处奔流。比喻天下形势剧变，处处动荡不安。

【出处】 唐·房玄龄等《晋书·王尼传》。

晋代，洛阳有个人叫王尼，其妻早逝。因其对世事认识透彻，见解不凡，不少官员都很敬重他。西晋末年，匈奴等五个少数民族起兵反晋，天下战乱纷纷，洛阳也失陷了。王尼带上唯一的儿子，离乡背井，到江南躲避祸乱。二人赶着一辆牛车，东奔西走，白天赶路，到了晚间，父子俩就挤在牛车上过夜。露天之下，风寒霜重，哪里睡得舒服？王尼常常翻来覆去不能入睡，想到国家动荡不安，老百姓深受其苦，不禁喟然长叹：“天下动荡不安，真是处处不得安生啊（沧海横流，处处不安也）！”

后来，王尼父子流落到江夏，投奔了荆州刺史王澄，日子还算过得下去。但不久王澄死了，他们便失去了依靠，赶巧荆州又遭遇饥荒，再次沦落为难民的王尼父子找不到东西吃，便狠心杀掉了唯一的牛，并拆了牛车，用作柴火煮肉吃。结果牛肉吃完后，再也没有东西可以充饥，最后父子二人活活饿死。

沧海桑田

【释义】 海：大海。桑田：栽种桑树的田。大海变成了桑田，桑田又变成了大海。也简作“沧桑”。形容世间变化极大。

【出处】 晋·葛洪《神仙传·麻姑》。

东汉孝桓帝年间，有一个叫蔡经的人，得到仙人王方平的指点，尸解成仙。一天，他忽然回到家里，对家人说：“七月七日王方平仙师要来我家，可多备酒食，以供招待王仙师的从官。”

到了这一日，王方平果然降临。气势非同一般，随从都乘着龙，王方平则坐着羽毛装饰的轻车，仙乐阵阵，麾节旗幡前呼后拥。不过一到蔡家，那些随从都不见了，只有王方平一人在座。蔡经和他父母亲属上前拜见毕，王方平便派人去召麻姑来。蔡经虽已得仙，却不知麻姑是何许人，蔡家其他人就更不用说了。只见王方平的书信凌空飞去，一会儿又有信飞来，只是不见使者，却听一个女子的声音在说：“麻姑拜上：与您不见面已有五百年，一直想敬拜仙师您，却没有机会。刚才得到天帝的命令，让我去巡视蓬莱仙岛。现在要暂去一下，不过很快就会回来。但愿您稍等一下，不要马上离去。”

大约过了两个时辰，闻报“麻姑降临”，遂听到人马之声，麻

姑的随从队伍也很盛大，只是比起王方平来，人数只有一半。麻姑本人看上去仿佛人间十八九岁的漂亮姑娘，蓄着长到腰间的秀发，衣服不知是什么质料制的，上面绣着美丽的花纹，光彩耀目。她进来拜见王方平，王方平也站起来迎接她。坐好后，他们各自招呼隐身的随从送上随身带来的食物，都是金盘玉杯，饭菜大多是各种花果做的，香气散布在室内外；吃的肉脯，据说是麒麟肉。

席间，麻姑对王方平说："自从得了道接受天命以来，我已经三次看见过东海变为桑田，这次到蓬莱去，我看见那里的海水又比从前减少了一半，难道又要变成陆地吗（接待以来，已见东海三为桑田。向到蓬莱水浅，浅于往者会时略半也。岂将复还为陵陆乎）？"

王方平叹息道："是啊，圣人们都说，大海的水在下降。不久，那里又将扬起尘土了。"

宴饮完毕，王方平、麻姑各自召来车驾，升天而去。蔡家原来准备招待仙官随从的酒食被吃得干干净净，只是他们并没看见有人来吃过，也不知酒食怎么被一扫而空的。

差强人意

【释义】 差：尚，稍微；强：振奋。本指尚可振奋人心。也指大体上还能够使人满意。

【出处】 南朝·宋·范晔《后汉书·吴汉传》。

吴汉，字子颜，东汉初期南阳人，曾为亭长，后投奔刘秀，被封为大将军。建武四年（公元 28 年），鬲县（今山东德州）百姓驱逐地方官，占领城池，扯旗造反。众将主张进攻鬲县平乱，吴

汉严厉地说：“百姓被迫造反，一定是地方官贪酷造成。敢向鬲县用兵者，杀无赦！”

他一面命人发出文告，逮捕鬲县地方官；一面派人向鬲县起义者赔礼，起义者立即开城归降。诸将叹服吴汉用兵高明，赞道：“不战而收复城池，非我等所能比的啊！”

建武十一年（公元35年），吴汉又率军进军四川，征讨公孙述。大军一路所向披靡，直逼成都。吴汉自率军士两万屯兵江北，命副将刘尚统兵万人屯兵江南。

刘秀得知吴汉这种军事部署，大惊之下去诏批评说：“我命你小心谨慎，没料到你却在强敌面前胡来！你孤军深入，又分散兵力，如公孙述攻击刘尚，同时派人阻击你的增援部队，刘尚一旦战败，你就危险了。趁现在还没出事，应立即合兵一处。”

刘秀的诏书还没到，吴汉已战败归营，刘尚此时也被包围。吴汉对将士说：“我们必须悄悄与刘尚会合，否则两处被围，必死无疑！”接着他命人闭营三日，在营内多竖军旗，趁深夜引兵疾进，与刘尚合兵一处，打败江南敌军，使汉军转危为安。后来，吴汉与公孙述在成都激战八次，每次都大获全胜。公孙述最终兵败被杀，吴汉得胜回师。

基于吴汉的几次表现，刘秀曾不无宽慰地赞许他说：“吴汉还算令人满意呀（吴公还算差僵人意）……”由于“强”与“僵”为通假字，人们现在都说成“差强人意”。

长袖善舞

【释义】 原意是指穿着长袖衣服舞起来才好看。现比喻有良好的条件，做事情就容易成功。也比喻有手腕的人善于钻营。

【出处】《韩非子·五蠹》。

战国时期，秦国受到了楚国威胁，而名将白起已死，秦昭王便想激励范雎亲自统兵，可范雎不懂军事，心中又急又怕。这件事被燕国人蔡泽听说了，他立即动身来到秦国。

蔡泽也是个策士，曾经四处游说诸侯，结果到处碰壁。他双肩高过脖子，鼻子如蝎虫，高高的个头，双膝却弯曲。总之，长相古怪而又丑陋，让人不忍看第二眼。蔡泽到了秦国立即到处扬言说："燕国人蔡泽是个雄辩多智的奇才，只要能见到秦王，一定会代替范雎为秦国丞相。"

范雎听到蔡泽的扬言，觉得很可笑，有些鄙夷不屑地说："我精通三皇五帝的业绩，熟悉诸子百家的学说，天下人没有我的对手，他凭什么能夺我的相位？"于是决定召见蔡泽，想当面考察一下蔡泽的学问。

范雎会见蔡泽时，态度十分高傲，不无讥讽地问："听说你要代替我为丞相，有这回事吗？"蔡泽很爽快地说："有的。"范雎饶有兴趣地问："能告诉我你的依据吗？"

蔡泽首先列举了吴起、商鞅、文种等名臣的辉煌功业，最后指出这三个人虽然为楚国、秦国、越国都立了赫赫功劳，但后来都死于非命。范雎深明蔡泽的用意在于劝他功成身退，却故意反驳说："这三个人结局不好，但不影响他们千古留名，我仍然认为他们是英雄。"

蔡泽说："被人诬害致死总不是智者的选择吧，他们满可以建功之后退隐山林，既建功立业，又保全了性命，为什么非死不可呢？"

范雎不自觉地说："他们也不愿遭杀身之祸，只不过身不由己

罢了。”

蔡泽说：“问题就在这儿，您已立下大功，以后再难有作为了，一旦失去秦王信任，只怕结果不会比吴起等人更妙，你为什么不举荐我为相，然后回家颐养天年，何必在恐惧中日夜不安呢？”

范雎想想自身的处境，同意了蔡泽的说法，于是推荐蔡泽为相，自己称病辞职。

这则成语出自《韩非子·五蠹》，司马迁也在《史记》中的“范雎传”之后评价说：“长袖善舞，多金善贾。信哉是言！”意思是范雎能利用自身优势将事情办好。

车载斗量

【释义】 用车载，用斗量。形容数量极多。

【出处】 晋·陈寿《三国志·吴书·孙权传》。

三国时期，东吴孙权杀了刘备的大将关羽，夺回了荆州，从此两国联盟破裂，成了仇敌。刘备亲自率领数十万大军，沿着长江水陆并进，直驱东吴，要为关羽报仇。孙权跟蜀讲和不成，只有投降魏国一条路了。可是派去的使者，既要能说服魏国去袭击蜀国的汉中，以解除蜀国对吴的进攻，又要能向魏称臣而不失体面。所以，这个使者很难当。

中大夫赵咨自告奋勇愿充使者。他拜见了魏帝曹丕，献上了孙权的表章。曹丕看了，自然明白他的来意。他先不说攻蜀的事，却问：“你们吴侯是怎样一位主子呢？”

赵咨回答说：“他是一位聪明仁智的雄略之主。”曹丕笑着说：“你过誉了吧？”

赵咨说："我没有过誉。吴侯把鲁肃从普通人中提拔出来，这是他的聪颖；从士兵当中选拔吕蒙做大将，这是他的明智；俘虏了于禁而不杀他，这是他的仁义；夺取了荆州却兵不血刃，这是他的智谋；据有长江三个州而虎视天下，这是他的雄才；如今向陛下称臣，这是他的策略。这些还称不上是'聪明仁智雄略'之主吗？"

曹丕又问："吴主可有学问吗？"赵咨说："吴主带兵百万，军务操劳；但一有空闲，就博览群书，只不过不像书生那样寻章摘句死读书罢了。"

曹丕忽然语气一变说："我想攻打吴国，你看怎么样？"赵咨说："大国有征伐的军队，小国有御敌的良策。"

曹丕又问："吴国难道不害怕我们魏国吗？"赵咨毫不让步地说道："我们吴国有雄兵百万，又有江汉天险，何畏之有？"

曹王停了一会儿，说："你们吴国像你这样的人才有多少？"赵咨笑道："特别聪明的人有八九十位，至于像我这样的，多得可以用车载，用斗量，数不清有多少（如臣之比，车载斗量，不可胜数）。"

曹丕点点头说："你可谓不辱使命啊！"

于是曹丕下诏册封孙权为吴王。赵咨告辞魏帝回东吴去了。

沉鱼落雁

【释义】　形容美貌的女子，使鱼下沉，雁落下来，不敢与之比美。

【出处】　《庄子·齐物论》。

春秋时代，越国被吴国所灭后，越王勾践一心想洗雪耻辱。他一方面卧薪尝胆激励自己；一方面物色美女，想用美人计腐蚀吴王的志气。

诸暨苎萝村有个美女西施，她每日在溪边浣纱。溪中的鱼见到西施的美丽，也觉得羞惭，不敢浮上水面，都沉到水底去了。后来范蠡找到她，把她献给吴王，果然迷惑了吴王。吴王从此不理国政，于是勾践养精蓄锐，终于一举攻陷了吴国。

汉元帝时，皇宫遍选天下美女入宫。当时的美女王昭君被选为第一，但佞臣毛延寿因没有得到贿赂，故意把昭君画得很丑，使她得不到皇帝的宠幸。某日，昭君夜深郁闷，便弹琵琶遣兴，元帝听见后循声觅去，见面之后惊呼为天人，很快便将她封为明妃，并下旨将枉报的毛延寿斩首。毛延寿闻讯后逃至匈奴，并将昭君图像献于呼韩邪单于。单于见图后，教番使来索昭君。元帝大怒不允，但昭君深明大义，以国事民命为重，慨然前往，元帝无奈，只好答应。临行时，元帝亲送昭君至灞陵桥上，此时正好有一群大雁在空中飞过，见到昭君美如天仙，赶紧躲到森林里去了。

《庄子·齐物论》中说："毛嫱、丽姬，人之所美也；鱼见之深入，鸟见之高飞，麋鹿见之决骤。"后人根据庄子的话及以上的传说，提炼成"沉鱼落雁"这一成语。

成也萧何，败也萧何

【释义】 指帮助他的和败坏他的是同一个人。

【出处】 汉·司马迁《史记·淮阴侯列传》。

韩信是建立汉朝的一名功勋之将。他原来在项羽手下当一名

侍卫官，不受重用，便投奔了汉王刘邦。开始刘邦只派他做一名管军粮的小吏。谋士萧何偶然与他谈了一次话，发现韩信才能出众，胸怀韬略，是个难得的人才，便想举荐他。可是，韩信见刘邦长期不理睬他，感到很失望，就偷偷离开了。萧何发现韩信走了，连夜追赶，总算把韩信追了回来。

刘邦对萧何的行为不理解，问："逃跑的将士有几十个，你不去追，为什么就追韩信一人？"萧何说："逃走几个将领没什么要紧，还可以招来。可是韩信是天下无双的将才，你想将来与项羽争夺天下，非此人不可呀！我劝你快下决心任用韩信吧！"刘邦听从了萧何的话，便想让韩信做将军。可萧何却不满意，说："做将军？不行，不行，这样留不住他，大材小用啊！"刘邦说："那就派人叫他过来，我给他一个大将军做做，怎样？""不行，不行，"萧何焦急地说："你总是那样轻慢无礼，如今封大将军怎么能像招呼小孩子那样呢？你要选择一个吉利日子，带上礼物，举行盛典，郑重其事地任命人家为大将军，韩信才会心悦诚服，全军将士也会服从！"

刘邦采用了萧何的建议，后来韩信果然为汉室江山的建立做出了不可或缺的贡献。然而刘邦做了皇帝以后，对韩信并不放心，担心他会谋取自己的皇位，就借故解除了他的兵权。韩信见自己受了怀疑，也便有了反叛之心，正当他犹豫不决时，萧何却设计将其骗入长乐宫中杀害了。

韩信能为汉朝建立功勋，成就功名，是与萧何的举荐分不开的；韩信最后失败被杀，也是与萧何分不开的。所以人们说韩信"成也萧何，败也萧何"。

城狐社鼠

【释义】 社：土地庙。城墙下的狐狸，土地庙里的老鼠。比喻有所依恃而肆意妄为的坏人。

【出处】 唐·房玄龄等《晋书·谢鲲传》。

王敦是晋元帝殿下的大将军，他骄狂狡诈，对皇太子敢起兴废之心，对皇帝敢耍两面三刀，对同僚更是阴险恶毒。他曾和镇北将军刘隗平素有矛盾，有时甚至闹到要皇帝亲自出面为他们调停。有一次，王敦和自己的长史官谢鲲议论朝政，谈到了刘隗。王敦说："我一向觉得刘隗是个奸臣逆党，必将危害社稷。我一直想把这个恶人从君王身边除掉，却始终没找到机会。不知你有什么办法？"

谢鲲想了片刻，摇着头说："将军，这使不得呀！刘隗的确是个祸患，但他像藏在城墙里的狐狸、躲在庙宇里的老鼠（隗诚始祸，然城狐社鼠也）。你要抓狐狸，恐怕要把城墙挖坏；要用火烧死或用水灌死老鼠，又可能毁坏了庙宇。如今，刘隗是皇上的近臣，颇得宠信，势力很大。有君王做靠山，要除掉他实在难上难。"王敦听了，心中不悦，但后来终于兴兵讨伐刘隗。

城门失火，殃及池鱼

【释义】 殃：灾祸；池鱼：池中的鱼。比喻无辜受牵连而遭受损失。

【出处】 汉·应劭《风俗通义》。

据传说，古时候，有一个人叫池仲鱼，住在宋国城门口附近。有一次，城门失火，大火烧到了他的家，把池仲鱼烧死了。

另外，还有一个故事说：古时候，有一次，宋国城门失火了。人们为了救火，就把护城河里的水汲上来浇灭大火。火扑灭了，但河水也枯竭了，鱼也都干死了。

后人便从故事中总结出了“城门失火，殃及池鱼”这个成语。

城下之盟

【释义】 盟：古代诸侯立誓缔约，这里指订立和约。在敌人兵临城下的情况下被迫签订的屈辱和约。后泛指签下的带有屈辱性的条约。

【出处】 春秋·鲁·左丘明《左传·桓公十二年》。

春秋时，楚国的近邻绞国是一个小国，在今湖北郧县西北。有一次，楚国发兵入侵绞国，集中兵力攻打绞国国都的南门。绞国人万众一心，只是坚守城池，并不出城迎敌。楚军一时倒也攻它不下。楚国大夫屈瑕说：“绞国人轻率，缺乏计谋，我们可以采取诱骗的办法引诱他们出城。这样吧，就让我们军中的伙夫去山中打柴，不要派士兵保护，绞国人看到了，一定会出来抓的。”

带兵的将领依计而行。果然，绞国人一看楚军的伙夫没有士兵保护，就冲出城来，一下就抓去了三十个楚国人。第二天，楚国人还是这样子去打柴。绞国人更加大胆，争着从北门纷纷出城，追到山里去抓打柴的楚国军人。楚军预先在山里设下埋伏，这时就一面堵住北门，一面伏兵齐起，把绞国军队打得大败，强迫绞国订立了“城下之盟”。而“城下之盟”就是指战败国在敌人

兵临城下（或大军压境）的严重威胁下被迫订立的屈辱性条约。

乘风破浪

【释义】 原意是船借着风势，冲开浪头前进。比喻不畏艰难险阻，奋勇向前。多含施展远大的抱负之意。

【出处】 南朝·梁·沈约《宋书·宗悫传》。

南北朝时，有个年轻人名叫宗悫，字元干。他从小就跟着父亲和叔叔舞剑弄棒，练拳习武，年纪不大，武艺却十分高强。有一天他哥哥结婚，家里宾客盈门，热闹非凡。却有十几个盗贼也乘机冒充客人混了进来，潜入宗家的库房里抢劫起来。一时间，众人都被惊呆了，不知如何是好。只见宗悫镇定自若，拔出佩剑，直奔库房。

盗贼一见来了人，挥舞着刀枪威吓宗悫，不许他靠前。宗悫面无惧色，举剑直刺盗贼，家人也呐喊助威。盗贼见势不妙，丢下抢得的财物，赶紧脱身逃跑了。宾客见盗贼被赶走了，纷纷称赞宗悫机敏勇敢，少年有为。

他的叔父宗炳曾问他将来长大后干什么？他昂起头，大声地说："愿乘长风破万里浪，干一番伟大的事业！"

果然，几年以后发生了国难，宗悫自告奋勇地请求参战，被皇帝任命为振武将军，替国家打了不少胜仗，立下许多战功，最后被封为洮阳侯，终于实现了少年时的志向。

乘龙快婿

【释义】 比喻才貌双全的称心女婿。

【出处】 汉·刘向《列仙传》。

春秋时期，秦穆公有个小女儿，非常喜欢西戎国贡献的一块碧玉。穆公便给女儿起名为“弄玉”。弄玉公主长到十几岁，已是姿容无双，聪颖绝伦，但她性情孤僻，尤其厌恶宫里烦琐的礼仪，经常一个人待在深宫里，品笛吹笙。穆公见她这么喜欢笙，便命名匠把那块美玉雕成碧玉笙送给她。公主自从得了碧玉笙，练习吹笙的时间更长了，技艺也更加精湛了。

后来，穆公欲为女儿召邻国王子为婿，以便将来她可做国君夫人。但弄玉不从，她自有主张，声称自己的夫君必须得是个懂音律、善吹笙的高手，否则宁可不嫁。穆公珍爱女儿，只得依她。

有天夜里，弄玉公主在月光下赏月，倚着栏杆吹起笙来。这时，似有一阵袅袅的仙乐，在和着公主的玉笙。公主仔细一听，是从东方远远传来的洞箫声。一连几夜，都是如此。公主便把有人在远处为她伴奏的事情告诉了父亲。穆公便派大将孟明根据公主所说的方向去寻访吹箫的人。一直寻到华山，孟明才从樵夫们口里打听到这个吹箫之人。原来他是个青年隐士，名叫萧史，在华山中峰明星崖隐居。这位青年人喜欢吹箫，箫声可以传出几百里。孟明便来到明星崖，找到了萧史，把他带回秦宫。

萧史来到秦宫，正好是中秋节。穆公见他举止潇洒，风度翩翩，心里十分高兴，马上请他吹箫。萧史取出玉箫，吹了起来。一曲还不曾吹完，殿上的金龙、彩凤都好像在翩翩起舞。大家不约而同地齐声赞道：“真是仙乐！真是仙乐！”

后来，萧史和弄玉结成夫妻，开始教弄玉吹箫学凤凰的鸣声。十几年后，弄玉吹出的箫声就和真的凤凰叫声一样了，甚至能把天上的凤凰也引下来停在他们的屋子上。秦穆公还专门为他们建造

了一座凤凰台。萧史、弄玉就住在那里，不饮不食，不下数年。

一天晚上，奏完笙箫之后，萧史对公主说："我很怀念华山幽静的生活。"公主也说："这宫廷生活，我压根儿就厌烦，我愿意与你去同享山野的清静！"从此，二人便隐居在华山的中峰之上。有一天，弄玉带着玉笙乘上彩凤，萧史带上玉箫跨上金龙，一时间龙凤双飞，双双升空而去。当时的人们便把萧史称为乘龙快婿。

程门立雪

【释义】 程：指宋代理学家程颐；立雪：在雪中侍立。冒着大雪在程颐的门前站着。比喻虔诚求教及尊敬师长。

【出处】 元·脱脱等《宋史·杨时传》。

程颢、程颐兄弟是北宋时著名的哲学家、教育家，到他们门下求学的人特别多。杨时和游酢就是其中的两位。

杨时从小就很聪明，什么事情都好刨根问底，而且反应机敏，口齿伶俐，长大后专心攻读经史。游酢是杨时的挚友，两个人志同道合，常常就一些问题做秉烛之谈。

杨时跟一般文士不同，他虽然考取了进士，却淡泊名利，几次放弃了做官的机会，一心致力于理学研究，渴望达到最高的境界。当时程颢住在河南颍昌，杨时经常登门求教，以弟子礼事之，得到了不少教益。

在杨时四十岁的时候，程颢被宋哲宗皇帝召为宗正寺丞，可是，还没等杨时为先生饯行，程颢就病死了。杨时感到特别悲痛，发誓要把先生的理论发扬光大。为了掌握理学的精髓，杨时决定奔

赴洛阳，拜程颐为师。游酢也不辞辛苦，与杨时结伴而行。

来到洛阳，天已经黑了，他们在一家小店住下。当晚，杨时和游酢很晚才睡，把需要请教的几个问题整理出书面提纲。第二天，他们换上整洁的衣裳，奔程颐家而来。路上，刮起了大风，很快又飘起了雪花。到程颐家时，正巧程颐在案头打盹。杨时和游酢就恭恭敬敬地站在窗下，等候先生醒来。

这时，风越刮越急，雪越下越大。他们俩冷得很，却连跺跺脚都不肯，生怕惊动了先生。那份谦恭的态度，与当年刘备三顾茅庐一样感人。

当大雪已经漫过两人的脚踝，程颐才慢慢醒来。他看到窗下的两个雪人，心里深为感动，忙把他们请进屋里。从此，程颐倾毕生所学，教授两个弟子。杨时和游酢则勤学好问，潜心研究，后来都成为厚学之士。

杨时死后，元代的文人谢应芳在一首纪念他的诗中说："卓彼文靖公，早立程门雪。"后人就用"程门立雪"这个成语，来比喻尊师好学的精神。

惩前毖后

【释义】 惩：警戒；毖：谨慎。指把以往的错误作为教训，使以后谨慎行事，不会再犯相同或类似的错误。

【出处】 《诗经·周颂·小毖》。

周朝建立不久，武王就病故了，其子姬诵嗣位，史称周成王。当时周成王尚幼，不知如何处理朝政，便由武王之弟姬旦（即周公）辅佐，全权处理朝政。

当时，武王的两个弟弟管叔和蔡叔，都有极强的政治野心，便四处散布流言蜚语，说周公要废掉成王篡夺天下，企图制造混乱。周公听了这些流言，心中非常不安。虽然他问心无愧，但觉得自己所处的地位容易被人们猜疑，便对周成王说："大王，最近几年来我身体很不好，准备到洛阳休养一个时期。朝中的大政要事您就与众位大臣多商议一些吧！"周成王不知道周公是为了避嫌才离开，真的以为他病了，也就十分勉强地同意了。

周公征得周成王的同意，立即动身去洛阳休养。结果没离开多久，周成王便十分思念他，尤其遇到难以解决的问题时，连个商量的人都没有。于是，成王便派人到洛阳去看望周公。

周成王的使者来到洛阳，向周公言明周成王对他的思念，而后回去复命。使者对周成王说："周公身体很好，我看他没有什么病。据我了解，他是为了避免嫌疑才离开大王的。"

周成王了解了真相，马上亲自赶到洛阳，迎周公还朝，处理国事。管叔和蔡叔见周公复出，知道阴谋难以得逞，索性勾结了纣王的儿子武庚公开叛乱。周公听说管叔和蔡叔勾结武庚谋反，又亲自统率大军平息了叛乱。

几年后，成王长大了，周公便将大政归还给他。周成王感激周公的勤恳无私，在祭祀祖先的典礼上，念了一首《小毖》诗，其中有一句："要惩戒过去的错误，防止后患（惩前毖后）。"成语"惩前毖后"也由此而来。

惩一儆百

【释义】 儆：促使人自己醒悟而不犯错误。惩罚一个人以使更多的人受到警戒。

【出处】 汉·班固《汉书·尹翁归传》。

西汉时，山东以南、江苏以北的地方被称作东海。此处有个叫许仲孙的豪强。此人不仅残酷异常、贪婪无比，而且非常好色。他作恶多端，一贯横行乡里。

离许仲孙家不远处，住着一对年轻夫妇。丈夫是位读书人，妻子贤惠美貌，在家操持家务。他们靠祖上留下的几十亩肥沃良田，男耕女织，过着与世无争、无忧无虑的幸福生活。

许仲孙看上了邻居的良田，便千方百计地要弄到手。这一天，许仲孙来到邻居家，一进门便对那位读书人说："那么好的土地，你们既不会种，又不会管，我看我出两个钱，你们就卖给我算了！"读书人哪里肯，便说："这几十亩土地是祖上为我们留下的，我们靠它生活。卖给你，我们将来如何生活？不卖！"

许仲孙满以为只要他几句话，那几十亩良田便会到手。没想到这读书人竟这样不给面子，一口回绝，根本不留任何商量的余地。他不禁勃然大怒，挥拳就朝读书人打去。却惊动了读书人的妻子。许仲孙正在打人，看到一位如花似玉的女子从里屋出来，马上停下手，直直地瞪着两眼，死死地盯住读书人的妻子。过了好一会儿，他才不知羞耻地说："地我不买了。读书人，我们商量商量，你将这个美人送给我做小妾吧！"

读书人和妻子听了许仲孙的话，气得浑身发抖，大骂许仲孙是人面兽心。许仲孙一时性起，竟打死读书人，将读书人的妻子抢走了。

许仲孙杀人抢妻，可谓作恶多端，但没有人敢去管他。读书人的弟弟便到县衙门告状。县令派下人来调查，许仲孙就花钱将这桩大案了结了。

东海太守一连换了几任，谁都没有惩办他，结果东海郡内，强取豪夺之风盛行，治安很乱，百姓苦不堪言。河东太守田延年巡视平阳时发现市吏尹翁归是个难得的人才，于是奏请皇上任命他为东海太守。来到这个强盗横行的地方，尹翁归决定采取杀一儆百的办法，逮捕处决了豪强许仲孙，此后再没人敢胡作非为，东海郡从此安定了（翁归治东海明察……其有所取也，以一警百，吏民皆服，恐惧改行自新）。

痴人说梦

【释义】 痴：呆，傻。原指对傻子说梦话而傻子信以为真。后比喻愚蠢的人凭着自己的荒唐想象胡言乱语，无法让人相信。

【出处】 宋·释惠洪《冷斋夜话》卷九。

唐高宗时，有个性情古怪的和尚，曾在长江与淮河一带游历。他的言谈举止十分古怪，和一般和尚不同，非常惹人注意。

人们好奇地问他："何姓？"

他回答说："姓何。"

又问他："何国人？"

他回答："何国人！"

人们当他装疯卖傻，始终不知道他的姓名和来历。

和尚死后，李邕打算替这个怪和尚立碑作传，因不懂他所说的话的意思，只好根据他当年的回答写道："大师姓何，何国人。"此事被后人当成笑话，认为和尚原来好比"对痴人说梦"，而痴人竟会信以为真（大师姓何，何国人。此正所谓对痴人说梦耳）！

魑魅魍魉

【释义】 魑魅：古代传说山里、湖沼里的鬼怪。 魍魉：古代传说中的山川精怪。 害人的鬼怪。 用以比喻各种各样的坏人。

【出处】 春秋·鲁·左丘明《左传·宣公三年》。

春秋时代，各诸侯都自立为王，周天子已经失去了对各个诸侯国的控制能力。

公元前606年，春秋五霸之一的楚庄王，率军征讨小国陆浑。路过洛阳郊区时，为了炫耀武力，他竟在周朝境内陈兵示威。

周定王非常惊恐害怕，急忙派大臣王孙满带上许多礼品去慰劳楚庄王。 楚庄王对周定王派来的使臣十分无礼，耀武扬威地向王孙满问道："你们周朝王宫里珍藏的'鼎'是个什么样子？ 大小轻重怎么样？"当时的"鼎"是周王朝最高权力的象征。 楚庄王问鼎，就表明他有夺取周王朝政权的野心。

王孙满含蓄地说："鼎上铸有妖魔鬼怪等图像，这是为了使老百姓都了解妖魔鬼怪的凶恶形象，即使到了山林水泽之处，碰见害人的鬼怪，也能识别躲避（魑魅魍魉，莫能逢之）。 得到王位，不在于有没有鼎，而在于有没有很高的威望。 现在周天子地盘虽然已经不大了，但是他的德望还在，江山还不会丢掉。"

楚庄王听了王孙满的一番议论，考虑到自己实力还不够雄厚，特别是威望还不足以服人，便带兵离开了洛阳。

尺璧寸阴

【释义】 璧：美玉；阴：光阴，时间。 是"尺璧非宝，寸

阴是金”两句话凝缩而成。形容时间宝贵。

【出处】 南朝·梁·周兴嗣《千字文》。

陶侃是东晋时的将领，曾被排挤到广州当刺史。当时的广州是个偏远的地方，陶侃到了那里，没有多少公事要做，又不愿在衙门里过着闲散的日子，便叫人准备了百来块砖头，整整齐齐地叠放在院子里。每天清早，他把这些砖头一块块搬到屋外远处的空地上；到了傍晚，再把这些砖头一块块搬回院子里。天天如此，从不间断。

府吏们觉得奇怪，就问："刺史大人，你每天不嫌劳累，把这些砖搬进搬出，是为了什么呀？我们派人帮你搬就是了！"

"不必不必！"陶侃笑着回答说，"我虽然身在南方，可心里还是没有一刻忘记恢复中原。要是现在懒散惯了，那将来一旦有事，恐怕就担当不起了，所以我要用运砖来磨炼自己的意志和筋骨。"

不久，陶侃又调回荆州。荆州刺史的公务十分繁忙，有人劝他公务之余应该注意休息，可他说："古时候的大禹，是个圣人，他还要爱惜寸阴，那我们这些平常人更应该爱惜光阴才对，真所谓'尺璧非宝，寸阴是金'啊！"听他这么说，大家都受到很深刻的教育。人们也从这番话中提炼出成语"尺璧寸阴"。

尺寸之功

【释义】 尺寸：形容较小。形容功劳微小，不值得提及。

【出处】 汉·刘向《战国策·燕策一》。

战国时期，齐国发兵攻打宋国，要求燕国也加入这次行动。

宋国国君惊恐万分，便和谋臣苏代商量对策。苏代便给燕昭王写了封书信，劝说燕国背弃齐国，进而联合秦国一道去攻打齐国。他在信里大致这样写道：“燕国助齐攻宋，实在是劳民伤财。齐国灭宋以后，进而践踏楚国的淮北地区，这就壮大了齐国，而使您显得弱小。您听从齐国人，是大大的失误，劳民伤财又无尺寸之功，结果却是灭了宋国而壮大了您的敌人——齐国，从而燕国将要世世代代受它的祸害了（夫民劳而实费，又无尺寸之功，破宋肥仇，而世负其祸矣）……话虽如此，但我还听说过，聪明人办事，是能够转祸为福，反败为胜的。现在莫不如表面上尊齐为霸主，压抑秦国的地位，扬言大家一道排斥秦国。秦国一旦发现自己屈居齐国之下，则凡是打击齐国的事，秦国一定拼命去做。那时，君王您再派人去秦国，游说秦王说：‘把燕国、赵国从齐国的阵营里拉过去，然后约定，秦为西帝、赵为中帝、燕国为北帝。三帝号令诸侯，如韩、魏两国不服从，秦国便去攻打它；齐国不服从，燕、赵联合攻打它，天下谁敢不服从我们呢……燕、赵如果能如愿以偿，那么，抛弃齐国，岂不就像扔掉一只破鞋那样简单……’秦国如果听到这些话，一定会动心。这样，秦国必然要攻打齐国……”

燕昭王读罢此信，十分赞赏苏代的才能和见识，于是召来苏代，并与他策划联秦攻齐。后来终于打败了齐国。

赤地千里

【释义】 赤地：寸草不生的土地。形容灾荒过后，大片土地荒芜的景象。

【出处】 《韩非子·十过》。

春秋时期，有一次，卫灵公到晋国去，途中夜宿在濮水上游，夜半时分听到了一种神秘的琴声，好像是鬼神的弹奏。他便令乐官记录下来，在会见晋平公时做了演奏。晋国乐官师旷当即阻止说：“这是亡国之音！”但晋平公特别爱好音乐，还是听到了一曲终了。

晋平公意犹未尽，又问师旷还有没有更富感染力的音乐，师旷说有这种音乐，但道德修养不够的，不可听这种音乐。见平公面露不悦之色，师旷只得勉强做了两次演奏。

第一次演奏即出现了异常现象：有十六只黑色仙鹤群聚在大厅门口鸣叫飞舞。第二次演奏，则使晋国招致了极大的灾难：奏第一段时，有白云从西北天边涌起；奏第二段时，大风刮起，大雨紧随，厅瓦吹飞，左右大臣一个个吓得奔跑逃命，平公也心惊胆战，匍匐着躲在走廊旁边的房间里。此后，晋国发生大旱灾，千里之内寸草不生（晋国大旱，赤地千里），长达三年之久。

师旷的演奏和晋国的大旱当然只是一种巧合，但把音乐与人心、德义、治道的得失联系起来思考，则给人以启迪。

垂帘听政

【释义】 指太后或皇后临朝管理国家大事。用垂下的帘子隔开朝堂，听取官员的意见。

【出处】 五代·后晋·刘昫等《旧唐书·高宗纪下》。

唐高宗李治体弱多病，经常不能上朝理事，时间一长，奏章堆积如山，国事一团乱麻。

皇后武则天机敏过人，办事果决，她觉得国事不能没人处理，

于是亲自批阅奏章，朝廷内外，事无巨细，都由她做出决断。

当时有一个曾担任过弘文馆学士、西台侍郎等职的上官仪，一向被武则天所憎恶，麟德年间又被人告发与早已废黜的太子忠通谋。武则天发现告发上官仪的奏章后，毫不手软，立即降诏将上官仪打入天牢，籍没了他的全部家产，并最终将他折磨致死。

上官仪之死，也就为武则天临朝听政扫清了最后一个障碍。此后，唐高宗每次上朝，武则天总是在御座后垂挂的帘子内端坐着，朝中大小事务都由她参与处理。朝廷内外都把武则天和唐高宗并称为“二圣”（天后垂帘于御座后，政事大小皆预闻之，内外称为二圣）。

春风风人，夏雨雨人

【释义】 比喻帮助了人，人家也会给予回报。

【出处】 汉·刘向《说苑·贵德》。

春秋时，梁国相国孟简子因罪逃亡到齐国，齐国相国管仲亲自出迎。当管仲看到孟简子时，不禁大吃一惊：他一身破破烂烂，满面灰尘；跟随他的仅有三人！

管仲问道：“你在梁国做宰相时，门下的食客难道仅有三人吗？”

孟简子不好意思地回答说：“岂止三人，共有三千多人。”管仲一时困惑起来，不解地说：“今天随你出逃的却是这三人，唉，他们为何不愿离开你呢？”

孟简子回头望了望跟在身后的三人，一个一个地指着说：“这一个，他父亲死后，无钱安葬，我就替他安葬了；这一个，是他母

亲死了，也是无钱安葬，我替他安葬了；这一个，是他哥哥被抓进监狱，我知道后，设法把他哥哥从监狱中解救出来。我做宰相时，就做了这点好事，所以，他们才跟来。”

管仲听后，感慨万分，想起自己在齐国变法革新，虽然使齐国强盛起来，但却得罪了不少的人。他把孟简子安顿好后，就乘车返回家里。在路上，他自言自语地说：“看到孟简子，我想到了我的今后。唉，来日我一定比他还穷困！我不能像春风那样，轻轻地吹拂每一个人；也不能像夏雨那样，滋润着每一个人（春风风人，夏雨雨人）！来日，我一定穷困！”

此可忍，孰不可忍

【释义】 指这事（人）能容忍，那么还有什么不能容忍的呢？

【出处】 唐·房玄龄等《晋书·解系传》。

晋朝时，济南的解系曾担任过中书黄门侍郎、散骑常侍、豫州刺史、雍州刺史等官职。

一年，适逢氐、羌叛乱，朝廷命令解系与征西将军赵王司马伦一起前去征讨。司马伦当时特别信任一个名叫孙秀的奸邪小人。此人在军中横行霸道，寻找各种机会打击解系，朝廷为了防止内部摩擦，便调回了司马伦。

解系深知孙秀是个祸害，便上表皇帝，主张杀掉孙秀，可是没被获准。后来，赵王司马伦和孙秀则在皇上面前说了解系不少坏话，皇帝听信谗言，不辨忠奸，把解系削职为民了。

司马伦和孙秀对解系却仍然耿耿于怀，欲置之死地而后快，后

来找个机会抓了解系。梁王司马肜知道解系的冤情，于是上奏皇帝，想营救他。

赵王司马伦听说后，十分生气，说：“我在水中见蟹，尚且厌恶它，何况解系是那样看不起我！如果这个人可以容忍，还有谁不能容忍（此而可忍，孰不可忍）？”

梁王力争，未能奏效。解系被投入井中淹死，妻子、儿女也都被杀害。

从善如流

【释义】 听从高明的正确的意见和建议就像水从高处流下来一样顺畅。

【出处】 春秋·鲁·左丘明《左传·成公八年》。

春秋时，一次楚军攻打郑国，盟国晋国见郑国抵挡不住，就派栾书率领大军去救援郑国。楚军见晋军来势勇猛，就退兵回国了。栾书便领兵攻打楚国的盟国蔡国，楚国忙派公子申、公子成二人，率领申县、息县军队，前往救援。

栾书准备出战，知庄子等三人劝道：“楚军退而复返，很难对付。如果我们打胜，只不过是打败了楚国两县的军队，不足为荣；如果打败，那就耻辱极了，因此不能打。”

栾书听了，便准备收兵。可又有人说：“元帅卿佐共有十一人，只有三人不主张打，可见主张打的人占多数。为什么不按多数人的想法办事呢？”

栾书回道：“正确的意见才能代表多数，知庄子他们三位是晋国的贤人，他们的建议正确，能够代表大多数人。我应当采纳他

们的意见。”于是，他下令退兵。过了两年，栾书趁楚国不备，再次出兵攻打蔡国、沈国，结果很快取得了胜利。

《左传》中有一句赞扬栾书的话：“从善如流，宜哉！”成语“从善如流”即由此而来。

摧枯拉朽

【释义】 摧：破坏；枯：枯草；拉：折断；朽：朽木。摧毁枯草，折断朽木。比喻腐朽势力或陈旧事物非常容易被破坏掉。

【出处】 唐·房玄龄等《晋书·甘卓传》。

东晋永昌元年，镇东大将军王敦兴兵反叛朝廷。起兵时，王敦曾劝说当时的安南将军、梁州刺史甘卓同往。甘卓迫于王敦的淫威答应下来，但到了出发那天，甘卓却没有到，只派了一个名叫孙双的参军到武昌来，反劝王敦不要反叛。王敦故作惊讶，对孙双说：“甘将军没有明白我上次和他谈论的意思吗？此番发兵，只是去清除皇帝周围的坏人，绝无他意。”孙双回禀甘卓，甘卓仍然拿不定主意。

这时，湘州刺史司马承派主簿邓骞来到襄阳，动员甘卓忠于朝廷，讨伐王敦。甘卓的另一个参军李梁极力奉劝甘卓伺机而动：如果王敦取胜，他必将重用甘卓；如果王敦不胜，朝廷也会重用甘卓，让他起兵平乱。这样，无论哪一方取胜，甘卓都没有亏吃，只会得到好处，因此不能轻易兴兵决战。

邓骞反驳李梁，指出如果甘卓脚踩两只船，必招祸患。邓骞分析说：“王敦兵马不过万余，守卫武昌的不足五千；甘卓的军队

二倍于敌，进军武昌定能取胜。”

邓骞又说：“逆流而上的敌人，奋力划船以保不翻船还来不及呢。将军您进军武昌就像毁灭枯草，折断烂木头一样轻而易举（溯流之众，势不自救，将军之举武昌，若摧枯拉朽）。”可是甘卓仍然犹豫不决。

结果王敦挥师东下，见甘卓不来响应，又派参军乐道融去襄阳，进一步劝说甘卓起兵。不料乐道融并无反叛之意，反而劝甘卓起兵讨伐王敦。甘卓这才下了决心，调兵遣将，攻打王敦占据的石头城。王敦得知甘卓率军前来讨伐，惊恐万状，急派甘卓的侄儿面见叔父，请求和好。都尉秦康劝说甘卓忠于朝廷，切莫姑息养奸。但是，甘卓年老多疑，优柔寡断，不听秦康的正确意见，竟然回师襄阳了。后来，襄阳太守周虑等人与王敦勾结，将甘卓暗害。

甘卓本来可以轻而易举地消灭王敦，结果由于他的优柔寡断，反被王敦暗算。

厝火积薪

【释义】 厝：放置的意思。把火放在柴堆中。比喻隐藏很大的危险。

【出处】 汉·班固《汉书·贾谊传》。

西汉初期，著名的辞赋家、政论家贾谊，年轻时以文才闻名于世。二十多岁时，被汉文帝召进京城做官。后来被任命为文帝的小儿子梁怀王的太傅。梁怀王很受文帝宠爱，又爱好读书，贾谊便在各方面辅导他。

当时，北方的匈奴不时地侵扰边境。并且，天下刚刚安定，制度还很不完备。诸侯王也常常自比天子，占地超过规定的范围，有的甚至还发动叛乱，直接威胁着朝廷的安全。在这种情况下，贾谊多次上疏，提出改革政事，建立制度的建议。其中最有名的是《陈政事疏》，也叫《治安策》。他写道："现在一些向皇帝陈述意见的人都说，天下已经太平安定了，已经治理得很有条理了。臣以为并非如此。说这些话的不是愚蠢的人，便是奉承之徒，他们都不是讲求实际、真正懂得治和乱的人。当前的形势，就好比把火放在堆积的干柴之下，而自己则躺在干柴上面，因为火还没有燃起，就说很太平（夫抱火厝之积薪之下，而寝其上，火未及燃，因谓之安）。目前的时势不正如此吗？本末倒置，上下割裂，制度混乱，毫无条理，怎么可以说是太平呢？"

在叙述了当前的危急形势后，贾谊又举出目前存在的九大问题，进谏汉文帝要抓住时机采取有力措施，加以改革。后来，朝廷采纳了贾谊的建议，对巩固中央集权起到了一定的作用。

D

大功毕成

【释义】 指巨大的工程或伟大的功勋完成了。

【出处】 汉·班固《汉书·王莽传》。

西汉末年，外戚专政。 汉元帝皇后的侄子王莽权重一时，先后被封为新都侯、安汉公。

有一年，王莽上奏皇帝，提议模仿周公建造明堂，设立雍灵台，集中天下学者讲学和著书。 其真实目的无非想借此来抬高身价，标榜自己是当时的周公。

王莽为那些求学和研究的人提供各种有利条件，先后网罗各种人才数千人。 这些人来了之后，王莽便让他们按照自己的意思著书立说，并纠正对他不利的“异端邪说”。 不少大臣纷纷上书讨好王莽说：“当年周公辅政，制定制度尚且用了七年时间，后来明堂毁坏，雍灵台倒塌，千年以来未有人重新兴建。 现在安汉公辅佐陛下，仅仅四年时间，功德就非常显著了。”

王莽听后更为得意，先后又集中各地书生乃至平民十万多人写诗文为他歌功颂德，经过二十天的奋力写作，这些诗文才全部完成，亦即所谓“大功毕成”。 从此王莽的野心越来越大：先是毒死汉平帝，自称“假皇帝”；最后干脆自己称帝，改国号“新”

朝。在位十几年后，最终被赤眉、绿林等农民起义军所杀。

代人捉刀

【释义】 捉刀：代别人写文章。请人代笔作文。也可指代人做事。

【出处】 南朝·宋·刘义庆《世说新语·容止》。

三国时期，曹操部下有一个叫崔琰的武官，生得相貌俊美、仪表堂堂。他胸前的长须，飘飘洒洒，更显得威武不凡。曹操认为自己的相貌远不如他。

有一次，匈奴派使者要见曹操，曹操为了让外国使者见而敬畏，就叫崔琰冒充他代为接见。接见时，崔琰穿戴了魏王的衣帽，比平时更有精神。曹操自己却佩着刀，毕恭毕敬地站在崔琰的座位旁，装作侍卫的样子，从旁边观察匈奴使者的态度。

接见过后，曹操还想知道匈奴使者的反应，便派人去打听："你看我们的魏王怎么样？"使者说："魏王固然仪表出众，可是那个在一旁的捉刀人，才真正是一位了不起的英雄！"曹操听了以后，马上派人追杀这个使者。

这个故事后来演变为称代人作文为"捉刀"。例如请人代写文章，就叫"请人捉刀"；替人作文的人，就叫"捉刀人"。

待价而沽

【释义】 待：等待；沽：卖。等待高价才出卖。指等待有赏识人才的人出来，才为他出力效劳。也比喻某件物品要有个好

价钱才肯出售。

【出处】 《论语·子罕》。

孔子的一生当中，曾多次去游说许多国家，但都没有得到重用，所以有时难免大发牢骚。但他并不灰心，总希望有机会能施展才能，实现自己的理想。

一天，他的弟子子贡以一块美玉为例，问孔子是把它藏在柜子里，还是找一个识货的商人把它卖掉呢？孔子毫不迟疑地回答说：“卖掉它！卖掉它！我正在等待识货的人出现呢（沽之哉！沽之哉！我待贾者也）！”

成语“待价而沽”即由此概括而来。

箪食壶浆

【释义】 箪：古代盛饭的圆形竹器；食：食物；浆：汤。用箪装了食物，用壶装了水来，迎接军队。形容人民犒劳正义得胜的军队。

【出处】 《孟子·梁惠王下》。

战国时期，齐国攻打燕国，取得胜利。

齐宣王问孟子：“当初有人劝我不要吞并燕国，也有人劝我一定要去吞并。如今我想，以一个拥有万辆兵车的大国去攻打一个同样拥有万辆兵车的大国，只用五十天就打下来了，这一定是天意吧。”

孟子回答：“如果吞并它，燕国的老百姓会感到很高兴，那么就要吞并它。古人周武王就是这样做的。如果吞并它，燕国的老百姓不高兴，那么就不要吞并它。古人周文王就是这样做的。现

在齐国去攻打燕国，燕国的老百姓用竹筐装着菜饭，用壶装着酒浆来欢迎齐国的军队（箪食壶浆以迎王师）。没有别的意思，只不过是燕国人民想摆脱水深火热的苦日子。但是，如果你占领了燕国，却使燕国人民的灾难更加深重，那么燕国人民就会离开你，而希望别人去救他们。”

齐宣王听从孟子的劝告，为燕国另立了贤君。

箪食瓢饮

【释义】 箪：盛饭的竹器。一箪食物，一瓢汤水。形容生活的清贫。

【出处】 《论语·雍也》。

孔子一生共收了三千多名学生，其中得意门生有七十二个。在这七十二人中，他最喜爱和器重的就是颜回。

颜回对孔子也是十分尊敬，他对孔子的教诲身体力行，有了错误就努力改正，从不再犯第二次。孔子曾经说过：“自从我收了颜回这个学生，其他的学生对我更亲了。”

有一次，孔子带着一些学生周游列国，在路过匡邑的时候，突然遭到匡人的围困。颜回和其他几个跟着孔子一起周游的学生被冲散了，等到危险过去，颜回赶到孔子身边。

孔子说：“颜回，我以为你已经死了呢！”

颜回认真地说：“先生在，我做学生的怎么敢死呢？”孔子听了非常感动。

有一次，孔子又问颜回：“颜回，你家里穷，房子也小，为什么不去求个一官半职呢？”颜回回答说：“学生有些薄田，虽然收

人不多，但吃穿已经够了，而且还有琴瑟可以娱乐。只要能学到老师的道德学问，没有必要出去做官。”

听了颜回的回答，孔子对学生们感叹道：“颜回吃的是一竹筐饭，喝的是一瓢水，住在那么简陋的小巷子里。别人忍受不了，他却十分乐观。他真是一个贤德的人呀（一箪食，一瓢饮，在陋巷，人不堪其忧，回也不改其乐。贤哉，回也）！”

胆大如斗

【释义】 斗：旧时的一种量器，容量为十升。胆子像斗一样大。形容胆大。

【出处】 晋·陈寿《三国志·蜀书·蒋琬费祎姜维传》。

三国时期，蜀国的姜维很有才干，也很忠诚，得到了诸葛亮的器重。诸葛亮委任他为征西将军，并且竭力培养他，后来诸葛亮死了，蜀国的兵马就由他来统率。

姜维的胆量极大，他继承了诸葛亮的遗志，九伐中原，可惜都没有取胜。后来魏国派遣钟会、邓艾两路大军征伐蜀国。蜀国寡不敌众，遭到惨败。姜维带着少数兵马在剑阁坚守，但是后主刘禅却已经投降，他也只好被迫投降钟会。

不久，魏国的钟会背地里谋划叛变魏王，姜维认为时机已到，便假意与钟会勾结，想乘机恢复蜀国。可是事情败露了，他被魏兵杀害。

传说魏兵剖开了姜维的肚子，发现他的胆囊大得像斗一般，感到十分惊骇。这事传开以后，便形成了“胆大如斗”的成语，也可简称为“斗胆”。

弹铗无鱼

【释义】 弹着剑，唱着歌，说没有鱼吃。 指寄人篱下，希望改变自己的境遇。

【出处】 汉·刘向《战国策·齐策四》。

孟尝君是战国时期的四公子之一，为齐国宗室大臣。 孟尝君有门客好几千人，冯谖就是其中著名的一个。 由于门客众多，待遇各不相同。 起初，冯谖在孟尝君门下只是一个下等的门客，每天吃的是蔬菜淡饭。 一天，他靠在门柱上，一边弹剑，一边唱道：“长剑呀！ 我们还是回去吧！ 在这里吃饭，连鱼也没有（长铗归来乎，食无鱼）。”

原来，孟尝君家的门客分成三等，上等门客有肉吃，出门有车；中等门客有鱼吃；下等门客就只能吃蔬菜了。

孟尝君知道此事后，便把冯谖升为中等门客，让他食有鱼。

可是过了不久，冯谖又弹剑唱道：“长剑呀！ 我们还是回去吧！ 住在这里，出门没有车！”

左右的人讥笑他。 孟尝君知道后，便又让左右升冯谖为上等门客，让他出门有车坐。

但过了一段时间，冯谖又弹剑唱道：“长剑呀！ 我们还是回去吧！ 住在这里，没钱养家！”

孟尝君了解到冯谖家中有个老母，便派人给他母亲送去吃的用的和各种物品，使她什么也不缺。 于是冯谖开始悉心辅助孟尝君，使孟尝君多次从困境中摆脱出来。

当局者迷

【释义】 当局者：原指下棋的人，后指当事人。比喻身当其事的人反而糊涂。

【出处】 宋·欧阳修等《新唐书·元澹传》。

唐朝的学者元澹，学识渊博，曾经撰写过《魏典》三十篇，在当时很有影响。一次，大臣魏光上书唐玄宗，要求把唐初名相魏征整理修订过的《礼记》列为经书，也就是作为儒家的经典著作。

《礼记》这部书，是秦汉以前各种礼仪论著的选集，相传是西汉的戴圣编纂的，其中有《曲礼》《檀弓》《王制》《学记》《乐记》《中庸》《大学》等四十九篇。玄宗当即表示同意，并命元澹等仔细校阅一下，再加上注解。

经过一段时间的工作，元澹等人完成了任务，把它编成五十篇，并且加了注解，呈送给玄宗。不料，右丞相张说却说，现在的《礼记》是西汉戴圣编纂的本子，使用至今已近千年；再说东汉的郑玄也已加了注解，已经成为经书，有什么必要改用魏征整理修订的本子呢？玄宗觉得他说得也有道理，便又改变了主意。但是元澹认为，本子应该改换一下，为此，他写了一篇题为《释疑》的文章来表明自己的观点。这是一种采用主客对话的形式写成的论文。

先是客人问：“《礼记》这部经典著作，戴圣编纂、郑玄加注的本子与魏征整理修订的本子相比，究竟哪个好？”

主人回答说：“戴圣编纂的本子从西汉起到现在已经过了许多人的修订、注解，互相矛盾之处很多，魏征正是考虑到这些因素而

重新整理，谁会想到那些墨守成规的人会反对！”

客人听后点点头说：“对，就像下棋一样，下的人反倒糊涂，旁观者却看得很清楚啊（当局者迷，旁观者清）！”

当头棒喝

【释义】 棒喝：指佛家禅宗、祖师促人领悟佛理时，常一棒击下。比喻为了促人醒悟，给予严正警告或打击。

【出处】 宋·释道原《景德传灯录》。

唐代慧能大师悉心研修佛理，一天忽然悟道，知道了一个人只要有诚心，一心向佛，就能得到超生，升入佛境，不必非得日日夜夜念经打坐，苦用功夫。由此他创立了佛教禅宗的又一门派——南宗顿悟派。

所谓“顿悟”，意指一下子悟道，与“渐悟”（逐渐地悟道）相对而言。

根据此理论，传扬佛教道理的禅师在接待初学者或求教者时，就不必再喋喋不休地对来者讲解佛理的做法了，而往往用木棒当头一击或大喝一声，以促其领悟。比如有一位叫希运的禅师，接待来求教之人时，总是先不问情由地给对方一棒，或大喝一声，而后提出问题，要对方不假思索，当即回答，以此来检验此人对佛教是否虔诚，对佛理是否有所认识和认识到什么程度。后来，这种棒喝成了佛门传教的主要方法之一。

党同伐异

【释义】 伐：讨伐，攻击。和自己同派的就拉拢或偏袒，

不是一派的就排挤或攻击。指拉帮结派，打击不同意见的人。

【出处】 南朝·宋·范晔《后汉书·党锢传序》。

公元前141年，汉景帝之子刘彻即位，即中国历史上最伟大的君主之一的汉武帝。他当政的第二年就下了一道诏书，命朝廷大臣和各地诸侯王、郡守推举贤良文学之士。诏书下达后不久，各地就送来了一百多个有才学的读书人。武帝命他们每人写一篇怎样治理国家的文章，其中有个名叫董仲舒的文章写得很不错，武帝亲自召见他两次，问了他不少话。董仲舒回话后，又呈上两篇文章，武帝看了都非常满意。

董仲舒的三篇文章，都是论述天和人的关系的，所以合称为《天人三策》，又称《举贤良对策》。其中宣扬的理论叫作“天人感应”。这种理论把封建统治尤其是皇帝的权力神化：谁反对皇帝，谁就是反对“天”，就是大逆不道。

为了贯彻这种理论，董仲舒在《天人三策》中提出了三项建议：一是将诸子百家的学说当作邪说，禁止传播，独尊孔子及其儒家经典，以通过文化上的统制，达到政治上的统一。这就是所谓的“罢黜百家，独尊儒术”。二是设立传授儒家经典的最高学府。三是网罗天下人才，使他们忠心耿耿地为朝廷服务。

董仲舒“罢黜百家，独尊儒术”的主张，非常合乎武帝加强中央集权的需要。他亲政后，就设置了专门传授儒家学说的五经博士，向五十名弟子讲述《诗》《书》《易》《礼》《春秋》等五部儒家经典。这些弟子每年考试一次，学通一经的就可以做官，成绩好的可当大官。后来，博士弟子人数不断增加，最多时达到了三千人。

到汉宣帝刘询当政的时候，儒家思想已经成为维护封建统治的正统思想，儒家学说更是盛行天下，刘询自己也让五经名儒萧望之来教授太子。 但是，由于当时儒生对五经有不同的理解，所以宣帝决定进行一次讨论。

公元前 51 年，由萧望之主持，在皇家藏书楼兼讲经处的石渠阁，儒生们进行了一次大规模的讨论。 在讨论过程中，儒生们把和自己观点一样的人作为同党，互相纠合起来；而对观点不一样的人，则进行攻击。 为此，《后汉书》的作者在评述这一现象时，把它称为“党同伐异”，也就是纠合同党攻击异己。

倒屣相迎

【释义】 倒：倒过来。 屣：鞋子。 倒穿着鞋子去迎接客人。 形容迎客的急迫，或形容对来客的热情欢迎。

【出处】 晋·陈寿《三国志·魏书·王粲传》。

王粲是东汉末年的著名诗人，他智力超群，过目不忘。 一次，他与朋友外出游玩，见到路旁有一块石碑，两人看了一遍碑文后，朋友忽然问他：“你能将这碑文背下来吗？”

王粲说：“这有何难！”于是便从头至尾背了一遍，竟然一字不差。

又有一次，王粲看人下棋。 忽然棋盘被人碰了一下，棋子乱了，无法再下，王粲就动手把乱了的棋子按原样布置好。

当时的大臣蔡邕很赏识王粲。 一天，蔡邕正和来访者高谈阔论，家人来报告说，门外来了一个名叫王粲的客人，问蔡邕要不要让他进来。 蔡邕一听王粲来了，急忙站起，匆匆对客人们说了

声："老夫少陪了。"拖着鞋子就跑出去迎接，慌忙中鞋子都穿倒了（倒屣相迎）。客人们面面相觑，不知道这王粲是什么人，竟得到蔡大人如此尊重。

一会儿，蔡邕领着客人进来了。大家一看，这王粲是个又矮又瘦的少年，不禁惊呆了。

蔡邕看到大家惊愕的神色，连忙介绍说："这位是王粲，他才华超群，我不如他呀！我家里的全部书籍和文章，都应该赠送给他。"

道不拾遗

【释义】 遗：丢失的东西。道路上有遗落的东西，却无人拾捡。形容人民生活富裕，社会风气良好。

【出处】 汉·刘向《战国策·秦策一》。

商鞅，原名卫鞅，卫国人，战国时期著名的政治家。他在秦国进行改革，因功劳显赫而被秦王封赐商地十五邑，故称商鞅。

商鞅是年轻时从卫国逃到了秦国，他劝说秦孝公治理国家要以法制为本。秦孝王听从了他的建议，任他为宰相。随后商鞅制定了一系列的新法，废除了维护贵族特权的旧法。这就是历史上有名的"商鞅变法"。

他坚决主张法律面前人人平等，不管是什么人，只要对国家有功，就应该予以奖励。他鼓励耕织，生产多的可免去徭役。他认为，贵族世袭的制度应该废除，应当按军功的大小给予不同的爵位等级，执法应该严明，不讲私情，以法为准。商鞅的变法遭到了贵族势力的反对，但在秦孝公的支持下，变法很快就推行开了。

由于商鞅积极地推行变法，老百姓的生产积极性提高了，军队纪律严明了，兵士们都乐意去打仗。民风也变得淳朴起来，社会秩序安定下来，竟达到了夜不闭户、道不拾遗的程度，秦国由此一天天地强大了起来。

道合志同

【释义】 彼此志趣相投，理想一致。又作“志同道合”。

【出处】 晋·陈寿《三国志·魏书·陈思王植传》。

曹操之子曹丕篡汉，成为魏文帝后，仍对他才华出众的弟弟曹植心存疑忌，总是寻找各种机会对曹植加以限制和暗算。

曹丕先是指使监国使者诬告曹植酗酒怠慢皇使，企图罗织他亵渎朝廷尊严的罪名。好在曹植得到太后的庇护，才仅以降爵为安乡侯而了结了此案。接着，曹丕又不断地变换曹植的封地，叫他不得安宁，进而限制起他的行动，甚至曹植连母亲也不能轻易见到。

为此，曹植常常抱怨空有满腹学问却无用武之地。他曾经多次上书给魏文帝，畅谈自己的看法，却始终得不到重视。有一次，他上书说：“过去伊尹作为陪嫁的小臣，是低贱到了极点；吕尚在当屠夫钓叟的时候，也是敝陋到极点。等到他们被推举到商汤和周文王那里的时候，实在因为‘道合志同’的缘故，绝不是靠了左右近臣的引荐（昔伊尹之为媵臣，至贱也，吕尚之处屠钓，至陋也，乃其见举于汤武、周文，诚道合志同，玄漠神通，岂复假近习之荐，因左右之介哉）。”

“道合志同”由此而来，通常也称作“志同道合”。

道听途说

【释义】 在路上听来的话，就在路上传播。 现泛指没有根据的传闻。

【出处】 《论语·阳货》、明·屠本畯《艾子外语》。

战国时期，艾子从楚国回到齐国。 刚进都城，便遇到爱说空话的毛空。 毛空极其神秘地告诉艾子，说有家人家的一只鸭子，一次生了一百个蛋。

艾子不信，说："不会有这样的事吧！"

毛空说："那可能是两只鸭子吧。"

艾子摇摇头："这也不可能。"

毛空又改口说："可能是三只鸭子。"

艾子还是不信。

"那也可能是四个、八个、十个。"

毛空就是不愿意减少已说出的鸭蛋的数目，艾子当然无法相信。

过了一会儿，毛空又对艾子说："上个月，天上掉下一块肉来，有三十丈长，十丈宽。"艾子又不信，毛空急忙改口说："那么是二十丈长。"艾子还是不信。

毛空说："那就算十丈吧！"

艾子实在不愿意听毛空瞎吹了，便反问道："世界上哪有十丈长、十丈宽的肉？ 还会从天上掉下来？ 是你亲眼所见吗？ 刚才你说的鸭子是哪一家的？ 现在你说的大肉又掉在什么地方？"毛空被问得答不出话来，只好支支吾吾地说："那都是在路上听人家说的。"

艾子听后，笑了。转身对站在身后的学生们说：“你们可不要像他那样‘道听途说’啊！”

上面这则故事出在明代屠本畯编著的笑话集《艾子外语》中，这则笑话故事正好是对孔子《论语》中所说的“道听而途说，德之弃也”的注释。

得陇望蜀

【释义】　陇：指甘肃一带；蜀：指四川一带。得到陇地还想再得到蜀地。比喻得寸进尺，贪得无厌。

【出处】　南朝·宋·范晔《后汉书·岑彭传》。

岑彭，是东汉中兴的名将，“光武中兴”的佐命大臣之一，为东汉政权的建立立下了汗马功劳。

王莽篡汉时，岑彭镇守棘阳。汉军收复棘阳后，他带领几百人逃到了宛城，与宛城守将严说共拒汉军。刘秀的嫡兄刘伯升为更始帝的大司徒，统军进攻宛城，与严说的守城军士激战数月，宛城岿然不动。直到城中粮尽，岑彭才劝说严说投降。他们投降后，刘伯升手下诸将因在攻城时吃过他们的苦头，主张杀掉他们。刘伯升不同意，说：“岑彭是守城大将，固守城池是他的气节。现在我们在干大事情，不能杀气节之士。不但不杀，还要封他为官。”

刘伯升命岑彭到大司马朱鲔帐下任校尉，跟随他攻打扬州，平定淮阳。不久，又调任岑彭为颍川太守。当时春陵人刘茂占领颍川，岑彭无法上任，不得已又带几百人来到黄河以北协助太守韩歆镇守城池。

这时刘伯升已被更始帝杀害，刘秀代理大司徒，领兵略定黄河以北。韩歆拒绝岑彭的劝阻与刘秀对抗，到坚守不住时才投降。刘秀很生气，准备杀掉他。岑彭说："现在赤眉军已进入关中，更始帝早晚必败，这正是您开创帝王基业的大好时机，我愿意辅佐您。韩歆是大户出身，影响很大，留下来会对您有帮助的。"

于是，刘秀宽恕了韩歆，派他到邓禹军中任职。岑彭后来平定河北，刘秀称帝时官列廷尉，受封归德侯，行大将军事，奉命与大司马吴汉、大司空王梁、偏将军冯异等猛将进攻洛阳。洛阳守将是更始帝的大司马朱鲔。朱鲔很会守城，大军猛攻数月仍没攻下。刘秀知道岑彭当过朱鲔的校尉，便命他到朱鲔营内劝降。

朱鲔听从了他的劝说将自己绑起来，出城去投降刘秀。刘秀亲自为他解开绳索，封他为平狄将军。刘秀率军攻下洛阳后，对众将论功行赏，岑彭居首。

汉光武帝八年（公元 32 年），刘秀率岑彭、吴汉进攻西凉（今甘肃）隗嚣。公孙述派大将李育援救隗嚣。李育占领了上邽威胁汉军。刘秀命盖延、耿弇围困上邽，然后东归洛阳，将军事指挥权交给岑彭。不久又写信给岑彭，指示说："攻占两城之后，便应马上引兵收取四川。因为人心都是很难满足的，我们已经平定了甘肃，又要攻取四川（人心苦不知足，既得陇，复望蜀）。每次出兵，头发胡须都白了许多！"

但这次战役岑彭因军粮不足而失败，好在退兵及时，人马损失并不大。

得其所哉

【释义】所：处所。找到了适合他的地方，表示对去处很

为满意。

【出处】　《孟子·万章》。

春秋时期，郑国的子产是一位有德有能的政治家。有一次，有人送了一条大鱼给子产。看见这条活蹦乱跳的大鱼，子产舍不得杀了吃，便命人把大鱼放到池子里去。可是，管池人却偷偷地将鱼煮了吃，然后骗子产说："我已经遵照您的吩咐把鱼放到池子里去了，刚把它放进池里时，它昏昏沉沉地不大活动；过一会儿，它摇摇尾巴，慢慢游动起来；又过了一会儿，它变得十分灵活，一溜烟地游走了。"

子产听了管池人的话，十分满意，连连说道："得其所哉！得其所哉！"意思就是：那条鱼得到理想的去处了。

管池人心中好笑，出来后悄悄对别人说："人人都说子产是聪明的能人，我看不怎么样。我已经将那条鱼煮来吃了，他还高兴地直说：'得其所哉！得其所哉！'"

孟子曾把这个故事讲述给别人听，他还说："那个管池子的人编造的话实在太形象，十分合乎情理，以至于连聪明过人的子产也上当受骗了。"

东窗事发

【释义】　原指在东窗下密议陷害岳飞的事败露了。后多用来形容密谋败露。

【出处】　明·田汝成《西湖游览志余》卷四。

北宋后期，著名的民族英雄岳飞率领岳家军对金兵进行了顽强的抵抗，打了好几个胜仗。可是秦桧却不同意抵抗金兵，主张议和，

竭力在宋高宗面前宣扬议和的好处。宋高宗同意了，岳飞就多次上书，要求罢和议、抗金兵。秦桧再要想议和，就要把岳飞除掉。

一天，秦桧坐在东窗下，正为无法除掉岳飞发愁，夫人王氏进来，说："这有何难，你找几个罪名安在岳飞头上不就行了。"

秦桧说："罪名不难找，难找的是告发岳飞的人，这个人一定要是岳飞的部下才能使天下信服。"

王氏说："我听说岳飞手下的都统制王贵，在一次战斗中胆小怕死，岳飞要将他斩首示众，后经众将求情，岳飞才免他一死。他肯定怀恨在心，你何不让他告发呢？"

秦桧大喜，两人又将陷害岳飞的细节密谋一番。秦桧派人找到王贵，要他诬告岳飞"谋反"。王贵不愿意，秦桧一伙就严刑拷打他，王贵只好屈从了。秦桧终于以"莫须有"的罪名把岳飞杀害了。

后来秦桧在西湖游玩，在船中突然得了病，病中看见一个披着长发的人大声地说："你害国害民，我已经告诉上天，上天要派人来捉拿你了。"秦桧回家后，不久就死了。秦桧刚死没几天，他的儿子秦熺也死了。王氏设起神案，请道士招魂驱鬼，道士作起法来，看见秦熺戴着铁枷，就问："太师在什么地方？"秦熺回答说："在鬼城酆都。"方士按秦熺说的话到酆都去，结果看见秦桧、万俟卨都戴着铁枷，受了很多各种各样的苦刑。秦桧说："麻烦你传话给我的夫人，东窗密谋杀害岳飞的事情暴露了（可烦传与夫人，东窗事发矣）。"

东床快婿

【释义】 原本指王羲之。后用来代指女婿。

【出处】 唐·房玄龄等《晋书·王羲之传》。

王羲之是我国东晋大臣王导之子，也是我国最为著名的书法家，以其书法超凡入圣而被后人称之为“书圣”。

王羲之不仅书法精绝，性格也十分坦率，令人尊敬。当时，太尉郗鉴想为女儿选个婿君。他器重丞相王导家的子侄们举止不凡，识见博雅，便找王导商议，说要在他家的子侄中选一女婿。王导说：“那好啊，我家里子侄很多，就由您到家里挑选吧，凡你相中的，不管是谁，我都同意。”郗鉴就命管家带上厚礼，来到王丞相家。

王府的子弟听说郗太尉派人来觅婿，都仔细打扮一番出来相见，无不铆足了劲，唯盼雀屏中选。郗府管家看来看去，感觉王府的青年才俊个个都很好。最后，郗府管家来到东跨院的书房里，就见靠墙的床上一个袒腹仰卧的青年人，神态天真。

郗府管家回到府中，对郗鉴说：“王府的年轻公子二十余人，听说郗府觅婿，都争先恐后，唯有东床上有位公子，袒腹躺着若无其事。”郗鉴说：“好，就选那个坦腹东床上的人为我的女婿。”

“东床快婿”由此而来，想必也是郗鉴的有意为之吧。

董宣强项

【释义】 董宣：东汉光武帝时任洛阳令；项：脖颈。形容官吏不畏权贵，刚正不阿。

【出处】 南朝·宋·范晔《后汉书·酷吏列传》。

东汉时，光武帝刘秀的姐姐湖阳公主的家奴在大白天杀了人。事后，凶犯就躲藏在公主家里。洛阳令董宣知道了，亲自带人到

公主门前等候。当那个杀了人的家奴坐在车上陪公主出来时，董宣上前拦住车马，大声命令罪犯下车，当场将他杀死。

公主马上驱车进宫，向光武帝哭诉。光武帝大怒，召来董宣，命人用棍子打死董宣。

董宣说："请让我说一句话，死也不遗憾。"

光武帝问："你想说什么？"

董宣说："陛下德行伟大，使汉朝又复兴起来。可现在却包庇纵容杀害良民的家奴，又因为家奴的事杀我，陛下今后将如何治理天下？与其打死我，不如我自杀。"说完猛地用头撞柱，血流满面。

皇帝手下人按住董宣，要他向公主磕头谢罪，董宣不肯。皇帝令人按他的头，可董宣以手撑地，硬着脖子，就不把头低下。最后，光武帝被董宣的行为打动了，不仅将他释放，并且称赞他是"强项令"，还赏给他铜钱三十万枚。

动辄得咎

【释义】 辄：即；咎：过失，罪责。动不动就获罪或受到责备。指做事往往与客观要求不相适应而受到指责。

【出处】 唐·韩愈《进学解》。

唐朝杰出的散文家韩愈，二十四岁时凭着自己的才学，考中进士踏上了仕途。当时，唐德宗李适常派宦官在街上采购宫中所需的各种物品，称为"宫市"。宦官采购物品，往往付钱很少，甚至不付钱。韩愈看到这种情况后，便上疏力陈"宫市"的弊端，不禁触怒了唐德宗，被贬为连州阳山县令。

后来唐德宗死了，唐顺宗继位，韩愈才被调回京城，担任吏部员外郎之职。但好景不长，又被贬为国子监博士。韩愈一心为国效力，却连遭贬谪，心中十分郁闷，于是便写了一篇《进学解》。文中有一段大意是：“国子博士来到太学，勉励全体学员努力上进，不要荒废学业。因为现在的执政者都是选贤任能、公正无私的人。所以只怕是我自己没有真才实学，才弄得今天的地步（跋前踬后，动辄得咎），所以真正有学问的人并不怕没人赏识提拔。”

这话还没读完，学员中爆发出一阵哄笑，有人站出来说：“博士先生，你这是在骗人！我们跟先生学习了这么多年，深知先生学问渊博，文才盖世，但先生为什么往往动辄得咎呢？”韩愈诙谐地笑道：“我虽然动辄得咎，但还能当一个博士来教你们，不是也很幸运吗？”

洞见症结

【释义】 洞：透彻；症结：腹中结块的病，指事情或问题的关键。形容观察敏锐，能够直接看出问题的关键和要害。

【出处】 汉·司马迁《史记·扁鹊仓公列传》。

战国时期有一位名医，叫秦越人，因其医术高超，人们都以上古时神医扁鹊之名称呼他，其真名就很少有人知道了。

扁鹊年轻时在一家旅馆做舍长（守护客馆的负责人）。他为人谦和，尊老爱幼，愿意帮助有困难的人，受到过往客人的称赞。有一年，旅馆中来了一位客人叫长桑君，生得鹤发童颜，仙风道骨。他谈吐风雅，很有学问，并且他还擅长医术，无论谁生病求

他诊治，总是手到病除。扁鹊看出他与众不同，对他接待得格外恭敬周到。长桑君见扁鹊心肠好，为人老成和善又勤恳好学，很器重这个年轻人。有一天，长桑君招呼扁鹊坐下，对他说：“你我相处多年，我看你心地善良，忠厚老实，想把祖传的医术都教给你，你要好好学习呀！”

扁鹊恭敬地说：“遵命！”并跪在地上叩头认了师傅。

长桑君从怀中掏出一粒药丸给扁鹊，让他吃下去，告诉他：“三十天后，你就可以看见过去看不到的东西了。”然后，就把全部秘方都给了扁鹊，并教给他一些秘诀。当扁鹊还要拜谢的时候，长桑君已消失不见了。

三十天后，果然奇迹出现：隔着墙，扁鹊就能看到墙那边的人。

扁鹊刻苦钻研医术，精益求精，不但全部掌握了长桑君传授的医理和秘方，而且还有新的创造和发展。从此他开始到处行医治病，不断总结经验。到后来，他一眼就能清楚病人内脏里的病症，名声很快就传遍各国。

有一年，秦武王病了，请扁鹊来为他治病。扁鹊查看了他的病情，然后说：“大王的病我一定能治好，请您放心。”

扁鹊走后，服侍秦武王的人说：“大王的病在耳朵前，眼睛后，扁鹊为您治病时，万一失手，就有可能使耳朵听不清，眼睛看不见啊！”

秦武王听后，自己也没有主意了。当扁鹊给他治病时，他把这些话告诉了扁鹊。

扁鹊听后，勃然大怒，扔掉手中的药石和银针，说道：“大王您已和懂得医道的人商量该如何治好病，却又和那些根本不懂医道的人商量破坏治病。这样病还能治好吗？依臣看，不但治不好

病，恐怕还会送命。大王如果像治病这样管理国家，那仅此一举就足以葬送秦国啦！”

武王十分惭愧，对扁鹊说：“寡人糊涂，不该听信不懂医道之人的话，请您替我诊治吧。”

经过扁鹊的精心治疗，武王的病很快就好了。武王感慨地说：“扁鹊不仅治好了寡人的疾病，还教给了寡人治国安邦的道理啊！”

《史纪·扁鹊仓公列传》中有一处写道：“以此视病，尽见五脏症结。”成语“洞见症结”就是从这里而来，后来人们用它来形容观察锐利，能看到问题的关键所在。

断鹤续凫

【释义】 凫：野鸭。截断鹤的长腿，接到野鸭的短腿上。比喻做事违反客观规律或事物的自然属性。

【出处】 《庄子·骈拇》。

庄子主张人活在世上应该任情适性，顺乎自然，坚决反对任何人为的行动强行干预自然规律的做法。为了生动阐明这一哲学看法，他讲了一个故事：

古时候有个人，到河塘边漫步，见一只仙鹤迈着两条长腿悠闲地踱着步子，时而引颈长鸣，时而低头觅食，神态娴雅，令人赏心悦目。可是他又发现仙鹤进食的样子却分外吃力，姿态也不够优美，有失踱步时的高雅风度。

这人叹口气闷闷回家，一路上若有所思，突然，他又看见一只野鸭子从草丛中钻出来，步履蹒跚地走向河边。鸭子走路的样子实

在是太缺乏诗意了，就像个酒鬼一路摇摇摆摆，而且特别迟缓，让人看了又累心又着急。 好心人仰天叹息：“造化太不公平了！”

猛然间，他想起了仙鹤，不由灵机一动：“我为什么不做件好事呢？ 将仙鹤的长腿截短，续到野鸭子的腿上。 这样它们的腿一定长短适中，仙鹤进食时不必再那么吃力而又不雅，鸭子走起路来也会快捷得多。”

想到这儿，这位好心人立即捉住野鸭子，又跑到河边将仙鹤引到家中。 接着，好心人动起手来，将仙鹤的长腿截下一段，然后续在野鸭子的腿上。

他对自己的想法和杰作深感满意，可是仙鹤和鸭子却都无法走路了。 好心人这下傻眼了，急得团团转，想不出办法，更想不通结果为什么会是这样。 他将此事告诉庄子，庄子叹息说：“仙鹤腿长，并不多余；鸭子腿短也并非不足。 鸭子会为接长了腿而悲哀，仙鹤会因截短了腿而忧虑（凫胫虽短，续之则忧；鹤胫虽长，断之则悲）。”

好心人这才意识到，这是好心办了坏事，十分羞愧。

断齑画粥

【释义】 断：截断。 齑：酱菜之类的食物。 画粥：把冷粥划成块状分而食之。 喻指不怕生活艰苦，仍刻苦学习。

【出处】 元·脱脱等《宋史·范仲淹传》。

范仲淹，字希文，是北宋著名的政治家、思想家、军事家和文学家，祖籍邠州（今陕西省彬县），后迁居苏州吴县（今江苏省吴县）。 他为政清廉，体恤民情，刚正不阿，力主改革，却屡遭奸

佞诬谤，数度被贬，一生可谓仕途坎坷，几起几落。西夏反叛时，范仲淹被重新起用，他主动请求到战乱频发的延州任职。到任后他大阅州兵，加紧操练，积极防御，使羌、汉两族人民安居乐业。此后相当长的一段时间内，对于陕西方面的战略，朝廷大都采纳了范仲淹的主张。

范仲淹的政治抱负和一生的业绩都与他从小勤奋学习是密切相关的。他年轻时，家境清贫，可他住在庙里读书，昼夜不息。在严冬季节，有时读书实在读得疲乏了，便以冷水浇面，头脑清醒后再读下去。他的日常生活更是十分艰苦，每日总是以两升小米煮粥，等到隔夜后粥凝固了，便用刀将粥一切为四，早晚各吃两块，再切一些腌菜佐食，这就是“断齑画粥”这一成语的来历。

多难兴邦

【释义】 一个国家多灾多难往往能激发这个国家兴旺发达起来。

【出处】 春秋·鲁·左丘明《左传·昭公四年》。

春秋时期，楚灵王对内屠杀异己，对外还想争当霸主。他派大夫伍举前往晋国，要晋平公跟他一起召集诸侯会盟，并且在会盟中推他当霸主。

晋平公却想自己当霸主。但是，晋国大夫司马侯认为晋国跟楚国争霸还要等待一段时间。他说：“楚王虽然倒行逆施，但还不到垮台的程度，可能上天要等他干尽坏事后才会给他降下惩罚，楚国的臣民也会抛弃他。那时候，霸主的地位我们将不争而得。”

晋平公说："楚国内部不团结，多灾多难，能当霸主吗？"

司马侯说："一个国家多灾多难，当然不是好事；不过，有时候，多灾多难也能反过来成为他们振兴自己国家的力量，扩大国土的疆界（或多难以固其国，启其疆土）。譬如，齐国内乱，国君被杀，公子小白平定内乱，击退了鲁国的入侵，取得政权，这就是齐桓公。他任用贤相管仲进行改革，国力逐渐强盛起来，成为第一个霸主。晋公子重耳被国君长期驱逐流亡国外，历经困难，后来终于能回国即位，这就是晋文公。晋文公整顿内政，加强兵力，使晋国成为第二个霸主。所以有时候多难才能兴邦啊！但如果楚灵王看不到他自己的危机，就算当了霸主，日子也不会长的。"

晋平公觉得言之有理，于是在当年六月的会盟上，让楚灵王当了霸主。结果正如司马侯预料的那样，楚灵王当上盟主以后，骄傲自大，并不图求本国的强盛。过了几年，他的三个弟弟联合起来发动兵变，楚灵王被迫自杀。他没能像齐桓公和晋文公那样，在多灾多难中振兴自己的国家，而在灾难中让危机进一步发展，结果葬送了自己。

咄咄怪事

【释义】 咄咄：叹词，表示惊诧。形容人难以理解而惊讶的事情。

【出处】 南朝·宋·刘义庆《世说新语·黜免》。

东晋时，安西将军桓温因平了成汉，威望和势力都十分强盛。稽王司马昱对其心有忌惮，因听闻殷浩有极高的名声，又受朝野推

崇，于是引为心腹，以抗衡桓温，结果桓温和殷浩因此生了嫌隙。当时王羲之为护军将军，作为殷浩的党羽，联合对抗桓温。但王羲之认为外镇的桓温和朝中的殷浩应内外协和，这样国家就能安定，于是劝殷浩不要对桓温有所嫌忌，但殷浩不听从。

当时，北部的后赵发生内乱，东晋朝廷决定乘机北伐收复中原和关中地区，统一全国。殷浩被任命为中军将军，负责扬豫徐兖青五州诸军事。于是，殷浩领兵北伐，可不料却屡战屡败。桓温趁着殷浩北伐失败而引起朝野怨恨之时，上表列举殷浩的罪行。朝廷逼不得已，遂将殷浩废为庶人，流放到信安。殷浩对此没有半句怨言，仍然清谈不绝，家人也看不出他有被流放的伤感。只是看他每天用手指在空中写字。有跟随他从扬州来到信安的吏民，偷偷跟在他身后看，最终看出他写的是“咄咄怪事”四个字。他正是以这四个字来表示心中的不平。

后来桓温打算征召殷浩做尚书令，并写信告诉他，殷浩欣然同意，并写了信答复，但殷浩太重视这封信，为免其中有错误而多次拆信修改，最后竟然只寄出空的信封，令桓温十分不满，于是殷浩一直都没有被征召。病逝后，才恢复了官位。

E

恶贯满盈

【释义】 罪恶之多，犹如穿钱一般已穿满一根绳子。 形容罪大恶极，到受惩罚的时候了。 贯：穿钱的绳子；盈：满。

【出处】 《尚书·泰誓》。

商纣王是我国历史上最出名的暴君之一。 商朝末年，商纣王暴虐无道，激起老百姓极大的愤慨，就连诸侯们也看不过，认为他不像个治国之君。 当时有一个诸侯叫姬昌，他主张实施仁政，反对纣王的暴政，纣王便把他抓了起来。 后来他的儿子姬发即位，联合诸侯起兵讨伐商纣，大军渡过黄河，向商都进发，在牧野这个地方与纣王的军队交战，打了一场大仗。 由于姬发所率的是仁义之师，深得老百姓的欢迎，百姓因而给予了很大的支持，而老百姓对纣王的军队却深恶痛绝，结果纣王打了大败仗，最后自焚而死，商朝也灭亡了。

姬发领兵进攻纣王之前，曾对全军发表誓言，名曰《泰誓》。《泰誓》其中说道：“商罪贯盈，天命诛之。”意指：商纣王作恶多端，就像穿钱的绳子一样，其罪恶已到头了。 老天爷已命令我杀死他。 成语“恶贯满盈”便出于此。 姬发就是后来大名鼎鼎的周武王。

尔虞我诈

【释义】 尔：你；虞、诈：欺诈。 你欺骗我，我欺骗你。指相互欺骗，玩弄心机。

【出处】 春秋·鲁·左丘明《左传·宣公十五年》。

春秋时期，楚庄王自以为强大，不把邻近的宋国等小国放在眼里，经常找机会欺凌它们。 有一年，楚庄王派大夫申舟到齐国访问，途中要经过宋国，楚庄王命令申舟直接通过宋国，不必理睬他们。

申舟在四年前曾经得罪过宋国，此次又得到这样的指令，知道楚庄王是想利用他去送死，以此找到攻打宋国的理由。 临行前他将儿子交给楚庄王，表示如果自己不回来，就让儿子接替他的职务。

申舟进入宋国境内不久就被抓了起来，送到都城。 大夫华元亲自审问，对楚国这种蓄意污辱的行为异常愤怒。 于是，华元下令处死了申舟，作为对楚国挑衅的回击。

楚庄王得到这个消息，就下令进攻宋国。 楚庄王亲率大军，以子反为大将，包围了宋国都城。 宋国将士在华元的率领下，同仇敌忾，坚守不懈。

双方僵持了九个月，消耗都很大。 宋城内几乎每天都有人饿死，而楚军的形势也不妙，全军的粮草仅够吃几天的，而且士卒都想回家种地，厌战情绪在军中蔓延。

楚庄王进退两难之际，听了申叔的计策，让士兵开始在宋城外盖房子、耕作田地，做出要长驻于此的样子。 宋国军民看到这种情景，有些惊慌，华元鼓励大家：宁战死，不投降！

为了打破僵局，华元决定夜探楚营，逼迫子反罢兵。一天深夜，华元悄悄从城墙上用绳子吊下来，换上楚军的服装，偷偷潜向子反的中军大帐。由于长期作战，双方都是人困马乏，除了几个站岗巡营的以外，其他人都睡着了，所以谁也没有发现华元。

子反此时正在睡觉，忽然被人推醒，忙问："什么人！干什么？"

华元压低嗓门说："别喊，说出来吓你一跳，我是华元！"

子反非常惊慌，战战兢兢地问："将军前来，有何贵干？"

华元严厉地说；"我冒险闯营不为别事，是奉宋君之命，前来与贵军议和。你答应此事，咱们就此罢兵；若不答应，今夜便是你我同归于尽之日！"说罢，举起手中的匕首。

子反一听华元是来议和的，心里一块石头落了地，说："两军议和，我早有此意。但贵军如此顽强，双方并未分出高下，将军又何必深夜闯营议和呢？"

华元说："城中粮草已尽，已到了易子而食，拆骨当柴的地步。但敝国军民誓与国家共存亡，决不投降。如果贵军退兵三十里，我们就议和。"

子反同意议和，两人对天发誓。第二天，子反把夜里的事情汇报给楚庄王，楚庄王也同意了，于是下令退兵三十里，楚宋两国签订了盟约。盟约中写道：楚宋两国保证今后友好相处，互不欺骗。而华元自愿到楚国做人质。

《左传》书中对盟约一段记载说："我无尔诈，尔无我虞。"后来人们把这句话概括成"尔虞我诈"这一成语，指你欺骗我，我欺骗你。比喻互相猜疑，玩弄欺骗手段。

耳闻不如目见

【释义】 听到的不如看到的真实可靠。比喻实际经验的重要性。

【出处】 汉·刘向《说苑·政理》。

魏文侯是战国时期魏国的建立者。姬姓，魏氏，名斯。他在位五十余年，以善用人而著称，曾任用李悝为相国，吴起为大将，打败了秦国，夺取了秦国的河西（今黄河与北洛水之间）。魏文侯还十分讲求实际，奖励耕织，兴修水利，进行改革，从而使魏国成为当时的强国。

有一年，魏文侯派西门豹去治理邺城（今临漳县西）。临行的时候，魏文侯嘱咐西门豹到邺城以后要多调查研究，不要听信传闻，他说："耳闻不如目见，目见不如再走近它，走近它不如用手接触它。只有掌握真实情况，才能把事情办好。"

西门豹到邺城后，便深入到当地百姓中了解情况，严厉打击和铲除了一批为害多年的巫婆、乡绅，鼓励群众发展生产，把邺城治理得很有成绩，受到当地群众的拥护。

二桃杀三士

【释义】 用两只桃子杀害了三个勇士。比喻设计杀害别人。

【出处】 《晏子春秋·内篇·谏下》。

晏婴是春秋时期齐国的大夫，曾在齐灵公、齐庄公和齐景公三

人在位期间任职。是春秋后期一位重要的政治家、思想家、外交家。以生活节俭、谦恭下士著称，且精通权术和谋略。

当时齐国有三位著名的勇士：公孙接、田开疆、古冶子。他们人人武艺高强，勇气盖世，为国家立下了赫赫功劳，俨然是齐国武将里的明星。这三人意气相投，结为异姓兄弟，彼此互壮声势。由于自恃武艺高，功劳大，他们非常骄横，不把别的官员放在眼里，甚至对晏子也不够尊敬。

晏子是看在眼里，忧在心里。这些莽夫如果势力越来越大可不是好事啊，他们可不讲究什么礼仪伦法，将来出什么祸患就不好了。晏子便去拜见齐景公，把心里的想法说了出来，齐景公虽然觉得除去三位勇将未免可惜，可是晏子的话也有道理，迟疑再三还是听从了晏子的计谋。于是晏子准备停当后，齐景公宣来了三位猛将，说要赏赐他们。

三人听说国君有赏，兴冲冲前来。到了殿前，却看见案上有一个华丽的金盘，盘子里是两个娇艳欲滴的大桃子。

晏子不慌不忙地对他们说："三位都是国家的栋梁和卫士。这是宫廷后院新结的桃子，可是只熟透了两个，就请将军们根据自己的功劳来分这两个桃子吧。"

晏子露出一副很为难的样子。

三将中，公孙接是个急性子，抢先发言说："想当年我曾在密林捕杀野猪，也曾在山中搏杀猛虎，密林的树木和山间的风声都铭记着我的勇猛，我还得不到一个桃子吗？"说完他上前大大方方取了一个桃子。

田开疆也不甘示弱，第二个表白："真的勇士，能够击溃来犯的强敌。我老田曾两次领兵作战，在纷飞的战火中击败敌军，捍卫齐国的尊严，守护齐国的人民，这样子还不配享受一个桃子

吗？”他自信地上前取过第二个桃子。

古冶子因为不好意思争先，客气了一下，不料一眨眼桃子就没了，怒火中烧，他愤愤然说：“你们杀过虎，杀过人，是够勇猛了。可要知道俺当年守护国君渡黄河，途中河水里突然冒出一只大鳖，一口咬住国君的马车拖入河水中，别人都吓蒙了，唯独俺为了让国君安心，跃入水中，与这个庞大的鳖怪缠斗。为了追杀它，我游出九里之遥，一番激战要了它的命。最后我浮出水面，一手握着割下的鳖头，一手拉着国君的坐骑，继续渡河。其他人此时还在惊慌之中，没人以为我会活着回来，还以为现在站在他们面前的是河神呢。像我这样的作为，是勇敢不如你们，还是功劳不如你们呢？可是桃子却没了！”哐啷一声，他拔出自己的宝剑，剑锋闪着凛凛的寒光。

前两人听后，不由得满脸羞愧，说道：“论勇猛，古冶子在水中搏杀半日之久，我们赶不上；论功劳，古冶子护卫国君的安全，我们也不如。可是我们却把桃子先抢夺下来，让真正大功的人一无所有，这是品行的问题啊，暴露了我们的贪婪和无耻啊！”

这两个自视甚高的人物，都将自己的荣誉看得比生命还重要。此时自觉做了无耻的事，便羞愧难当，于是立刻拔剑自刎！两股鲜血，瞬间染红了齐国的宫殿。

古冶子看到地上的两具尸体，大惊之余开始痛悔：“我们本是朋友，可是一会儿的工夫，他们死了，我还活着，这就是不仁；我用话语来吹捧自己，羞辱朋友，这是无义；觉得自己做了错事，感到悔恨，却又不敢去死，这是无勇。我这样一个人，还有脸面活在世上吗？”于是他也自刎而死。

区区两个桃子，顷刻间让三位猛将都倒在血泊之中。齐景公也有些伤怀，下令将他们厚葬在一起。

二者必居其一

【释义】 说明只能在两样中选择一样。

【出处】 《孟子·公孙丑》。

孟子名轲，字子舆，是战国时期鲁国人。中国古代著名思想家、教育家，战国时期儒家代表人物。著有《孟子》一书。孟子继承并发扬了孔子的思想，成为仅次于孔子的一代儒家宗师，有“亚圣”之称，与孔子合称为“孔孟”。

据记载，有一次孟子去齐国，向齐王提出许多建议，但齐王都不接受。孟子离开齐国时，齐王赠送给孟子一百金，他也不接受。到了宋国，宋君赠送给孟子七十金，他却接受了。到了薛国，薛君赠给了孟子五十金，他又接受了。

孟子的学生陈臻向孟子说：“如果说您不接受齐王的赠金是对的，那么，接受宋君、薛君的赠金就不对了；如果说接受宋君、薛君的赠金是对的，那么，不接受齐王的赠金就不对了。一个人前后的行为应当一致，您只能在这二者中选择一种（夫子必居一于此矣），怎么前后矛盾呢？”

孟子解释说：“我这样做是有原因的。在宋国，我将去很远的地方，路上要用钱，不接受钱能行吗？到了薛国，看见我住的地方有士兵站岗。薛君给我五十金，我接受了，但不是自己要，而是把它分给了士兵。至于齐国，齐王给我的赠金，我没有用处，没有用处而又要别人的赠金，那不是向别人借钱吗？天下哪有君子向别人借钱的呢？”

陈臻听了，觉得老师说得很有道理。

F

发奸擿伏

【释义】　发：举发；擿：揭发。揭发奸邪，使之无法隐藏。

【出处】　汉·班固《汉书·赵广汉传》。

赵广汉，字子都，是西汉一代名臣。他执法不避权贵，疾恶如仇，以强有力的手腕治理地方治安，处置豪门权贵，深受百姓爱戴。

赵广汉任颍川太守时，颍川有几个豪门大户。他们互相包庇，横行霸道，气焰十分嚣张。赵广汉上任以后，决心要整治那帮恶霸。他先在这些豪门里买通一些人，让他们揭发别人的罪行。取得确凿证据后，就把罪犯抓来，故意将揭发者的姓名透露给罪犯，使他们相互怨恨。他还让人在门外悬挂竹筒，供老百姓投揭发信。每次拿到揭发信后，他就把原揭发人的姓名去掉，却假托是那些豪门子弟所写。于是，颍川的豪门大族之间渐渐互相猜疑、仇恨起来，行为就收敛多了。

由于官民互相监督、互相举报，赵广汉的消息就特别灵通。有一次，财主苏回被两人劫为人质，欲用他来敲诈一笔巨款。两人刚把苏回架到家中，赵广汉已带领衙吏跟踪而至。赵广汉让手下人去敲门喊道："京兆尹赵君让我告诉你们，不要杀人质，干蠢

事，还是把人质放掉，束手就擒吧。在牢中绝不让你们吃苦头，如运气好，碰上大赦，你们很快就会出狱的。”

两个绑架者没想到这么快事情就败露了，乖乖地开门出来。这两人被关进监狱后，赵广汉不食前言，对他们特别优待。两人被判了死刑，赵广汉又预先为他们置办棺材、尸衣。

京城的百姓都很服赵广汉，说他“发奸擿伏如神”。

发蒙振落

【释义】 指揭掉物件上的蒙罩物，振掉将落的树叶，这都是极容易的事。后来用以比喻做事轻而易举，或者形容开导启发非常容易。

【出处】 汉·司马迁《史记·汲黯传》。

汲黯，字长孺，是西汉初期名臣。他出身名门，七世为卫国的卿大夫。汉孝景帝时，汲黯为太子洗马，武帝即位后为谒者，并先后任荥阳令、东海太守、主爵都尉，位列九卿。汲黯为政，以民为本，同情民众的疾苦，是位忠正耿直的大臣。

武帝即位不久，采纳了董仲舒向他提出的“罢黜百家，独尊儒术”的建议，表示要以仁义治天下，但汲黯觉得武帝这种表示是言不由衷的。有一次，他当着许多儒生的面批评武帝说：“陛下内心的欲望很多，嘴上却说要以仁义治天下，这哪里像古代圣贤唐尧、虞舜的样子呢？”武帝听了无言以答，非常难堪地离去。

大臣公孙弘善于玩弄权术，时常弄虚作假，讨取武帝欢心，因而很受武帝信任。汲黯很讨厌他的奸诈行为，时常当面揭露他口是心非，经常弄得他狼狈不堪。为此，他想寻找机会报复汲黯。

后来，公孙弘当了丞相。他对武帝说，现在右内史（掌管京

都地区的行政长官）多数由陛下亲族担任，不太合适，还是派一位有威望的大臣来接任好，并建议让汲黯担任这个职务。

原来，右内史这个官最容易得罪京城内的权贵，很难当；再说当了这个官，就不能过问朝政。武帝也讨厌汲黯时常直言相谏，弄得自己难堪，便同意把汲黯调职。不料，汲黯在右内史任上干得很好，公孙弘无法抓住他的把柄。

不久，淮南王刘安准备反叛，他从不把公孙弘放在眼里，怕的倒是汲黯。为此，刘安特地告诫手下人千万不要在汲黯那里露了马脚。他说："汲黯此人好直言进谏，能为节义而死，很难迷惑他。至于丞相公孙弘，对付他就像揭去蒙盖在眼睛上的障碍、振落树上的枯叶那样容易（至如说丞相弘，如发蒙振落耳）。"

后来，刘安由于阴谋败露，被迫自杀。尽管如此，他对汲黯和公孙弘的不同评论，倒是符合实际情况的。刘安说的对付公孙弘很容易的那句话"发蒙振落"，也就成为成语。

罚不当罪

【释义】 当：相当。处罚和罪行不相当。指判罪不应过宽或过严。

【出处】 《荀子·正论》。

荀况，字卿，又名孙况或孙卿，赵国人，是战国后期著名的思想家和教育家。曾多次到齐国稷下学宫讲学，名望很高，三次担任学宫祭酒。后来到楚国任兰陵（今山东枣庄东南）令，最后卒于兰陵。他有很多弟子，其中著名的有李斯、韩非、毛亨、张苍等。他的主要言行，载于《荀子》一书中。《荀子》共有三十二篇，其中一篇叫《正论》，是专门议论政治的。文中提出：国君

要在百姓面前做出好的榜样。残暴的国君被推翻，如夏桀被商汤打倒，商纣被周武王消灭等，这些都是好事而不是坏事。

荀况主张刑罚要严明，对犯罪的应根据罪行的大小，给予相应的处罚，如果杀人的不偿命，伤人的不判刑，那就会纵容犯罪，扰乱社会。有人说："古代没有肉刑，只是象征性地用刑。比如，不使用黥刑（在犯人脸上刺字并涂上墨），而是用墨画脸来替代；不使用劓刑（割犯人的鼻子），而是用戴上草做的帽子来替代。这种办法在混乱的现代是行不通的。如果继续这样做，犯罪的人得不到应有的惩罚，犯罪行为将越来越多。"

在阐述了上面的这些情况后，荀况提出了的自己主张：一个人地位要和品德相称，官职要和才能相称，赏赐要和功劳相称。如果不是这样，弄得地位和品德不相称，官职和才能不相称，赏赐和功劳不相称，处罚和罪行不相称，那就会带来极大的不幸和严重的后果（夫德不称位，能不称官，赏不当功，罚不当罪，不祥莫大焉）。

反求诸己

【释义】 诸："之于"的合音。回过头来求之于自己。指从自己身上找原因，凡事应该严格地要求自己。

【出处】 汉·司马迁《史记·夏本纪》。

禹是我国传说时代与尧、舜齐名的贤圣帝王，夏朝的开国国王。他最卓著的功绩，就是历来被传颂的治理滔天洪水，又划定中国国土为九州。后人称他为大禹，有伟大的禹的意思。有一次，有个诸侯叫有扈氏的起兵入侵，夏禹派他的儿子伯启抵抗有扈氏的侵犯。他们在甘泽地方打了一仗。结果，伯启战败了。伯

启的部下很不甘心，一致要求再战。伯启却说：“不用再战了，我的地盘不比他小，我的兵马也不比他弱，结果我被打败了。这是什么缘故呢？这必定是我的德行比他差，我教导部属的方法不如他。我要从自己身上找出弊病，并努力加以改正才是（行有不得，反求诸己）。”

从此，伯启立志发愤图强，每天天刚亮就起来工作，吃的饭菜不讲求美味，穿的衣服只重朴素，爱护百姓，尊重有品德的人，任用有才干的人。这样经过一年，有扈氏知道了，不但不敢来侵犯，反而心甘情愿地归顺了伯启。

方寸之地

【释义】 指心。

【出处】 《列子·仲尼》。

据说，春秋时期有个宋国人龙叔，属于道家学派。这个学派讲究心地空灵，不计得失，冷漠世人追求的物质利益及对身心有碍的荣誉。不难想象，这种人在社会生活中肯定显得古怪，令人讨厌，甚至与亲友也很难融洽相处。

龙叔是个心灵剔透的聪明人，觉察到自己与世人格格不入，但想不明白问题出在哪里，他自以为不是个令人讨厌的家伙，因为他从不与人争名夺利，更不会伤害任何人。

他听说文挚学问博广，洞明世事，故而向文挚当面请教，他问：“久闻先生是一代名医，有手到病除的医术，可否为我诊治一番以解除我的痛苦？”

文挚很熟悉龙叔的人品，对他分外敬重，便客气地说：“很高兴能为先生效劳，只是不知道先生病状如何，请先生详告才行，以

便对症开方。”

龙叔说：“我的病有些奇怪，这可能与我的性格有些关系。例如，人们很看重的事情我却毫无兴趣。人们都以声名在外而感到骄傲，可我却不在意；又如，有人诬蔑我们国家的政策，我听了也绝不恼怒，根本不屑于争辩。我曾意外得到一件宝物，但我绝不为此高兴得忘乎所以；后来又丢了一件很珍贵的物件，我仍然处之泰然。你是否觉得我这个人愚蠢？”

文挚摇摇头说：“不敢，不敢，先生还有其他病状吗？”

龙叔叹口气说：“当然不止这些，仅仅这样，亲友们也不会觉得我难以相处。我连生与死的大事都不当作一回事，既不为生而欣喜，也不为死而悲哀。在我看来，穷与富，贵与贱没什么不同，人与兽也都在为生存而挣扎，其实本质别无二致。利害得失难以让我动心，荣华富贵对我毫无诱惑力。所以，连妻子和奴仆都用奇怪的目光来看我，问题够严重吧？”

文挚站起来说：“请背光而站，让我来看看您的心吧。”

文挚注目看了一会儿，兴奋地说：“阁下一寸见方的所在已经空灵了（吾见子之心矣，方寸之地虚矣），简直是掌握了长生不死的诀窍，可喜可贺呀，哪有什么病！您是永远不会患病的。”龙叔恍然大悟，高高兴兴地走了。

防民之口，甚于防川

【释义】 川：河流。不让老百姓说话，造成的灾祸比河水泛滥还可怕。现用来比喻压制言论自由造成的危害。

【出处】 《国语·周语上》。

西周的周厉王是个暴君，老百姓对他恨透了，大家遇到一起就

讲他的暴行。有个大臣叫邵公，见人民对周厉王越来越不满，很忧虑，就劝周厉王说："大王，现在百姓都在议论你。你要注意自己的行为了。"

周厉王一听，吼道："谁敢议论我，立即处死！"他从卫国找来一个巫师，让他整天在街上转悠，不知有多少人因为说了对周厉王不满的话而被巫师告密丢了性命。这样一来，老百姓都不敢议论国君了，甚至连一起讲话也不敢了。两个熟人在街上偶尔遇见，只能互相递个眼色，谁也不敢张口。从此再也没有怨恨之声传到周厉王耳朵里，他得意地对邵公说："你看，我能禁止百姓发议论，现在没人敢说我坏话了吧？"

邵公叹气说："你这是用堵的办法呀！防民之口，甚于防川。所以治理河流的办法是疏导，治理国家的办法是让老百姓说话。古代圣贤的君主为政，总要让公卿大臣甚至士大夫发表自己的意见，还要广开言路，让天下百姓都有议论政治的机会，老百姓嘴里讲的都是心里所想，怎么可以不让他们说出来呢？"周厉王根本听不进邵公的劝导，反而变本加厉地镇压百姓。三年后，他终于激起民愤，被流放到国外去了。

防微杜渐

【释义】 防：防止；微：事物的苗头；杜：杜绝；渐：事物的开端。在错误或危险初露端倪时，就加以杜绝，不能任其发展下去。

【出处】 汉·陆贾《新语·道基》。

东汉和帝刘肇继位时只有十岁，当时的大权主要由其养母窦太后掌管。窦太后让她的哥哥窦宪任大将军，掌握全国的兵权，又

让窦氏子弟分别担任重要职务，这样窦氏一族就几乎控制了朝廷所有的要害部门。

外戚权力过大给国家及皇权所造成的隐患，自汉朝建立以来一直没有杜绝过。西汉初年，吕后专权时，汉室的天下就几乎被吕后的子侄们所篡夺，结果险些酿成大祸。

有些大臣看到窦太后又要步吕后的后尘，都不愿看到这幕悲剧重演，便经常聚到一起商讨改变这一局面的办法。可是谁也不敢在朝廷上提出抑制外戚权力这件事，都怕遭到迫害，轻则丢官，重则丧命，搞不好还会殃及一大批官员及其家属。

司徒丁鸿是个非常有学问又富于正义感的人。他博览经史，深明大义，很受汉和帝的器重。他觉得自己作为朝中大臣，不能听任这种危险情况发展到不堪收拾的地步。于是他决定上书皇帝，剖析问题的严重性。

丁鸿连夜草拟奏章，他在写给汉和帝的密奏中，为了国家利益直言不讳地写道：

“陛下，自古至今，太阳是帝王的象征，月亮则代表大臣。现在我朝已出现了日食，它是在提醒陛下应小心谨慎。日食意味着臣子的权力过大，这已构成对皇权的威胁。《春秋》的年表上，记录日食出现过三十六次，这期间有三十二个君主被臣下所害，看来事情绝非偶然。君主对臣子过于放纵，会导致大臣犯上作乱，问题非常严重。”

接着，奏章又换了一种方式，十分形象地写道：“涓涓细流，汇成洪水，将冲决山崖，毁伤林木；丝丝弱枝，长成大树，会遮天蔽日。世间万物都是由小到大，由隐而显的。”

意思是说：人们往往忽视看来细小、琐碎的事情，任其发展而成大患。目前，大将军窦宪倚仗着太后的势力，专擅朝政，破坏

纲纪，盘剥地方，草菅人命，使全国上下臣不敢言、民不聊生，地方上盗贼四起，朝廷上窦氏满门。他们不仅如此，甚至连皇帝您也不放在眼里，只认汉室天下是窦氏天下了。长此下去，后果堪忧！皇上此时应亲揽朝政，将国家社稷放在心上，防止微小的事情酿成大患，杜绝严重威胁于萌芽状态（若敕政责躬，杜渐防萌，则凶妖消灭，害除福凑矣）。

丁鸿草拟好密奏，誊写清楚。这一天，他悄悄溜进后宫，将密奏呈给了汉和帝。汉和帝读过丁鸿的密奏，不禁大吃一惊，方知事情已到了如此地步，立即采纳丁鸿的意见，免去窦宪的大将军之职，着手理顺朝政，削弱窦氏的势力。不久，汉和帝又联合宦官郑众将窦氏一网打尽，但是东汉也由此进入宦官专权时期。

飞沙转石

【释义】 沙土飞扬，石块滚动。形容风力极大。

【出处】 晋·陈寿《三国志·吴书·陆凯陆胤传》。

陆胤，字敬宗，是三国时期的吴郡（江苏苏州）人，起初为御史、尚书选曹郎，与太子孙和交好。当时，吴国的鲁王孙霸要与太子争权，全寄、杨竺等人则暗中依附于鲁王。

有一天，吴主孙权召见杨竺，问他孙霸的才能如何。杨竺一再替孙霸讲好话，认为他有文有武，应当立为嫡嗣。孙权听后就准备立孙霸为太子，哪知有人暗伏于床底下，将听到的话偷偷地都告诉了太子孙和。

此时，陆胤欲去武昌，太子便微服来到陆胤的车子上，与他一起商议对策，最后决定由大将陆逊出面，上表谏阻孙权撤换太子。陆逊上表后，孙权怀疑此事乃杨竺泄密所致，便责问杨竺。杨竺

说自己并未泄密。孙权又追问陆逊怎么知道此事，陆逊回答说是陆胤所言，于是陆胤被抓了起来，再三拷问之下，陆胤却不肯出卖太子，只说是“杨竺告诉我的”。于是，杨竺也被捕下狱，因受不了严刑毒打，最后杨竺不得不承认是自己将此事通报给陆胤的。孙权便把杨竺杀死了，陆胤反而活了下来。

永安元年，陆胤为西陵督，封为都亭侯。次年，中书丞华雒上表举荐陆胤说：“陆胤天资聪颖，富有才干，又注意廉洁。在交州时，奉宣朝恩，流民一一归附，边疆太平。在苍梧、南海时，当地每年都有暴风和瘟疫为害，暴风则折木，飞沙转石，毒气则雾郁，飞鸟不至。而陆胤到那里后，暴风和毒气绝迹，商旅平安，百姓中不再瘟疫流行，农田丰收。州治靠海，水是咸的，陆胤又蓄水造了水库，老百姓从此不再吃咸苦的食物。陆胤在那里当了十多年的官，‘内无粉黛附珠之妾，家无文甲犀象之珍’，这在当今官员之中，实在是非常难得的。”

文中所说的“飞沙转石”现在一般都说成“飞沙走石”。

飞扬跋扈

【释义】 飞扬：放纵，高傲；跋扈：蛮横，肆意妄为。原指意态举动超越常轨不受约束。后形容骄横放肆，不受法度制约。

【出处】 唐·李百药《北齐书·神武记下》。

南北朝时期，北魏鲜卑人侯景，是个极其残暴的人。他原本只是定州刺史，高欢篡夺北魏政权后，改为东魏，他又依附高欢，任大丞相府长史，仍兼定州刺史。他依仗手下有十万精兵，统治河南十三州达十四年之久，常有骄横放肆之举，不把朝廷放在眼里

（景专制河南十四年矣，常有飞扬跋扈志）。高欢死后，高澄执政，要剥夺侯景的兵权，侯景便又率兵归降南朝梁武帝萧衍。萧衍任命他为豫州刺史，坐镇寿阳。

但不久侯景又发动叛乱，攻陷了梁都建康，改国号为汉。每逢出兵作战，侯景总嘱咐领兵的将领攻破城池后，把城里的无辜百姓杀光，让天下人都知道他的厉害。他还禁止两人以上交谈，如有人违犯，株连九族。更狠毒的是他建立了一个大舂碓，把对他不满的人都投入碓内捣死。

后来，梁朝的老百姓都支持萧衍的儿子湘东王萧绎，最后万众一心击败了侯景。侯景在逃跑途中被杀，结束了他飞扬跋扈的一生。

非驴非马

【释义】 不是驴也不是马。比喻不伦不类的事物。

【出处】 汉·班固《汉书·西域传下》。

汉朝建立后，北方的匈奴一直不停骚扰边关，造成很大损失。在经过“文景之治”两代的休养生息，汉武帝时期的国力开始强盛，国库充实，兵强马壮。于是武帝决心要彻底解除来自北方的匈奴的威胁。用兵之前，为了联合西域一带的少数民族共同抗击匈奴，他下令张骞出使西域诸国。

张骞所到之处受到当地人民的热烈欢迎。当时的大月氏、大宛、安息、乌孙等少数民族都饱受过匈奴的掠夺之苦，现在听说汉朝准备派大军痛击匈奴，都高兴得欢呼雀跃，表示坚决站在汉朝一边，共同抗击匈奴。在这个问题上龟兹国王的态度尤其积极，因为他的国家是遭匈奴侵略的“重灾区”。他不但派遣使者回访汉

朝，还几次亲身朝贺汉武帝，以示诚意。

长安城自刘邦定都以来，经过几代整修，规模十分壮观。街道整齐，宫室庄严，巍峨富丽，雕梁画栋，飞阁流丹。如此雄伟的汉宫建筑使龟兹王大开眼界，还有那五花八门的汉朝礼仪制度更让他眼花缭乱，羡慕不止。

汉朝百官朝见皇帝时，要由内监传呼，再由守宫卫士大声传达，文武百官才得鱼贯而入。这时钟鼓齐鸣，文武群臣高呼万岁，行三拜九叩大礼，而皇帝则端坐龙座，得意地接受群臣的参拜，威风极了。

龟兹国王觉得自己在家时臣子们朝拜仪式太简单了，自己也不太威风，认为汉朝的这套礼仪值得借鉴，他下定决心，回国以后推广试行。回国后，他先下令模仿长安宫殿改建王宫，然后命文武大员改换装束，一如汉官打扮，连宫中的装饰也尽量学习汉宫。百官入朝退朝也像汉朝一样，击鼓撞钟，传呼朝贺。

龟兹国的文臣武将中只有少数人到过汉朝，大多数对汉朝的礼仪一无所知，对于这件“新生事物”只觉得新鲜有趣，在演习时模仿得不伦不类、似像非像，十分滑稽可笑。就连国王自己见了群臣一副怪模怪样的表情和动作时，也觉得很可笑，于是君臣哄堂大笑，乱作一团。

朝臣们回家走在路上，古怪的装束引起了百姓的好奇。他们见长官们个个金发碧眼，却峨冠博带，骑在马上像个木偶，于是品头评足，议论纷纷。

正巧，乌孙、安息、大月氏诸国使节来龟兹国公干，目睹了龟兹国“改革”后的礼仪，觉得既不像汉朝也不像龟兹，就讥讽道：“驴不像驴，马不像马，龟兹王这一套，简直是个骡子（驴非驴，马非马，若龟兹王，所谓骡也）。”

吠形吠声

【释义】 吠：狗叫。一只狗看到人或一点东西的形影就叫，很多狗听到声音也随着叫起来。形容盲目地随声附和。

【出处】 汉·王符《潜夫论》。

王符是东汉末年的政论家、文学家和进步思想家。他性情耿介，不苟同于世俗，于是终身不仕，隐居著书三十余篇，以抨击时政之得失，取名为《潜夫论》。

《潜夫论》共三十六篇，多数是讨论治国安民之术的政论文章，少数也涉及哲学问题。其中有个故事讲述了日常生活中经常可以看到的一个现象：

当一只狗偶然汪汪一叫，许多狗听到了，就会汪汪汪汪地一起乱叫起来。这第一只狗，也许果真看见了些什么可疑的人或其他东西，所以大惊小怪地叫了起来，而别的那些狗却往往什么也没有看见，不过是跟着瞎嚷嚷罢了。

王符便说："一犬吠形，百犬吠声。"也有人把这句谚语说作"一犬吠影，百犬吠声"。就是说，第一只狗也未必看清什么，也许只看见了一些模糊的影子，而其余的狗则完全是随声起哄，盲从附和。而成语"吠形吠声"也由此而来。

分我杯羹

【释义】 杯：一杯；羹：肉汁，肉汤。分给我一杯肉羹。引申为分享利益。

【出处】 汉·司马迁《史记·项羽本纪》。

楚汉之争时，项羽在新丰鸿门（今陕西临潼县东）设下“鸿门宴”，但未能杀掉刘邦。不久，项羽领兵进入秦都咸阳，杀掉了秦降王子婴，自称为西楚霸王，又封刘邦为汉王。

汉二年春，刘邦在平定了秦朝降将章邯、司马欣和董翳之后，率大军讨伐项羽，被项羽打败，父亲和妻子吕后也被楚军活捉。刘邦被项羽围在荥阳城中，危急万分，不得不率一小队人马逃跑。此后，刘邦率领从韩信手中接过的军队，继续同项羽对峙。项羽因后方被彭越的军队干扰，绝了军粮，无法迅速击溃刘邦，心里很急，就在军中高高地放了一个切菜板，将刘邦的父亲按在上面，对刘邦说：“你今日要是再不退兵的话，我就把你的父亲煮了吃！”

刘邦却回答说：“我与你项羽曾经一起拥戴过楚怀王，并且相约为兄弟，所以我的父亲也等于是你的父亲。你如今果真要煮吃了我父亲的话，那你就分我一杯肉汤吧（吾翁即若翁，必欲烹而翁，则幸分我一桮羹）！”

项羽听了刘邦的话，恼火极了，真想立刻把刘邦的父亲杀掉。他的叔父项伯劝他说：“争天下的人着眼于大事，是决不会顾个人小家的。你现在把刘邦的父亲杀掉了，不会有什么好处，只能增加他的仇恨。”项羽只得放弃杀掉刘邦父亲的念头。

风声鹤唳

【释义】　鹤唳：鹤的鸣叫。听到风声和鹤叫声，都怀疑是追兵。形容惊慌疑惧到了极点，一点风吹草动都足以引起紧张。

【出处】　唐·房玄龄等《晋书·苻坚载记下》。

东晋孝武帝太元八年（公元383年），前秦宣昭皇帝苻坚率三十万大军渡江南侵，号称百万之师，企图一举灭晋。孝武帝派大

将谢石、谢玄领兵八万，北上迎敌。

在安徽洛涧附近，晋军以逸待劳。谢玄审时度势，趁苻坚急于进攻硖石的机会，启请谢石应允，派勇将刘牢之率精兵五千夜袭前秦军营垒，击溃苻坚拥有二十五万人的先锋部队，杀死梁成、王显等十员大将和万余士卒，大挫了前秦军的锐气。

接着晋军水陆并进，占据了有利地形。当时苻坚同他的弟弟苻融正在寿阳城上，望见晋军布阵齐整，士气精锐；又北望八公山，草木皆成人形，有如埋伏着千军万马（草木皆兵）。苻坚回头对苻融说："满山遍野的敌人，怎么说晋军人少呢？"脸上顿时露出失望恐惧之色。

苻坚内心恐慌，不敢大胆进军，只得先靠淝水北岸布阵。这时谢石、谢玄派使者去见苻融，要求前秦军稍往后退，让出一块地方，以便晋军渡过淝水与之决战。苻融当时妄图乘晋军过河之际突然袭击，一举消灭晋军，因此接受了晋军的要求，传令退兵。

不料后退令一下，士兵们以为前面打了败仗，就转头慌张奔逃，无法止住，乱了阵脚。晋军乘机渡河追击，杀得前秦军丢盔弃甲，尸横遍野。苻融阵亡，苻坚中箭负伤，率残兵败将往淮北逃窜，一路上听到风声和鹤叫，都以为是晋军追来了（风声鹤唳）。

淝水一战，前秦军几乎全军覆没。此后不久，前秦政权就垮台了。

佛头着粪

【释义】 将粪便拉在佛的头上。形容好的东西受到亵渎。

【出处】 宋·释道原《景德传灯录》卷七。

唐穆宗时，有一个叫崔群的人，到湖南东寺游览，见鸟雀在佛像的头上拉屎，便想趁此考问一下佛寺住持的佛学修养和言谈机锋。他问住持：“这些鸟雀究竟有没有佛性？”

住持知其用意，答道：“有。”

他紧接着问：“它们既有佛性，为何对佛如此不敬？拉屎竟拉到佛的头上，真是罪过。”

住持微微一笑，反问道：“施主您说它们没有佛性，那它们为什么不到老鹰头上拉屎，而偏偏找到佛的头上？”

崔群一时竟说不出话来。

“老鹰嗜血，鸟雀见了害怕，远远避开唯恐不及，哪敢到它头上拉屎？佛性慈善，容忍众生，对外物从不计较，所以他容得下鸟雀的嬉耍；而鸟雀因这一点找到他头上拉屎，岂不是深明佛理，很有佛性？”

住持对答机智，使崔群十分折服。

扶摇直上

【释义】 扶摇：急剧盘旋而上的大风。原形容旋风盘旋而上的样子。现多用来形容迅速上升。

【出处】 《庄子·逍遥游》。

《庄子·逍遥游》中记载：在荒凉的北方，有一片大海，叫冥海，海里生活着一种大鱼，名叫鲲。它背有几千里宽，至于它到底有多长，就没人弄得清楚了。

久居冥海，鲲感到厌倦了，很想到遥远的南方去看看。可是冥海不与南海相通，它无法游过去。于是鲲就每天练习跃出水面，同时像鸟扇动翅膀那样拼命地摇动背鳍和腹鳍，久而久之，变

成了一种名叫鹏的大鸟。

这鹏也是巨大无比，它站在那儿，就像是高耸入云的泰山；巨大的双翅张开来就像是垂挂在天边的云彩。大鹏只要轻轻地扇动双翅，大地便会立刻刮起阵阵狂风。大鹏的翅膀强劲有力，越扇越快，地面上顿时飞沙走石，一股强劲的旋风拔地而起，像羊角一样旋转着扶摇直上。大鹏凭借这股强劲的旋风，直冲云霄，飞上了九万里的高空（抟扶摇而上者九万里）。

釜底抽薪

【释义】 把锅底下的柴火抽掉，使之无法加热。比喻从根本上来解决问题。

【出处】 北朝·北齐·魏收《为侯景叛移梁朝文》。

公元534年，北魏分裂成东魏和西魏。东魏的大权掌握在大丞相高欢手中，他手下有个得力助手名叫侯景，他向高欢吹牛说，只要给他三万兵马，他就可以打过长江去，把梁武帝萧衍活捉过来。高欢便交给他十万军队，让他镇守河南。

侯景向高欢辞行时，私下对高欢说：“我带兵在外，为防止意外，您有书信给我，请在上面加小点以便我识别真伪，防止奸人诈骗。”

尽管侯景受到高欢重用，但他非常瞧不起高欢的儿子高澄。公元546年，高欢患了重病。高澄知道侯景瞧不起自己，打算赶在父死之前夺回侯景的兵权，便用父亲的名义写信召他回来。他不知道侯景与高欢有密约，因此在信上没有加小点。

侯景接到信后，见上面没有加小点，心里疑惑起来，便找个借口不回朝。次年高欢病死，侯景知道高澄必定会杀他，便下决心

反叛东魏。他先将河南 13 个州的土地献给西魏，但不肯交出军队，只是伺机行事。

高澄发现侯景公开反叛，便命慕容绍宗率军向侯景进逼。与此同时，又命中书侍郎魏收写一篇文告，谴责侯景的反叛罪状，才思敏捷的魏收很快写好，高澄命人迅速张贴出去。

这样一来，侯景日子就很难过了，便索性向南面的梁武帝投降，并请求他派军队来援助。梁武帝马上答应并派兵北上。

高澄见梁武帝出兵援助侯景，便命魏收写了一篇《为侯景叛移梁朝文》。文中有一段写道：梁朝如果不援助侯景并且把他交出来，那就好像“抽薪止沸”、剪草除根一样，从根本上解决了问题。

但梁武帝看了不以为然，照样出兵援助侯景。于是，慕容绍宗率领的东魏军继续南下，与支援侯景的梁军交锋，结果梁军大败。接着，东魏军又去攻击侯景的军队，将它击溃，侯景带领少数部队投奔梁朝。

第二年，侯景又举兵叛变，攻破梁朝京都建康。不久，梁武帝愤恨而死。随后侯景又自立为帝，不过没有多久就被部下杀死。

后来，魏收写的那一篇文告中的“抽薪止沸”，便演化为“釜底抽薪”的成语。

釜底游鱼

【释义】 指鱼在锅中游。比喻处在绝境中，将要灭亡的事物。

【出处】 南朝·宋·范晔《后汉书·张纲传》。

东汉时期的张纲少时勤奋好学，对经学有一定研究。虽出身官宦家庭，但少纨绔习气，很注意气节方面的修养。主管教化的司徒知道张纲品学兼优是个人才，便征召他担任朝廷御史。

汉顺帝刘保是由宦官扶持当上皇帝的，因此，外戚与宦官权势很大，互相勾接，专横跋扈，陷害忠良，危邦乱国。目睹此情，张纲深以为忧，毅然向顺帝上书，陈述对国事的见解和主张，并且揭发外戚大将军梁冀及其弟河南尹梁不疑贪污腐败、独断专横的罪行，因此，梁冀对他恨之入骨。当时，在广陵地区，张婴领导一支数万人的起义军，梁冀趁机让人推荐张纲做广陵太守，企图借刀杀人，让他到张婴那里去送死。

张纲到任后，只带了十几个随行人员去张婴兵营劝降。他说："你们一伙造反事出有因，责任在于以前的太守肆虐贪暴。我并不想跟起义军为敌，只是希望你们能归顺朝廷。"张纲在劝降的同时，又对张婴进行武力威胁。张婴对张纲说："因为我们忍受不了贪官污吏的欺压，又无法向朝廷反映，所以才起兵反抗。现在我们就好像鱼游在釜中一样，很快就会灭亡（若鱼游釜中，喘息须臾间耳），所以我们甘愿归顺朝廷。"于是，张婴带领一万余人投降了。

就这样，张纲不仅没被杀死，反而立了功，这是他的仇家所始料不及的。

成语"釜底游鱼"正是从"鱼游釜中"一词演化而来的。

负重致远

【释义】负：背着；致：送到。原意是能背着沉重的东西，送到远处的目的地。比喻能肩挑重任。亦作"负重涉远"。

【出处】 晋·陈寿《三国志·蜀书·庞统传》。

庞统，字士元，三国时刘备帐下谋士，官拜军师中郎将。后在进围雒县时，庞统率众攻城，不幸被流矢击中去世，时年三十六岁。

庞统是名士庞德公的侄儿，当年隐居在隆中的诸葛亮常去拜访庞德公，和庞统也成了好朋友。庞德公非常赞赏他俩的才能. 称诸葛亮为卧龙，庞统为凤雏。在庞德公的眼中，他俩都是当世俊杰。

东吴周瑜任南郡太守时，庞统曾在他手下任过功曹。周瑜死后，庞统到吴郡吊唁。吴郡很多文人早就听说过庞统的名声，所以等他将要西归南郡的时候，大家都去看望他。连当时非常有名的文人陆绩、顾劭、全琮等也去了。

大家在昌门聚会话别，谈古论今，非常欢畅。谈论间，有位名士请庞统评论一下在座的各位人员。庞统先评江东著名学者陆绩，他说："陆先生像是一匹跑不动但脚力强劲的马，有超逸的才能。"众名士听了，都说他评到了点子上。接着，庞统又评顾劭。他说："顾先生好比是一头跑得很慢的吃苦耐劳的牛，但能够背负着沉重的东西送到远方（顾子可谓驽牛能负重致远也）。"有人又请他评评自己，他颇为自负地说："为帝王出谋划策，治理天下，我还是可以胜任的。"可惜庞统与诸葛亮一样，尚未实现理想抱负就告别了人世。

妇人之仁

【释义】 指妇女的仁慈。旧时轻视妇女，用以形容做事优柔寡断，不识大体。

【出处】 汉·司马迁《史记·淮阴侯列传》。

楚汉相争时，韩信投奔了汉王刘邦。起初刘邦并不重用韩信，后经丞相萧何的一再推荐，才让韩信做了大将军。刘邦为对付项羽大伤脑筋，便召韩信前来，问道："你有对付项羽的好计谋吗？"

韩信赶紧起身拜谢刘邦，然后问："大王自己认为，您在勇敢、剽悍、仁慈、强盛等方面，哪一样可与项王相比呢？"

刘邦沉默了好一会儿，说："都不如项羽。"

韩信退后两步，第二次向刘邦拜谢，然后向他祝贺说："的确，我也认为大王不如项王。然而，我曾在项王手下做过事，不妨说说他的为人。论勇猛，项王的确是一个了不起的人物，他大喝一声，千百人倒下；但是，他不会任人唯贤，所以他的勇猛无非是匹夫之勇。论仁慈，项王也的确对人和善慈爱，说话时呜呜咽咽，手下人得了病，他会伤心得流泪，把自己的食物分出来吃；但是，遇到有人立了功，行赏时应该封爵位，却把大印摩来摩去，直到摩烂也不肯给别人。这样的仁慈，不就是妇道人家的仁慈吗（此所谓妇人之仁也）？这对争夺天下有什么好处呢？"

刘邦听了，非常高兴，后悔与韩信相见太晚。

覆巢无完卵

【释义】 鸟的巢已倾覆，巢中哪会有完好的鸟卵？比喻大局已完，局部也不会完整。

【出处】 南朝·宋·刘义庆《世说新语·言语》。

孔融，字文举，是东汉文学家。他家学渊源，为"建安七

子”之首，是孔子的二十世孙。

东汉末年，孔融看出曹操有野心，因此对他很疏远，态度也很冷淡。孔融还经常指责、嘲弄曹操，于是曹操借口孔融诽谤朝廷、图谋不轨，把他连同妻子、儿女一家人都杀了。

当时孔融的大儿子九岁，小儿子七岁。孔融被抓走的那天，这两个孩子正在屋里下棋，他们知道父亲要被人绑走了，却神色不变，照旧下棋。旁边的人看到这个情景觉得很奇怪。孔融对差役说：“我的罪过由我来承担，能不能放过我的两个孩子？”

孔融的儿子慢慢说道：“父亲，您看哪有鸟巢毁了而巢中的蛋不破的呢（安有巢毁而卵不破乎）？”

有人可怜这两个孩子，盛碗肉汤给他们喝。孔融的小儿子又说：“咱家今日遭到这场大祸，我们不会活得太久了，为什么还要尝肉味呢？”后来有人把这些事告诉了曹操，曹操马上派人把这两个孩子抓了起来。孔融的小儿子一点也不怕，他对哥哥说：“假若人死了以后还有魂灵，我们能见到父母，那岂不是最快乐的事？”说完，他就挺起脖子，等待用刑。周围的人看到这番情景，没有不感到悲伤的。

覆水难收

【释义】 泼出去的水，无法收回。比喻事已定局，不可挽回。

【出处】 宋·王楙《野客丛书·心坚石穿覆水难收》。

商朝末年，有一位奇人名叫姜尚，字子牙，人称姜太公。因先祖封于吕，又名吕尚。他辅佐周文王、周武王攻灭商朝，建立周朝，立了大功。后来封在齐，是春秋时齐国的始祖。

姜太公曾在商朝当过官，因为不满纣王的残暴统治，弃官而走，隐居在陕西渭水河边一个比较偏僻的地方。他为了引起周族领袖姬昌（即周文王）的重视，经常在渭水河边用不挂鱼饵的直钩装模作样地钓鱼。因事业无成，生活十分困顿，他的妻子马氏嫌他穷，没有出息，不愿再和他共同生活，要离开他。姜太公一再劝说她别这样做，并说有朝一日他定会得到富贵。但马氏认为他在说空话骗她，无论如何也不相信。姜太公无可奈何，只好让她离去。

后来，姜太公终于取得周文王的信任和重用，又帮助周武王联合各诸侯攻灭商朝，建立西周王朝。周武王封他为齐侯，声势十分显赫。马氏见他又富贵又有地位，懊悔当初离开了他，便找到姜太公，请求与他恢复夫妻关系。

姜太公已看透了马氏的为人，什么话也没有说，端来一盆水泼到地上，叫马氏把水全部收回来。马氏赶紧趴在地上去取水，但只能收到一些泥浆。于是姜太公冷冷地对她说："你已离我而去，就不能再合在一块儿。这好比倒在地上的水，难以再收回来了（若能离更合，覆水定难收）！"

G

改弦易辙

【释义】 指乐器换了弦，车子改了道。 比喻改变主张行为、计划、方向。

【出处】 宋·王楙《野客丛书·张杜皆有后》。

张汤，西汉杜陵（今陕西西安东南）人。 幼时喜法律，曾任长安吏、内史掾和茂陵尉，后补侍御史，是中国古代著名的酷吏，又以廉洁著称。

汉武帝时期，张汤在承办陈皇后用巫术诅咒后妃早死的案件中，严刑逼供，最后株连处死了三百多人。 在审理淮南王谋反案件时，张汤又牵连诛杀了很多人。 其中有两名大臣，汉武帝很想释放他们，可是张汤坚持说："他们私交诸侯，图谋造反，要是不杀，以后再要有人犯上作乱，就不好处理了。"汉武帝只得同意将他们正法。

因为张汤执法从重从严，得罪的人很多。 后来有人在武帝前诬告，武帝派人去责问他，张汤就只得自杀了，好在不久又被汉武帝平反。

杜周原是张汤的下属，后来也升任为御史。 他负责查捕和惩办逃亡边卒，杀了很多人。

杜周办案学张汤的从重从严、毫不留情，但他没有张汤那种敢在皇帝面前坚持执法的勇气和品质，办案时总是看皇帝的脸色办事。皇帝不喜欢的人，他千方百计给制造罪名，一定要把他们置于死地；皇帝要宽恕的人，他就拖延案件的办理，直到找到被“冤枉”的证据然后予以释放。

杜周后来做了廷尉，一年要办一千多件案子。大案往往牵连到几百人，小案也要牵连到几十人。对于不服罪的人他就严刑拷打而定案。前后竟有十多万人被关进了监狱，所犯的尽是“大逆不道”的罪名。

张汤的儿子张安世，杜周的儿子杜延年都在汉昭帝时做官，这两人性格却很宽厚，待人谦恭平和，和他们的“酷吏”父亲完全不同。两人的名声也都很好。

宋代学者王楙在《野客丛书》里曾评论说：张安世和杜延年，为人务求宽厚，和张汤、杜周截然不同，就好像乐器换了弦，车子改了道那样，这才弥补了他们父辈的罪过（使其子孙改弦易辙，务从宽厚，亦足以盖其父之愆）——其实，对于张汤和杜周两个历史人物并不能一概而论。从上面所叙述的事情中，也可以看出，他们虽都被称为“酷吏”，但是行为和品质并不相同，还是应该给他们以不同的评价。

干将莫邪

【释义】 干将、莫邪：古代宝剑名。指好剑。也比喻贤才美器。

【出处】 汉·赵晔《吴越春秋·吴王阖闾内传》。

春秋时期，越国铸的剑最好，因越国不仅出产的金铁（铜锡矿石）质地好，而且有不少铸剑高手，其中最为著名的就是干将。

干将与欧冶子共同拜师学铸剑，两人曾合铸过三口铁剑，称为“龙渊”“泰阿”“工布”。后来干将在吴国与一个叫莫邪的女子结成夫妇，以为人铸造农具等为生，有时也铸剑。

吴国出产的金铁，质地不及越国，设备也比较简陋，所以干将在这里铸的剑，比不上先前与欧冶子合作铸造的好剑，但比当地工匠所铸的剑，毕竟要强得多。

公元前514年，阖闾即吴王位后，要干将为自己铸一两口品质特别优良的剑，为此特地辟出一个铸剑场，调来许多工匠，还征集了三百名童男童女，专门为铸剑的炉子装炭鼓风。

干将接连铸了好几把剑，都被阖闾退回来，说是质地比不上他拥有的欧冶子所铸的剑。干将申辩说：“要铸质地好的剑，一定要有质地好的金铁、合适的火候和高超的技术，三者缺一不可，我的技术与师兄欧冶子不相上下，但这里的金铁和火候却比不上越国的。”

阖闾这才同意再给他三个月的铸剑时间。但是两个月过去了，炉子中的金铁还是没有熔化。一天，莫邪问干将：“金铁至今没有熔化，是否质地有问题？”

“是啊，先师当年最后一次铸剑时，也碰到过这个问题，后来，先师偕同先师母跳入炉火之中，才熔化金铁，铸出了好剑！”

“这样不是要被烧死了吗？”

“铸不出好剑，越国的大王也要处死他们的。”

莫邪说：“既然先师母能做到这样，那我也能做到这样！”

干将想了想，说：“也许可以不必把身子全投入炉火之中，我以为如果把头发和指甲投入，也可能使金铁熔化。”

于是，莫邪立即剪断头发，剪下指甲，将它们投入炉火之中。果然，在三百名童男童女不断地装炭鼓风下，金铁渐渐熔化。最后，两口好剑铸成了。一口满饰龟甲纹的是雄剑，称为“干将”；另一口满饰水波纹的是雌剑，称为“莫邪”。两口剑均锋利无比，质地超过了阖闾拥有的欧冶子铸的那口宝剑。

干卿何事

【释义】 干：关涉。关你什么事？常用于讥笑人爱管闲事。

【出处】 南唐·冯延巳《鹊踏枝》。

词，作为文学的一种体裁，兴起于唐朝，而盛行于宋代。唐末五代十国时，词就开始流行了，出现了许多著名的词人，其中南唐后主李煜可谓出类拔萃的人物。他的父亲中宗李璟也喜欢作词，虽至今仅存四首，却也有精巧之作。他有一首《摊破浣溪沙》写道：

菡萏香销翠叶残，西风愁起绿波间。还与韶光共憔悴，不堪看。细雨梦回鸡塞远，小楼吹彻玉笙寒。多少泪珠无限恨，倚阑干。

李璟这首词写完不久，宰相冯延巳也写了一首《谒金门》：

风乍起，吹皱一池春水。闲引鸳鸯香径里，手挼红杏蕊。斗鸭阑干独倚，碧玉搔头斜坠。终日望君君不至，举头闻鹊喜。

两首词写的都是一位女子思念情人的事。李璟勾勒出“独处

小楼”“玉笙寒彻”的佳境；冯延巳则描绘得更加细腻：春风吹过，湖面浮过片片涟漪，纯情少女含情脉脉地盯着湖中的一对鸳鸯，手里揉着红杏花瓣，孤身只影地依偎在栏杆上，等呀，等呀，心上人仍迟迟不来。

冯延巳的词很快被权贵们传抄吟唱，李璟读过也颇为赞赏。一日，李璟在皇城里的池塘边散步，见冯延巳远远走来，便扳起面孔道：“你来得正好，我有一事不明，正要问你。”

冯延巳吃惊不小，急道：“陛下何事，臣当如实奏上。”

李璟一板一眼道：“风吹皱一池春水，干卿何事？”这本是李璟跟他的近臣开的一句玩笑。意思是人家痴情少女在湖边等她的情郎哥，关你什么事？

冯延巳听了连忙回答说：“相干不相干，确实不如陛下的‘小楼吹彻玉笙寒’佳妙啊！”说罢，君臣皆笑。

肝肠寸断

【释义】 肝脏和肠子一寸一寸地断裂开了。形容悲痛到了极点。

【出处】 晋·干宝《搜神记·猿母猿子》。

从前，临川东兴地区，有一个猎人在山中打猎，捉到了一只小猿，于是把它带回家中。母猿看到了，心急如焚，一路跟随，也到了猎人的家，一直哀哭嚎叫。

猎人不为所动，听母猿叫得心烦了，竟然当着母猿的面把小猿打死了。母猿悲啼不止，爬上一棵树，从树上头冲下跳了下来，摔死了。猎人剖开母猿的肚子，只见肝肠全部断成一寸一寸

的了。

另外，在《世说新语》中也记载了一个类似的故事：

东晋时期的军事家和政治家桓温，于公元346年，率军上溯长江，攻打蜀国。船进入三峡时，部将中有人捉到了一只小猿放在船上，母猿看到了，心急如焚，沿岸奔跑，哀哭嚎叫。

三峡山势陡峭，江随壁转，壁与天接。母猿奋不顾身，攀青藤，走绝壁，滚山坡，跟着船队走了一百多里。船行到巫峡，不觉慢了下来，靠着江边，缓缓前进。这时，母猿哀叫三声，瞧准小猿所在的船跳下来，当即身亡。

船上的兵士，剖开母猿，只见肝肠寸断，桓温听说了，怒火冲天，叫人把捉小猿的军官叫来，训斥了一顿，贬了他的官职。后人有诗云：

巴东三峡巫峡长，猿鸣三声泪沾裳。

肝脑涂地

【释义】 肝胆脑浆涂溅满地。形容惨死，多作于战乱中。也可用来比喻竭尽忠诚，立功报效，不惜任何牺牲。

【出处】 汉·司马迁《史记·刘敬叔孙通列传》。

楚汉相争，刘邦最终战胜项羽，平定了中原，就和群臣商议建都一事。由于群臣都是华山以东的人士，都说："周朝建都洛阳，世祚传了数百年；秦朝建都咸阳，传位不过二代就亡了，所以应建都洛阳。"汉高祖犹豫不定。

汉高祖五年，刘邦巡幸洛阳，有个叫娄敬的人，请求晋见皇上。娄敬问皇上："陛下想建都洛阳，难道是想和周朝较量兴隆

的盛况吗？”皇上说：“不错。”娄敬说：“陛下获取天下和周朝不同。周武王的祖先积德行善几十年，人们愿意跟随他，没有经过多少杀戮，便取得了天下。陛下从丰沛起事，统兵三千，经历无数战斗而席卷蜀汉地区，平定三秦，又和项羽抗衡决战中原。就拿成皋孤城之争来说，经历大战七十、小战四十，让天下无辜百姓肝脑涂地，父母孩子的尸骨遍布荒野（使天下之民肝脑涂地，父子暴骨中野），哭泣之声不绝于耳。那些受创伤的人还没有复原，你就想和西周较量兴隆盛世，我私下以为陛下不能这样做啊！”

汉高祖终于采纳娄敬的建议，取消了建都洛阳的念头，并赐娄敬为刘姓，故史称之为刘敬。

高屋建瓴

【释义】　瓴：盛水的瓶子。在高屋顶上往下倒瓶子里的水。比喻处于居高临下的形势，发展迅速，毫无阻碍。

【出处】　汉·司马迁《史记·高祖本纪》。

汉高祖刘邦当上皇帝的第二年，有人向他报告楚王韩信正在密谋造反。于是，他急忙召集近臣商议对策。

陈平替刘邦出个主意说：“大王假装要去云梦泽巡视，并在陈地会见诸侯。陈是楚的西界，韩信得到消息，一定会去陈地迎接。当韩信拜见的时候，就可以轻易地捉到他了。”

刘邦按照陈平的计策，果然没费什么劲就把韩信捉住了。刘邦非常高兴，当天颁发了大赦令。大夫田肯乘着道贺的机会对刘邦说：“很高兴您捉住了韩信，又在关中建都。关中地形险固，胜于他国；土地广阔，有千里之远；兵员众多，占天下百分之二

十。 由于地势的优越，如果派兵去攻打诸侯，真好比是站在高屋顶上倾倒瓶里的水，由上向下，不可阻挡啊（地势便利，其以下兵于诸侯，譬犹居高屋之上建瓴水也）！”

田肯又说：“齐地两千多里，七十余城，非常重要，控制这里，便可以一当十。 如此重要的地方，非亲子弟是不能封他做齐王的。”

刘邦听出了田肯婉转地为韩信求情的意思。 因为定三秦、平齐地，主要是韩信的功劳。 于是，刘邦赦免了韩信，只是将他降为淮阴侯。

高下在心

【释义】 高下：比喻屈和伸。 表示心中有数，掌握主动，能屈能伸，施展自如。

【出处】 春秋·鲁·左丘明《左传·宣公十五年》。

公元前 594 年，楚庄王派使者申舟路经宋国去齐国。 按照当时惯例，借路应征得宋国的同意，但楚国自恃强大，不公开向宋国借路，宋国认为楚国是有意侮辱，对此非常仇恨。 于是把申舟扣留并把他杀了。

楚庄王听到申舟被杀的消息，亲自率兵伐宋，一下子就把宋国团团围住。

这时，宋国派大夫乐婴齐去晋国告急求援，晋景公便准备出兵救宋。 可大夫伯宗谏阻说：“古人有话说：虽鞭之长，不及马腹。 意思是说，马鞭子虽长，也不能打在马腹上，因为马腹不是鞭击之处。 楚国正在强盛之期，我们和楚国相争只能有害无益，

我们要全面权衡轻重，懂得权变，心中有数。”

伯宗接着又说：“民间有谚语说：高下在心，川泽纳污，同薮藏疾，瑾瑜匿瑕，国君含垢，天之道也。意思是说：遇事要酌量情况，做到心中有数。江河湖泊可以容纳污浊的东西，山林草泽可以隐藏毒蛇猛兽，美玉有时会有瑕疵斑点。做国君的人也必须能容忍别人的侮辱，这是天经地义的大道理。所以不必为不出兵救宋被人耻笑而计较。”

晋景公听了伯宗的这番劝说，便没有出兵救宋。

工力悉敌

【释义】 悉：全、都；敌：相等。双方的功夫和才华完全相等，不相上下。

【出处】 宋·计有功《唐诗纪事·上官昭容》。

上官婉儿又称上官昭容，唐代女官、女诗人，唐中宗时封昭容（嫔妃封号），也称班昭。曾建议扩大书馆，增设学士。代朝廷品评天下诗文，与蔡文姬、李清照、卓文君并称中国古代四大才女。

唐中宗时，有一回群臣聚集在昆明池（水名，在今西安市西南）畔赋诗应选，不一会儿，一百多篇诗歌都汇集到才女上官昭容面前。上官昭容受命遴选一首，用为新作的御制歌曲。她阅读得飞快，只见一张张卷纸如雪片般落下。最后，只剩下两首被留下来，一首是沈佺期的，一首是宋之问的。昭容推敲了一会儿，仍然把沈诗扔下。众人争看这份卷纸，只见上面的评语是：“二诗工力悉敌。”沈诗的落选之句是：

微臣凋朽质，羞睹豫章材。

这时，昭容念起了宋之问的诗，最末两句是：

不愁明月尽，自有夜珠来。

沈佺期一听，非常佩服，觉得自己的诗歌到末尾的确已经缺乏气势了，而宋之问的诗还有攀登崛起的勃勃生机。

篝火狐鸣

【释义】 用笼子罩着火，使之远看隐约如磷火；学着狐狸的叫声。原是鼓动起义。现在比喻造谣惑众。

【出处】 汉·司马迁《史记·陈涉世家》。

农民起义家陈胜当年被征兵开赴渔阳戍边，九百人的队伍走到大泽乡，遇到大雨，道路不能通行，因而误了规定的期限。按照刑法他们要被杀头。陈胜和吴广在一块商量，与其等死，不如造反。

陈胜说："现在天下人都仇恨秦朝，听说胡亥年小，不该立为皇帝，应该立公子扶苏。现在老百姓都听说公子扶苏贤明，可是他已经死了；项燕是楚国的名将，楚国人很同情他，有的说他死了，有的说他逃了。现在咱们就假托公子扶苏和项燕的名义造反，响应的人一定会很多。"吴广同意。他们找到一块丝绢，用红笔写上"陈胜王"三个字，然后派人带到市场偷偷地塞进鱼肚子里。隔不多久，这条鱼被伙夫买回做菜。他发现了丝绢上的文字，大惊失色，这消息立刻就传开了。

陈胜又让吴广趁着别人不注意的时候，夜里在附近的树丛和神庙里点上火，用笼子罩上，从远处看一闪一闪的，好像鬼火一样。

他又让人学着狐狸的叫声，喊着：“大楚兴，陈胜王！”这样一来，士兵们都被这奇异的现象惊住了，以为这是神仙的暗示，便一致拥护陈胜当大王。陈胜和吴广见时机成熟了，便杀死领兵的校尉，率领九百名士兵拉开了历史上轰轰烈烈的农民大起义。

“篝火狐鸣”这个成语，就是从这个故事里引出来的。

苟延残喘

【释义】 苟延：勉强延续；残喘：临死前的喘息。原指勉强延续临死前的喘息。后用来比喻勉强维持一线生命。

【出处】 明·马中锡《中山狼传》。

春秋后期，晋国的大夫赵简子有一次在中山举行大规模的狩猎。管打猎的官员在前面开道，追逐禽兽的鹰犬在后面紧紧跟随，射杀了许许多多的飞鸟猛兽。突然，有一只狼直立在路当中嚎叫。赵简子见了，猛射一箭。狼中箭后拼命逃走，赵简子赶紧驱车追赶。

这时，有个叫东郭先生的人正在赶路，想到中山去谋求官职。他赶着一头驴子，驴背上驮着一大袋书，大清早就迷失了路途。突然，跑来了一只狼，东郭先生吓了一跳，却见狼探头请求：“好心的先生，我受了伤，实在跑不动了，可是后面的追兵仍不肯放过我，请你救救我吧！”接着，狼又说道：“从前毛宝曾买过一只乌龟放生，后来他在战争中投江逃命，乌龟载他过了江；还有一个隋侯，救活了一条蛇，后来那蛇就衔来一颗名贵的珠子报答他。要知道，龟和蛇的灵性总比不上狼啊！今天这种情况，你为什么不让我躲进你的书袋里，好让我勉强维持一线生命呢（今日之事，何

不使我得早处囊中，以苟延残喘乎）？将来我有了出头的日子，绝不会忘记这番救命之恩，一定尽心竭力，像龟和蛇那样报答你！”东郭先生心慈手软，经不住狼的苦苦哀求，就倒出图书，腾空袋子把狼装了进去。然后拴紧袋口，扛起来放在驴背上，再避到路边等待赵简子一行人经过。

过了一会儿，赵简子的人马赶到，向东郭先生询问狼的下落。东郭先生推说不知道，骗走了赵简子。眼见赵简子一行人走得不见影子了，东郭先生才把狼从袋里放出来。不料狼出袋后，吼叫着对东郭先生说：“刚才我被打猎的人赶得好苦，幸亏先生救了我。可是现在我肚子饿极了，先生为什么不把身体送给我吃，让我可以保全这条小小的性命呢？”说罢，狼张牙舞爪地向东郭先生扑去。

在这危急关头，来了一位农夫拿锄头打死了恶狼，除掉了一害。

狗尾续貂

【释义】　珍贵的貂皮不够，用狗尾来续上做成帽子。比喻以丑续美，以劣续优。也形容文章的末尾写得不好，致使整体受到影响。

【出处】　唐·房玄龄等《晋书·赵王伦传》。

晋武帝司马炎建立晋朝政权后，曾把家族子弟分封到各地为王。他原指望通过这种分封制来有效地巩固一家一姓的专制统治。可是这些分封在各地的王族，一旦羽翼丰满，便不服中央政府的约束了，并且开始谋起反来。

赵王司马伦曾在晋惠帝当政时率兵入宫，自称皇帝，并号令天

下改用新的纪年“建始”。司马伦还好滥封官爵，只要参与谋反的人都有封赏，包括一些供劳役、听使唤的底下人，也给爵位。故每次朝会，殿阶下的百官总挤得满满的。

当时，大官的官帽上有蝉形图案的金珰饰物，上面插有貂尾，人称“貂蝉冠”。由于司马伦封官太滥，珍贵的貂尾已不够百官们用，只好委屈一部分人带狗尾巴上朝了。所以老百姓有两句歌谣讽刺这件事——“貂不足，狗尾续”。

顾曲周郎

【释义】 原意为周瑜指点乐曲。后泛指懂得歌曲的内行和评论家。

【出处】 晋·陈寿《三国志·吴书·周瑜传》。

周瑜，字公瑾，是东汉末年东吴名将，因其相貌英俊而有“周郎”之称。公元208年，孙、刘联军在周瑜的指挥下，于赤壁以火攻击败曹操的军队，此战也奠定了三分天下的基础。两年后，周瑜病死，死时只有三十六岁。

周瑜不但有卓越的政治和军事才能，而且对音乐也很精通，有很高的音乐鉴赏能力。周瑜听人演奏的时候，即使多喝了几杯酒，有几分醉意，但只要演奏中有丝毫的差错，也一定瞒不过他的耳朵。每当发现了错误，他就用眼睛望一下演奏者，示意他演奏错了。

当时有两句歌谣便说：“曲有误，周郎顾。”后人把此歌谣提炼成成语“顾曲周郎”。

瓜田李下

【释义】　走过瓜田时不弯腰提鞋，走过李树不举手整冠，以避偷瓜、摘李之嫌。比喻有嫌疑的地方。

【出处】　唐·李延寿《北史·袁韦修传》。

南北朝时期，北齐有个叫袁韦修的人，他少年老成，性格沉静，很有见识，十八岁就做了本州中正，后来又升为博陵太守。他政绩突出，很有声望，成为远近知名的人物。

袁韦修做官清白自守，不收贿赂，人们便送他一个雅号“清郎”。

有一次袁韦修到外地考察地方官吏，路经兖州。他的老朋友邢邵正在兖州做刺史，邢邵拿出一匹白绸送他作为纪念。袁韦修谢绝说：“我这次路过这里，与往常不同呀，瓜田李下，古人是最谨慎的呀！你难道忘了古人说的走过瓜地不要弯腰提鞋子，走到李树下不要伸手整帽子吗？这是为了躲避嫌疑啊！我领受你的心意了。东西不能收，不能留下话柄呀！”

邢邵很理解袁韦修的心思，就没有勉强他。

挂冠而去

【释义】　冠：官的帽子，也是官的象征。指辞去官职。

【出处】　南朝·宋·范晔《后汉书·逢萌传》。

王莽曾一度篡汉建立了新朝。他本是西汉外戚王氏家族的成员，为人谦恭俭让，礼贤下士，在朝野素有威名。西汉末年，社

会矛盾空前激化，王莽则被朝野视为能挽危局的不二人选，被看作是“周公在世”。

手握重权后的王莽却树敌很多，王莽的儿子王宇担心这样下去，父亲会招致杀身之祸。他想劝谏，但又怕父亲不接受，就利用父亲迷信鬼神的弱点，趁夜用血洒在父亲的府第门上，以示鬼神发出了警告，要他及时抽身避祸。想不到王宇的行为被卫士发现，王莽就将儿子逮捕下狱，强迫他服毒自杀。消息传出来，不少人夸王莽大义灭亲。

当时，有一个叫逢萌的官员看出了王莽的用意，就对朋友说：“完了！一个连君臣、父子、夫妻关系都不顾的人，怎么不搞乱朝廷？”于是，他就摘下头上的乌纱帽，高高地挂在都城东门外，悄悄离开了京城。回到家后，他携带家眷，乘船出海去了辽东（解冠挂东都城门，归，将家属浮海，客于辽东）。

在辽东，逢萌仍然心系朝廷，他常常头戴瓦罐，嘴里哭喊着：“新啊！新啊！你扰乱了天下！”逢萌喊的“新”，指的就是王莽。王莽最初封新郎侯，篡汉后，又改名“新朝”。

后来，王莽自杀，新朝也随之覆灭，人们都称赞“解冠挂东都城门”的逢萌有先见之明。

管鲍之交

【释义】 春秋时，齐国管仲与鲍叔牙相交最深。后常用来指相交最为深厚的友情。

【出处】 汉·司马迁《史记·管晏列传》。

管仲是春秋初期著名的政治家，他的好友是鲍叔牙。管仲年

轻时，家境贫困，所以常在一些小利上欺骗鲍叔牙。鲍叔牙了解管仲的为人和他的境遇，从不把这些细枝末节的事放在心上，始终如一地善待管仲。

管、鲍这两位知交到了齐国以后，时值齐襄公在位。叔牙侍奉公子小白，管仲则侍奉公子纠。齐襄公是一个昏庸无道的君主，他喜怒无常，任意妄为。鲍叔牙预料齐国必定要发生祸乱，就护卫公子小白逃亡到莒国去了。不久，齐国贵族公孙无知等人发动了叛乱，杀死了齐襄公。管仲和召忽两人便侍奉公子纠逃亡到了鲁国。后来，公孙无知被齐国人杀死。

公元前685年的夏天，鲁庄公攻打齐国，并护送公子纠回国去当国君。公子小白也从莒国赶回齐国。鲁国人让管仲带兵在半路上拦截小白的队伍，劝他们回到莒国去。小白岂肯甘休？双方便厮杀起来，管仲一箭射向公子小白，小白应弦倒下。管仲以为小白已被射死，立即通知了鲁国人。

原来小白是急中生智，将计就计。管仲只是射着了他的衣带钩，小白趁势装死以麻痹公子纠等一行人。果然，鲁国人放慢了赶路的速度，走了六天才到达齐国边境。小白的队伍则急速前进，抢先赶到了齐国，登上了国君宝座，成为齐桓公。

鲁庄公极为恼火，便派出军队与齐国军队展开了一场战斗，结果鲁军被打得大败。鲁庄公扔掉战车，坐上一辆轻便的车子匆匆逃回鲁国。

齐桓公派遣鲍叔牙率领军队，并代表齐桓公到鲁国致辞说："公子纠是我的亲兄弟，请贵国君王把他杀了；管仲、召忽是我的仇人，请把他们交给齐国处置。只有这样，我才甘心。"

鲁国不敢得罪齐桓公，便把公子纠杀了，召忽则自杀身死。管仲请求把他囚禁起来，押回齐国去。鲍叔牙照管仲的意思办

理。待到一进入齐国境内，便立即恢复了管仲的自由，并极力向齐桓公推荐管仲，要他抛弃前嫌，重用管仲这个难得的人才。齐桓公同意了。

管仲尽心辅佐齐桓公，大力推行改革，使齐国迅速强大起来，齐桓公后来成为春秋“五霸”之一。鲍叔牙推荐管仲执政以后，自己则心甘情愿地居于管仲之下，所以天下人顾不得赞扬管仲的贤能，倒是先称颂起鲍叔牙的善于识别人才和不计较个人得失的品德。管仲后来在谈到他与鲍叔牙交往时，也动情地说道：“生育我的是父母，了解我的是叔牙啊！”

关于管仲与鲍叔牙的事，《史记·管晏列传》及《左传·庄公八年》《左传·庄公九年》里都有记载。成语“管鲍之交”就从此归纳出来。它后来用以比喻极为深厚的交谊。

管中窥豹

【释义】　管：竹管。指从竹管中看豹，只能看到豹身上的一个斑点。比喻看到的不是全部或整体。也比喻从观察到的一部分可以推测全貌。

【出处】　南朝·宋·刘义庆《世说新语·方正》。

东晋时期的王羲之是我国书画史上屈指可数的几位大书法家之一。他的几个儿子从小习字、绘画，七子王献之则最为聪明。

王羲之既以书法闻名当世，又在朝中任右军将军，家里的门生自然很多。王献之打小就性格豪放，不受礼教的束缚，常和他们一起玩耍。一次，门生们玩樗蒲，各有胜负。王献之看着看着，看出了门道，插嘴说：“南边的那位要输！”

樗蒲是当时盛行的一种赌博游戏，用掷骰子来决定胜负。王献之当时只是几岁顽童，没人把他放在眼里。其中一位说：“此郎亦管中窥豹，时见一斑。”意思是：这个小孩并没真正明白这种游戏，咱们不必理他，继续玩好了。

王献之听了很生气，自负地说：“远的，我自愧不如荀奉倩；近的，我自羞不及刘真长……”说完，一甩袖子走了。他所说的荀奉倩，是三国时的魏国人，为人清高，很有才学；刘真长是晋朝人。王献之这句话的言外之意，是说自己的才智除了荀、刘两人，还没人能比得上呢。

谢安和王献之本人的话都没说错。在王羲之的儿子中数王献之最有成就。他把王羲之草书字字独立的风格发展为上下贯联的一笔书（即连笔），气势尤其奔放。遂与其父齐名，被后人并称“二王”。

归马放牛

【释义】 指放马回山，牧牛于野。比喻停止战争，天下太平。

【出处】 《尚书·武成》。

商朝末年，商纣王荒淫残暴，时常残杀、囚禁忠良、正直之人。

周武王遍告诸侯说：“商纣王罪大恶极，应该齐心合力讨伐。”而后先率领兵车三百辆，猛将三千人，全副武装的战士近五万人，由孟津渡过黄河。随后，各路诸侯也都在这里会师，诸侯们都表示服从周武王的统一指挥，努力作战，决不懈怠。

周武王即位后第十三年，周历二月五日，这天的黎明时刻，周

武王率领大军到了商都朝歌（在今河南淇县郊外一处叫作牧野的地方）。在这里举行了声势浩大的誓师大会。他左手拿着黄色的青铜大斧，右手握着用来指挥的白色旗子，鼓励大家说：“各位从远道来从征作战的四方将士们！尊敬的各位友好邦国的国君以及各部落的将士们！高举你们的戈，排列好你们的盾，立好你们的矛，我们的誓师大会开始了。古语云：‘母鸡是不该在大清早打鸣的，如果母鸡在清晨打鸣，这是家庭就要破败的象征。’现在，大家都知道，那个商纣王只一味听信女人的话，肆无忌惮地荒废了对祖先的祭祀；昏庸地背弃他的长辈和弟兄，对他们不加信用，而重用、信任那些逃亡的歹徒，让他们窃据卿大夫的高位，残害百姓，在商的都城里任意为非作歹。现在，我姬发（周武王姓姬名发）恭敬地秉承天帝的旨意，前来讨伐商纣王。今天这场战斗，我要求你们在行进中，不超过六七步就要暂时停下来，把队伍整顿一下；勇敢的战士们！努力吧，在刺杀中，不超过六七次，就暂时停止刺杀，整顿一下。将士们，努力吧！你们要威风凛凛，像虎、豹、熊、罴一样勇猛，在这里决战一场。你们不要杀死商军中前来投降的人，好让这些人帮助我们。努力战斗吧，将士们！”

战争开始后，纣王发兵七十万进行抵抗，但军无斗志，士兵们盼望武王攻入商的都城，纷纷掉转戈矛，帮助武王的军队攻打商军。周武王攻入朝歌，纣王自杀，商王朝灭亡。

周朝建国后，据《尚书·武成》记载：“乃偃武修文，归马于华山之阳，放牛于桃林之野，示天下弗服。”《史记·周本纪》也有类似的记载：“纵马于华山之阳，放牛于桃林之野……示天下不复用也。”其大意是说：将战马回归山林，把牛放归田野，表示战争结束，不用打仗了。成语“归马放牛”即由此而来。它比喻战争结束，天下太平，不再用兵。

H

骇人听闻

【释义】 骇：惊吓，震惊。使人看了听了非常吃惊。多指著述怪诞，违背常理。也形容事出非常或者故意夸大其词，使人听了感到十分惊骇。

【出处】 唐·魏征等《隋书·王劭传》。

王劭是隋代历史学家，他学问很好，但品行操守却不高尚，依靠拍马屁和故弄玄虚的手法欺骗隋文帝，从而保持自己的官职。

有一次，隋文帝做了一个梦，梦见他想爬上一座高山，但却爬不上去，后来得到侍从崔彭等人的相助才上得山去。王劭听说后对他说："这是一个大吉大利的梦：梦见高山，说明皇上的帝位像高山一样崇高、安稳。崔彭好比彭祖（传说中的长寿人物），这是长寿的象征。"隋文帝听了很高兴。

他还经常假托什么图谶命符散布荒诞的童谣，谎报各种神奇怪异的现象，借此来逢迎隋文帝希望国家兴旺的心愿。例如有一次王劭谎报某地发现神龟，龟腹上有"天下杨兴"四个字。皇后死后，他也胡编乱造，说皇后是"妙善菩萨"转生，她不是死，而是"返真升入仙道"，以此讨得文帝的欢心。

所以《隋书》评价王劭说：王劭喜欢用怪诞不经的语言、粗俗鄙野的文字、不合实际的内容，骇人视听，最终使得大家都看不起他。

邯郸学步

【释义】 邯郸：战国时赵国都城；步：迈步走路。到邯郸去学走路的步法。比喻模仿别人不得法，反而把自己原有的本领也忘掉了。也比喻照搬别人的一套，出乖露丑。

【出处】 《庄子·秋水》。

燕国寿陵有个少年，听说赵国都城邯郸的人走路的步法非常优美，便不顾路途遥远，特地到邯郸去学步法。

少年到了邯郸，见那里人走路的步法确实与寿陵的不一样，并且比寿陵的要优美得多。他觉得不虚此行，打算好好地学。

开始他只是看人家怎样走，回到住处凭记忆学着走，后来觉得这样容易遗忘，便跟在人家后面模仿着走，但不知为什么，他总觉得学不像。

他想来想去，认为是自己太习惯原来的步法，于是重起炉灶，完全放弃原来的步法，完全照邯郸人的步法走路。不料，这一来更糟糕了，他走路时要考虑的因素太多：既要注意手脚如何移动，又要注意上身如何摆动，甚至还要计算移动的距离和摆动的幅度。结果，每走一步都弄得满头大汗、紧张万分。

少年学得辛苦万分。最后，连原来怎样走路的步法也忘记了，不得不爬回寿陵去。

含沙射影

【释义】 比喻暗中诽谤与中伤、暗中害人。 又作“射影含沙”。

【出处】 晋·干宝《搜神记·蜮》。

传说江淮间出产一种很特别的甲虫，名叫蜮，又有人称作短狐。 这种虫常常伤害人，形状很是奇怪，背上长着硬壳，头上有角，身旁有翅膀，可以飞到上空，在人的头上施行袭击。 蜮没有眼睛，但耳朵听觉特别灵敏，口中有一横物，形状像弩，只要听到人声便知道人的所在方向和距离，然后用口中所含的沙，当作矢用，向人射击。 被蜮射中的人，会染上一种毒质而生疮；就算人的身体能够躲避，而影子被蜮射中，也会生病。

汗流浃背

【释义】 浃：湿透，出汗多，湿透脊背。 满身大汗，把背上的衣服都弄湿了。 也形容极度惶恐或惭愧过度。

【出处】 汉·班固《汉书·杨敞传》。

大将军霍光是汉武帝的托孤重臣，他辅佐汉昭帝执政，权势很重。 霍光身边有个叫杨敞的人，行事谨小慎微，颇受霍光赏识。

公元前 74 年，汉昭帝驾崩，霍光与众臣商议，选了汉武帝的孙子昌邑王刘贺作为继承人。 刘贺继位后，经常宴饮歌舞，寻欢作乐。 霍光听说后，与车骑将军张安世、大司农田延年秘密商议，打算废掉刘贺，另立贤君。 计议商定后，霍光派田延年告知

杨敞，以便共同行事。杨敞一听，顿时吓得汗流浃背，惊恐万分，只是含含糊糊，不置可否（不知所言，汗出洽背，徒唯唯而已）。

杨敞的妻子是太史公司马迁的女儿，颇有胆识。她见到丈夫犹豫不决的样子，暗暗着急，趁田延年更衣走开时，上前劝丈夫说："国家大事，怎么可以犹豫不决？大将军已有成议，你也应当当机立断，否则必然大难临头。"杨敞在房里来回踱步，却拿不定主意。正巧此时田延年回来，司马夫人回避不及，索性大大方方地与田延年相见，告知田延年，她丈夫愿意听从大将军的吩咐。田延年听了，很高兴地告辞走了。

田延年回报霍光，霍光十分满意，马上安排杨敞领众臣上表，奏请皇太后。太后下诏废去刘贺，另立汉武帝的曾孙刘询为君，史称汉宣帝。

汗牛充栋

【释义】　用牛运书，牛累得出了汗；用屋子装书，放满了整个屋子。形容书籍极多的意思。

【出处】　唐·柳宗元《题陆质墓表》。

陆质是唐代的一位学者，他对于孔子的《春秋》特别有研究，曾讲学二十年，著书十年，编有《春秋集注》《春秋辨疑》《春秋微旨》等书，对于当时和后世的学者有一定的影响。

柳宗元曾为他写了一篇《文通先生陆给事墓表》，说：孔子作《春秋》，一千几百年以来，多少人焦思苦虑地研究了它，为它注解、评议，发表了各种各样的意见，并且互相争论，各以为是，写

出的有关书籍，“处则充栋宇，出则汗牛马”。意思是：存放时能充满整个屋子，运出去时能让牛马出汗。真是多得很！文章接着就介绍陆质对于《春秋》的独到研究，说了一些表扬的话。

“处则充栋宇，出则汗牛马”这句话，就是“汗牛充栋”的来历。

沆瀣一气

【释义】沆瀣：指唐时的崔沆、崔瀣。用来比喻气味相投的人联结在一起。现带贬义，表示臭味相投的人勾结在一起。

【出处】宋·王谠《唐语林·补遗》。

隋唐时，读书人要做官，都要经过科举考试。唐僖宗当政期间，在京城长安举行了一次考试，在众多的考生中，有个叫崔瀣的很有才学，考下来自己感觉也不错，就等着发榜了。主持这次考试的官员名叫崔沆，他批阅到崔瀣的卷子，越看越觉得好，就把他录取了。发榜那天，崔瀣见自己榜上有名，非常高兴。

按照当时的习俗，考试及第的人，都算是主考官的门生；而主考官就是考试及第的人的座主，大家都尊称他为恩师。发榜后，门生要去拜访恩师，崔瀣自然也不例外。崔沆作为座主，见到崔瀣这位与自己同姓的门生，显得格外高兴。非常巧的是，“沆”“瀣”二字合起来是一个词，表示夜间的水汽、雾露。于是，爱凑趣的人把这两个字合在一起编成两句话：“座主门生，沆瀣一气。”意思是，他们师生两人像是夜间的水汽、雾露连在一起。

好好先生

【释义】 不分是非，不坚持原则，对谁也不敢或不愿得罪的人。

【出处】 明·冯梦龙《古今谭概》。

司马徽是东汉末年的名士，他曾向刘备推荐了诸葛亮和庞统两人，使刘备成就了大业。司马徽善于识别人才，但由于当时社会斗争相当复杂，他自己却经常装糊涂，从来不说别人的短处，不管是好是歹，他总是回答“好”。日子久了，他也就成为“好好先生”。

有一天，他在路上碰到一位熟人。那人问他：“身体怎么样，一向可安好？”他回答说：“好，好。”

又有一天，有个老朋友来到他家，十分伤心地谈起自己的儿子死了，司马徽也说：“好，好。”等他朋友走了，他的妻子责备他说：“人家以为你是个有德行的人，所以相信你，把心里话讲给你听，可是你听说人家儿子死了，反而称好，这算什么？”司马徽不紧不慢地回答说：“好！夫人说的话真是太好了！”妻子听了，一时哭笑不得。

好谋无决

【释义】 好：喜爱，善于；谋：策划，思考。对问题思考策划得多，但不善于决断。

【出处】 晋·陈寿《三国志·魏书·郭嘉传》。

东汉郭嘉少年早慧，稍长，对时势就有了明晰的分析。他看到汉朝政局危急，天下将乱，便在家乡隐姓埋名，攻读史籍战策，密交志士豪杰。起初他想投奔袁绍，以成就志愿，可是见了袁绍以后，他却改变了主意。袁绍派属下出门问他："你见了我主袁绍，印象如何呀？"

郭嘉毫不客气地说："你家主公只知道效法古人礼贤下士的形式，不懂得任用人才的要领；想办的事头多线乱，不知道哪些是最要紧的；处处筹谋多虑，却很少做出决断（多端寡要，好谋无决）。与这种人共事，以济天下之难，取霸王之业，实在是很难的！"说完，郭嘉就脱离袁绍大营，去投奔曹操了。

好逸恶劳

【释义】 好：喜欢；逸：安乐；恶：讨厌，憎恨。指人贪图安逸，厌恶劳动。

【出处】 南朝·宋·范晔《后汉书·郭玉传》。

郭玉是汉和帝时最负盛名的医学家，被汉和帝任命为太医丞。郭玉虽然做了官，但他仍然背起自己的药囊去给百姓们治病。在为穷苦百姓治病时，郭玉就像有神人相助一般，无论什么病都能药到病除，但是，当他为达官显贵们治病时，有时却会久治不愈。这使人们感到奇怪，就连汉和帝也有些不解。

一次，皇妃得了病，立即请来郭玉为她诊治。郭玉小心诊断，小心用药，可是一连治了几天，都不见有什么效果。看到爱妃的病不见好转，汉和帝心中十分不悦，于是有人为他出了个主意："让皇妃换上老百姓的衣服，然后再去找郭玉看病。"郭玉只

看病，不问人，不几天便把皇妃的病治好了。

一天，汉和帝特意来与郭玉探讨这个问题，问郭玉到底是怎么回事。郭玉说："给贵人们看病有四难：一是他们自以为是，医生心理负担较重；二是，不能抬头观察气色，所以很难准确诊断。另外，贵人们一般体质太弱，不能随意下药，更重要的是他们太喜欢安适，讨厌劳动（其为疗也，有四难焉：自用意而不任臣，一难也；将身不谨，二难也；骨节不强，不能使药，三难也；好逸恶劳，四难也），这都为治疗增加了困难，自然难以较快见效。"

好整以暇

【释义】 整：有秩序。暇：空闲，从容。形容办事严整而从容不迫。

【出处】 春秋·鲁·左丘明《左传·成公十六年》。

春秋时，郑国背叛了晋国，晋厉公十分生气，派栾书为中军帅，郤锜率领上军，韩厥率领下军，向郑国进发。楚共王看到依附自己的郑国有危机，马上派子反率领中军，子重率领左军，子辛率领右军迎战晋军，楚军士卒的斗志很盛，双方暂时僵持不下。

晋军中军帅栾书的儿子栾针，看到楚军左军子重的旗帜，便同子重搭话："我过去曾出使贵国，那时你问过我晋军的勇武表现在哪里？我当时回答你说晋军善于步伐整齐（好以众整），并且善于从容不迫（好以暇）。可是现在你我之间作战也不互派使者，搞得很紧张，这不符合先前咱们所讲的规矩。我现在就请求我的君王派人去给你进酒。"

晋军的使者走到子重面前，恭敬有礼地向他报告："国君派我

来向将军献酒。”

子重接过酒一饮而尽，感慨地说：“栾针的记性真好呀，他在楚国说过‘好整以暇’的话，现在还不忘，又来提醒我，好吧，使者回去吧，我不难为你，现在我就击鼓与晋军交战。”

楚军和晋军交战，打了一天一夜胜负未见分晓，双方都在暗中谋划。楚共王担心楚军的命运，忙找中军帅子反商量，可是子反却在军营中喝醉了酒，无法拜见楚共王。楚共王见到这情景，悲叹地说：“这是上天叫我们楚国失败呀！作为统帅怎么能醉在军营？！”说完，他便连夜逃回楚国了。后来，楚军败了，子反又羞又悔，最终自杀了。

合浦珠还

【释义】 合浦：地名，在今广西，靠近越南。合浦的珍珠又回来了。比喻物品失而复得，也用来形容流落他乡的人终于回到了老家。

【出处】 南朝·宋·范晔《后汉书·孟尝传》。

东汉桓帝时，合浦县是著名的珍珠产地，那里出产的珍珠粒大体圆，色白质纯，誉满海内外，人们称之为“合浦珠”，当地百姓用它来交换粮食。

因为合浦珍珠值钱，到合浦上任的官员都难免起贪污之念，逼迫老百姓多采珍珠，据为己有。结果珍珠贝越来越少，珍珠越来越难采，有人感叹说珍珠不愿住在合浦境内，都跑到别处去了。由于采不到珍珠，买不到粮食，饿死的人到处都是。

新任合浦郡太守孟尝了解到这些情况后，就制定出政策，严禁

官吏敲诈百姓，大力鼓励和保护珍珠生产。不到一年时间，海里的珍珠又多了起来，产量连续上升，人们的生活又好了起来。老百姓都认为是太守用德政感动神灵才得以让合浦的珍珠返回来了，纷纷称赞孟尝的贤明。

红叶题诗

【释义】 原意是宫女在红叶上题诗，以抒发怨情。后常用于比喻姻缘的巧合。

【出处】 唐·范摅《云溪友议》。

唐代的玄宗、宣宗、僖宗年间，发生过好几个红叶题诗的故事，皆因后宫佳丽数千人常年锁禁于后宫，见不到皇帝。她们中有人题诗于红叶之上，抒发心中的怨气，题了诗的红叶随御沟的水流出宫外，往往被人拾得。其中最有名的就是唐宣宗年间，卢渥因诗得遇佳偶的故事：

传说有一年，中书舍人卢渥来京城应试，偶然来到御沟，见一片红叶漂流而来，上似有字。他命仆人拾来一看，上面题了一首绝句：

流水何太急，深宫尽日闲。
殷勤谢红叶，好去到人间。

卢渥将红叶珍藏于箱中。后来宣宗放出一部分宫女，下诏许配给百官司吏，卢渥也娶了一个。成婚后，那女子看到他收藏的那片红叶，感慨万千——原来，她正是那位题诗的宫女。夫妇二人和朋友都深感惊讶，称奇不已。

鸿鹄之志

【释义】　原指天鹅一举千里的壮志。后用来比喻一个人有远大的志向和抱负。

【出处】　汉·司马迁《史记·陈涉世家》。

秦朝末年，朝廷实行苛政酷法，百姓处于水深火热之中。当时有个雇农名叫陈胜，字涉，出身贫贱，但从小就有大志。一天，陈胜和一些雇工一起在地里干活，休息时，雇工们谈起目前过的苦日子，都非常愤恨，但又认为无可奈何。

陈胜听了，对大家说："今后如果我们能够富贵，一定不忘记其他人！"

雇工们都笑着说："你也是受人雇用的种田人，哪里来的富贵啊？"

陈胜说："唉！燕子和麻雀怎么能知道鸿雁的志向呢（燕雀安知鸿鹄之志哉）？"意思是：目光短浅的人，怎么能知道有远大抱负的人的志向呢？

雇工们听了，都哈哈大笑起来。他们中当然谁也没有想到，后来陈胜在大泽乡发动起义，成了中国历史上第一次农民大起义的领袖，并一度称王于天下。

侯门如海

【释义】　侯门：指显贵之家。形容旧时官僚、贵族的庭院深广、门第森严，百姓不能进入。比喻旧相识因地位悬殊而疏远

隔绝。

【出处】 唐·范摅《云溪友议》。

唐代诗人崔郊年轻时，家中贫困。当时他的住处在汉水之上，他的姑姑家有个叫端丽的女仆容貌端庄，并且擅长音乐。崔郊与她暗中相恋。后来姑母家也家道穷困，就把女仆以四十一万钱的价卖给了当地的连帅（地方高级长官）。从此端丽住进了高宅深院，分离之苦折磨着一对有情人。

一年之后，恰逢寒食节，那个女仆跟随别人回来探望老家的人，正好崔郊正站在柳树荫下，两人见面后抱头痛哭，临别时，崔郊赠给她一首七绝：

公子王孙逐后尘，绿珠垂泪滴罗巾。
侯门一入深如海，从此萧郎是路人。

有一个仇恨崔郊的人，把这首诗写在了连帅的座位上。连帅是个知书达理、性格温厚的人，他派人招来崔郊，将端丽许配给她，还赠给他们一笔嫁妆。

囫囵吞枣

【释义】 囫囵：指完整的东西。吃枣时不加咀嚼，整个吞下去，比喻读书学习不加分析地笼统接受。

【出处】 元·白珽《湛渊静语》。

集市上摆着一个水果摊，摊主对围着的客人说："我这梨，质嫩、色白、味甜；我这枣子，饱满、色鲜、清香。奉劝诸位，最好还是每种水果都买一些。梨子吃多了，对牙齿有好处，但会损伤心脾；枣子吃多了，对心脾有好处，但会损伤牙齿。各种水果

都吃一些，才能取长补短。”

有顾客说：“说得有理！ 吃了梨，伤了心脾，让枣子来补；吃了枣子，损了牙齿，让梨子来补。 如果样样都吃，那就伤不着我的身体了。”

也有人说：“我看还是不吃为好，吃梨补了牙齿，又被枣子损伤；枣子补了心脾，又被梨子损伤。 这样吃不等于白吃吗？”

又有一个顾客说：“可以这么吃：梨，只管咀嚼，不咽下去，那就伤不着我的心脾，还益了我的牙齿；枣子，只管硬吞下去，而不咀嚼，那就伤不着我的牙齿，还补了我的心脾。”

众人听了这番议论，哄堂大笑，打趣地说：“你真是囫囵吞枣呀！”

狐假虎威

【释义】 假：借。 狐狸借着老虎的威势去吓唬其他野兽。比喻借别人的威势吓唬、欺压人。

【出处】 汉·刘向《战国策·楚策一》。

战国时，昭奚恤是楚国上将军，他统率楚国三军几十万之众，威名远扬，因此遭受忌妒。 有人向楚宣王说他的坏话：“您知道吗？ 大王。 昭奚恤的威望可比您大多了。 咱们邻近的国家不知楚国的国王是谁，却都知道昭奚恤是楚国的大将军，就连那里的孩子听到昭奚恤的名字都紧张得不知如何是好！”

楚宣王听了这些话，将信将疑，于是，他问大臣们：“有人说昭奚恤在邻国非常有威望，我想知道是否确有其事。 如果真是那样，我想了解产生这种情况的原因。”

群臣都不知如何回答。当时正好有个从魏国投奔来的人，叫江乙，对楚宣王说：“邻国的君臣、百姓都确实害怕昭奚恤，不过依我之见，他们实际怕的是您，而不是什么昭奚恤。”说到这里，他给楚王讲了一个故事：

森林中住着一只老虎，一天，它四处寻找食物，正好遇到了一只狐狸。它猛扑上去，将狐狸按在地上。狐狸被按在老虎的利爪之下，突然急中生智，对老虎说：“我是被天神派下来当百兽之王的，你吃了我，就是反抗天神，会遭到最厉害的报应的。”

老虎听了狐狸的话，说：“我看你干枯瘦小的样子，实在缺乏为王的威严，天神怎么会派你来统领百兽呢？”

狐狸说：“我料到你就不会相信，因为天神没来得及通知你，但森林中其他的野兽都得了通知，它们都知道我是百兽之王。如果你不信，可以跟在我的身后去巡视，你会发现林中所有野兽一见到我，都吓得远远地躲开。”

老虎半信半疑，于是跟在狐狸的身后到森林中去。森林中的野兽看到狐狸神气活现地在前面走，谁也没有将它放在眼里，可是，当它们看到狐狸后面的老虎时，忙撒开腿向四处逃跑，一时间，所有的野兽都没了影。

江乙讲完故事，又对楚宣王说：“昭奚恤就是那只狐狸，大王您才是老虎。”

怙恶不悛

【释义】 原作“长恶不悛”。怙：依恃，坚持；悛：改过，悔改。指坚持作恶，不肯悔改。

【出处】 春秋·鲁·左丘明《左传·隐公六年》。

公元前740年，卫国联合宋、陈等国进攻郑国，为了离间卫国的盟国陈国，郑庄公派使者到陈国去要求和好，并希望结成联盟。不料，陈桓公瞧不起郑庄公，不愿与郑国结盟。他的弟弟五父劝谏说：“对邻国亲近、仁爱和友善，是立国的根本，您应该考虑到这些，答应郑国的要求。”但是，桓公没有听从五父的劝告，反驳说：“宋国和卫国都是大国，它们才是我们陈国难以对付的。郑国有什么作为，能把我们陈国怎样？”

郑庄公得知陈桓公拒绝与自己结盟，勃然大怒，决定给他点颜色看看。公元前717年，他率领大军攻伐陈国，陈桓公仓促率军应战，结果大败。

后来，史学家对上面这段历史发表评论说：“友善不可丢失，罪恶不能滋长，这是针对陈桓公说的，一直做罪恶的事而不改过，最后一定会自食其果（长恶不悛，从自及也。虽欲救之，其将能乎）。”

怀璧其罪

【释义】 怀璧：拥有璧玉之类的宝玉。贪图财宝会招来祸患。比喻怀才遭忌。

【出处】 春秋·鲁·左丘明《左传·桓公十年》。

春秋时，虞国国君得知虞叔有一块宝玉，便向他索要。起初，虞叔没有给他，事后，又为此而感到后悔，说：“周代有句谚语说：‘一个普通人本来没有罪，却因为拥有宝玉而获罪（匹夫无罪，怀璧其罪）。’我留着它无非是招惹祸患啊。”于是他就把宝玉献给了国君。可是，国君又来索要虞叔的宝剑，虞叔说：“这

实在是贪得无厌。如此贪得无厌，将会给我带来杀身之祸。”于是就起兵攻打国君。结果，国君出奔到共池那个地方去了。

黄粱一梦

【释义】　黄粱：小米。做梦醒来，黄粱饭还没蒸熟。比喻欲望破灭，或者富贵终成一场幻梦，结局落空。

【出处】　唐·沈既济《枕中记》。

唐朝开元年间，有个名叫卢生的书生到京城长安去参加考试。路过邯郸的时候，天已经黑了，他就找了一家旅店住下来。和卢生住在同一个屋子里的，是个眉毛都白了的老道士，名叫吕翁。两人商量一下，让店主人蒸一锅黄粱饭吃。店主人把饭蒸上了，卢生就向吕翁诉说起自己穷困的命运，希望此次赶考能够金榜题名，从此享受荣华富贵。卢生再三恳求吕翁指点迷津，帮助自己实现美好的愿望。吕翁从自己的行装中取出个青瓷枕头，让他躺下来睡一觉，说：“也许很快你就称心如意了。”

卢生一天赶了几天路，自然很累，头一挨枕头，很快就进入了梦乡。在梦中，卢生回到家乡，几个月后，娶了一个清河的崔氏女子为妻，妻子十分漂亮，家中钱财也多了起来。卢生感到十分喜悦。不久他又中了进士，多次提拔，最后做了节度使，大破戎虏之兵。后来又做了十余年的宰相。他先后生了五个儿子，个个都有功名，居官位。后又有了十几个孙子，成为天下一大家族，拥有享不尽的荣华富贵。然而到了八十多岁时，他得了重病，十分痛苦，眼看就要死了……

卢生惊醒了，而此时店主煮的黄粱饭还未熟。卢生感到十分

恍惚，问：“这难道是一场梦？”吕翁听了便说：“人生的归向，不也是这样吗？”

经过这次黄粱一梦，卢生大彻大悟，再不去想进京赶考了，反而进入深山修道去了。

因为蒸的是黄粱饭，卢生这个梦就被叫作“黄粱一梦”了。后来借指所有虚幻的事情或者欲望的破灭。

黄袍加身

【释义】 黄袍：古代帝王穿的袍服。黄色的龙袍穿到身上，指通过政变被推上统治者位置。

【出处】 宋·李焘《续资治通鉴长编·建隆元年》。

宋太祖赵匡胤原是后周太祖郭威手下的一名战将，郭威死后，他的义子郭荣（原名柴荣）继位，就是周世宗，赵匡胤在他手下立过不少战功，深得周世宗信任，掌握了最精锐的禁军军权，任殿前都点检。

没多久周世宗病死了，他七岁的儿子郭宗训继位，成了周恭帝。第二年，北汉与辽国合兵入侵，情势危急，赵匡胤率大军从汴京出发，前去迎敌，跟随他的还有他弟弟赵匡义和亲信谋士赵普。

当时，后周皇帝年少，民心骚动，将士不安，政权很不稳定。赵匡胤率领大军浩浩荡荡离开汴京，北行二十里来到陈桥驿。忽然，军中有人说天上又出现了一个太阳，该更换天子了。将士们也都商量说：“如今皇帝幼弱，我们死命破敌，恐怕也无人知道。不如顺应天命，拥立赵点检做天子，然后再北进抗敌。”

大伙听了，都赞成这个意见，就推举一名官员把这个意见先告诉赵匡义和赵普。那个官员到赵匡义那里，还没有把话说完，将领们已经闯了进来，亮出明晃晃的刀，嚷着说：“我们已经商量定了，非请点检即位不可。”

赵匡义和赵普听了，暗暗高兴，一面叮嘱大家一定要安定军心，不要造成混乱，一面赶快派人告诉留守在京城的大将石守信、王审琦。

没多久，这消息就传遍了军营。将士们全起来了，大家闹哄哄地拥到赵匡胤住的驿馆，一直等到天色发白。赵匡胤前夜喝了点酒，睡得很熟，一觉醒来，只听得外面一片嘈杂的人声，刚一开门，就听见人们高喊着：“请赵点检做皇帝！”

赵匡胤还没来得及说话，几个人把早已准备好的一件黄袍，七手八脚地披在赵匡胤身上。众人都跪倒在地上磕了几个头，高呼“万岁”。接着，又推又拉，把赵匡胤扶上马，请他一起回京城。

赵匡胤骑在马上，才开口说：“你们既然立我做天子，我的命令，你们都能听从吗？”

将士们齐声回答说：“自然听陛下命令。”

赵匡胤就发布命令：到了京城以后，要保护好周朝太后和幼主，不许侵犯朝廷大臣，不准抢掠国家仓库。执行命令的将来有重赏，否则就要严办。

赵匡胤本来就是禁军统帅，再加上有将领们拥护，谁敢不听号令！将士们排好队伍开往京城。一路上军容整齐，秋毫无犯。到了汴京，又有石守信、王审琦等人做内应，没费多大劲儿就拿下了京城。无奈之下，周恭帝只好让了位。经过五十多年混战的五代时期，就这样宣告结束了。

这就是历史上有名的“陈桥兵变”，从此，赵匡胤建立了大宋王朝，定都东京（今河南开封），历史上称为北宋。

挥戈反日

【释义】 戈：古兵器。将戈一挥，使太阳返回来。比喻无比的威力。也比喻排除困难，扭转危局。

【出处】 汉·刘安等《淮南子·览冥训》。

传说，周武王率领诸侯讨伐殷纣王，大队人马从孟津（今河南省孟县南）逆流而上，勇武的战士赤膊握桨，齐力划水，战船破浪前进。船儿终于靠上岸，战士们跳下船，勇猛地向岸上的敌军冲杀。

战场上，旌旗飘扬，杀声四起，战斗非常激烈。周武王的部下鲁阳公率军与敌兵交战，双方打得难解难分。鲁阳公愈战愈勇，独自闯进敌群，东奔西突，敌人望风披靡，可眼看就要打垮敌人的时候，太阳落下西山，暮色降临了。这对胜利的一方不利，因为敌军可趁黑暗逃脱，于是，鲁阳公举起长戈，向日挥舞，吼声如雷。于是，太阳又跃回西山，大地恢复了光明（挥戈反日），鲁阳公也终于歼灭了敌军。

回天之力

【释义】 天：旧指皇上。原指谏止皇帝使其改变意志的能力。比喻挽回极难挽回的形势。

【出处】 宋·欧阳修等《新唐书·张玄素传》。

贞观四年（公元630年），唐太宗下诏重修洛阳宫乾阳殿，并且亲自去洛阳督察。侍御史张玄素大胆上书劝谏说："陛下曾经见过洛阳的宫殿，那时你下命令拆毁它，天下百姓都夸奖你做得对。可现在你又打算重修宫殿，这不是与你先前说的话相违背吗？目前国家尚无储备，百姓经过战争离乱，十家九穷，怎么受得了再去耗费钱财？况且造殿所用木材，要花费许多民力，伐木运到洛阳要用几十万工。过去秦朝修阿房宫，阿房宫还没修成，秦朝就败亡了。如果陛下决意重修宫殿，那就比隋炀帝的过错还要大！"

太宗说："你说我还不如隋炀帝？"

张玄素说："假如此殿修完，天下将重归于乱。臣记得洛阳刚刚平定时，太上皇曾经下诏说：'宫室过分奢侈者焚之！'陛下当时却说：'砖瓦木料可用，拿去赐给穷人！'那里百姓都异口同声颂扬你的盛德。今天陛下又要重修宫殿，这不是重走隋炀帝的老路吗？不过五六年的时间，陛下变成另一个态度，让天下的百姓如何说你？"

太宗被说得心口皆服，下诏停修洛阳宫乾阳殿。满朝大臣都很佩服张玄素的胆识，连大名鼎鼎的魏征都赞叹他："张玄素论事真是有回天之力（张公论事，有回天之力），可以说是仁人之言呀！"

讳疾忌医

【释义】 讳：有顾忌而不说，隐瞒。隐瞒病情，不愿医治。指有了错误或缺点害怕别人批评指出。

【出处】 《韩非子·喻老》。

战国时，神医扁鹊路过蔡国，见到蔡桓公。他观察了一下蔡桓公的气色，就关切地问："大王近来身体可好？"

蔡桓公说："我的身体一向很好，从来不生病。"

"不，大王，您已经生病了。只因刚刚开始，您没有察觉，您这病现在只是在皮肤里，还容易治。"

蔡桓公听后，笑着说："我一天到晚吃得饱，睡得足，哪儿来的病呢？请您不要开玩笑了吧！"

扁鹊看到蔡桓公满不在乎的样子，觉得不好再谈了，便起身告辞了。

过了几天，扁鹊又来见蔡桓公。蔡桓公一见扁鹊，就说："怎么样？我说得不错吧，你看我哪像有病的样子？"

扁鹊仔细观察了一番蔡桓公的气色，说："大王确实病了，而且，这几天病情又有发展，已进入血液里了，如果不治疗，恐怕还要加重。"

蔡桓公听后，说："凡是行医的人，总爱拿没病的人当病人来治，以显示自己治病的医术。"扁鹊见此情景，只好主动告辞了。

过了几天，扁鹊第三次进宫。见了蔡桓公，开口就说："大王的病，已发展到肠胃之间，再不赶快治疗，生命就有危险了。"

蔡桓公见扁鹊每次进宫，不谈别的，总说自己有病，就很不高兴地把头一偏，对扁鹊连理都不理了。扁鹊只好默默退了出来。

又过了几天，扁鹊在街上为人诊病，正好蔡桓公的车驾经过，扁鹊用眼一扫蔡桓公的面色，掉头就走了。蔡桓公见此情景，就派人追上去问扁鹊原因。扁鹊说："起先，大王的病只在皮肤里，那时用热手巾焐一焐就可治好；病到了血脉里，可以用针灸治疗；上次见到大王，病已进入肠胃之间，吃一剂药也还可以治好；现在，大王的病已进入骨髓了，就是神仙也无法医治了。"

几天后，蔡桓公果然病倒了，他忙派人去请扁鹊，扁鹊早已逃得无影无踪了，没几天，蔡桓公就死掉了。

浑金璞玉

【释义】 浑金：是没有冶炼过的金子；璞玉：指未经人工雕琢的玉石。比喻人的品质纯美质朴。也用来指天然浑朴的精美之器。

【出处】 南朝·宋·刘义庆《世说新语·赏誉》。

魏晋时期“竹林七贤”之一的山涛，从小品性纯朴，见识超群，颇有名望。但他四十岁时才在郡里当小官。后来，他被调到京城任尚书吏郎，官职也不算大。当时朝政被太尉司马懿和大将军曹真把持，两人都想消灭对方，独揽大权。山涛深居简出，不与朝中权贵来往。

在“竹林七贤”中，嵇康最有才学，也最放任随便，毫不注意仪容和身体，并且敢于蔑视权贵。山涛虽然比他大十九岁，却很敬重他。

司马昭当政后，山涛调动官职。于是他特地上书，推荐嵇康担任自己门下的吏部郎。不料，嵇康对司马氏铲除异己、独揽朝政的做法很反感，不愿为司马氏服务，所以得知山涛上书推荐自己，不仅不感激，反而写了一封信，与山涛断绝来往。这封信就是著名的《与山巨源（即山涛）绝交书》。信中列举了九条自己不适宜当官的理由，但这些理由其实都是夸张的自我解嘲或是讽刺别人。山涛很了解嵇康，知道他是个血性男子汉，性格耿直、刚强，所以对此并不介意。但是，司马氏集团不放过蔑视他们的嵇

康，公元263年，司马昭借一件事要杀他。临刑前，嵇康将自己的孩子嵇绍托付给了山涛。

过了两年，司马昭的儿子司马炎代魏称帝，建立了晋朝。山涛上书推荐嵇绍，说虽然父亲被杀，但儿子与此不相干，他德才兼备，应当任用。司马炎接受了山涛的建议，任命嵇绍为秘书丞。

入晋后，山涛担任吏部尚书，成为掌握全国官使任免、考课、升降、调动等事务的长官。他长期在这个部门任职，凡是选用人才，都亲自做出评论，上报朝廷。被选用的人后来的表现，与他事先的评论基本相同。当时人们把他的那些奏章称为《山公启事》。

山涛为官清正，得到众人的好评。“竹林七贤”之一的王戎盛赞他说：“山涛就像未经琢磨的玉和未经冶炼的金一样。人们往往都欣赏玉和金光彩夺目的外表，而对未经琢磨的玉和未经冶炼的金，却不知道它们内在的高贵质地（山巨源如璞玉浑金，人皆钦其宝，莫知名其器）。”

祸起萧墙

【释义】 萧墙：古代宫室内当门的小墙，即照壁，代指内部。比喻祸患发生于家里或内部。

【出处】 《论语·季氏》。

春秋末期，孔子的学生子路和冉友受鲁国贵族季孙氏的聘请，到季氏家中任职。

当时在鲁国轮流执政的有三家，即孟孙、叔孙和季孙。三家又称为“三桓”，其中季孙氏势力最大。季孙氏为了壮大和巩固

自己的政治势力，准备对鲁国的附属国颛臾采取军事行动，并将这件事交给子路与冉友去办理。

子路和冉友将这件事告诉了孔子，孔子听了后心中非常不安。他认为季孙氏出兵颛臾是不仁不义的行为，一旦付诸行动必然影响鲁国的政治安定，便对子路和冉友说：“你们二人既然是我的学生，就应掌握我的‘仁’学思想。现在你们都成了季孙氏的政治顾问，就要对季孙氏的政治行为负全面的责任。我认为，你们应该尽全力阻止这一错误行为的实施。”

冉友听了老师的话，马上向孔子解释说：“据我们知道，这件事季孙大夫已经筹划许久了，这次为了能获得成功，他下了很大的决心。季孙大夫与孟孙、叔孙等也都互通了消息，他们都同意了。当我们听到这件事时，也曾表示了不同意见，但季孙大夫根本没有听，更不用说采纳我们的意见了。老师，并非我们没有劝阻，而是劝阻无效。”

孔子听了冉友的辩解，非常不满意，批评他们说：“先朝大夫周任曾经说过：‘做事要尽心尽力，如果做不好，就应该辞职。’现在季孙大夫的做法显然是错误的，这一点你们得有清醒的认识。但你们却听任他干错事而不尽力阻止，这就说明你们有亏职守。譬如，你负责养老虎和犀牛，却让它们跑出笼子，你能将责任推给主人吗？我所担心的是，季孙大夫的危险根本不在颛臾，而在身旁呀（吾恐季氏之忧不在颛臾，而在萧墙之内）！”

冉友听了老师的这番话无言以对，深感老师教导得有理，也就辞职了。

J

鸡虫得失

【释义】 像鸡食虫，人缚鸡，这种是非、得失的小问题。比喻无关紧要的小事。

【出处】 唐·杜甫《缚鸡行》。

唐朝大诗人杜甫家里养了几只鸡，鸡经常啄食虫蚁。他的妻子十分怜惜虫蚁的生命，所以对那些鸡十分厌恶。一天，他妻子见鸡又在啄食虫蚁，就吩咐童仆把鸡缚起来，到市场上去卖掉。

童仆把鸡关进笼子，一只只抓起来缚住，那些鸡拼命地挣扎、啼叫，叫声十分凄惨。杜甫见了，心中十分不忍，吩咐童仆把鸡放了。

杜甫心中想：妻子因为怜惜虫蚁，不惜把鸡卖掉，这固然保护了虫蚁。但鸡被卖掉后，不是也要被人宰杀烧了吃吗？对虫蚁和鸡为什么要厚此薄彼呢？可他继而又想，鸡虫不能两全，不是虫死，便是鸡烹，你救了它这一次，并不能救它下一次，因为鸡最后终归还是要被人杀了吃的。其实，鸡和虫都是很小的东西，实在犯不上为它们的生死操心。

想到这里，杜甫挥笔写了《缚鸡行》这首诗，诗中有两句是：

鸡虫得失无了时，注目寒江倚山阁。

意思是说：像鸡啄虫蚁、人又缚鸡这种是非得失的问题是经常发生的。我应该把眼光放远一点，不要纠缠在鸡虫得失这样的小事上。

鸡鸣狗盗

【释义】 指微不足道的技能或行为。也指具有卑贱或微末小道技能或行为的人。

【出处】 汉·司马迁《史记·孟尝君列传》。

战国时，齐国的孟尝君受秦王之邀，带领一大批门客来到秦国，秦王认为孟尝君非常有才干，便打算拜孟尝君为相国，但立即遭到了大臣们的反对，因为孟尝君是齐国的宰相，他不可能尽心尽力为秦国办事，而会随时将齐国的利益放在首位。秦王便取消了原来的打算，并将孟尝君软禁起来，准备杀掉他，以绝后患。

孟尝君意识到自己随时都有生命危险，于是他偷偷派人向秦王的爱妃求情。秦王的爱妃表示，要救人可以，但必须送给她一件白狐皮的大衣。孟尝君确实曾有一件白狐皮大衣，可是，这件大衣已经献给秦王了。孟尝君没了主意，急得团团转。这时，一位门客说："大家不要着急，我去将那件白狐皮大衣偷出来，送给秦王的爱妃，问题不就解决了嘛！"

这天深夜，这个门客学着狗叫，悄悄地潜入王宫盗出了那件白狐皮大衣。孟尝君立即派人给秦王的爱妃送去。在爱妃的劝说下，秦王答应将孟尝君和门客们放了。

孟尝君带领门客他们马不停蹄，赶到函谷关时已是半夜，城门紧闭，无法出关。按秦国的规定，只有到鸡鸣以后才能开关放人。孟尝君焦急万分，他担心一旦秦王改变了主意，会派人马来

追他们。万一有人提出别的看法，一定会有追兵赶来。如果出不了函谷关，他们随时都可能落入秦军之手。

正在这时，孟尝君手下另一位门客非常逼真地学起了鸡叫，这一叫引得附近的鸡都跟着叫了起来。守城门的士兵听到鸡叫声，以为天亮了，立即开关放人。孟尝君一行人策马飞奔闯出了城关，逃出了秦国，等秦王的追兵赶到函谷关时，他们早已进入了齐国的境内。

鸡犬升天

【释义】 鸡和狗都跟着升了天。指一人做官，和他有一点联系的人便全部随着一起得势。

【出处】 汉·王充《论衡·道虚篇》。

传说中，道家会炼制一种丹药，凡人服食以后能立即白日飞升，成为神仙与天地同存。西汉有位著名的思想家、文学家，名叫刘安，继承了父亲的封位，成为淮南王。他一心向道，并对炼仙丹产生浓厚的兴趣，但他不了解炼丹的处方和加工过程，于是他离开王府，到处寻找名师。

有一天，他听说有位仙翁名叫八公，有炼制仙丹的秘方，但是从不传给别人，于是就去寻找八公。没想到八公四处云游，行踪不定。可是刘安仍然一心一意地寻访，最终他的诚心感动了八公，八公出现在刘安面前。但为了考验他的道心是否专一，八公还是命他先看守丹炉，要求七七四十九天不能睡觉，不论发生任何事情都不许离开丹炉。

刘安苦苦煎熬了四十八天，只要再坚持一夜，即可大功告成。夜里，一阵劲风吹过，室内突然出现几只猛虎张牙舞爪，咆哮着向

他扑来。刘安毫不畏惧，静静地坐在炉旁，岿然不动。猛虎见咆哮无效，立即变换另一种方式，结队在刘安身旁逡巡游走，不时发出愤怒恫吓的低吼。刘安仍然不为所动。忽然，门扉洞开，闯进一群美女将猛虎驱尽，她们轻歌曼舞，做出种种媚态，蛊惑刘安，刘安只是冷冷看着。这时窗外晨曦微现，美女顿然消失。八公看他通过了考验，于是就把炼制仙丹的方法传授给他，并告诉他，仙丹炼成，吃下后就可升天成仙了。

后来，刘安便如法炮制，炼出仙丹后，让全家沐浴更衣，焚香祷告，然后把仙丹吃了下去……吃下仙丹后，他觉得身体轻盈，飘飘欲仙，低头一看，原来自己早已站在云端了。一家人都成了神仙，飞到空中，而剩下的丹药洒落地面，被鸡犬吃掉，于是鸡犬也白日飞升，一时间空中鸡鸣犬吠，煞是热闹。

后人据这个故事概括出“一人得道，鸡犬升天”的成语。

激浊扬清

【释义】 冲去污水，使清水涌流。比喻清除坏的，发扬好的。

【出处】 唐·房玄龄等《晋书·牵秀传》。

牵秀，字成叔，曾任三国时魏国的雁门太守，西晋后，又任司空从事中郎。他口才出众，素有文才，性格也很豪侠仗义，年少时就声名远播。晋惠帝时，他被封为尚书。牵秀曾经大言不惭地对别人说：“如果我当宰相，负起督察百官的职责，一定能惩恶奖善，激浊扬清；如果担任军队的统帅，一定能打败任何敌人，建立不朽的功勋（居司直之任，当能激浊扬清；处鼓鞞之间，必建将帅之勋）。”

然而事实并非如此。公元 291 年，牵秀担任尚书的要职时，西晋皇族之间因晋惠帝司马衷是个低能儿而发生争夺皇位的“八王之乱”，牵秀非但没能稳定朝政，反而跟诸王勾勾搭搭，为虎作伥。他先为长沙王司马乂效力，司马乂被杀；他又投靠成都王司马颖。后来，河间王把持朝政后，他又投靠河间王，当上了司马颙的平北将军。司马颙被东海王司马越战败后，牵秀也被司马越的部属杀死。但他所说的“激浊扬清”的话，却作为成语流传下来。

疾风知劲草

【释义】 劲：强劲，坚韧。在猛烈的大风中，才能知道哪种草坚韧强劲。比喻在严峻的考验中，才能真正显露出人意志的坚强。

【出处】 汉·刘珍等《东汉观纪·王霸传》。

西汉末年，全国性的农民大起义爆发了。西汉皇族后裔刘秀趁机和兄长起兵响应，加入了绿林起义军。行军途中，有个名叫王霸的人带了一批人来投奔刘秀。

王霸跟随刘秀出战新军，建立了不少功勋。不久，王霸因为父亲年老体弱，就辞别刘秀回家侍奉父亲。后来刘秀率军路过王霸老家的时候，特意去看望他，王霸深受感动，请求父亲让他离家再去追随刘秀。王霸的父亲深明大义，说：“既然刘将军如此看重你，你就跟着他干下去吧，不要半途而废。”

就在这一年，西汉另一位皇族子弟刘玄被起义军拥立为帝，年号为更始。刘玄对刘秀刘演兄弟二人十分猜忌，阴谋杀害了刘演。刘秀担心自己也遭遇不测，便假意向刘玄谢罪，并请求刘玄

派自己到河北去招降各州郡。刘玄见刘秀这么怕自己，便同意了他的请求。

刘秀让王霸随他前往河北。刘玄的势力还没有到达河北，到那里去招抚其实是很危险的。刘秀一行人进入黄河以北后很不顺利，人困马乏。随从中很多人都对前途失去了信心，又害怕艰难困苦，纷纷离开了刘秀。先前和王霸一起投奔刘秀的几十个人，也都陆续不辞而别。只有王霸还和以前一样，忠心耿耿地跟着刘秀。刘秀见王霸这样忠于自己，不由感慨地对他说："从前在颍川跟随我的人都走了，唯有你还留在我身边。'只有在迅猛的风中才能看出哪些草是坚韧的（疾风知劲草）'，这句话现在得到了验证。"

后来，刘秀在河北积极活动，以恢复汉家制度为号召，取得了部分官僚地主的支持。他镇压和收编了不少起义军，力量逐渐强大起来。刘秀见时机已经成熟，便决定脱离更始政权，与刘玄决裂。公元25年，刘秀登上皇位，史称他东汉光武帝。王霸因为忠义，所以一直很受光武帝的重用，长期戍守北疆，官封淮陵侯，东汉明帝时将他列为"云台二十八将"之一。

家徒四壁

【释义】 徒：只，仅；壁：墙壁。家里只有四面墙壁。指家里非常贫穷，什么都没有。

【出处】 汉·司马迁《史记·司马相如列传》。

西汉辞赋家司马相如在梁孝王死后回到成都老家，生活十分艰难。临邛县令王吉是多年好友，司马相如于是来到临邛投奔他，王吉安排他住在都亭，并对他十分尊敬，每天都派人来看

望他。

有一天，临邛富豪卓王孙听说了司马相如的大名，便宴请了他，并顺便发了一百多张请帖，邀请了很多县中的官员与有名望的人。

宴会开始，卓王孙带领众宾客向司马相如敬酒，少不了说了许多奉承话。正在大家喝得高兴的时候，王吉向大家介绍说："相如先生是当今第一名流，不仅文章写得好，而且琴也弹得很好。今天有嘉宾美酒，何不请相如先生弹奏一曲呢？"众人听了，齐声叫好。

司马相如推辞了一番，便弹奏起来，无意中却发现卓王孙的女儿卓文君在偷听他演奏。卓文君天生丽质，前不久丈夫刚刚故去，便搬回娘家住。她听说司马相如来做客，早就想见识一下这位大才子。她本来就喜爱音乐，听到琴声，就偷偷地躲在帘子后面看。司马相如看到卓文君产生了爱慕之心，便凭借手中的一张琴，将自己的全部爱慕倾诉给了卓文君。卓文君深懂琴理，听出了琴声中的意思，也对司马相如产生了爱意。

宴会过后，司马相如通过卓文君的侍者，对她情真意切地说出了自己的心里话。卓文君感激司马相如对她的深情厚谊，便私自与他约会，二人商定离开临邛，到司马相如的老家成都去。

卓文君随司马相如来到成都家中，进门一看，家穷得只有四面墙（家居徒四壁立）。时间久了，卓文君和司马相如又搬回临邛，卓王孙对卓文君私奔十分恼火，不肯周济他们。为了出卓王孙的丑，他们便开起了一个夫妻酒店，文君当垆卖酒，相如故意当众洗涤碗筷杯盘，提壶送酒，像个酒保。

果然，卓王孙认为卓文君与司马相如这样做太丢面子，羞得连大门也不敢出。后来在亲戚朋友和王吉的劝说下，送给了司马相

如他们一笔财物。司马相如同卓文君又回到了成都，开始过起了富裕的生活。

家有敝帚，享之千金

【释义】 敝帚：破旧的扫帚。自己的东西即使不好，但看得非常贵重。

【出处】 汉·刘珍等《东观汉记·光武帝纪》。

刘秀创建东汉之初，天下还很不太平，在巴蜀地区（在今四川省）的原蜀郡太守公孙述，据有益州之地称帝。光武帝派大司马吴汉和征南大将军岑彭率军征伐公孙述。

岑彭节节胜利，迅速推进，公孙述大惊，派刺客潜入汉军营中，刺死了岑彭。

吴汉得知岑彭被刺，立即率军西进，经过艰苦奋战，逼近到了成都城郊。经过多次激战，吴汉进逼到成都城下。公孙述出城交战，身受重伤，当夜不治身亡。第二天早上，公孙述的大将延岑打开城门，向汉军投降。

吴汉因以很大的伤亡代价才拿下成都，所以进城后马上实施报复，他不仅下令将公孙述、延岑的全家人处死，而且允许士兵纵火抢掠。结果，成都的宫城被焚毁，城内一片瓦砾，百姓流离失所。

刘秀接到攻取成都的消息，一方面高兴，一方面也十分生气。他马上派使臣到成都去，制止这种屠城的错误，并在诏书中斥责吴汉的副将刘禹说："敌人开城投降后，老老少少的百姓数以万计。一旦放任士兵抢掠、纵火，所产生的严重后果听了也令人心酸，家里破旧的扫帚价值也等于千金（家有敝帚，享之千金），你刘禹是

汉朝宗室的子孙，对汉家的百姓怎么能忍心这样做？”

不久，光武帝命吴汉率领军队还都。接着，又派人到巴蜀地区察访，表彰了一批德行卓著的人士，对公孙述手下有才干的文武官员，也照样予以任用。这样，那里的民心才渐渐安定下来。

坚壁清野

【释义】 壁：堡垒，防御工事；坚壁：加固壁垒。加固防御工事，转移四野的人口、物资，什么都不留下。

【出处】 晋·陈寿《三国志·魏书·荀彧传》。

三国时期，曹操打算攻取徐州，但对这件事并没有十分的把握，便找来谋士荀彧商议。荀彧听了曹操的打算，立即劝阻他。他说：“过去汉高祖刘邦争夺天下的时候，首先要保住关中；光武皇帝刘秀平定天下的时候，先是占据河内。他们这样做，都是为‘根深本固以制天下’，进足以取胜，退足以坚守。所以，他们虽然屡遭挫折、失败，但最终都获得了成功，这些历史经验不能不吸取呀！”

荀彧接着又说：“主公，你现在占领的地方是军事要地，这里的老百姓又与你同心同德。这里虽说残破一些，但便于保存力量，你必须先把这些地方安定下来才是呀。再说徐州也不是那么容易攻打的。现在那里的麦子马上就要收割了，他们必定要坚守城池，加固营垒，把田野上的庄稼都收藏起来，正等着你去打他呢。如果我们真把兵马派去，城攻不下来，什么东西也得不到手，不出十天，我们的十万大军就会不战而垮（东方皆以收麦，必坚壁清野以待将军，将军攻之不拔，略之无获，不出十日，则十万之众未战而自困耳）。退一步说，即使攻破城池，人家为报死兄亡

父之仇，必然也反抗到底，那样的话，我们还能得到什么呢？ 主公，权衡利弊，在下以为暂不打徐州为好，请您三思。”

曹操听了荀彧的劝告，取消了攻打徐州的计划，先稳定了自己的根据地，使力量迅速壮大起来，为日后的壮大奠定了基础。

监守自盗

【释义】 偷盗自己管理的公家的东西。

【出处】 五代·后晋·刘昫等《旧唐书·杨炎传》。

唐德宗时的宰相杨炎，人长得相貌堂堂，文章也雄丽而富有风格。 杨炎当宰相后，也做了几件有利于国家的大事，但是，他将私人恩怨看得很重，因而引起朝中大臣的怨恨。 与他同时担任宰相的还有卢杞，杨炎甚至因为卢杞长得丑而常轻视他，因此卢杞对他怀恨在心。

后来，杨炎改任左仆射，卢杞就寻找机会报复。 杨炎原来在洛阳有一所私宅，托他的心腹赵惠伯代为出售，赵惠伯就将他的私宅买做官署。 杨炎罢相后，御史弹劾他“强迫官吏代卖私第，高估房价，多收钱币。”卢杞趁机火上浇油，诬他监守自盗，应判绞罪。 德宗皇帝此时也不喜欢杨炎了，终于将他发配崖州，又在距崖州百里远的地方将他“赐死”。

兼听则明，偏信则暗

【释义】 兼听：听取多方面的意见；偏信：单纯相信一方的话。 听取各方面的意见，才能把事情或道理弄明白，弄清楚；只相信一方的话，就弄不清事物的真相。

【出处】　汉·王符《潜夫论·明暗》。

魏征是唐太宗时期的一代名臣，以“直谏”著称，其他大臣都不敢说的时候，他却能够从容陈辞。他曾前后向唐太宗进谏二百多次，从内政、边事、用人、赏罚、刑法、礼仪等各个方面陈述利弊得失，对唐太宗贞观年间的政治帮助很大，以至出现了封建社会有名的盛世——“贞观之治”。

有一天，唐太宗问：“为君者何道而明，何失而暗？”意思是：怎样才能做个有远见的皇帝，又会在什么情况下昏庸败事呢？

魏征希望唐太宗能够广听群臣和百姓的意见，回答说：“兼听则明，偏信则暗。”意思是说：听取各方面的意见，才能把事情或道理弄清楚；只相信一方的话，就弄不清事情的真相。并列举了很多史实说明这个观点，使唐太宗连连称是。

交浅言深

【释义】　交：交情。对交情不深的人讲出心里话。

【出处】　汉·刘向《战国策·赵策四》。

战国时，冯忌求见赵王，管礼宾的人把他介绍给赵王。冯忌见了赵王，拱手低头，表现出想说又不敢说的样子。赵王问他缘故，冯忌说：“我的朋友曾向服子推荐了一个人，但服子对他却一般，我的朋友便去问服子这个人有什么做得不对的地方，服子说：‘您的客人有三个过错。望着我笑是轻浮的表现；向我请教而不称呼我老师，是不合礼节的；初次交往而说心里话，是不合顺序的（交浅而言深，是乱也）。’

“我的朋友听了，并不赞成服子的话，反驳说：‘您说得不

对。望着人笑是和气的表示；请教而不称呼老师，是因为老师只是通常的称呼，不一定专指教师；至于交浅而言深，那是坦诚恳切的表现呵！当年帝尧在长满茅草的地方遇见了舜，两人就在桑荫下的田埂上席地而坐，畅谈很长时间，到日影移了两树，唐尧就已经决定把天下禅让给虞舜了。伊尹背着鼎、俎求见商汤，姓名还未及登记，就被任命为三公了。假如交情浅就不能深谈，那么尧帝就不会把天下传给虞舜，商汤就不会任命伊尹为三公！'"

赵王听到这儿，感慨地说："讲得对啊。"冯忌说："我现在和大王交情浅薄，却想深谈，可以吗？"赵王说："我会谨遵你的教导。"于是冯忌就谈起来。

胶柱鼓瑟

【释义】 胶：粘胶；柱：瑟上用以调音的短木；瑟：古代的一种弦乐器。用胶把瑟柱粘住，柱不能转动，就不能调音。比喻做事拘泥固执，不知变通。

【出处】 汉·司马迁《史记·廉颇蔺相如列传》。

战国时期，秦国攻打赵国，两军在长平地区对峙。赵王派老将廉颇领兵抗敌，廉颇采取坚壁固守的不战之策，让秦军一筹莫展。于是，秦军施行反间计，派奸细在赵国境内散布流言说："秦国人唯独讨厌和惧怕马服君赵奢的儿子赵括担任将军。"赵王听到后，信以为真，便想命赵括取代廉颇。

正在病中的蔺相如听说赵王任命赵括为将，急得浑身冒汗。他强撑着病体来拜见赵王，劝谏道："君王您只凭赵括的虚名而重用他，这就像用胶粘住瑟上调弦的柱子来弹瑟——肯定弹不出好声音来的（王以名使括，若胶柱而鼓瑟耳）。赵括只能背诵他父亲

留下的兵书，却不懂得灵活运用啊！”

可是，赵王不听他的劝告，最终还是让只懂得纸上谈兵的赵括代廉颇领兵为将。结果赵括被秦将白起在长平打得大败，赵括本人被射死，而四十多万赵国军队投降了秦国后，被全部坑杀。赵国从此一蹶不振。

蛟龙得水

【释义】 蛟龙：古代传说中能发水的一种龙。传说蛟龙能飞腾上天，能兴云雨。比喻有才能的人遇到能够展露才华的机会。

【出处】 《管子·形势》。

杨大眼是北魏时的武都人，他自幼投奔高人学艺，十几年如一日藏在深山中苦练武功。等到师父允许他出山时，已练就了一身过硬的本领，无论是刀枪剑戟各种兵器，还是长拳短打各种套路，他都十分精通。特别是一套行走的功夫，更是没有人能与他相比，他走起来如飞一般，就连快马也赶不上他。

此时，北魏孝文帝准备讨伐齐国，一方面广屯粮草，以备战时所需；一方面广招能人，扩充军队。他命尚书李冲挑选吉日来到校场招收人才。

杨大眼得知这一消息，立即赶来应试。他取出一根三丈多长的绳子，将一头拴在自己的头发上。然后，他飞快地向前奔跑。等他跑出去，人们看到那根拴在他头发上的三丈长的绳子竟直直地挺了起来。杨大眼越跑越快，最后简直如飞起来一般。尚书李冲让人骑快马去追，竟没有追上。等杨大眼重新跑回校场，人们无不惊叹万分，一时校场上掌声雷动。

李冲被杨大眼的这手绝技给镇住了。他赞叹地说：“这些年来，我还真没有见过如此有本领的人。这种本领怕是几百年也不容易练出来吧！”

于是他将杨大眼选入军中。一天，杨大眼与同僚们相聚共饮，他十分高兴地对大家说：“现在的杨大眼，就好像蛟龙遇到水一样，从此可以尽情地施展本事，飞黄腾达，不再和你们平起平坐了（吾之今日，所谓蛟龙得水之秋，自此一举，不复与诸君齐列矣）。”

不久，孝文帝颁下圣旨，命杨大眼为将军，率领北魏大军与南朝的齐、梁军队作战。杨大眼统领大军逢山开路，遇水搭桥，抢关夺隘，直杀得齐、梁军队望风而逃。在一次大战中，他施展自己的本领，竟在万马军中取敌上将首级，大大地鼓舞了北魏军队的士气。在这条“蛟龙”的带领下，北魏军大获全胜。后来，杨大眼被任命为平东将军。

狡兔三窟

【释义】 狡猾的兔子有三个藏身的洞穴。比喻藏身的地方很多，当灾难来临时容易逃避。

【出处】 汉·刘向《战国策·齐策四》。

战国四公子之一的孟尝君，在齐湣王时期担任相国，门下聚集了数千名食客，其中有个名叫冯谖的人，十分有才智，孟尝君很重用他。

一次，孟尝君征询门客中谁能替他到封邑薛地去收债，冯谖自告奋勇承担了这个任务。但他却在薛地把人们欠债的借据全都烧毁了，还说这是孟尝君的命令，乐得老百姓高呼：“万

岁！”回来后，冯谖向孟尝君报告了经过，并说：“我替您买回了恩义。”孟尝君白白丢失了大量钱财，心里很不是滋味，但又没法责备冯谖。

一年后，齐王剥夺了孟尝君的职权，他只得回到薛地去。当行至离薛还有上百里的地方，但见老百姓扶老携幼前来迎候。孟尝君感动地对冯谖说：“我今天才看见您替我买的恩义啊！”

冯谖说：“聪明的兔子有三处洞穴，仅能避免不被害死罢了（狡兔有三窟，仅得免其死耳）。现在您却只有一个洞穴，还不能高枕无忧，让我帮您再凿两个洞穴吧。”

于是，孟尝君给了冯谖五十辆车子、五百两黄金，让他去游说西边的魏国。冯谖一席话，深深地打动了魏惠王的心。魏王便派遣使者携带黄金一千斤，随从车子一百辆，到齐国来聘请孟尝君为相国。

魏国使者往返跑了三次，孟尝君却坚辞拒绝到魏国去，如此一来，孟尝君的身价更高了。齐国听到这消息，君臣都十分担心。最后，齐王只好派太傅携带礼物和书信向孟尝君道歉，并请他回去。冯谖又告诫孟尝君，要他趁机请求齐王在薛地建立宗庙，把祖宗的祭器分出一部分放在这里。这样，薛地在齐国的地位就非同寻常了。

宗庙在薛地落成后，冯谖对孟尝君说：“这回三个洞穴都已凿好，您可以高枕无忧了。”

矫枉过正

【释义】 纠正偏差或错误过了头，或超过了应有的限度，陷于另一种偏差或错误之中。

【出处】 汉·班固《汉书·诸侯王表序》。

公元前206年，秦朝被刘邦领导的起义军所灭。刘邦建立西汉王朝后，认为秦王朝之所以灭亡，是因为没有分封诸侯，造成处境孤立。于是，他决定改变这种局面，恢复分封制。

刘邦设立了王、侯两级爵位，大封功臣。后来，异姓诸侯王纷纷叛乱，刘邦又消灭了异姓诸侯，而大力分封同姓王。这些同姓诸侯王倚仗与皇帝同宗，骄横跋扈，为所欲为，甚至想夺取皇帝大权。结果到文帝时，发生了济北、淮南两王谋反，景帝时又发生了吴楚七国之乱。景帝镇压下叛乱后，下令把诸侯王任免官吏的权力收归朝廷，王国的行政由朝廷任命官吏处理，以此来巩固中央集权。汉武帝执政后，又颁布"推恩令"，使诸侯王可以分封子弟为侯。从此，各王国分成若干小的封地，势力不断削弱，名存实亡。

东汉史学家班固对此评论说：西汉初年恢复分封，大的诸侯王国跨州兼郡，拥有几十座城池，百官的制度同京都的朝廷一样，真可说是矫正弯曲的东西超过了限度，结果又弯向了另一方向（宫室百官同制京师，可谓矫枉过其正矣）。

嗟来之食

【释义】 嗟：不礼貌的招呼声，相当于现在的"喂"。指带有侮辱性的或不怀好意的施舍。

【出处】 《礼记·檀弓下》。

春秋战国时期，有一年，齐国发生了严重的饥荒，不少人被活活饿死，活着的人也饿得奄奄待毙。这时，有一位叫黔敖的贵族

奴隶主，想发点“善心”，于是，每天早晨他都会在大路旁摆上一些食物，施舍给经过的饥民，以显示他的“仁慈”。

一天，黔敖又坐在路旁的车子上，等着有人经过。正在这时，一个饿得不成样子的人走了过来。他用袖子遮住脸，拖着一双破鞋子，眯着眼睛，摇摇晃晃地迈着步子，身体十分虚弱。黔敖看到后，认为显示自己“仁慈”的时候到了，便左手拿起食物，右手端起汤，远远地吆喝道：“喂，来吃吧！”他以为那个饿汉一定会感谢他的好意和慷慨。可出乎意料的是，那个饿汉却抬起头抖了抖衣袖，轻蔑地瞪他一眼说：“我就是因为不吃这种‘嗟来之食’才饿成这个样子的。你以为一个人为了食物，就会抛弃自己的尊严，接受这种侮辱性的施舍吗？还是收起你那假仁假义的一套吧！”说完，那饿汉扭头就走。

最后，饿汉终因饥饿而死于路旁。

结草衔环

【释义】 结草：把草结成绳子来搭救恩人；衔环：嘴里衔着玉环。比喻诚心实意地报答别人的恩情，至死不渝。

【出处】 春秋·鲁·左丘明《左传·宣公十五年》、南朝·梁·吴均《续齐谐记》。

春秋时，晋国大夫魏武子有一个年轻的爱妾，没有儿子。后来，魏武子年迈多病，自知活不了多久，便嘱咐儿子魏颗说：“我死以后，让这个女人嫁出去过安定的生活吧，别再为难她了。”谁知等到魏武子病危时，却又改变了主意。他把魏颗再次叫到病榻前，有气无力地说：“一定要让她给我殉葬啊！”魏武子死后，魏颗还是把那个女人嫁出去了。

有人问他为什么不听从父亲临终时的遗言，他说：“人到病重的时候，神智就不清醒了。我父亲对这件事，前后两次遗嘱的说法不一样。但前一次他是在清醒的时候嘱咐我的，我应该听他清醒时说过的话。”

后来晋国与秦国交战，魏颗也参与了这次战斗，他与秦将大力士杜回杀得难解难分，忽见一位老人用草打成结，拿着它在杜回身边晃来晃去，最后，猛地把杜回绊倒在地，使得魏颗轻而易举地俘虏了他。

夜里，魏颗梦见那位老人对他说：“我是你所嫁出的那个女子的父亲。你听从了你已故父亲清醒时所说的话，救了我女儿一命，我为此来报答你。”

另外专门记载神怪故事的《续齐谐记》里载有这样一传说：

东汉弘农人杨宝九岁时，在华阴山偶尔遇见一黄雀被鸱鹰袭击，落在树下，伤痕累累，又被一群蚂蚁困住。杨宝把黄雀救了出来，揣在怀里带了回家。先是将它安置在屋梁上，但夜间它悲啼不止，原来有许多蚊子在叮它，于是杨宝便将它放到一只装头巾的小箱子里，用黄花喂养它。不久，黄雀羽毛长全，恢复了生机。黄雀的伤养好了之后，杨宝又将其放走。

有一天夜里，时已三更，杨宝正在读书，忽有一穿黄衣的童子来到他面前说：“我本是西王母的使者，那年奉王母之命到蓬莱仙岛去，不料半路被鸱鹰所伤，多亏您救了我。现在我又奉命要到南海去了。”说着，取出四枚晶莹洁白的玉环赠给杨宝说：“保佑您的子孙四代人都品行清雅高洁，就像这玉环一样，并且相继登上朝廷高官的位置。”

后人将两个传说归纳成“结草衔环”，比喻感恩报德，至死不忘。

捷足先登

【释义】　登：得到。比喻行动敏捷的人先到达或先得到所求之物。

【出处】　汉·司马迁《史记·淮阴侯列传》。

汉高祖刘邦夺得天下后，不断降低大将韩信的官职，并削去他的兵权，将他安置在京城闲居。刘邦登基后的第十年，大将陈豨造反，刘邦亲自统领大军讨伐，韩信则留在京都。

刘邦率领大军出发后，朝政由皇后吕雉和丞相萧何暂理，有人乘机向吕雉报告说韩信要反叛朝廷。吕雉便与萧何共同设计，将韩信骗入未央宫中杀掉了。韩信被杀前，仰天长叹道："我韩信当初悔不该不听蒯通的劝告，不然哪里会有今天？这真是天意呀！"

刘邦平息完陈豨的叛乱后回到京城，听说韩信已被杀，心中既高兴又可惜，便问皇后吕雉："韩信临死的时候说了些什么？"

吕雉便原原本本地将韩信的话转告给刘邦。刘邦听罢大怒，立即派人将蒯通抓来审问。刘邦问蒯通："听说你曾经劝韩信造反，果真有这事吗？"

蒯通面无惧色，非常坦诚地说："是的，确有其事。可惜韩信这个傻小子不听我的劝告，现在可好，被杀掉了吧？如果这傻小子当初听了我的话，重兵在握，谁敢动他半根毫毛，更不用说杀他了！"

刘邦气得怒目圆睁，钢牙紧咬，命人在金殿上架起油锅，要活活烹死蒯通。

蒯通对刘邦说："皇上，你这样对待我可是犯了大错！"

刘邦厉声问：“蒯通，那么怎样对待你才是对的？”

蒯通对刘邦说：“皇上，你听我说，当时秦朝灭亡，政权就好像是一只鹿在中原大地上奔跑，天下想要有所作为的人哪一个不想最先将鹿抓到手。但是，谁能抓到呢？那就要看谁的腿最快，谁的动作最迅速，谁就能首先达到目的（秦失其鹿，天下共逐之，于是高材疾足者先得焉）。在这种情况下，我劝韩信抓鹿有什么不对？更何况，当时我在韩信手下为官，当然我就要一心一意地为他出主意。再说，当时有意争夺天下的人何止万千，只是他们的能力不够而已，皇上您能把这些人都统统下油锅吗？”

刘邦听着蒯通的辩白，渐渐消了气，最后认为蒯通是个人才，辩解得十分有道理，于是下令将蒯通放了。

竭泽而渔

【释义】　竭泽：把池塘里的水弄干；渔：捉鱼。排尽湖泊或池塘中的水来捕鱼。比喻只图眼前利益，没有长远打算。也指不留余地地进行掠夺式的索取。

【出处】　战国·秦·吕不韦等《吕氏春秋·孝行览·义赏》。

公元前 636 年，晋公子重耳回晋国即位，成为晋文公。当时，曹、卫、陈、蔡、郑等诸侯国都倒向强大的楚国，只有宋国不肯投靠楚国而是投靠了晋国。楚威王很恼怒，命大将子玉统帅三军，包围了宋国的都城商丘。

宋成王赶紧向晋文公求援，晋文公收到宋国的告急文书后，把舅父狐偃召来商议。狐偃认为，救援宋国，有利于提高晋国的威望，应该去打这一仗。

晋文公说："楚军的兵力超过我晋军的兵力，你看怎样才能取得胜利呢？"

狐偃认为讲究礼节的人不厌烦琐，善于打仗的人不厌欺诈，应该用欺诈的方法。晋文公对狐偃提出的方案还有些疑虑，因为晋军在数量抑或质量上都逊于楚军。他又把大臣雍季召来，询问他有什么见解。雍季并不赞成狐偃的主意，他比喻说："有个人要捉鱼，把池塘里的水都弄干了，这当然能捉到池塘里所有的鱼，可是，明年这池塘里就无鱼可捉了（竭泽而渔，岂不获得？而明年无鱼）。还有个人要捕捉野兽，把山上的树木都烧光了，这当然能捕捉到许多野兽，可是，明年这里就没有野兽可捕了。欺诈的方法虽然偶然用一次会取得成功，可是常用就会失灵，这不是长久之计啊！"

狐偃对他的看法不以为然，因为从当时各诸侯国局势看，晋楚两国的直接冲突已经不可避免。最终，晋文公同意了他的主张，晋楚开战。面对强敌，狐偃采取"调虎离山之计"，避其锋芒，以智取胜，攻取五鹿，三月攻占曹国都城，最终迫使楚军撤出宋国。

解衣推食

【释义】 推食：让出食物。把穿着的衣服脱下给别人穿，把正在吃的食物让别人吃。原指对被器重的人关怀备至。后形容慷慨地帮助或关心需要帮助的人。

【出处】 汉·司马迁《史记·淮阴侯列传》。

秦末，天下大乱。楚霸王项羽与韩信交兵，屡战屡败，一筹莫展，手下也没有一员战将是韩信的对手，急得他寝食不安。

这时有人向项羽建议，不妨用高官美女来招降韩信。项羽觉得虽没有什么把握，但不妨试一试，于是派武涉为密使去汉营游说韩信。

武涉见到韩信说："眼下将军重兵在握，何必屈身侍奉汉王？如果自立为王，或与楚霸王联手反汉，与项王共分天下，岂不更好！"

韩信说："我当年在项王部下，只是个执戟的小官，项王对我的话从未认真听过，对我献的计策也不肯采纳，所以我才离开他，归依汉王。而汉王则封我为上将军，让我指挥汉军的全部兵马，特别是汉王对我言听计从，与我情同手足，把他的衣服给我穿，把他的饭食给我吃（解衣衣我，推食食我），所以我才有今天。可以说，汉王对我恩重如山，情深似海，我背叛他要遭人耻笑，就是死，我对汉王也不会变心。你替我谢谢项王的好意吧！"

武涉见韩信意志坚定，只好转回楚营，向项羽报告去了。

借花献佛

【释义】 用别人的花进献给菩萨。比喻用别人的东西做人情。

【出处】 《过去现在因果经》。

在佛教各种供物中，花是最常用来供奉也是最具意义的。据佛本生故事记载：有一位名为善慧的婆罗门弟子，在游访至莲花城的途中，听说燃灯佛将前来莲花城的说法。善慧想用鲜花来供养燃灯佛，可是国王已先一步将城中所有鲜花都收纳去了，想以此供养燃灯佛。

正当善慧寻遍全城也找不到鲜花的时候，在一个水井边遇到了

一位年轻的婢女，她手中捧着一个插有七枝优昙陀罗花的瓶子。善慧走上前去，诚恳地请求将花卖给他，他好拿去供佛。婢女被善慧的诚心感动，最终答应给他五朵，而另外两朵则拜托善慧帮她拿去献给佛祖，以积自己的功德。她还要善慧答应在他未得道以前，要生生世世与自己结为夫妻。善慧为了得到花就答应了这个条件。

在将花献给燃灯佛后，燃灯佛也为善慧授记，告诉他在无量劫后必可成佛，号为释迦牟尼；而借花的婢女就是释迦牟尼成佛前的妻子耶输陀罗的前身。

金城汤池

【释义】 金属的城墙，滚水的护城河。比喻坚固无比、防守严密的城市或工事。

【出处】 汉·班固《汉书·蒯通传》。

秦朝末年，朝廷暴政，官逼民反。陈胜、吴广率领起义军建立了张楚政权。接着，陈胜派武信君武臣带领一支义军进攻燕、赵之地。武信君进攻的第一个目标就是范阳县城。

范阳县令徐公心急如火，这时一个叫蒯通的人前来出谋划策，他说："我虽然不是一个很有学识的人，但听说武信君礼贤下士，他一定会派人来向我请教平定燕、赵的策略。我打算这样对他说：用流血的战争来攻城略地，并不是好办法。如果你采取我的计策，则用不着损失一兵一卒，只要发一个文告，便可以平定千里之地。现在，范阳县令徐公准备献城向你投降，如果你不接受他的投降，杀了他，那么燕、赵之地各城的守将都会知道，献地投降是要死的，他们就一定会死心塌地坚守城池。

如果那样的话，他们的城墙就会变得像金属铸造的那样坚固，护城河也像灌满了滚烫的开水一样不可逾越，你的军队就攻不进去了（边地之城，必将婴城固守，皆为金城汤池，不可攻也）。依我之见，你不如接受范阳徐公的投顺，给他丰厚的赏赐，让他坐着华丽的马车，在燕、赵之地兜兜风。燕、赵之地的守将们得知，范阳徐公投顺之后比过去更荣华富贵，便会争先恐后地向你投顺。那时，你只要发布一个文告，就可以平定千里之地了。”

徐公听了蒯通的这番话，茅塞顿开，说：“你说得对极了，太谢谢你了！”

于是，徐公马上用车送蒯通去见武信君。武信君听了蒯通的话，果然马上采纳他的策略，立即派出庞大的车队接受徐公的投顺，并给了他丰厚赏赐。

不久，这个消息传遍燕、赵之地，结果，有三十多座城池的守将投降。武信君很快就平定了燕、赵之地。

金瓯无缺

【释义】 金瓯：金质的或金属的盛酒器皿。借指国土。比喻国土完整。

【出处】 唐·李延寿《南史·朱异传》。

南北朝时，大将军萧衍杀死南齐的最后一个皇帝萧宝融后自己称帝建立梁朝，成为梁武帝。当时，北方的侯景占据着魏一带的大片土地。梁武帝迫切渴望能够收复中原，以至于梦里都见到中原平定、举国庆贺的情景。他对侍中朱异讲：“我生平很少做梦，只要做梦，就一定有真事发生。”

不久，侯景派人送信给武帝，请求投降。梁武帝召集大臣们商议。尚书仆射谢举等认为侯景不可信，应该乘现在一举消灭他。但梁武帝有所顾虑，因而难以决定。

一天，武帝清早起来，走到武德阁口，自言自语地说："我们国家好比一只金瓯，应该没有伤缺（我国家犹若金瓯，无一伤缺）。而像现在这样的太平时候，是不是该接受降侯景的投降呢？倘使导致战乱，后悔就来不及了。"

朱异揣摩到皇帝的意思，就顺着皇帝的心意说："如果不接纳侯景归附圣朝，恐怕绝了以后想投降的人的希望。"

皇帝最终还是接受了侯景投降，可惜不久，侯景又反叛，梁武帝只得自食苦果。

金石为开

【释义】 金石：金属和石头。为：被。最坚硬的东西都被打开了，形容真诚足以打动人心。也比喻意志坚定，能克服一切困难。

【出处】 汉·刘向《新序·杂事四》。

周朝时，有个楚国人名叫熊渠子，自小喜爱射箭。刚开始练射箭的时候，他的力气很小，稍微强硬些的弓就拉不动。熊渠子坚持每天练习臂力，渐渐地练出了力气，再拉弓射箭时，箭飞出去便不再是轻飘飘的了，但是，却不能准确地射中目标。于是，他又坚持不懈地练眼力。经过刻苦的训练，他的箭法渐渐熟稔，每射十箭，总有七八箭能够射中目标，可是他仍不满意，却又苦于无法再提高，因而十分烦恼。

有人指点他说："你现在是靠技巧射箭，还不算高明，应该靠

心去射每一支箭，那才是真功夫。”熊渠子听了，反复揣摩这句话，更加刻苦地练习起来。

一天夜里，熊渠子独自一人在山路上行走，猛然看见前面不远处伏着一只老虎，熊渠子大吃一惊，随即镇静下来，心想这正好是试箭的好机会。于是他迅速取弓搭箭对准老虎，拉满弓一箭射去。谁知嗖一声之后，全无一点动静。熊渠子心想，我这一箭射去不但一定能射中它，而且必然会把它射死，谁知这老虎竟然一动不动！

他不免怀疑起来，放大胆子大步走过去一看，不由哑然失笑，原来是一块大石头卧在路上。再仔细看去，那支箭竟然射进坚硬的石头里去了，连箭翎都深深插入其中。

这件事很快传扬开去，人人都夸他箭术高明，以前勉励过他的那个人解释说：这不仅因为熊渠子力气大，箭法好，更因为他集中精力，以必胜的信心去迎战对方，所以，金石也被打开了（熊渠子见其诚心，而金石为之开）。

金屋藏娇

【释义】　娇：原指汉武帝之表姐阿娇，后泛指美貌女子。比喻男子秘密纳妾或有外宠。

【出处】　汉·班固《汉武故事》。

西汉时，胶东王刘彘（即汉武帝刘彻，汉武故事中称其幼名彘）的姑母、馆陶长公主刘嫖嫁给了陈婴之孙，生下一个女儿，小名叫阿娇。阿娇长得活泼可爱，亲友们都非常喜欢她。

那时，刘彘也才几岁大。有一天他到姑母家玩。长公主很喜欢这个聪明的侄子，便把他抱到自己的膝盖上，逗他说：“你想要

媳妇不？”说着，指着身边侍立的一个女子：“要她做你的妻子吗？”

刘彘说：“不要。”

长公主身边侍奉的人有一大堆，公主一个个指过去问刘彻，刘彘把头摇得跟拨浪鼓似的，都说不要。最后，公主指着阿娇问要不要，刘彘马上笑着说：“如果娶到阿娇做媳妇，我就造最漂亮的房子给她住（若得阿娇作妇，当作金屋贮之也）。”

长大后，刘彘果然娶阿娇为妻，并册封为皇后。

金玉其外，败絮其中

【释义】 金玉：华美的宝物；败絮：烂棉花。比喻外表很华美，而里面一团糟。

【出处】 明·刘基《诚意伯文集》。

明朝时，在杭州的西子湖畔，有一个专门卖柑子的小贩。他善于贮藏柑子，当别人的柑子都卖完的时候，他才拿出自己贮藏的柑子来卖。这些柑子外表仍然像刚从树上摘下来一样，虽然价钱比平时贵十倍，但是人们都争先恐后地购买。

有一天，著名学者刘基从卖柑子的货摊前路过，也向小贩买了几个柑子，不料回家以后刚剥开柑子皮，就有一股烟味直冲鼻子。再看里面的果肉，早已干得没了水分，像破旧的棉絮一样。刘基非常生气，拿着柑子去责问小贩：“做生意得讲信誉，货真价实才对，总不能像你这样骗人吧！”

小贩听了这话不客气地回敬道：“要说骗人，当今世界骗子太多了，我跟他们比起来，不过是小巫见大巫罢了。”

说话间，只见一伙将军模样的人骑着高头骏马经过，小贩望着

他们的背影说：“那些佩带兵符，坐在虎皮交椅上威风凛凛的武将，别看他们表面上耀武扬威的，难道他们真正懂得兵法吗？那些头戴高帽，穿着宽大朝服，气宇轩昂的文官，难道他们真正掌握了治理国家的本事吗？寇盗横行，他们不能抵御；百姓困苦，他们不能救助；贪官污吏，他们不能处置；法纪败坏，他们不能整顿。他们一个个身居高位，住着华美的房舍，吃着山珍海味，喝着琼浆玉液，骑着高头骏马，哪一个不是假装得道貌岸然、堂堂正正的样子？其实，他们又有哪一个不像我所卖的柑子那样‘金玉其外，败絮其中’呢？你为什么看不到别的，偏偏看见我的柑子呢？”

刘基听了小贩的一席议论，竟半天没说出话来。

近水楼台

【释义】 原指坐落在水边的楼台先得到月光。后比喻地处近便而获得优先的机会。也用来比喻由于接近某些人或事物而条件优越，能首先得到好处。

【出处】 宋·俞文豹《清夜录》。

北宋范仲淹为人正直、待人谦和，特别善于使用人才。他在杭州做知府时，手下官员大多能够人尽其才。只有一个名叫苏麟的巡检官，在杭州所属的外县工作，接近范仲淹的机会很少，所以一直没有被推荐和提拔，心中感到十分遗憾。

一天，苏麟趁着与范仲淹谈公事的机会，写了一首诗献给范仲淹。诗中有两句是：

近水楼台先得月，向阳花木易为春。

意思是：靠近水边的楼房最先可以看到月亮，朝着阳光的地方生长的花草树木最容易先成长开花，显现出春天的景象。

苏麟用这两句诗来表达对范仲淹的不满，巧妙地指出那些接近他的人都得到了好处。范仲淹看了心领神会，于是，就根据苏麟的意见和希望，为他安排了合适的职位。

后来，人们常用“近水楼台先得月”，或把它简单概括为“近水楼台”这个成语，来比喻由于个人关系比较接近，或是职务、环境方面比较便利，而优先得到利益和方便。

精卫填海

【释义】 古代神话，炎帝之女淹死于东海，后化为精卫鸟，每天衔西山木、石来填东海。比喻不怕困难，意志坚定，不实现目标决不停止。

【出处】 《山海经·北山经》。

传说炎帝有个女儿，名叫精卫。她生得聪明伶俐、性格开朗，特别喜欢打抱不平。

一天，她看到一个大一点的孩子将小些的孩子当马骑。她指着大孩子的脑门怒斥道：“你这人真是无理，欺负那么点的小孩子算什么本领！有力气，去打熊打虎，人们才会佩服你是英雄。快些给我从小孩身上滚下来！”

大孩子骑在小孩子身上正得意，一看，骂自己的是个小姑娘，便不把她放在心上。他十分骄横地说：“我是海龙王的儿子，你是什么人，敢来管我！”

精卫一点也不示弱，厉声说道：“你是海龙王的儿子有什么了不起，我还是炎帝的女儿呢！以后你少到陆地上来撒野，不然我

就把你挂到树上晒成干儿！”

龙王的儿子哪里让人这样对待过？ 他恼羞成怒，怪叫着说：“我先让你知道一下我的厉害，往后你就不会来找我的麻烦了！”说着，动手就要打精卫。 精卫从小跟着父亲炎帝上山打猎，早练就了一身好功夫，此时见龙王的儿子出言不逊，又要动手打人，更是怒起心头。 她闪过对方的拳头，飞起一脚，将龙王的儿子踢倒在地，龙王的儿子爬起来，哪里肯认输？ 他舞拳又打，被精卫看准破绽，当胸一拳打了个仰面朝天。 龙王的儿子见打不过精卫，便悄悄地溜回大海去了。

过了些日子，精卫和一些小伙伴到大海里去游泳，正玩得非常高兴，刚巧被龙王的儿子看到了。 他游过来对精卫说：“那天在陆地上让你占了便宜，今天你居然跑到我的地盘上来，看你还有什么本领！ 你赶快认个错，不然我就兴起大风浪淹死你！”

精卫看着龙王的儿子，十分轻蔑地说：“在你家里又能怎么样，我根本没有错！”

龙王的儿子见精卫如此倔强，怒不可遏，当即搅动起海水，掀起狂风巨浪。 可怜的精卫只挣扎了几下，便被大海吞没了。

精卫死后，变成了一只红羽白嘴的小鸟，立志要将大海填平。于是，人们看到这种小鸟用嘴衔来树枝和小石子不停地投向大海，并发出“精卫、精卫……”的叫声，像是在激励自己，年年月月，永不停歇。

九牛一毛

【释义】 九：泛指很多。 许多牛身上的一根毛。 比喻在众多的数量中微不足道的数量。

【出处】 汉·司马迁《报任安书》。

西汉时期，因为“李陵”事件，司马迁受了宫刑，身心受到了极大的摧残，几次想自杀来了结性命，但考虑到自己还没有完成的事业，又忍辱偷生，坚强地活了下去。

他在《报任安书》中说：“我含冤受害，即使自杀也不能涤尽这样的奇耻大辱，假如现在死去，不过像九头牛身上失去一根毫毛而已，那将同蝼蛄、蚂蚁一样，无所区别（假令仆伏法受诛，若九牛亡一毛，与蝼蚁何以异）。今日之所以忍辱偷生，被关在污浊的牢房里没有自杀的原因，就是因为想到事业未成，一旦死去，文章不能流传……”

直到汉武帝太始元年大赦天下，司马迁才走出监牢。出狱之后，他被任命为中书令。司马迁一刻也没有停止写作，最后，他终于完成了历史巨著《史记》。

举案齐眉

【释义】 指送饭时把托盘举得跟眉毛一样高。形容妻子敬爱丈夫，或夫妻互敬互爱。

【出处】 南朝·宋·范晔《后汉书·梁鸿传》。

东汉时，有个名叫梁鸿的穷书生，他依靠勤奋努力，进入了当时的最高学府——太学。梁鸿完成学业后，回到了家乡。乡里人知道他品格高，学问好，这次又从京师回来，都很尊敬他。但他一点也没有太学生的架子，还是像农民一样下地干农活。

后来，梁鸿娶了同县的孟光，不久，他们搬到了霸陵山中。夫妻俩靠种地和织布过日子，空下来时两人就看看书，写写文章，

弹弹琴。没过多久，他俩在霸陵也出了名，于是他们又更名换姓，在齐、鲁一带住了一段时间。后来，梁鸿为避开征召他入京的官吏，夫妻二人离开了齐、鲁，搬到了吴中，投奔到富翁皋伯通家里，向他借了一间房子住下来。梁鸿天天出去给人家舂米或者种地，孟光则在家里纺纱织布。

每天，当梁鸿回家的时候，孟光就托着放有饭菜的盘子，恭恭敬敬地送到梁鸿面前。为了表示对丈夫的尊敬，她不仰视他，并且每次总是把盘子托得跟眉毛平齐（妻为具食，不敢于鸿前仰视，举案齐眉）。梁鸿也总是很有礼貌地双手接过盘子。一次，皋伯通看到了他俩互敬互爱的情景，知道梁鸿不是平常的庄稼人，就把他们一家接到自己家里，并且供给他们吃的和穿的，让梁鸿安心读书做文章。可惜不久梁鸿病死，孟光只好带着儿子回到了老家。

聚蚊成雷

【释义】　比喻弱小的力量聚集起来也能成为强大的力量。

【出处】　汉·班固《汉书·中山靖王传》。

西汉武帝刚刚继位时，朝中大臣对分封各地的诸侯王的议论很大，认为诸侯的属地太大，力量太强，应一步步减少封地，削弱力量才是；同时，还有人常常在皇帝面前有意披露诸侯王的过失。而诸侯王则认为自己是皇帝的骨肉至亲，现在无论有罪的、无罪的，都要受到地位低得多的臣子们的冒犯、侮辱，因此心中非常愤怒，也非常担忧。

建元三年（前142年），代王刘登、长沙王刘发、中山靖王刘胜、济川王刘明到京城朝见天子。汉武帝摆酒奏乐，款待他们。刘胜是汉武帝的哥哥，听到低幽的音乐时，情不自禁地流下泪来。

汉武帝问刘胜有什么烦忧的事，刘胜说："许许多多人吐的唾沫，足够浮起一座大山；大群大群的蚊子一起飞动，声音就会响得和打雷一样（夫众煦漂山，聚蚊成雷），俗话说'众口铄金，积毁销骨'。我身处远离京城的中山，朝中朋友少，有好处也无人替我传扬，却还总有一些人说我的坏话，我心里担忧，故而落泪。"

刘胜接着又把官吏侵犯诸侯的情况，详详细细地奏闻了天子。汉武帝听了刘胜的话后，不忍心对他们采用强制的措施，便规定诸侯可以将属地分给自己的子弟，让诸侯自行割裂，从而渐渐弱小下去。

K

开门揖盗

【释义】 揖：拱手行礼，表示欢迎。打开大门，迎接盗贼。比喻主动引进坏人，自招祸害。

【出处】 晋·陈寿《三国志·吴书·孙权传》。

东汉末年，天下大乱，各路诸侯混战不休。当时江东一带是孙策的势力范围，吴郡太守许贡却不肯听命于他。于是孙策便绞死了许贡。后来，许贡的三个门客为了报仇，又刺杀了孙策。孙策临死前把长史张昭和弟弟孙权找来嘱托后事，将印绶授给了孙权。

孙策死后，孙权十分伤心，披麻戴孝，痛哭不止。张昭劝他说："现今奸邪作乱，人们互相争夺，豺狼遍地，如果只是为了顾全礼义而不去征讨天下，无异于打开门把盗贼放进来（犹开门而揖盗），也不能算作是真正的仁啊。"

孙权接受了张昭的劝告，马上换上衣服去视察军队，从此开始亲自执政。于是，东吴有了新主，人心很快稳定下来，后来与蜀、魏形成了三国鼎立的局面。

克勤克俭

【释义】 克：能，能够。既能勤劳地治国，又能节俭地持

家。后泛指既能勤劳，又能节俭。多指持家勤俭。

【出处】《尚书·大禹谟》。

古时候，我国黄河流域一带，洪水时常泛滥成灾，两岸生活的人们常被洪水困扰。尧帝时，委派鲧负责治水，九年不成。舜帝时，又把这一任务交给了鲧的儿子——禹。

禹深知人民的疾苦，他欣然接受了任务。而当时，他结婚才刚刚四天，却毅然地告别了新婚的妻子，踏上了治理水害的征途。

禹认真地察看了地形，吸收了前人失败的教训，废弃了过去一贯采取的堵塞策略，采用了疏导的办法。他日夜辛劳地带领着百姓疏通河道，开渠筑坝，把河水引入大海。在长达十三年的艰苦岁月中，大禹曾三次路过自己的家门口，却都顾不上进去看一下，他与群众一起节衣缩食，同甘共苦，最后，洪水终于被治住了。

大禹治水成功后，舜见他是一个有德有才的人，便要把自己的职位让给禹，他对禹说："大禹啊，你是当下最贤能的人，既能勤劳治国，又能节俭持家（克勤于邦，克俭于家），而且从不骄傲，是能够担当起这个职位的。"在舜的再三坚持下，禹接替了舜的职位，一生都受百姓们的拥戴。

口蜜腹剑

【释义】嘴上甜言蜜语，肚子里却藏着害人的剑。形容嘴甜心狠，诡诈阴毒。

【出处】宋·司马光《资治通鉴·唐纪·玄宗天宝元年》。

唐玄宗时，宰相李林甫以奸诈的心机而著称于世。当初，他做官不久后，便结识了当时的宰相源乾曜的儿子，正是靠了这种关

系，李林甫从国子监司业很快被提拔为御史大夫，接着又调任为吏部侍郎，成为主管文官任免的官员，很快就大权在握了。

唐玄宗开元二十四年（公元736年），唐玄宗从洛阳准备返回长安，有大臣劝阻说："现在庄稼还未收割，陪护皇帝回去的大队人马恐怕会踏坏农田，不如春天回去好！"

唐玄宗听了非常生气。这时李林甫在背后对唐玄宗说："皇帝尽管回京，不必去计较什么损失，至于踏坏庄稼，免他的租税不就行了嘛，何必非要等到春天？"唐玄宗听了李林甫的话，觉得既入耳又顺心，对他更加信任了。

李林甫在朝中有一个敌手，是另一位宰相张九龄。他将张九龄视为眼中钉，肉中刺，不久便用阴谋手段将张九龄排挤掉了。这样，李林甫又进位至中书令。

李林甫曾为自己修筑过一座月牙形建筑，名为"月堂"。每次陷害贤臣兴起大狱时，他都要在这"月堂"里密谋，当他面带笑容从"月堂"里走出来的时候，总会有上百人被他害死。他害的人太多了，自己也不免内心恐慌，总怕有冤鬼来找他。有时夜间睡觉，他都要换几个地方，弄得他家里人都不知道他夜里睡在何处。

按惯例，唐代的宰相都是由功勋卓著、德高望重的人来担任，他们出入都轻装简从，为的是易于接近百姓。李林甫拜相后则一反常规，每次出入都有几百名护卫为其开路。百官在路上与他相遇，都吓得远远躲开。

李林甫就是这样一个人，他对人表面和善，说话也让人喜欢，但背后却杀人不眨眼，在位十九年，不知有多少忠臣贤才死在他的手下。人们看清了他的真实嘴脸后，便评价他说："口有蜜，腹有剑。"意思是：他好话说绝，坏事干尽。结果李林甫留下了千载骂名。

口血未干

【释义】 口血：古代结盟时有歃血的仪式，用血涂于口旁，以示信守。嘴上涂的血还没有干。比喻立盟不久就违反盟约，做违背规定的事。

【出处】 春秋·鲁·左丘明《左传·襄公九年》。

春秋战国时期，各诸侯混战。公元前564年，以晋国为首的各国诸侯一起攻打郑国，郑国处于四面夹攻之中，只好派人去求和。而晋国的实际战略则是针对楚国的，因此，晋国的上军主帅荀偃献计说："我们现在先完成对郑国的四面包围，等到楚国人来救郑国时，我们乘势打败楚国。否则，就不可能真正地谈和。"

晋国另一位将军却说："我们现在就应与郑国人结盟，然后撤兵。楚国对郑国与我们结盟的做法肯定不满意，我们恰好用这个办法激怒楚国去攻打郑国，从而拖垮楚国。那时，我们再联合各路精锐部队，迎击楚军。这样，比马上就跟郑国人决战要好得多。"

晋国采取了这位将军的意见，随即与郑国结盟休战。结盟书中说："郑国今后如对晋国不唯命是从，或者三心二意，就要受到上天的惩罚。"

郑国的公子骓颇为不满地说："上天降祸给郑国，让我们夹在晋、楚两个大国中间，而大国不但对我们不友善，反而胁迫我们结盟，让我们不得安宁，有苦无处诉说。从今以后，郑国如果不服从可以保护我们的大国，也将受到上天的惩罚。"

荀偃听出公子骓话里有话，便说："那么，不妨修改这篇盟辞吧。"

不料郑国的公孙舍之又发言说：“盟书已经报告给神灵了。如果还可以修改的话，那就意味着大国也是可以背叛的。”结果，盟约就在这唇枪舌剑中缔结了。

随后，楚国果然转而攻打郑国。郑国的子驷打算跟楚国讲和。子孔等人担心地说：“我们刚跟晋国结盟，订盟歃血仪式嘴边的血还没有干便违背它（口血未干而背之），行吗？”子驷等人说：“盟辞本来就是说我们应‘跟随和听从强大的国家’。现在楚军来了，晋国又不来救我们，那么楚国就是强大的国家了。何况，我们是在要挟下举行的盟誓，神灵认为这种盟誓没有诚信。所以，我们违背这盟誓也是可以的。”

于是，郑国又与楚国讲和了。

夸父逐日

【释义】 夸父：古传说中的人名。夸父拼命追赶太阳。比喻人有大志，也比喻不自量力。

【出处】 《山海经·海外北经》。

远古时候，在北方的荒野中，有座巍峨雄伟、高耸入云的高山。在山林深处，生活着一群力大无穷的巨人，他们的首领，是幽冥之神“后土”的孙儿，“信”的儿子，名字叫作夸父。因此这群人就叫夸父族。

夸父族的人们身强力壮，高大魁梧，意志力坚强，气概非凡，而且还心地善良，勤劳勇敢，过着与世无争、逍遥自在的日子。但那时候的大地荒凉，毒蛇猛兽横行，人们生活凄苦。夸父为使本部落的人们能够活下去，每天都率领众人跟洪水猛兽搏斗。夸

父常常将捉到的凶恶的黄蛇，挂在自己的两只耳朵上作为装饰，抓在手上挥舞，引以为荣。

这一年，天气非常炎热，火辣辣的太阳直射在大地上，烤死庄稼，晒焦树木，晒干河流。人们热得难以忍受，纷纷死去。夸父看到这情景很难过，他仰头望着太阳，告诉族人：“太阳实在是可恶，我要追上太阳，捉住它，让它听人的指挥。”族人听后纷纷劝阻，有的人说：“你千万别去呀，太阳离我们那么远，你会累死的。”有的人说：“太阳那么热，你会被烤死的。”可是夸父心意已决，发誓要捉住太阳，让它听从人们的吩咐，为大家服务。他看着愁苦不堪的族人，说：“为大家的幸福生活，我一定要去！”

第二天，太阳刚刚从海上升起，夸父就告别了族人，怀着雄心壮志，从东海边上向着太阳升起的方向，迈开大步追去，开始他的逐日征程。

太阳在空中飞快地移动，夸父在地上如疾风似的拼命追赶。他穿过一座座大山，跨过一条条河流，大地被他的脚步震得轰轰作响，来回摇摆。

夸父跑累的时候，就微微打个盹，将鞋里的土抖落在地上，于是形成了大土山。饿的时候，他就摘野果充饥，有时候夸父也煮饭。他用三块石头架锅，这三块石头，也成了三座鼎足而立的高山，有几千米高。

夸父追着太阳跑，眼看离太阳越来越近，他的信心也越来越强。可是越接近太阳，他就越渴得厉害，已经不是捧口河水就可以止渴的了。但是，他并没有害怕，一直鼓励着自己——快了，就要追上太阳了，人们的生活就会幸福了。

就这样，经过九天九夜，在太阳落山的地方，夸父终于追上了它。

红彤彤、热辣辣的火球，就在夸父眼前，夸父无比欢欣地张开双臂，想把太阳抱住。可是太阳炽热异常，夸父实在是饥渴难耐，就跑到黄河边，一口气把黄河之水喝干；又跑到渭河边，把渭河水也喝光，却仍不解渴；夸父只好又向北跑去，那里有纵横千里的大泽，大泽里的水足够夸父解渴。

但是，夸父还没有跑到大泽，就在半路上被渴死了。夸父临死的时候，心里充满遗憾，他还牵挂着自己的族人，于是将自己手中的木杖扔出去。木杖落地的地方，顿时生出大片郁郁葱葱的桃林。

这片桃林终年茂盛，为往来的过客遮阴，结出的鲜桃，为勤劳的人们解渴，让人们能够消除疲劳，精力充沛地踏上旅程。

胯下之辱

【释义】 胯：两腿之间；辱：侮辱，羞辱。从别人胯下爬过去的耻辱。比喻在困窘的生活环境之中所受到的羞辱。

【出处】 汉·司马迁《史记·淮阴侯列传》。

秦朝末年，历史上非常有名的军事天才韩信，早年曾身无分文，穷困潦倒到了极点，但他始终相信，自己将来一定会成为统帅，所以每当出门时，他都要将长剑佩在腰上。尽管他的剑术与他的军事韬略相比还稍逊一筹，但带剑已成了他的习惯。

有一天，一个当地无赖迎面拦住韩信。他双手抱在胸前，又张开两腿，一副蛮横无理的样子，嬉笑着对韩信说：“瞧你的个头不小，还带着宝剑，你敢与我比一比剑术吗？”

韩信不想跟他动手，便摇摇头对那无赖说：“我不精通剑术，

不用比，我肯定不是你的对手。今天我有其他的事情要做，请你让开，让我过去。”

但那无赖却不肯放过韩信，说：“你虽然自认剑术差些，但用剑杀人你总会吧？我不还手，你只顾用剑来把我杀死吧！”

韩信一听那无赖的话就知道，他今天是非要逼自己与他斗一斗。韩信耐住性子说：“你我素不相识，无怨无恨，我为什么要杀你呢？”

无赖见韩信只是一味地退让，更是不依不饶，用手一指说：“唉，看来你个子不小，胆子却不大，连杀人都不敢。那么，你就从我的胯下钻过去好啦，不然，咱俩今天没完！”

这时，人们都围上来看热闹。韩信手按剑柄，怒视那无赖，正要发作。转念一想，杀人要偿命，未免因小失大，还是忍下这口气为好。于是，韩信不顾人们的嘲笑，强忍满腔怒气，从那无赖的胯下钻了过去，然后，大踏步地走了。

忍一时之辱，却成就了千秋大业，韩信毕竟是个有抱负、有度量的人物，又岂能与市井无赖纠缠？

快刀斩乱麻

【释义】 拿快刀斩断乱麻。比喻迅速果断地处理疑难之事。

【出处】 唐·李百药《北齐书·文宣帝纪》。

北朝时，高欢任东魏孝静帝的丞相。他有几个儿子，高洋排行第二。有一次高欢想试试自己儿子们的聪明才智，便各自发给他们乱麻一团，要他们设法整理，并且比赛谁整得最快最好。别

的孩子都把乱麻先一根根抽出来，然后再又一根根理齐好，可是又怎么能够整理快呢？ 七手八脚中，麻团越理越乱。 大家都很着急，唯有高洋，静静地观察一会儿，去找来一把快刀，只几下就把乱麻斩断了，根本不理那些纠缠不清的乱疙瘩。 高欢见了，问道：“为何如此？”他回答说：“乱者须斩！”高欢听了，又惊奇又高兴，认为此儿必大有出息。

后来，就是这个高洋，废掉了东魏建立了北齐，自己成为北齐的文宣帝。

脍炙人口

【释义】 脍：细切的肉；炙：烤肉。 原指人人爱吃的美食（烤肉）。 后用来比喻人人赞美的事物和传诵的诗文。

【出处】 《孟子·尽心下》。

春秋时，有父子两人，他们同是孔子的弟子。 儿子曾参是个孝子，因父亲曾皙爱吃羊枣，所以父亲死后，他就不忍心再吃羊枣，这件事情在当时曾被儒家弟子广为传颂。

到了战国时，孟子的弟子公孙丑对这件事却不能理解，于是就去向老师孟子请教。 公孙丑问：“老师，脍炙（烤肉）和羊枣，哪一样好吃？”

“当然是脍炙好吃，没有哪个不爱吃脍炙的！”

公孙丑又问：“既然脍炙好吃，那么曾参和他父亲也应该都爱吃脍炙了？ 那曾参为什么不戒吃脍炙，而只戒吃羊枣呢？”

孟子回答说：“脍炙，是大家都爱吃的（脍炙，所同也）；羊枣的滋味虽比不上脍炙，但却是曾皙特别爱吃的。 所以曾参只戒

吃羊枣。好比对长辈只忌讳叫名字，不忌讳称姓一样，姓有相同的，名字却是自己所独有的。”孟子的一席话，使公孙丑明白了其中的道理。后来人们从孟子所说的“脍炙，所同也”里引申出“脍炙人口”这个成语。

旷日持久

【释义】 旷：荒废，耽搁。指耗费时间，持续很长久的时间。

【出处】 汉·刘向《战国策·赵策三》。

战国时期，秦军进攻韩国，两军相持在阏与（今山西和顺）。韩国请求赵国救助，赵王问廉颇道：“我们发兵救韩国，行不行？”廉颇疑虑重重，回答说：“路程遥远，地势狭险，依我看，难救。”赵王又问另一位武将乐乘。乐乘和廉颇的意见一致。

最后，赵王征求赵奢的意见，赵奢回答道：“这次行军作战，地势险狭，行程远，确是事实。但在这种环境下战斗，就像两只老鼠在洞穴里相斗，勇敢者必胜。”

赵王便命赵奢领兵抗秦救韩。赵奢先是坚守不战，麻痹秦国人。然后两天一夜急行军奔赴前线，抢占有利地形，发起攻势，打得秦军大败而走，解了阏与之围。赵惠文王便赐赵奢封号为马服君。

后来，燕国人重用一个叫荣蚠的宋国人，让他带兵攻打赵国。赵国竟然割让五十七座城邑给齐国，以求取齐国的安平君田单来统领赵国兵马抵抗燕国的进攻。赵奢认为这太荒唐了，便向相国平原君进谏道：“赵国的人才怎么缺乏到这样严重的程度呢？您为

了请田单来带兵，割让五十七座城邑给齐国，这些土地可是我们拼命作战，从敌国夺取来的啊！ 您为何不派我领兵？ 当年燕国曾任我为上谷郡守，燕国的地形我很熟悉。 有这样的先机条件，您怎么还要请齐国的安平君到赵国来，并任他为主将呢？ 我保证在一百天内，当别国各路人马还没有来得及集合起来的时候，我就已经攻破燕国了。”

平原君不听赵奢的忠告，他说：“将军您还是打消这些想法吧。 我已经把这些打算跟我们的君主说了，幸好君主采纳了我的意见，您就不必多言了。”

赵奢说：“您错了！ 您请安平君来任主将，大概是认为齐国和燕国有深仇大恨的缘故吧。 我却认为这未必恰当。 应该这样来看待此事：如果田单是个蠢材，便打败不了荣蚠；如果他是个聪明人，便决不会认真跟燕国人作战。 这二者必居其一。 照我看明智的田单是不会让赵国变得强大的。 因为，燕国被打败，赵国从而强大起来，齐国就不能再称霸了。 田单是齐国人，当然不愿发生这种事。 所以，他现在统领赵军必与燕国做持久战，使两国的人力、物力和财力在长期作战中消耗一空（今得强赵之兵，以杜燕将，旷日持久数岁，令士大夫余子之力，尽于沟垒），然后，他便带着自己的兵士回国。 这实际是在瓦解燕、赵两国的军队，但两国却没有人明白这个道理啊。”

后来，果然像赵奢所说的那样，赵国付出了很大的代价，仅仅攻下三座毫无价值的小城。

困兽犹斗

【释义】 困兽：被围困的野兽；犹：还，仍。 被围困的野

兽还要做最后挣扎。比喻在绝境中还要挣扎抵抗。

【出处】 春秋·鲁·左丘明《左传·宣公十二年》。

春秋时，晋、楚两国，为了郑国的事，曾发生战争，结果，晋军大败。当时的晋军统帅荀林父，万分懊丧，领着残兵败将，回到晋国向晋景公请罪，自愿赴死。晋景公也很生气，便先削去了他的官职，准备进一步治他的死罪。大夫士贞子却不同意这样处分，对晋景公讲了城濮之役的旧事：

在城濮战役中，晋军大胜，光是缴获楚军的粮食，就足足吃了三天。可是晋文公还是脸有忧色，郁郁不乐。左右大臣问道："这么大的喜事您还忧愁，难道要发生倒霉的事您才高兴吗？"晋文公说："得臣还活着哩（得臣是楚国国相，名子玉，他在城濮战役中亲自指挥楚军作战，是一个很有才能的人物）。他活着，我的心怎能放得下？被困住的野兽，还要做最后拼命挣扎，何况他是一国之相，岂肯甘心失败（困兽犹斗，况相国乎）？"后来听说子玉在撤兵回国的途中，楚成王竟命令他自杀了。这时，晋文公才真的乐了。楚王杀子玉，等于让晋国又得了一次胜利，让楚国自己再吃了一次败仗。从此以后，楚国的国势连年衰落不振。

士贞子说完旧事，继续说道："现在，我们如果杀了荀林父，那就等于让楚国又得一次胜利，而让晋国自己再吃一次败仗。况且，荀林父一贯忠诚卫国，虽然打了一次败仗，也罪不该死啊！"晋景公觉得有理，便下令恢复了荀林父的原职。

L

蓝田生玉

【释义】 蓝田：山名，在陕西蓝田县东南。 指蓝田山里出产美玉。 比喻名门出生、贤良有才能的子孙后代。

【出处】 晋·陈寿《三国志·吴书·诸葛恪传》、南朝·宋·裴松之注引《江表传》。

三国时期，诸葛氏家族中有一个历史地位并不突出，但在当时却小有名气的晚辈，他就是诸葛亮的哥哥诸葛瑾之子诸葛恪。 诸葛恪从小就机敏过人，惯于结交，善于言辞，颇有乃父乃叔之风。他的父亲深受孙权重用，官至大将军，他又少显英才，自然也深得孙权的喜爱。

有一次，孙权狩猎归来，打了两只鹿，便在家中摆下宴席，请几位近臣、挚友来尝野味，其中还特意提到让诸葛瑾把诸葛恪也带来。 诸葛恪当时才六岁，听说让他参加这么热闹的宴会，非常快活。

在诸葛氏三兄弟中，诸葛瑾长得稍丑一些，他的脸比较长。因为这是非官方场合，邀请的又都是近臣，所以孙权想开开诸葛瑾的玩笑。 酒过三巡，菜过五味，孙权命人牵出一头披着绣锦的毛驴来，毛驴的长脸上赫然写着四个大字：“诸葛子瑜。”众人见

了，笑得前仰后合。

诸葛恪正在吃得不亦乐乎，听到笑声，抬眼一看：嘿，驴脸上怎么写着父亲的姓氏表字？ 便上前请求孙权赐笔墨，准其添写两个字。

在座之人都很惊奇。 孙权看着诸葛恪稚气的小脸，猜不出他要干什么。 只见诸葛恪持笔弄墨，让牵驴人抓紧了辔头，然后走上前，在“诸葛子瑜”四字下面添上了“之驴”二字。 这一做法不仅为父亲挽回了面子，还得到了一头御赐的毛驴。

孙权乐不可支，忙把诸葛恪拉到身边，亲切地拉着他的手问：“你父亲和你叔父相比，你认为谁更高明？”诸葛恪眨着眼睛，显然在思考着，过了一会儿说：“我觉得我父亲更高明。”孙权问他为什么，他说：“因为我父亲懂得侍奉明主，将来能成就大事业。”作为东吴朝臣的孩子，这样回答显然是得体的。 孙权摸着他的小脸蛋说：“人们都说蓝田那个地方出产美玉，少年英才出在名门，看来一点不假呀（蓝田生玉，真不虚也）！”

诸葛恪成年后也果然成为有用之才，任大将军辅佐孙亮，在朝中执掌大权。

揽辔澄清

【释义】 揽辔：掌握绳子；澄清：使水清纯。 比喻澄清政局。

【出处】 南朝·宋·范晔《后汉书·范滂传》。

范滂是东汉人，他品行高尚，疾恶如仇，在当地很有名气。当时冀州发生饥荒，饥民纷纷起来造反，朝廷就任命他为清诏使去

考察情况。他接到任命，感到责任重大，所以在临行时，他骑在马上，手执缰绳，对随从说：“一定要查明真相，澄清天下（揽辔澄清）。”结果，他还没有到冀州，那些贪官污吏听见风声就扔掉官印逃走了。

范滂后来专门为朝廷采访民间疾苦和地方官吏的善恶得失，根据收集到的情况一次性弹劾了太守、刺史和权门豪绅二十多人。有位大臣批评他弹劾的人太多，说他有私心。他对那位大臣说：“我这样做，好比是农夫除草，为的是庄稼长得更加茂盛。假如我有私心，甘愿被当众处决！”

由于汉王朝政治日趋黑暗，官员腐败，范滂见不能施展自己的抱负，便辞去了官职。汝南太守宗资久慕他的名声，马上又请他代理功曹职务，把郡里的政务委托给他。范滂在职期间，对吏治严加整顿，公开荐举有品德的人，他还与太学生结交，评论朝政，反对宦官专权。后来，他被人诬陷结党营私，遭到二次党锢之祸，死在狱中，时年才三十三岁。

后人根据他的话提炼出“揽辔澄清”这个成语。

劳师袭远

【释义】 发动军队远征袭敌。多指冒险的军事活动。

【出处】 春秋·鲁·左丘明《左传·僖公三十二年》。

春秋时，秦国在郑国的留守官员杞子派人告诉秦穆公：“我现在负责郑国京城北门的防务，你要是派兵来偷袭，郑国就是秦国的了。”

秦穆公征求老臣蹇叔的意见，蹇叔说：“让军队赶那么多路，

疲劳地去袭击远方的国家，犯了兵家大忌，我看是不会成功的（劳师以袭远，非所闻也）。”

秦穆公不听劝告，派大将孟明视、西乞术、白乙丙领兵出发。

蹇叔拦在路上，哭着对孟明视说：“你们再也回不来了！”穆公听说蹇叔拦路，十分恼火，坚持要出兵。

蹇叔对随军出征的儿子说：“秦军偷袭郑国要经过晋国的边界崤山，那里地势非常险恶，你们偷袭郑国不成，回来时一定会在那里遭到晋军埋伏的，我只好到那里去给你收尸了。”

果然不出蹇叔所料，秦军这次偷袭没有成功，回师途中在崤山遭到了晋军的伏击，秦军大败，孟明视等三员大将被活捉。

老当益壮

【释义】 当：应该；益：更加。形容年纪虽老而志气更加豪壮。

【出处】 南朝·宋·范晔《后汉书·马援传》。

东汉名将马援，从小就胸怀大志，希望有朝一日能到边疆去发展畜牧业。马援长大以后，当了扶风郡的督邮。有一次，郡太守派他送犯人到长安，半路上，他觉得犯人怪可怜的，不忍心把他送去受刑，就把他放走了。自己也为此丢了官，逃亡到北朝郡躲起来。这时恰好赶上大赦，以前的事不再追究，于是他安心地搞起畜牧业和农业生产。

不到几年工夫，马援成了一个大畜牧主和地主，他有牛羊几千头，粮食几万石。但是，他对富裕生活并不满足。他把自己积攒的财产、牛羊，都分送给他的兄弟、朋友。他说：“做个守财

奴，太没有意思了。”他常对朋友说：“做个大丈夫，总要‘穷当益坚，老当益壮’才行。”意思是说：越穷困，志向越要坚定；越年老，志气越要豪壮。

后来，马援成了东汉有名的将领，为光武帝立下了累累战功。

老马识途

【释义】 途：路。指老马认识道路。后比喻人富有经验，熟悉情况，能在某个方面起指引的作用。

【出处】 《韩非子·说林上》。

公元前663年，齐桓公应燕国的要求，出兵攻打入侵燕国的山戎。

齐军赶到燕国时，山戎的军队已经掠夺了财物，逃到东面的孤竹国去了。齐桓公本想就此收兵回国，管仲却建议乘胜追击，攻灭孤竹国以保证北方的安全。于是，齐桓公下令向东追击，吓得山戎国和孤竹国的大王连夜逃跑，齐桓公率领大军紧追不舍，最后取得了胜利。

然而，齐军春天出征，凯旋时已是冬天，草木都变了样。大军在连绵不断的山谷里转来转去，最后迷了路，再也找不到归途。时间一长，军队的给养出现了紧缺。

情况非常危急，再不找到出路，大军就会困死在这里。管仲忽然心生一计，他想：既然狗离家很远也能寻回家去，那么军中的马尤其是老马，是不是也会有认识路途的本领呢？

于是他对齐桓公说：“大王，我认为老马有认路的本领，可

以让它在前面领路，带引大军走出山谷。”齐桓公同意试试看。管仲立即挑出几匹老马，解开缰绳，让它们在大军的最前面自由行走。说来也真奇怪，这些老马都毫不犹豫地朝一个方向行进。大军紧跟着这些老马东走西走，最后终于走出山谷，找到了回齐国的大路。

老牛舐犊

【释义】 老牛用舌舐牛犊。比喻父母爱子情深。

【出处】 南朝·宋·范晔《后汉书·杨彪传》。

三国时，曹操手下有位谋士叫杨修。一次，杨修随曹操出征，曹操攻城不下，便就地安营扎寨。这时，杨修忽听曹操说道：“鸡肋，鸡肋！”他立刻明白了曹操的意思，原来曹操见城池久攻不下，便想要退兵。杨修便和士兵说：“丞相打算退兵了。”

于是，全营的人纷纷收拾行装，准备撤退。

曹操巡营时，看到这种情况，非常吃惊，便向士兵询问原因，才知道是杨修点破了自己的心思。他心里暗暗佩服杨修的敏慧，同时也很嫉妒杨修的才智。于是，便以杨修扰乱军心为借口，把他杀了。

杨修死后，杨修的父亲杨彪非常伤心，因思念儿子而日渐憔悴。

曹操看见他，十分惊讶，问道：“杨公为什么会这般消瘦啊？”

杨彪叹气说：“我自己觉得惭愧呀，预先没有料到我儿子会有这样的结果，现在还有一种像老牛舐着自己的孩子一样的爱子之心

呀（犹怀老牛舐犊之爱）！”

曹操听后，十分感动，倍加内疚。

乐不可支

【释义】 乐：欢乐，快乐，高兴；支：支撑。 快乐到了不能支撑的程度。 形容十分高兴的样子。

【出处】 汉 · 刘珍等《东观汉记 · 张堪传》。

张堪，字君游，南阳宛城（今河南南阳）人，少时有“圣童”之说，与汉光武帝刘秀是乡邻。 刘秀称帝以后，立即任命他为郎中，并接连不断地提升他。 张堪果然不负厚望，在治军、行政方面都有出色表现，不久又调任渔阳（今天津蓟县）太守。 他到任后雷厉风行，着手严厉打击仗势欺人的不法之徒，扶持善良的老实人，使他们不被欺凌，因此，渔阳的军民很愿意为他效力。

渔阳为汉时的北部边陲，常常受到匈奴的侵袭。 有一年，匈奴万余铁骑扑向渔阳，渔阳守军仅数千人，军民内心十分惶恐。张堪说：“有我在，必保渔阳安然无恙。 敌军远来疲惫，我军以逸待劳，立即出击，必获全胜。”

当夜，张堪带领数千骑兵突袭匈奴大营，匈奴在睡梦中被惊醒，以为汉兵从天而降，顿时乱作一团，一场混战开始了。 张堪一马当先，将士舍命杀敌，匈奴万余兵马死伤殆尽，大败而归。从此，在张堪任太守的八年之内，匈奴再不敢轻易侵入渔阳。

张堪不仅能征善战，并且能够体察民情。 他见当地百姓生活太苦，就命令士兵开垦荒地八千多垧，交给百姓耕种，使得百姓很快就富裕起来。 于是百姓们感激地唱道：“桑树没有不长叶子的

枝条，麦子却长出了两个穗，张太守的政绩呵，让人高兴到了极点（桑无附枝，麦穗两歧；张君为政，乐不可支）！”

张堪对百姓非常仁爱，自己却十分简朴，深得后人称颂。

离群索居

【释义】 索：孤单。 离开了群体，一个人孤独地生活。

【出处】 汉·戴圣《礼记·檀弓》。

孔子有一个学生叫子夏，他生性孤僻，平日很少和其他同学合群，只和曾参比较要好。

有一年，子夏的儿子死了，他十分伤心，差一点把眼睛都哭瞎了。 一天，曾参到家中去看望他。 子夏又十分伤心地哭道：“天哪！ 我又没有什么过错，你为什么要给我这么严厉的惩罚，夺走了我儿子的生命呢？”

曾参听了，说：“子夏兄，你不必责怪老天，我以为，应该责怪的是你自己。 你不是没有错误，而是错误很大！”

子夏吃惊地说：“请说说我有什么错误。”

曾参说：“那好，我就告诉你吧：过去你父亲死的时候，我没见你很伤心；现在你儿子死了，你却伤心到如此地步。 两者一对比，你的错误不是很明显了吗？”

子夏听了，如梦初醒，反省说：“我离群索居已经很久了（吾离群而索居，亦已久矣），所以听不到朋友的忠告，才会犯如此的错误。 今后，我一定要加以改正！”

从此后，子夏果然努力和同学们打成一片，不再离群索居了。

犁庭扫穴

【释义】 犁：耕地；庭：庭院。 犁平他们的庭院，扫荡他们居住的地方。 指彻底摧毁敌方的所在地。

【出处】 汉·班固《汉书·匈奴传下》。

扬雄，字子云，西汉蜀郡成都（今四川成都）人，是当时有名的学者。

汉哀帝建平三年（公元前 5 年），匈奴派使臣出使汉朝，说单于准备前来朝拜。 当时哀帝正在生病，有人认为单于来朝不利于皇帝，其理由是：单于每次来朝，汉朝都发生过大灾大难。 还有人认为单于来朝要增加不少礼仪上的开支，与其白花冤枉钱，不如干脆回绝。

时任黄门郎的扬雄上书皇帝，提出了不同意见。 他说：“我听说，善于治国的人都是事先将祸患根除于大乱之前；会用兵的人在接战前就已从思想上打败了敌人。 现在单于来朝是表示友好，我们拒绝他，就等于我们之间的关系有了裂痕，这是很不利于汉朝的事情。 匈奴是一个非常强悍的民族。 秦始皇时期，因为有蒙恬那样的大将镇守边关，匈奴才不敢进犯。 后来汉高祖亲统战将千员，雄兵三十万征伐匈奴，却被匈奴围困在平城，险些当了俘虏。 汉武帝时又几次征讨，卫青、霍去病等大将苦战了几年才把匈奴摧垮，但匈奴仍不肯称臣。 现在匈奴主动称臣，我们应该珍惜才对。 汉兵过去与其他小国打仗，短则十天，长则半年即能将对方王庭荡平、住房摧毁（近不过旬月之役，远不离二时之劳，固已犁其庭，扫其闾）；而匈奴则不同，

他们是劲敌，绝不是十天或半年所能取胜的，我们不应该轻视他们呀！”

哀帝采纳了扬雄的意见，允许单于来朝，并赐扬雄黄金十斤。此后很长的时间里，汉、匈边关相对安定。

李代桃僵

【释义】 僵：枯死。 李树代替桃树而死。 原比喻兄弟互相爱护互相帮助。 后比喻以此代彼或代人受过。

【出处】 《乐府诗集·相和歌辞·鸡鸣》。

《相和歌辞》是我国古代的乐府歌辞，它的前身则是民间歌谣。 其中有一篇名叫《鸡鸣》，它暴露了汉代望族统治者盛衰无常的生活。

《鸡鸣》分为三段，第一段描写了当时社会的太平繁荣景象，同时描述了当时一种特有的怪现象——出身低微的人一旦得了势，就马上可以成为显赫一时的皇亲国戚。 他们作威作福，但最后都成为了刀下之鬼。

第二段写了当时富贵人家的奢华排场。 传说有兄弟五人，都是好吃懒做、游手好闲的浪荡子。 一天，他们突然得到皇帝赏识，当上了侍中郎，从此就富贵荣华起来了。 他们的宅门用黄金镶造，屋顶上铺着黄琉璃瓦，看上去就像王府一样富丽堂皇。 厅堂上，时常摆着各种酒樽，以供他们整夜宴请宾客。 宴饮时，则有美丽的女乐工们为他们演奏音乐。 宅第后花园的池塘里，还养着三十六对色彩鲜艳的鸳鸯，以供他们玩乐。 每当朝官休假沐浴的日子，五兄弟在大批随从簇拥下乘车回家。 他

们骑的马，马络头都用黄金镶着，闪闪发亮，街道上挤满了看热闹的人。

第三段写五兄弟中有人犯了法，受刑期间，其他兄弟为了不丧失自己的利益，对此不闻不问，甚至互相倾轧，弄得丑态百出。

诗的最后，借老百姓之口唱了一首歌，来讽刺这帮没有心肝的兄弟：

桃在露井上，李树在桃旁。
虫来啮桃根，李树代桃僵。
树木身相代，兄弟还相忘！

意思是：桃树生长在露天的井旁，李树又生长在桃树边上。蛀虫来啃咬桃树的根，李树替代桃树被啃咬而僵枯死去。树木尚且会以身相代，而兄弟却互相忘掉。

立锥之地

【释义】 只有插下锥子的地方。形容极小的一块地方。也指极小的安身之处。

【出处】 汉·司马迁《史记·留侯世家》。

秦朝末年，楚汉相争。有一年，项羽的兵马把刘邦围在荥阳，刘邦惊恐万分，谋士郦食其献计道：“秦为什么失败了？就因为它灭掉六国后，使六国的后人无一点安身的地方（灭六国之后，使无立锥之地），它失德弃义，才遭到反对。您如能把六国的后人复立君位，发给他们印鉴，那么六国的君臣百姓必定会拥护您，您就可以称霸天下了。”

刘邦立即下了命令：“马上去刻印鉴，你带上印鉴去六国为我

办理此事！”

这事让张良知道了。他气冲冲地来见刘邦，一进门就说：“陛下，是谁替你出的这个坏主意？如果这样做下去，您的一切希望就全完了！”

刘邦惊讶地问：“有这么严重吗？”

张良冷静地给他分析了利害得失：“现在天下的游士离开自己的故乡，远离了家人、亲戚，遗弃了祖先的坟地，跟随你东征西战，日夜都想回到故乡去，盼望能够重立旧国。你若果真复立了韩、魏、赵、齐、楚、燕，那天下的游士就都要回国去为他们的国君效力了，你还依靠谁去打天下呀？！况且如今项羽强大，六国都会去依附他，你的大业不就全部付诸东流了吗？”

刘邦便又忙下命令，把刻制的印鉴全部销毁。就这样，郦食其的策略没有被采纳，那句“立锥之地”的成语却流传了下来。

利令智昏

【释义】　为了利益而失去理智，做出了不好的选择。

【出处】　汉·司马迁《史记·平原君虞卿列传》。

战国时期，秦昭王派大将白起率军攻打韩国。秦军先进攻上党（今山西省东南部），上党守将冯亭见上党很难保住，便想把它献给赵国，以图转移秦军的兵锋。

赵国的平阳君赵豹认为，无缘无故接受人家的好处，是祸患的根源，因此劝赵孝成王不要接受上党。平原君赵胜却被眼前的利益蒙住了眼睛，主张接受上党。赵孝成王左右权衡，最后还是派平原君接收了上党的土地，并封冯亭为华阳君。

秦王得知后，立即派大将白起率军大举进攻赵国。战争一直打了三年，最后赵国四十万大军在长平全军覆没，这就是历史上有名的秦、赵长平之战。后来，秦国的军队几乎攻破了赵国的都城邯郸。

司马迁在评论这一历史事件时指出：“鄙语曰：‘利令智昏’。平原君贪冯亭邪说，使赵陷长平兵四十余万众，邯郸几亡。”这段话的大意是：俗话说：利这个东西，能够使聪明人冲昏头脑，丧失理智。平原君贪图冯亭的利诱，以致赵国在长平损失了四十多万兵马，甚至连国都邯郸都几乎丢掉。

连篇累牍

【释义】 连篇：一篇接着一篇。累：重叠，堆积。牍：古代写字用的木片。指叙述一件事所用篇幅过多。形容文字累赘，文辞冗长。

【出处】 唐·魏征等《隋书·李谔传》。

李谔是隋文帝时期的治书侍御史，他很有辩才，文章也写得很好。他看到六朝以来的文章多半华而不实，便决定上书隋文帝，希望通过发布政令来改变当时文风。

隋文帝杨坚统一中国以后，在处理政务时，经常看到大臣们的奏章都只追求辞藻的华丽，而不重视解决实际问题，就暗暗思忖：南朝政治的腐败跟这绮丽的文风不无关系，这正是误国的根源呀。正巧这天，他又看到了泗州刺史司马幼之写来的文表，只见上面满是华词丽藻，内容却空洞无物，隋文帝不禁勃然大怒，马上下令抓起司马幼之治罪。

而此刻，李谔的《请正文体书》终于写好了。书中从魏武帝、文帝、明帝说起，谈到了他们过分崇尚文辞，不重视为君之道，只注重文辞华丽的雕虫小技，下面的人跟从他们，在文辞华丽上大做文章，渐渐形成风格，给后世带来了恶劣的影响及危害，望当今皇上能出政令改变文风。此文正合隋文帝的心思，他阅读着李谔的奏章，不住地点头，当看到“连篇累牍，不出月露之形；积案盈箱，唯是风云之状”时，不由得大声叫好。于是下令说：“把李谔的奏章颁示天下。如以后写来的奏章再不注意文风，一定严加追究！”

李谔通过发布政令来改变文风的愿望终于实现了。从此后，当时的文风便逐步地好转了。

梁上君子

【释义】　梁：房梁。原指藏在人家屋内房梁上，准备偷东西的窃贼。现也用来比喻脱离实际的人。

【出处】　南朝·宋·范晔《后汉书·陈寔传》。

陈寔，字仲弓，颍川郡许县（今河南许昌）人，是东汉官员、学者。汉桓帝时，他曾在太丘任太丘长，因出身低微，所以很能体谅劳动人民的疾苦，平时也经常微服私访，了解民情。陈寔为人正直，居心公正，无论做什么事都严格要求自己，成为乡里人的表率和榜样，因此，人们都尊称他为“陈太丘”。

有一年收成不好，人民的生活十分困难，乡里有些人由于日子实在过不下去了，就铤而走险干起了偷鸡摸狗的勾当。一天晚上，一个小偷钻进了陈寔的家，躲在房梁上，以便见机行事。陈寔无意间发现了梁上的小偷，却不动声色，而是把儿子、孙子都叫

了进来，严肃地教训他们说："作为一个人，一定要时刻勉励自己，才能有出息。有一些做坏事的人，他们的本质并不坏，只因为染上了坏习惯，自己又不知道努力改过，一味地任其发展，才养成了做坏事的习惯，最终成为坏人。你们抬起头来看看这位梁上君子吧，他就是这样的人。"

梁上的小偷听后，非常惭愧，连忙跳下来，向陈寔叩头认罪。陈寔说道："我看你的模样并不像一个坏人。你要记住我刚才所说的话。从此学好，别再当小偷了。不然的话，你会愈来愈穷困的！"随后，陈寔送给小偷两匹绢，并派家人把他送回家。这件事传出后，乡里人非常敬佩他。一些做坏事的人在陈寔的教诲下，也纷纷改过自新。

临渴掘井

【释义】 感到渴了才掘井。比喻事到临头，才采取应付措施，但为时已晚。

【出处】 《晏子春秋·内篇》。

春秋时代，鲁国发生内乱，鲁昭公在国内待不下去，便出逃到了齐国。

齐景公见他年少英俊，就问道："你年纪轻轻就把国家丢掉，这是什么原因？"

昭公回答说："我年纪很轻，很多人爱护我，但我没有亲近他们，很多人规劝我，我又不会接受，于是弄得里面无人帮助，外面也无人拥护，倒是奉承和对我说假话的人很多。这就好比秋天的蓬草，根茎已经枯萎，枝叶尚且美丽，可是待到秋风一起，自然就

连根都被拔起来了。”

齐景公觉得他这话很有道理，就转告晏子，并认为若让昭公回去，定会成为一位贤良的国君。晏子说：“不会如此，因为凡掉在水里的人，原先都是不防备失足的；迷途的人，原先便是不注意路径的。一定要等到掉在水里以后，才会想起应该防备失足；迷失方向之后，才会知道应该注意路径；又犹如面临灾难的人，才急得铸造兵器；等到口渴了，才急着要挖井取水（溺而后问队，迷而后问路，譬之犹临难而遽铸兵，临噎而遽掘井），虽然这时候用了最快的速度，但是已经来不及了。”

临深履薄

【释义】 深：深渊；履：踩踏；薄：薄冰。面临深渊，脚踏薄冰。比喻十分小心谨慎。

【出处】 南朝·宋·范晔《后汉书·杨终传》。

东汉明帝刘庄的皇后马氏，是开国功臣马援的小女儿。她知书达理，宽厚待人，朝中上下对她十分敬重。明帝有个儿子刘炟，是贾妃所生，马氏对他视同亲生，尽心抚育，后来明帝去世，刘炟即位，史称章帝。

章帝即位后，为了报答马氏的养育之恩，就尊她为皇太后，并多次提出要加封她的三个哥哥马廖、马防和马光。而马太后则认为他们不该无功受禄。后来，马廖的母亲去世，三兄弟把坟墓造得比较高，超过了当时礼制的规定。马太后知道后，立即派人传话，要三个哥哥重修坟墓，不得特殊。

在太后的督促下，马廖很注意自己的言行，但他的儿子马豫却

行为放荡，一心希望父亲仗太后的恩惠飞黄腾达，难免有些不好的言论和行动。马廖的好友杨终写信劝告马廖说：“本朝初年，有许多诸侯王对子弟不加管教，子弟触犯了刑法，以致国破人亡。你怎么能不像面临深渊，脚踏薄冰一样，把他们的结局引以为戒呢（岂可不临深履薄，以为至戒）？”

但杨终的劝告并未能提醒马廖。不久，马太后因病去世，马氏兄弟开始失势。马豫非常怨恨，竟背着父亲写了一封信诽谤朝政。事发后，马廖三兄弟被迫从京城返回封地。

罗雀掘鼠

【释义】 用网捉雀，挖掘老鼠。比喻想尽办法搜罗物资。

【出处】 宋·欧阳修等《新唐书·张巡传》。

公元755年，平卢、范阳、河东三镇节度使安禄山以讨伐奸臣杨国忠为名，发动“安史之乱”。安禄山攻破洛阳，第二年称帝，进入长安，他的部将史思明占有河北十三郡地。唐玄宗逃往四川，肃宗在灵武（今属宁夏）即位。叛军烧杀掳掠，非常残暴，人民纷纷起来反抗斗争。公元763年，叛乱被平定。

在平定“安史之乱”的过程中，唐将张巡与太守许远共同作战，防守睢阳（今河南商丘）。当时，睢阳守兵只有三千人，而叛军却有十几万人。叛军一方面猛烈攻城，一方面劝张巡投降，但张巡毫不屈服。睢阳被叛军一连围困了几个月，内无粮草，外无救兵。在极端困难的情况下，张巡令将士们网罗捕捉空中飞行的鸟雀，挖掘鼠洞寻找食物，把兵器上皮革解下煮了吃（至罗雀掘

鼠，煮铠弩以食）。坚守几个月之后，终因弹尽粮绝，寡不敌众，睢阳被叛军攻破。张巡拒绝投降，惨遭叛军杀害，终年四十九岁。

洛阳纸贵

【释义】 洛阳的纸价高起来了。指诗文、著作一时间流传极广，风行一时。

【出处】 唐·房玄龄等《晋书·左思传》。

“赋”是我国古代的一种文学体裁，其中最负盛名的要属班固的《两京赋》和张衡的《二京赋》。可是到了晋代，左思的《三都赋》一出，竟出现了整个洛阳城争相传抄，致使纸价陡然上涨的局面，堪称文学史上的一段佳话。

左思，字太冲，是西晋著名文学家。他出身寒微，不好交游，相貌丑陋，说话还有点迟钝。而少年时的左思，曾经学无所成。他父亲曾对朋友们说：“唉，左思所知道的，还不如我少年时代多呢。”言语间透露出对儿子的失望。左思听到后，时时把父亲的话作为鞭策，从此发奋读书，进步很大。

左思酷爱文学创作，写作态度十分认真。他用一年时间完成了《齐都赋》后，又想为三国时的魏都邺城（今河南安阳北）、蜀都益州（今四川成都）和吴都建业（今江苏南京）作赋。恰巧这时他妹妹被选进宫，全家也就随着迁到了京师洛阳。左思不愧为一个有心人，到洛阳后，他立刻去拜访时任著作郎的张载，向他询问有关四川的风土人情。此后，他又历尽千辛万苦，长驱几千里，亲自到这三座都城去游览，收集第一手材料，前后整整耗费了

十年时光。这期间，他在家里所有地方，包括厕所在内，到处都放上纸笔，一旦想出妙句，马上记下来，以便以后整理成篇。为了多读书以扩展知识和提高素养，经过极力向皇帝请求，他还当上了秘书郎。

在充分调查的基础上，左思搜肠刮肚，倾注心血，终于写成了《三都赋》。对自己的文笔，他很有信心，但唯恐别人因为自己长得丑陋而小看他的作品。于是就把《三都赋》拿给当时名声很大的皇甫谧看。皇甫谧阅后大为赞赏，亲自为他写了序，又请中书侍郎张载以及刘逵为赋做了注释。从此《三都赋》才开始被人注意。

当时有个在朝内身居要职又很有文名的人，叫张华，他看了《三都赋》后击掌叫绝，评价极高。他说《三都赋》足以跟班固的《两都赋》、张衡的《二京赋》媲美了，读后让人有一种美酒入口余味无穷的感受。就连被张华所倍加推崇的、一向自负的陆机阅后也甘拜下风，搁笔不敢再作了。这样一来，京城里的豪门权贵就竞相买纸传抄，每天纸铺门前人头攒动，一下子使洛阳的纸价上涨了好几倍（于是豪贵之家竞相传写，洛阳为之纸贵）。这就是“洛阳纸贵”的故事。

M

马齿徒增

【释义】 马的牙齿，随着年龄的增长而增加。现一般用于自谦，意思是年龄虽然增大了，但学问没有长进，事业没有成就，白白地度过了日子。

【出处】 《穀梁传·僖公二年》。

春秋时期，晋献公一心想要吞并虢国，但是攻伐虢国必定要经过虞国。晋献公怕虞国不肯轻易让路，大夫荀息献策说：“大王，依小臣之见，不如以骏马和美玉作为交换条件，贿赂虞王，以便向虞国借路。”

晋献公没有作声，美玉和骏马是他的两样至宝，他实在有些舍不得。于是，荀息又说：“大王，骏马和美玉可以再夺回来，而虢国却不可多得啊！”

晋献公沉思半日，终于接受了大夫的意见。

虞王对晋国献来的美玉和骏马爱不释手，一口允诺为晋国攻打虢国让出一条路。于是晋国轻而易举地把虢国灭亡了。

但是，晋献公却有点儿闷闷不乐，荀息猜出了晋献公的心事，便对晋献公说：“大王，小臣曾说过，‘骏马和美玉可以再夺回来’，现在虞国对我们毫不设防，不如我们来个一网打尽，同时吞

并虞国，夺回大王的两样至宝。”

晋献公同意。回师的路上，晋国果真又占领了虞国。荀息牵回骏马，手中捧着美玉走向前去，对晋献公说：“大王，美玉还是那块美玉，只是骏马的牙齿增长了（璧则犹是也，而马齿加长矣）。”后人以此话引申出“马齿徒增”这个成语。

马革裹尸

【释义】 指战死沙场后，用马皮把尸首包裹起来。形容英勇作战，多指为正义事业而献身疆场。

【出处】 南朝·宋·范晔《后汉书·马援传》。

马援，是东汉开国功臣之一，茂陵（在今陕西）人。他战功卓然，官至伏波将军，封新息侯。当时，新莽末年，天下大乱，马援起初为陇右军阀隗嚣的属下，甚得隗嚣的信任。归顺光武帝后，为光武帝刘秀统一全国立下了赫赫战功。马援年迈之时，仍请缨东征西讨，西破羌人，南征交趾（今越南）。

有一次，他率大军从交趾打了胜仗回来，老朋友们都去向他道贺，光武帝刘秀也给了他很丰厚的赏赐。可是马援却觉得自己的功劳太微薄了，不值得如此厚赏，还想再替国家多建立功劳。正好匈奴侵掠扶风县，马援便带病向光武帝要求再度出征。出发前，马援慷慨激昂地说：“大丈夫应当战死疆场，用马革裹着尸首回来才光荣，怎能躺在病床上，靠儿女服侍呢？”

后来，洞庭湖一带又发生五溪蛮人作乱，光武帝派人去征战，结果因不能适应那里的气候，汉军全军覆没。马援知道后，主动向光武帝表示愿领兵出征。光武帝想了想说：“你的年纪太老了

吧！”马援说：“我虽然已六十岁了，但仍能披甲上马，不能算老！”说完，穿好甲胄，一跃登上马鞍，表示自己仍是可用之将。

光武帝看了，称赞他说：“这位老人家，真是老当益壮啊！”于是，光武便命他率军出征。马援在这次战役中，奋勇杀敌，斩杀了两千多蛮人，给敌人致命的一击。可是，就要凯旋时，他不幸染上瘟疫，病死军中，实现了他“马革裹尸”的壮志。

在这个故事里，还引申出“老当益壮”这个成语，用来形容年纪虽老，志气却更豪壮。

马首是瞻

【释义】 是：指示代词，复指“马首”；瞻：向前看。看着马头行事。原指作战时看着主帅的马头以决定行动的方向和进退。后比喻服从指挥或乐于追随。

【出处】 春秋·鲁·左丘明《左传·襄公十四年》。

公元前562年，秦国在栎地大败晋国。两年以后，晋国为了报仇，便纠合十三个诸侯国一起进攻秦国。这支松散的联军虽然人多势众，却一直未能打败秦国。到达泾水的时候，大家各揣心事，都在迟疑观望而不肯渡河。晋国主帅荀偃便给大家下达命令说：“明晨鸡叫时套好战车，填平水井，铲平灶台，大家就看着我的马头跟随前进（唯余马首是瞻）。”

晋国的栾黡却带头唱反调说：“晋国从来没有下过这样的命令。我的马头可要往东了（秦军在西，往东的意思是撤回去）。”于是率领他的部队回国去了。

魏绛也在下军，临撤离时，军中一位官员问他：“你们不等荀

偃的命令就撤走吗？”魏绛说：“他老人家（指荀偃）交代我们要听主将的话，栾黡是我的主将，我跟从主将走，也就是尊重他老人家了。”

荀偃终于察觉自己的决策错了，跟秦国人打这一仗，不会有什么好结果，便说：“我的命令确实有错误，现在后悔也来不及！”于是命令全军撤退。

买椟还珠

【释义】 椟：木匣。 把装珍珠的木匣买走，却把珍珠还给卖者。 比喻舍本逐末，取舍失当。

【出处】 《韩非子·外储说左上》。

战国时，楚国有一个珠宝商人，常常往来于楚国和郑国之间做生意。

有一次，他又准备带一批珠宝到郑国去卖，为了吸引顾客，他想了一个招揽顾客的办法。 首先，他选了一些上等的兰木，做成式样新颖的木匣，然后在匣子外面雕刻上精致的玫瑰花纹，四周还镶嵌了许多翡翠、羽毛，又用名贵的香料把匣子熏得香喷喷的。他想，把珠宝放在这样的匣子里，郑国人一定会抢着买，他就可以好好地做一笔生意了。

珠宝商做好了准备，就满怀希望地动身到郑国去了。 到了郑国以后，他选了一条最热闹的街市来展示他的珠宝。 果然不出所料，马上就有许多人围拢来欣赏，珠宝商见客人这么拥挤，心中暗暗高兴。 可他慢慢发现，顾客们欣赏的只是匣子的样式以及装饰的美丽，而对匣中的珠宝，却毫不在意。 有一个人见

匣子如此光彩夺目，出钱只买下匣子，而把珠宝还给了那个珠宝商！

卖剑买牛

【释义】 卖掉刀剑去买耕牛。指弃甲归田，从事农业生产活动。

【出处】 汉·班固《汉书·循吏传》。

汉宣帝刘询在未被拥立为皇帝之前，整整在民间流落了十八年。这十八年里，刘询饱尝了老百姓的辛酸苦辣，所以在他当上皇帝之后，心中总忘不了百姓的疾苦，于是制定并实施了几项富民政策。一时间，政治清明，百姓安居乐业，呈现一派中兴景象。

但有一年，渤海一带大旱，百姓衣食不保，不少人铤而走险，沦为强盗，而其他人为了自保，也多佩带刀剑，几乎无人种田。宣帝决定派一名廉明能干的官员任渤海太守，挑来选去，选上了已经年过古稀的龚遂。赴任前，宣帝问龚遂准备如何治理渤海。龚遂反问说："老百姓一定活不了，才铤而走险当了盗贼。对这些人，陛下的意见是派兵征剿，还是感化教育呢？"

宣帝笑笑说："如果用兵，我会另派别人的。"

龚遂说："这也是为臣的想法。我一定遵照陛下的旨意去办。不过，治理混乱的地方，肯定需要一段时日，我希望丞相和御史不要干涉我的地方政务，允许我根据具体情况，决定治理的办法。"

宣帝说："这个容易，我来向丞相和御史交代，告诉他们，渤海事务由你全权办理，不许他们过问。你放心前去就是，万事由

我做主。”

袭遂带着书童刚刚来到渤海边界，早已有大队士兵前来迎接保护，袭遂拒绝了，只带书童到职视事。他上任后，立即布告百姓：“凡是本本分分在地里侍弄庄稼的都是好百姓。凡私藏刀剑武器者，一律按强盗论处。”

颁发布告后，袭遂又下令开仓赈济灾民。很快，那些不得已沦为盗匪和私藏兵器的人都将武器上交给了官府，袭遂按价收购。人们将卖刀剑的钱买了耕牛，从此，渤海大治。

以上是“卖剑买牛”的成语故事，后人也用这个成语形容改恶从善或弃甲归田。

满城风雨

【释义】 原指城中风雨交加的秋景。后多比喻消息一经传出，很快风传开来，人们议论纷纷。

【出处】 宋·释惠洪《冷斋夜话》四。

北宋时期，有一对意气十分相投的好友：一位是江西临川的谢逸，字无逸；另一位是湖北黄州的潘大临，字邠老。两个人虽然家境都比较贫寒，但都很有才气，作得一手好诗，在当时的诗坛上颇负声誉。他们虽然住处相隔很远，却情投意合，经常鱼来雁往，在书信中互相酬唱奉和，切磋诗艺。

有一次，谢无逸惦念潘大临，就去信问候，并问他近来是不是又作了什么新诗，可让他一饱眼福。对于好友的慰问，潘大临十分感激，立即给他写了回信，信中说：“近来秋高气爽，景物宜人，很能引发作诗的雅兴。可恨的是常有庸俗鄙陋的事情搅乱心

绪，败坏诗兴。昨天闲卧床上，耳中听着窗外风涛阵阵，雨打秋林，顿觉诗兴大发，连忙起身，浓墨饱蘸，可在墙壁上刚写下一句‘满城风雨近重阳’，一个催收田租的官吏就忽然闯了进来，我勃发的诗兴顿时全被打消。所以，现在只能将这一句诗奉寄给你了。”

由于这句诗准确生动地描绘了秋天风雨萧索、景物易色的景象，所以它虽未成篇，却同样脍炙人口，备受称诵。

后来，“满城风雨近重阳”演化为成语“满城风雨”，不再指秋天的景象，而比喻消息一经传出，很快便传布开来，人们都对此议论纷纷。一般用作贬义。

芒刺在背

【释义】 芒刺：植物茎叶或果壳上的小刺。形容心中惶恐，十分不安，就像背上有刺一样。

【出处】 汉·班固《汉书·霍光传》。

汉武帝病死后，八岁的汉昭帝即位，由大将军霍光辅政。但汉昭帝二十一岁就病死了，又没有儿子。霍光便把汉武帝的孙子、昌邑王刘贺立为皇帝。刘贺这人荒淫无度，霍光便又废了刘贺，并捕杀了刘贺的许多亲信。又另立汉武帝的曾孙刘询为帝，这就是汉宣帝。

汉宣帝即位后，有一次去朝拜祖庙，大将军霍光坐在车的另一侧，陪同宣帝前往。年轻的宣帝早知道霍光威严权重，现在又看到他身材高大，面色严峻，十分骄横，因此非常畏惧，惶恐不安，坐在车中就好像有芒刺在背上那样难受不自在（大将军光从骖乘，

上内严惮之，若有芒刺在背）。

霍光病死后，宣帝亲政，他再出游时则由车骑将军张安世陪乘。张安世没有霍光那样威严可怕，宣帝感到无拘无束，心内才安稳下来。

门可罗雀

【释义】 罗雀：设网捕雀。大门之前可以张起网来捕麻雀。指门庭冷落，来访的客人很少。

【出处】 汉·司马迁《史记·汲郑列传》。

汲黯，字长孺，濮阳（今河南濮阳）人，西汉初年名臣。他年轻时为人耿直，办事公道，无论远亲近邻，还是亲朋友人都非常尊重他。经地方官员一级级推荐，最后连汉武帝都听说了汲黯的公正廉明，立即任命他为主爵都尉。不久，又调他任东海太守。由于汲黯在太守任上的政绩也十分突出，后来又再次被调回朝廷任职。

汉武帝初年，北方边境经常受到匈奴的袭扰。汉武帝觉得这样下去，不但百姓受苦，而且还会使得匈奴有恃无恐，发展下去势态会更加严重，便决定调集重兵重重地打击匈奴。汉武帝把自己的想法告诉给各位大臣，让他们发表看法。许多大臣觉得大汉的国力还不足以承担这样的压力，但又不敢直接说出自己的看法。只有汲黯直截了当地谈出了自己不同的意见。他对汉武帝说：“臣曾听说高祖率大军三十万讨伐匈奴，却被匈奴围困在平城，连猛将樊哙都被围在军中，难以突围。现在，陛下勇略不如高帝，将军不如樊哙，这仗打不得！”

听了汲黯的话，汉武帝心中十分不悦，对汲黯的看法有了改变，后来干脆罢了汲黯的官。

起初，当汲黯官至九卿高位时，每天到他家中来访的宾客络绎不绝；如今却几乎没有人再去拜访。司马迁写汲黯的传记时，曾发出如此的感叹："像汲黯这样的人，居官时宾客很多，一旦免职，竟无一人来探望。门外冷落得可以设网捕鸟（门外可设雀罗），太可悲了！"

门墙桃李

【释义】 门墙：指师长之门。桃李，比喻后辈学生。用以尊称他人培养出来的学生。

【出处】 《论语》、汉·刘向《说苑》。

子贡是孔子的得意门生之一。鲁国大夫叔孙武叔曾在朝中向其他大夫说："看来子贡要比他老师强些。"这话传到了子贡的耳朵里，他就说："譬之宫墙：赐之墙也，及肩，窥见室家之好；夫子（指孔子）之墙数仞，不得其门而入，不见宗庙之美、百官之富。得其门者或寡矣。夫子（指叔孙武叔）之云，不亦宜乎！"

大意是："比方拿住宅四周的围墙来说：我家的围墙，才肩头那么高，从墙外向里一望，院子里有什么好东西，谁都能看得清清楚楚；而我老师家的围墙却有几仞高（周尺七尺为一仞），要是找不到大门、走不进去，就根本没法看到里面祖庙的雄伟美观、各种房屋的富丽堂皇。而有幸从我老师的大门走进去的人并不多。也难怪叔孙武叔他老人家能说出那样的话来。"子贡这段话是说自己的品德学问都很有限，不能同他高深渊博的老师相比。

后来，人们就称师门为“门墙”。 形容初步学得一点东西，叫做“入门”。

“桃李”则出自《说苑》中的《复恩篇》里记载的一段故事：

阳虎在卫国犯了罪，便来到北边的晋国，对赵简子说：“今后我再也不培养人了。”

赵简子问：“为什么？”

阳虎说：“厅堂上的官员，朝廷里的官吏、边境上的将士大多是我荐举的。 可是现在，堂上之人叫国君冷落我，朝中之吏叫大伙仇视我，边境之士叫军队搜捕我。”

赵简子说：“种桃李的人，夏天可以在它们的绿荫下乘凉休息，到秋天还可以有果子吃；种蒺藜的人，夏天既不能从它们那里得到乘凉的荫地，到秋天它们还会长出许多刺来刺人。 现在看来，你所植的都是蒺藜。 以后要先选择对象，而后加以培植，不要先培植，后选择。”

把“桃李”比喻为培植的优秀人才，其出典就是赵简子的这几句话。

靡靡之音

【释义】 靡靡：柔弱，萎靡不振。 香艳的或低级趣味的格调。 指黄色、低级的音乐。

【出处】 宋·罗泌《路史·后纪十三下》。

师旷是春秋末年晋国著名的宫廷乐师，他双目失明，但能够辨音而知凶吉，常对君主进行规劝。 有一回，晋平公大宴群臣，酒酣之际，晋平公得意扬扬地说：“做国君最快活！”

此时，师旷正坐在他身边，就搬起面前的琴朝平公掷了过去。晋平公赶紧避让，琴碰在墙上摔坏了。晋平公一愣，问道：“大师，你掷谁呀？”

师旷说：“刚才好像有个无耻小人在我身边说话，所以掷他。”

晋平公说：“刚才是我在说话呀！”

师旷说：“那我就掷你。”

晋平公的手下见了，便要治师旷的罪，平公说：“放了他吧，是我的不对，我该把他的话作为警诫才是。”

还有一次，晋平公问师旷：“我已经快七十岁了，想学点什么，恐怕已经太晚了吧？”

师旷说：“那你把蜡烛点上吧。”

晋平公生气地说：“做臣子的怎么可以跟他的国君寻开心呢？”

师旷说：“我老瞎子怎敢戏弄君王？我听人说，青少年时好学，就像朝阳的光芒；壮年好学，就像中午的阳光；老年好学，就像燃亮的烛光一样。在烛光下行走，跟在黑暗里行走，哪个好呢？晚年学点东西，不是等于增加了夜晚的亮光吗？”

晋平公赞叹说：“你说得对极了！”

还有一天，晋平公设宴款待前来拜访的卫灵公。席间，卫灵公让随行的一个名叫涓的乐师为晋平公演奏曲子助兴。晋平公就叫涓乐师坐在师旷身旁演奏。可是，没等音乐奏完，师旷突然用手按住琴，说：“停下来！别演奏了！”

晋平公等人都很惊讶，就问：“为什么？”

师旷说：“这是亡国的乐声，千万不要再演奏了！”

平公问：“你根据什么这样说？”

师旷说："这首曲子是商朝一位叫延的乐师所作。纣王无道，延就编了许多柔弱、萎靡、颓废的乐曲，专供纣王享乐之用（此师延之所作，与纣为靡靡之乐也）。商纣王沉湎于声色犬马，就在这种音乐中亡了国！"

然而，晋平公这次没有听从师旷的劝阻，仍然热衷沉湎于这种靡靡之音。结果不到三年，他就病死了。

面折廷争

【释义】 面折：当面指责别人的过失；廷争：在朝廷上争论。指直言敢谏。也形容能直接指责别人的过错，据理力争。

【出处】 汉·班固《汉书·王陵传》。

西汉惠帝死后，他的母亲（高祖刘邦的皇后吕氏）代行皇帝的权力。吕后为了巩固她的统治，想让她的几个兄弟和侄子做王，因怕大臣们反对，就假惺惺地向他们征求意见。

右丞相王陵说："当初高祖皇帝与我们这些老臣在一起发过誓，说不是姓刘的人做王，天下都要讨伐他。你现在要叫姓吕的人做王，不行！"

吕后心里非常不满，但她不露声色地又问左丞相陈平和太尉周勃："你们的意见呢？"

陈平和周勃说："高祖皇帝定天下，封他的刘姓子弟做王，天经地义，你现在临朝称制，行使的是皇帝的权力，封姓吕的做王，也无可非议！"

吕后喜形于色，说："既然你们同意，这事就这样定了。"

退朝以后，王陵批评陈平和周勃违背誓言。

陈平和周勃笑笑说："当面直言敢谏，我们不如你（于今面折廷争，臣不如君）；但稳定国家，使刘邦的后代永远做皇帝，你不如我们。"

王陵这才明白他们是为了朝廷的安危才这样表态的。随后他还是被罢了官。而等到吕后死后，陈平与周勃则立即定计，诛杀了企图夺取汉王朝政权的吕产、吕禄等人。

灭此朝食

【释义】 此：代词，指敌人；朝食：吃早饭。指消灭了敌人以后再吃早饭。形容急于消灭敌人的心情。

【出处】 春秋·鲁·左丘明《左传·成公二年》。

春秋时期，齐、晋两国军队在鞌（今山东济南市）交战。

面对晋国主帅郤克，齐顷公亲自上阵，完全不把晋国军队放在眼里。他在拉车的战马还来不及披挂上铁甲的情况下，便匆匆驱车向晋军冲去，有人劝他还是小心一些，齐顷公却心高气傲地宣称："我姑且消灭了这些晋国军队再吃早饭（余姑翦灭此而朝食）。"

然而在战斗过程中，晋军上下齐心协力，奋力作战。主帅郤克受了箭伤，鲜血直流到鞋子上，但他忍着伤痛，坚持擂鼓。晋军听到鼓声不断，拼死往前冲，战斗异常激烈。

晋国军队在咚咚战鼓的激励下，争先恐后，奋勇杀敌，齐国军将在国君的带领下也不甘示弱，拼死战斗。眼见到了关键时刻，郤克却快坚持不住了，这时手下解张左手握住了马绥，右手接过了郤克手中的鼓槌，继续击鼓不止。由于他只能一只手控制战马，

所以，马拉着战车狂奔不停，全军也跟着一齐冲杀上去，结果把齐军打得大败。晋军乘胜追赶齐军，围绕华不注山（在今济南市东北）撵了三圈。

“灭此朝食”这个成语指迫不及待地投入战斗去消灭敌人，形容斗志坚决。不过，齐顷公由于轻敌，结果吃了败仗，他在当时只是说了句大话而已。

冥顽不灵

【释义】 冥顽：愚钝无知；不灵：不聪明。形容愚昧无知。

【出处】 唐·韩愈《祭鳄鱼文》。

韩愈是我国唐代著名的文学家，他领导了中唐时期的古文运动，在散文方面取得了突出的成就。他生性疾恶如仇，容易得罪权贵；又因深受儒家思想的影响，很排斥当时流行的佛、道两教。

元和十四年（819 年），唐宪宗派遣使者去凤翔迎佛骨，京城一时间掀起信佛参禅的潮流。韩愈愤然上《论佛骨表》，痛斥佛之不可信，要求将佛骨毁掉，以除后患。宪宗看到奏表，龙颜震怒，要将韩愈处以极刑，幸宰相裴度及朝中大臣极力说情，才免他一死，贬为潮州刺史。

五十多岁的韩愈远赴潮州上任后，虽然心情沉重，但仍为百姓办了不少实事。他听说当地的恶溪里有鳄鱼为患，伤害人畜，便亲自去恶溪视察，接着又派人在溪边投下猪羊，宣读了他写的一篇《祭鳄鱼文》。文中警告鳄鱼七日内须迁往南海去住，如果它们懂得的话就应该迁走；如果听不懂或者听懂了不肯照办，就是冥顽

不灵，就要派人将它们捕杀。

这貌似荒唐的事情，却出现了意外的奇迹。当天晚上，恶溪一带突然下了一场罕见的大暴雨，恶溪的水文和地理环境发生了急剧的变化，鳄鱼在这里生存不下去，真的迁走了。

韩愈任潮州刺史八个月，最后他上表恳求皇帝施恩，别让他老死在这“蛮烟瘴雨”的地方，最终皇帝把他调回长安。不久，他就病死了。

明珠暗投

【释义】 暗：黑暗。投：扔、抛。在黑暗中无端地把闪闪发光的珍珠投在地上，行人见了都不敢去拿。后来比喻稀有的贵重物品落到了不识货的人手里，得不到赏识或珍爱。也比喻有才能的人得不到发挥才能的机会，或者误入歧途。

【出处】 汉·司马迁《史记·鲁仲连邹阳列传》。

西汉时期，名士邹阳原在吴王刘濞手下做事，发现吴王想谋反，就改投梁孝王。当时，景帝即位后，没有马上立太子。梁孝王很想有朝一日能继任皇位，为此，他常和亲信羊胜、公孙诡两人秘密策划，如何收买朝廷权臣，如何刺探宫中隐事，甚至密谈如何在必要时发动政变。

梁孝王知道邹阳是个很有才学的人，也想利用他的文名来提高自己的声誉，便把他收在门下。当邹阳听到梁孝王与羊胜等的密谋后，便不住地向梁孝王晓以利害，劝他不要轻举妄动，以免造成祸害。羊胜、公孙诡对此很疑忌，就怂恿梁孝王将他投入了监狱。邹阳诬陷入狱后，在狱中给梁孝王写了一封信。信中引用了

许多史实，来说明自古以来忠臣义士无辜受屈的很多，他不过是其中之一罢了。信中给人印象最深刻的是下面这段话：“我听说世间最罕见的宝物是明月珠和夜光璧。如果暗中把它们投在路上，人们都会按着剑、斜着眼看它，而不敢去拿。这是因为谁也不知道它突然出现的原因（臣闻明月之珠，夜光之璧，以暗投人于道路，人无不按剑相眄者。何则？无因而至前也）。”这段话的含意是：如果没有亲信帮你说话，即使你提出了很好的意见，也不会受到重视，还有可能惹出祸来。梁孝王看懂了信里隐含的意思，立即释放了他。

不久，景帝采纳了大臣爰盎的建议，立了太子。孝王恨爰盎坏了他的事，便派刺客去刺死了爰盎。景帝料想是梁孝王指使的，便接二连三派使者去责问他，并要他交出主谋抵罪。梁孝王被逼得无法，只好迫令羊胜、公孙诡自杀，但景帝还是要追查下去。最后，梁孝王只好请邹阳进京活动，请受景帝宠爱的王美人向景帝讨情，这件事才不了了之。

模棱两可

【释义】 模棱：原作“模棱”，意为含含糊糊。两面都可以。指对事情正反两方面没有明确的态度或主张。

【出处】 五代·后晋·刘昫等《旧唐书·苏味道传》。

苏味道是盛唐时期的政治家、文学家，武则天当政时官至宰相。此人极富文才，但在仕途上却很坎坷。中进士后，由于他学识渊博，又写一手好文章，一开始官职升得很快，没多久就当上了凤阁侍郎，但转瞬间又吃了官司，成了阶下囚。在狱中，苏味道

穷愁潦倒，整日脸也不洗。有一天，他坐在牢中一隅狼吞虎咽地吃着粗糙的饭食，被武则天看见了，觉得他可怜，特赦了他，让他去集州做刺史。几年后，又被召回京师，官复原职。不料，没多久苏味道又被人弹劾，外放为坊州刺史。

宦海沉浮，对苏味道打击很大，也改变了他的人生态度，他变得消极起来。所以在他以后做宰相期间，一直没有卓著的政绩，只是对皇帝阿谀奉承，对同僚一团和气，做个好好先生而已，遇事总不肯表示明确的态度。有一回，他对别人说："做事情千万不要决断得明明白白，那样的话，一旦有什么差错，就给人留下了指责的把柄。所以只要模棱两可，持含混态度就立于不败之地了。"因此，当时的人都叫他"苏模棱"。

摩肩接踵

【释义】 摩：摩擦。踵：脚后跟。肩碰着肩，脚碰着脚。形容人多拥挤。

【出处】 汉·刘向《战国策·齐策一》。

齐国的政治家和外交家晏婴，身材矮小，但是头脑敏捷，非常机智。有一次，晏婴出使楚国。楚王想侮辱他，就按他的身材高度在大门旁边开了个小门，叫他钻进去。晏婴说："出使狗国的人，才从狗洞进去。我是出使楚国，请问楚国难道是个狗国吗？如果楚国是个人国，就应当请我从城门出入。"楚王听说了这番话，只好开大门请他进去。

楚王见到晏婴又说："你们齐国大概是没有人了吧，怎么派你这么个矮小的人来呢？"

晏婴说："我们齐国首都临淄有三百条街道，人多得把衣袖一展开就把太阳都遮蔽了，挥洒的汗如同下雨一般，走在路上要肩靠着肩，脚碰着脚（摩肩接踵），怎么没有人呢？"

楚王又问："那么为什么把你派到这里来呢？"

晏婴回答说："我们齐国派使臣，有个规矩：上等的使臣派到上等国；下等的使臣派到下等国，我是个下等使臣，所以就被派到楚国来了。"他的回答噎得楚王作声不得。

莫逆之交

【释义】 莫逆：没有抵触。 交：交情。 彼此情投意合，友谊深厚。

【出处】 《庄子·大宗师》。

从前，有四个怪人：子祀、子舆、子犁和子来，他们主张万事万物顺应自然，认为天地间"无"（即"没有"）是最崇高的。

有一天，四人又聚在一起，热烈地讨论着"无"的崇高和伟大，一致认为"无"就像人的头一样，起着至关重要的作用。 分别时，四人互相望着、笑着，认为他们心心相通，友谊将天长地久（四人相视而笑，莫逆于心，遂相与为友）。

过了一些时候，子舆害病了，子祀去探望。 子舆出门迎接时，弯着腰，勾着头，高耸起两肩，背上长着五个大脓疮，却笑着对子祀说："上天真是伟大啊，使我成为这样的人！"

子祀问道："你对你的病一点也不忧虑吗？"

子舆说："干吗要忧虑呢？ 人的生与死，本来是上天安排好了的，所以，我只要顺应自然就行了。"

不久，子来也害了病，神情非常痛苦，眼看就要死去。子犁前来看望，见子来的妻子悲伤地啼哭，便坐在床边和子来说道："唉，你的妻子真不懂事！伟大的造物主正在变化你，怎么能随便惊疑啼哭呢？"

子来不理会妻子的悲伤，只感激地对子犁说："假如一个铁匠正在打铁，火炉中的一块铁突然跳了起来，那铁匠一定认为是不祥之兆。天地是一个大熔炉，阴阳是一个伟大的铁匠。我现在正在被天地铸造着，怎么能表示出痛苦呢？"

子犁紧紧握着子来的手，说："我们真是知心朋友！"

后人将"莫逆于心，遂相与为友"概括为"莫逆之交"的成语。

莫予毒也

【释义】 莫：没有谁；予：同"余"；毒：祸害。原意为没有人可加害我了。现形容可以毫无顾忌地为所欲为。

【出处】 春秋·鲁·左丘明《左传·僖公二十八年》。

公元前633年，楚成王率领陈、蔡等国的军队，围攻不肯归服的宋国。宋国向晋国求救，晋国立即出兵攻击楚的盟国曹国，迫使楚军撤围救援。

楚军和晋军在城濮交锋。双方列好阵势，楚军统帅子玉率领中军布阵，大言不惭地说："我军兵力优于晋军，一定能打败晋军。"

交战一开始，晋军下军将领胥臣率领一支精锐部队向楚军右翼的陈、蔡联军发动猛烈的攻击，陈、蔡联军不堪一击，立即溃败。

同时，晋军上军将领狐毛和下军将领栾枝与敌军略一交锋，立即假装败退，诱敌追击。楚军不知是计，拼命追击。这时，晋文公亲率最精锐的中军向楚军拦腰杀来，而假装败退的晋军，也回头夹击楚军，楚军大败，楚军统帅子玉自刎而死。

晋文公一向把子玉当作自己的心腹之患，听到子玉自杀的消息，高兴地说："再也没有人能加害我了（莫予毒也）！"

墨守成规

【释义】 墨守：固守也。成规：现成的或久已通行的规则。固执地按老规矩办事，不求改革。

【出处】 《墨子·公输》。

战国时代，楚王想去攻打宋国，便叫当时最有名的工匠公输班设计制造攻城用的云梯。墨子是个主张兼爱、反对战争的人，听到这件事后，他立即从鲁国跑到楚国的都城去，对楚王说："听说你要攻打宋国，有这回事吗？"

楚王说："有。"

墨子说："一定要有占领宋国的把握才能去攻打它，否则如果打不胜，反而会把事情搞坏。我认为你一定占领不了宋国的，所以还是打消这样的念头吧！"

楚王当然不相信他的话。墨子说："那么，我制作守城的设备，请你叫公输班来攻，看他能不能攻进城？"

于是公输班用他制造的云梯，攻打墨子守御的城，一连攻了九次，都被墨子打退。后来两人调换过来，公输班守城，墨子攻城，墨子一连攻了九次，就攻破了九次。楚王见公输班制造的器

械，并不能攻破墨子所守的城，就取消了攻宋的打算。墨子善于守城的故事，就演变为成语“墨守成规”。但现在成语的意思与当时的情况大不一样了。

目不见睫

【释义】 睫：睫毛。眼睛看不见自己的睫毛。指见远不见近，看不见自己的过失，没有自知之明。

【出处】 《韩非子·喻老》。

春秋初期，楚庄王立下雄心伟志，一定要在诸侯中出人头地。他励精图治，经过数年的不懈努力，楚国的经济实力和军事实力都有了很大的提高。于是，楚庄王准备兴兵攻伐其他诸侯。

这一天，楚庄王召来文武百官问：“如今我们楚国强大了，我准备称霸，你们看，应该先选哪个国家下手，先令其臣服？”

有大臣说：“大王，我们应该先选越国。越国现在很不安定，不仅百姓生活困苦，而且兵力十分单薄。我们出兵讨伐越国，不但能一举获胜，还能得到越国老百姓的欢迎。”

楚国有位叫杜子的人，不愿意看到刚刚平静安定下来的生活再次被战争破坏，就去求见楚庄王。他直截了当地问道：“听说大王要对越国用兵，您真的有这种打算吗？”

楚庄王说：“是有这个想法，因为征服越国可以扩大我们楚国的疆土，增加我国的收入，并能广辟兵员，有利于我称霸。你看我的想法能实现吗？”

杜子沉思了一会儿，没有正面回答楚庄王的问题，却反问道：“大王，不知此次兴兵征讨越国，您有多少制胜的把握？”

楚庄王听杜子如此问，便呵呵大笑说：“现在我们楚国兵强马壮，粮草充足，对付一个小小的越国还是信心十足的嘛！”

杜子说：“既然大王这样有把握，不妨说出来听一听！”

楚庄王说：“越国目前朝政大乱，社会动荡，军队不堪一击。这是天赐良机，我国大军一到，越国一定会望风而逃，不战自降。”

杜子听了，笑着问楚庄王：“大王，您是一国之君，您能看到自己的睫毛吗？”

楚庄王说：“当然看不到，这与攻打越国有什么必然联系吗？”

杜子说：“联系当然是有的。我们可以把睫毛比喻为自身的不足，它往往被人忽视。前不久，楚国先后与秦国和晋国交兵，结果是楚军大败，还丢掉了几百里的疆土。大王，您说这样的军队大概不能算是强大的吧？我还知道，我们楚国有个叫庄跻的歹徒，他在国内胡作非为，把百姓害得很苦，现在这个人好像仍然没有受到制裁。人们不知道那些负责司法的官员都干什么去了，他们是根本不知道这件事呢，还是知道也不闻不问呢？由此看来，楚军并不比越军有战斗力，国家管理也不比越国出色。大王却对此视而不见，又怎能看到自己的睫毛呢？”

楚庄王猛然醒悟，便取消了攻打越国的想法。

目不识丁

【释义】 识：认识；丁：最简单的一个汉字。看到像“丁”字一样简单的汉字也不认识。指一个字也不认识。

【出处】 五代·后晋·刘昫等《旧唐书·张弘靖传》。

唐宪宗时期，张弘靖一路官运亨通，做了幽州节度使。上任这天，当地老百姓不分男女老幼都前来观看，以至整个幽州城万民空巷。

而下车伊始，张弘靖便想有所作为，但从哪里着手呢？他想，幽州地处边远之地，要想开化这里的百姓，首先要改革民俗，但这谈何容易？张弘靖又想，安史之乱时，安禄山作乱就是从幽州发端的，于是，他派人掘开安禄山的坟墓，毁掉安禄山的棺柩，想以此来改变当地的民风。然而，老百姓们却大失所望，人们都说："原想能来个让人安心的好官，谁想来的是个掘墓开棺、挖坟的官。"

不仅张弘靖让人失望，他手下还有两个十分可恶的官吏，一个叫韦雍，另一个叫张宗厚。这两个人整天不务正事，经常聚合一伙人到酒店喝酒，而且每次都要喝到大半夜，直喝得酩酊大醉方才罢休。而每次喝完，他们都让士兵点起灯笼、燃亮火把将他们送回府去，一时间，街头巷尾灯火通明，吵闹声使得全城都不得安宁，百姓们十分讨厌。他们对幽州原来的军吏们也十分苛刻，稍不如意，便骂人家是"反虏"，说人家曾和安禄山一伙。那些人稍一辩解，他们挥鞭就打，再不然就将人关进大牢里，所以军士们对韦雍和张宗厚都怀恨在心。

这一天，韦雍又喝醉了酒，便对军吏们大发狂言："现在天下太平，国家无战事，你们这些军吏能拉开两石重的强弓，但那有什么用处呢？还不如认识一个'丁'字呢（今天下无事，汝辈挽得两石力弓，不如识一丁字）。"听了韦雍这些话，就连士卒们都开始憎恨他们。加上后来张弘靖扣留下二十万贯军饷充作军府杂用开销，终于引发了幽州军民的反抗浪潮。兵士们拿起刀枪，先冲击韦雍和张宗厚的住处，将他们抓起来推到街头杀了，又将张弘靖抓起来囚禁在蓟门馆。随后，军士们一致拥立朱泅为统帅，闹起

事来。朝廷闻报幽州发生了事情，马上派人平息，张弘靖因此受了处分，被贬到抚州作刺史去了。

目光如炬

【释义】 炬：火把，火炬。眼光亮得像火把。指发怒时眼光锐利。也形容见解高明目光远大。

【出处】 唐·李延寿《南史·檀道济传》。

南北朝时期，宋国有一位历经三朝的勇将，名叫檀道济，此人胆略过人，智勇双全，并且治军有术，官至太尉参军。

有一次，檀道济率兵攻入洛阳，将敌军守城将士几千人一举抓获。一个参军提议将俘虏全部杀掉，以壮军威。檀道济怒目而视，厉声制止道："此事万万不可！平民心、扬军纪正在今日。他们已经放下武器，即与百姓等同，怎可随意杀戮？"随后，他下令点籍俘虏，愿留者留，愿走者发给路费。俘虏们见檀道济如此仁德，当场就有数百人自愿留下来为其效力。此事传扬开去，宋军所到之处，都受到当地百姓的欢迎。可叹的是，因为檀道济功名显赫，左右部将个个骁勇，他的几个儿子也都握有兵权，所以宋文帝很不放心；再加上几个近臣屡进谗言，宋文帝便蓄谋要除掉他。

这一日，文帝召檀道济入朝议事，乘机把他逮捕下狱，接着又以莫须有的罪名把他和部将全都杀了。檀道济被诱捕时，气愤已极，双眼瞪得有如火炬一般（道济见收，愤怒气盛，目光如炬）。他暴跳如雷，一把扯掉头巾，摔在地上，吼道："昏君啊，这是你自毁万里长城！"

不久，敌对国魏军听说檀道济已死，便无所畏惧地进攻宋国，兵马直逼京城，宋文帝哀叹道：“若有檀道济在，何至于此！”

目无全牛

【释义】 全牛指整个牛。形容技艺超群。

【出处】 《庄子·养生主》。

战国时期思想家庄周在《庄子》中讲一个故事：有个厨师替梁惠王宰牛，他的宰牛技术十分娴熟，只见他把一头大黄牛用绳子绑好，然后用膝盖顶住牛腿，迅速地举刀插进牛身，哗哗几响，便将皮肉分离；接着又蹲下身子，挥刀舞动几下，伴着悦耳的声音，骨肉便已成块成片，片刻之间，一头牛就被肢解完了，牛甚至都不知道自己死了。随后，他提刀起立，看看满地的牛骨牛肉，轻轻松松地取块干净的棉布擦了下牛刀，保存起来。

梁惠王看呆了，一个劲儿夸他技术高超。厨师说起自己在第一次宰牛时，他只会用牛刀砍牛大腿、割牛筋、切脊肉，弄得满头大汗、腰酸背痛，搞了一天，牛刀换了三把，一头牛还没有宰好。后来，他总结了经验，认识到只有弄清牛的骨架、筋脉、皮肉，才能做到游刃有余、得心应手。于是，他又杀死一头牛，剥开皮、切去肉，细细地研究起来，直到把牛的一切特征都烂熟于心才罢手。从此，每看见一头活牛，他就会想象起牛皮肉里的结构，渐渐地，牛在他眼里便只有零散而连贯的骨节脉络了（目无全牛）。所以现在宰牛才显得这么游刃有余。

梁惠王问：“你用这把刀宰过几头牛了？”

他回答说：“我这把刀已用过十九年了，它宰过几千头牛。

您看，它仍然锋利无比！”

梁惠王点点头说：“你真是技艺超群啊！”

沐猴而冠

【释义】 沐猴：楚人对猕猴的称呼。猴子戴帽子装成人样。比喻某些人外表装扮得像个人物，本质却并不好。常用来讽刺依权附势、虚有其表的人。

【出处】 汉·司马迁《史记·项羽本纪》。

项羽进入咸阳城后，在秦皇宫里放了一把大火。大火烧了三天才熄灭，项羽又命令手下屠城。劫难过后，堂堂帝王都变成了瓦砾场，到处颓墙断壁，死尸遍地，好不凄凉惨淡。

儒者韩生得知消息后，立即面见项羽，劝谏说：“关中控制山河四塞，东有函谷之险，南有武关之固，西有散关，北有萧关。此皆一夫当关，万夫莫开之地。秦王据此占地利之先，然后驱劲卒而吞六国。这样的沃野险塞，正好称王建都，号令天下，您为什么一把火给烧个精光呢？难道大王不想在这儿建都吗？”

项羽冷笑一声说：“你一个书呆子，懂什么天下大事！咸阳是秦朝的亡国之都，我怎么会留在这里？你说的险要根本靠不住，刘邦的人马一路顺利，轻取咸阳，看来险要最终是挡不住精兵悍将的。我取天下靠的就是兵马骁勇，不在乎什么地利。”

韩生连连摇头。项羽又说：“反正现在宫室烧完了，已经没办法再住下去。况且，西征将士离家太久，都思乡心切。我不愿他们伤心，还是东归为好。”

韩生奇怪地问：“这也是理由吗？”

项羽冲动地说：“富贵了如不回故乡，就如同穿好衣服在夜间行走，谁能知道我是谁呀！”

韩生听了以后，便不再说话。退下来后，他私底下气恼地对别人说：“人说‘楚国人是穿衣戴帽的猴子’，看来半点也不错呀（人言楚人‘沐猴而冠’耳，果然）！”结果有人把这话告诉了项羽，项羽十分生气，就命人把韩生给烹杀了。

项羽军中读书之人不少，他们与韩生的见解相近，都认为应该以咸阳为都，控制天下。但看到韩生的下场，又见咸阳被焚，知道再行进谏非但于事无补，说不定还会引来杀身之祸，便缄默不语。最终，项羽为自己一系列的错误决策而吞下了苦果。

暮夜无知

【释义】 原意是深夜做事，无人知晓。后来泛指行贿受贿的行为。

【出处】 南朝·宋·范晔《后汉书·杨震列传》。

东汉时期的杨震，五十岁时才出来做官。大将军邓骘听说杨震很贤德，特别向朝廷推荐，使其四获升迁，被授为荆州刺史、东莱太守。他上任时，经过昌邑县，县令王密曾是杨震推举的贤才，听说杨震赴任路过，他立即上门拜谢。

当时夜色已经很深了，王密取出十斤黄金馈赠给杨震。

杨震十分意外地问：“我们是老朋友了。我了解你，你为何不了解我呢？”

王密回答说：“天色很晚了，没人知道（暮夜无知者）。”

杨震很不高兴地说：“天知、地知、你知、我知，怎么能说没

人知道呢？ 这岂不是自欺欺人？”

王密很不好意思，惭愧地拿起金子告辞了。 杨震的廉洁自爱也为后人提供了清白做人的典范。

暮云春树

【释义】 傍晚的云，春天的树。 指能勾起回忆的景物。 比喻思念远方的知己。

【出处】 唐·杜甫《春日怀李白》。

盛夏的一天，唐代的两位大诗人——杜甫和李白在洛阳会面了。 当时杜甫三十三岁，比李白小十一岁，但是，年龄的差距并没有妨碍他们成为好朋友。 杜甫一见李白，就被这位“天上谪仙人”的风采吸引住了，希望与李白一起去求仙访道。 李白见杜甫谦虚纯朴，诗也写得很好，因此一见如故，与他结成了好友。 此后，二人经常携手出游，醉后同床共被，形影不离，情同手足。

暮秋时节，杜甫决定西去长安谋求官职，李白一直把他送到城东门前。 两人在一家小酒店里默默地喝了几杯酒，终于依依不舍地分手了。 此后，这两位诗坛巨人再也没会面过。

杜甫到长安后，未能谋到官职，失意兼寂寞，使他更怀念李白。 于是，他写了一首五言律诗。 诗的后四句是这样的：

渭北春天树，江东日暮云。
何时一樽酒，重与细论文？

大意是：我杜甫是春天里生长在渭水之滨的大树；您李白是傍晚在江东漫游的浮云。 什么时候我们两人还能再一面饮酒，一面重新细细谈论文学方面的事呢？

N

南风不竞

【释义】 南风：指南方的音乐。 竞：强劲。 原指楚军战不能胜。 后比喻竞赛的对手力量不强。

【出处】 春秋·鲁·左丘明《左传·襄公十八年》。

春秋时期，齐国出兵攻打鲁国，鲁襄公派人向晋国求救。 晋平公会同十二个诸侯起兵伐齐救鲁，联军很快把齐国打得大败，并一直追到了齐国的都城临淄，把临淄团团围住。

正在这时，郑国的大夫公孙舍之派人给郑简公送来一封密信，说大夫公子嘉密谋叛乱，勾引楚军伐郑。 现在，楚国的军队已经出发，要郑简公赶快率军回去救应。

郑简公马上把这一情况告知了晋平公，晋平公请中军元帅中竹偃前来商议。 中竹偃说：“大王，临淄城墙高大而坚固，并非一日就能攻破，现在楚国又去攻打郑国，如果郑国被楚军攻破，责任在晋国，我们应该撤围，回兵救郑！”

晋平公听了，便让郑简公先率兵回郑，自己率领十一国的大队人马，随后开拔。

几天后，大军来到竹阿（今山东历城西南），晋平公察觉出楚军十分强大，此次救郑胜负难卜，心中闷闷不乐。乐官师旷弹琴

为晋平公解闷。弹毕，师旷对晋平公说：“大王不必发愁，我刚才弹琴的时候，北风清越平和，而南风微弱低沉，死气沉沉，说明楚国这次出兵，一定劳而无功（吾骤歌北风，又歌南风。南风不竞，多死声，楚必无功）。不出三天，一定会有好消息的。”

晋平公便派人前往郑国探听消息。果然，楚军已经退兵了，而谋反的大夫公子嘉也已经伏诛。原来，公子嘉准备和楚军里应外合，但公孙舍之知道他的阴谋后，严加防范。接着，郑简公又率军赶回。而楚军进入郑国国境后，恰巧又碰到雨雪纷飞，天寒地冻，楚军冻死了不少人，又不见公子嘉内应的消息，便退兵回去了。晋平公听了十分高兴，对师旷能从乐声中推断战争胜负的能力十分钦佩。

南柯一梦

【释义】 南柯：朝南的树枝。指一场大梦。比喻得失无常，人生如梦。

【出处】 唐·李公佐《南柯太守传》。

淳于棼是隋末唐初时人，家住广陵，家道殷实。在他家的院子中，有一棵根深叶茂、充满生机的大槐树。每当盛夏之夜，明月高悬中天，晚风徐徐送爽，这大槐树下真是一个非常好的纳凉所在。

这一天，是淳于棼的生日，亲朋好友都赶来为他祝寿。寿宴之上，大家推杯换盏，开怀畅饮。淳于棼格外高兴，陪完这桌陪那桌，不觉已是十几杯下肚。华灯初上时分，亲朋散尽，淳于棼来到大槐树下纳凉。夜色渐深，他竟在树下沉沉睡去……

不觉之中，淳于棼来到了一个叫大槐安国的国家。此时正值该国京城会试，淳于棼便报名入场。三场结束，他写诗作文都得心应手，觉得一定能金榜题名。果不其然，皇家张出榜文后，淳于棼得了第一名。

接下来是殿试，皇帝见淳于棼一表人才，风流倜傥，又满腹经纶，便亲笔点他为头名状元，并对他说："朕看你是个人才，现在点你为头名状元，你要效忠国家。另外，我还要把公主许配给你为妻，使你成为皇亲。"

一举中了状元，又成了驸马，淳于棼好不得意。这事在大槐安国一时成为美谈。春风得意的淳于棼，与公主相亲相爱，生活十分美满。

这一天，大槐安国皇帝将淳于棼召上金殿，派他到南柯郡任太守。淳于芬忠于职守，经常巡视各县。他克己奉公，法度严明，使得属下的官员也都一心为公，没一个敢胡作非为。由于淳于棼治理有方，深受百姓拥戴。皇帝见淳于棼很有才干，几次想把他调回京都委以重任，但当地的百姓都上书挽留，甚至挡住淳于棼的车马，不让他出南柯郡半步。淳于棼为郡属百姓的诚恳态度所感动，便留了下来，并上书向皇帝说明情况。皇帝非常欣赏淳于棼，当下赏给他无数珍宝，以示奖励。就这样，淳于棼在南柯郡当太守，一干就是廿年。

这一年，敌国侵犯大槐安国，皇帝派出几员大将，数十万人马，却都屡战屡败，而敌国则士气大振，扬言要一举拿下大槐安国的京城。消息传来，皇帝大惊，急忙上朝与文臣武将商议退敌大计，可是大家却你看看我，我望望你，只等着皇帝拿主意。皇帝见大臣们胆小如鼠，非常生气。这时，宰相向皇帝推荐起淳于棼，皇帝才如梦方醒，立即让淳于棼率领全国精兵，与敌军决一

雌雄。

淳于棼接到圣旨，马上披挂上马，率兵出征。可惜，他虽能诗善文，对布阵打仗却一窍不通。大军来到阵前，刚一与敌军接触，便被打得溃不成军，一时人仰马翻，丢盔弃甲。统率三军的淳于棼差一点就成了战俘。

逃回京城的淳于棼把情况报告给皇帝，皇帝龙颜大怒，立即传旨将淳于棼削职为民。

淳于棼大喊冤枉，惊觉而起，但见月挂枝头，树影摇摇。原来，所谓南柯郡不过是槐树南边一段树枝下的一个蚂蚁洞而已。他觉得沮丧，忽然又若有所悟地自言自语说："幸而是南柯一梦，不然，太令人不愉快啦！"

南山可移

【释义】　南山：终南山；移：移动。纵使终南山可以移动，判决也不可动摇。比喻案子已经判定，不可改变。

【出处】　五代·后晋·刘昫等《旧唐书·李元纮传》。

太平公主是唐高宗和武则天的亲生女儿，她从小就被娇生惯养，养成了专横跋扈、唯我独尊的脾气。满朝文武都很惧怕她。

有一次，太平公主带了大批随从，前呼后拥地来到雍州的一座寺院来玩。她看到厨房里的大石磨不仅结实平整，而且磨边刻着精美的花纹，便对老和尚说："我家里正缺一盘石磨。我看这石磨挺不错的，让我把它带走，就当作你们寺院孝敬我的礼物好了！"说完，也不等老和尚同意，就吩咐随从们把石磨搬走。

老和尚不敢得罪太平公主，只好赔着笑脸说：“这盘石磨能被公主看中，也是我们寺院的福气。不过我们寺院的一百来个和尚，平日全靠这盘石磨磨米磨面，没有它，可就麻烦了。况且它还是本寺几百年前传下来的，请公主行个方便，将它留下来吧！”

太平公主根本不理睬老和尚的唠叨，她把脸一沉，回头朝随从们喝道：“给我快搬！”

老和尚听说当地衙门里的李元纮是个不畏权势的官员，办理案子十分公正，便跑去衙门评理。李元纮听完老和尚的诉说，便叫他写了一张状子，并派下属去做调查，证实这盘石磨确实是寺院的财产。他不畏太平公主的权势，毫不犹豫地将石磨判还给了寺院。

消息传到李元纮的上司窦怀贞的耳里。窦怀贞是个胆小怕事的人，他忙跑到李元纮那里，厉声责备说：“你怎么这样糊涂，竟把石磨判还给寺院！太平公主是好惹的吗？你不要命，我可还想多活几年呢！”李元纮拿过毛笔，在判决书上写下了几个醒目的大字：“南山或可改移，此判终无摇动。”意思是：终南山也许还能移动，我这判决却不可改变。窦怀贞气急败坏地一下子说不出话来，只好把袖子一甩，灰溜溜地走了。

囊萤映雪

【释义】 囊萤：晋代车胤少时家贫，夏天以纱囊装萤火虫照明读书；映雪：晋代孙康冬天常利用雪的反光读书。将萤火虫装在囊中来照明和借着雪光来读书。形容刻苦读书。

【出处】 南朝·宋·檀道鸾《续晋阳秋》《孙氏世录》。

晋代有个名叫车胤的读书人，他从小就非常刻苦好学，但家中贫穷，无钱买灯油点灯，入夜便无法读书。在一个夏天的夜晚，车胤看见许多闪射着光亮的萤火虫，在空中飞来飞去，受到很大启发。于是，他捉了许多萤火虫，把它们装进一个纱囊里，这样，纱囊就像一盏小灯笼似的能够发出亮光了。车胤借助纱囊中萤火虫放出的亮光，专心读书，后来终于学有所成。车胤长相出众，机灵敏捷，又博学多通，在未做官之前已名誉乡梓，穆帝永和元年（公元345年），因桓温赏识，选为荆州从事，开始自己的政治生涯，最后累官至吏部尚书。但是，车胤当时所处的东晋王朝已是皇室政权日趋没落，皇族内部争权夺利，矛盾重重。最终，车胤被迫自尽。

晋朝还有个名叫孙康的读书人，家境也十分清贫。他白天需要干活谋生，只有在夜晚才能读书，但他也无钱买灯油。为了读书，他经常在雪夜里坐在门口，冒着凛冽的寒风，借助晶莹的白雪反射出来的亮光，坚持看书学习。即使是北风呼号。滴水成冰，他也从来没中断学习。孙康砥砺求进，学有大成，终于成为一位很有名望的学者。

后来，人们把这两个故事联系起来，组成了“囊萤映雪”这个成语。

脑满肠肥

【释义】 脑满：指肥头大耳；肠肥：指身体胖，肚子大。形容人养尊处优、饱食终日、无所事事的丑陋形象。

【出处】 唐·李百药《北齐书·琅琊王俨传》。

南北朝时期，北齐武成帝高湛很喜欢自己的第三个儿子高俨，本打算立他为皇太子，因遭到群臣的一致反对而作罢。高俨开始被封为东平王，后又改封为琅琊王，小小年纪便历任京畿大都江堰市督、领军大将军、尚书令、大司马等显赫要职。后来，竟然起兵想与其兄高纬争夺王位。高纬便调兵来捉拿他。

当时一位将军捉住了高俨以后，押他来见高纬。将军替高俨解脱说："琅琊王少年，肠肥脑满，轻为举措，长大自不复然，愿宽其罪。"意思是：高俨年纪还小，只知吃喝享乐，结果身体肥胖，头脑简单，任意处理大事，轻举妄为。长大后自然不会这样，还请饶他一命。

但高纬忌惮其弟的权势过盛，最终还是杀了他。

鸟尽弓藏

【释义】 鸟给打光了，打鸟的弹弓就被收藏起来。比喻事成之后，功臣被废弃或遭害。

【出处】 汉·司马迁《史记·越王勾践世家》。

春秋末期，吴、越争霸，越国被吴国打败，屈服求和。越王勾践卧薪尝胆，任用大夫文种、范蠡整顿国政，十年生聚，十年教训，使国家转弱为强，最终击败了吴国，雪了国耻。

吴王夫差兵败出逃，连续七次向越国求和，文种、范蠡坚持不允。夫差无奈，把一封信系在箭上射入范蠡营中，信上写道："兔子捉光了，捉兔的猎狗没有用处，就被杀了煮肉吃；敌国灭掉了，为战胜敌人出谋献策的谋臣不再有用处，就会被抛弃或铲除。两位大夫为什么不让吴国保存下来，替自己留点余地呢？"文种、

范蠡还是拒绝议和，夫差只好拔剑自刎。

越王勾践灭了吴国，在吴宫欢宴群臣时，却发觉范蠡不知去向，第二天，有人在太湖边找到了范蠡的外衣，大家都以为范蠡投湖自杀了。可是过了不久，有人给文种送来一封信，上面写着：“飞鸟打尽了，弹弓就被收藏起来；野兔捉光了，猎狗就被杀了煮来吃（飞鸟尽，良弓藏；狡兔死，走狗烹）；敌国灭掉了，谋臣就将被废弃或遭害。越王为人，只可和他共患难，不宜与他同安乐。大夫至今不离他而去，不久难免有杀身之祸。”

文种此时方知范蠡并未死去，而是隐居了起来。他虽然不尽相信信中所说的话，但从此常告病不去上朝，日久反而引起了勾践疑忌。一天勾践登门探望文种，临别时留下佩剑一把。文种见剑鞘上有“属镂”二字，正是当年吴王夫差逼忠良伍子胥自杀的那把剑。他明白了勾践的用意，悔不该不听范蠡的劝告，只得引剑自尽。

宁为鸡口，无为牛后

【释义】 宁当鸡嘴巴，不当牛屁股。鸡嘴虽然小，却能自由地啄食、啼鸣；牛屁股虽然大，却常受鞭挞。比喻宁可在小的地方独立自主，也不在大地方受人支配。

【出处】 汉·刘向《战国策·韩策一》。

战国时期的苏秦，悉心读了许多书后，对当时的列国形势做了总体分析，针对齐、楚、燕、赵、韩、魏六国畏惧强秦的心理，提出了联合六国共同抗秦的外交路线。随后，他踌躇满志地到列国去游说诸侯，推行他的政治主张。

苏秦首先到了燕国，燕国国君十分欣赏他的主张，给予他大力的支持，当即赠金千两，并派车马随从护送苏秦继续游说其他国家。

苏秦第二站来到赵国。赵国国君对他更加器重，除赏给黄金、白璧外又破格封他为武安君。请他出使其他国家，联合他们共同抗秦。

苏秦的同学张仪当时在秦国为官，深得秦王信任，他是连横派的代表，主张六国共同服从秦国。张仪奉秦王之命，来到韩国相威胁，劝韩王的外交政策向秦国倾斜，得到秦国的庇护，条件是割给秦国土地、城池，每年向秦国纳贡。韩国君臣觉得张仪的主张难以接受，但又不敢公开拒绝，便请张仪暂时到馆驿安歇，等待回音。

正在这时，苏秦带着燕、赵二国的国书来到了韩国。

当时，苏秦已经名满天下，成了人们仰慕的治世贤才。他的到来给韩国君臣带来了希望。韩国君臣隆重接待了苏秦，并向苏秦倾诉目前的尴尬处境，诚恳地向苏秦请教良策。

苏秦沉思片刻，说："依我看韩国不必畏惧秦国，你们的优势并不小，以地理说，北有巩洛成皋之险，西有宜阳常阪之固，东面宛穰洧水为天然屏障，南面陉山更是一夫当关，万夫莫开的险要重镇。就军事而言，韩国带甲之士不下数十万，他们一个个弓法精熟，百发百中，披坚执锐，冲锋陷阵，所向无敌，更何况有大王您这样的圣明君主和朝中的文武治国良臣，何必怕它什么秦国呢！您今天答应了割地的要求，明天秦国会提出更贪婪的要求。要知道，韩国的土地有限，而秦王的要求却没有止境，如此下去，韩国岂不要亡国吗？常言说'宁做鸡的嘴巴，也不当牛的屁股（宁为鸡口，无为牛后）'，鸡嘴虽小，却是吃东西的，牛屁股大，却只

能排粪。大王圣明，必不肯当牛屁股吧。”韩王被苏秦的道理说服了，决心抗秦。

宁为玉碎，不为瓦全

【释义】 宁愿做高贵的玉器而破碎，不愿做低贱的瓦器得以保全。比喻为正义事业而牺牲，不苟且偷生。

【出处】 唐·李百药《北齐书·元景安》。

南北朝时，东魏的丞相高洋废掉了魏孝静帝元善见，自己当上了皇帝，建立了北齐朝廷，成为文宣帝。他心狠手辣，为了不留下后患，便把孝静帝和他的三个儿子都杀死了。可是做完此事，他心里还是很害怕。

有一天，天空出现了日食，他担心这是个不祥的兆头。于是，他就问自己的亲信：“你说，西汉末年王莽篡夺了刘家的天下，为什么光武帝刘秀又能夺回来？”这名亲信说是因为王莽没有斩草除根，没有把刘氏宗室的人杀干净。高洋听了，认为很有道理，于是就下令把东魏的宗室近亲全部杀掉，连小孩也不放过。高洋的残忍行为使东魏宗室的远房宗族元氏一族感到很害怕。大臣元景安为了保全性命，他串联了同族的几个人向高洋请求将自己的姓氏改成高，以讨他的喜欢。

元景安有位堂弟，名叫元景皓，听说了这件事非常气愤，他说：“怎么能抛弃本姓，随人家的姓呢？大丈夫宁为玉碎，不为瓦全呀！”第二天，元景安把堂弟的这番话告诉了高洋，高洋立即将元景皓斩了，但是高洋的命也不长，三个月后就病死。十八年后，北齐宣告灭亡。

牛鼎烹鸡

【释义】 鼎：古代烹煮食物的器具。用能装得上牛的鼎来烹鸡。形容大材小用。

【出处】 南朝·宋·范晔《后汉书·边让传》。

陈留人边让是东汉末年的一位文士，很有名气，大将军何进便将他招来，命他做令史官。朝廷的议郎蔡邕听说边让在何进那里，心想："边让这个人才学不凡，应该做更高一些的官。"便亲自到何进家里去，劝说他把边让推荐出去，让他担任再大些的官。

蔡邕说："我看边让这个人，真是才能超群呀，聪明贤智，心通性达，非礼不动，非法不言，实在是难得的奇才呵。俗语说：'用煮牛的大锅来煮一只小鸡，水放多了，味道没了，就不好吃了；水放少了，则煮不熟，更不能吃了（函牛之鼎以烹鸡，多汁则淡而不可食，小汁则熬而不可熟）。'这说的是大器小用，所以是不相宜的。我现在忧虑的是，这个煮牛的大锅没有用来煮牛，希望将军仔细考虑一下，给边让一个施展才能的机会。"后来，何进便让边让做了高官。

牛衣对泣

【释义】 牛衣：用草或麻编成的，给牛御寒遮雨的东西。睡在牛衣里，相对哭泣。形容贫贱夫妻同过艰苦生活。

【出处】 汉·班固《汉书·王章传》。

西汉时的王章家里非常贫穷，年轻时在长安太学求学，与妻子

一起过着艰难困苦的生活。有一次，他生病，因没有被子，只好盖着用乱麻和草编织得像蓑衣一类的东西。这是当时给牛御寒用的，人们称它为“牛衣”。王章蜷缩在牛衣里，冷得浑身发抖，以为自己快死了，便哭泣着对妻子说：“我的病很重，看来我就要死去，我们就此诀别吧！”

妻子听了十分生气，斥责他说：“仲卿！你倒是说说，京师朝廷中的那班贵人，他们的学问谁及得上你？现在你贫病交迫，不自己发奋，振作精神，却反而哭泣，多没出息呀！”王章听了这席话，不禁暗自惭愧。病愈后，他发奋读书，终于成了有用之才。

为官后，王章刚毅果敢，不畏权贵。成帝时，大臣王凤专横跋扈，擅作福威，朝中百官人人自危，敢怒不敢言，王章对王凤的恶行十分痛恨。

有一次发生了日食，王章面见皇帝说：“日有食，是因为王凤贪赃枉法，应立即免职治罪，否则将天下大乱。”皇帝虽然同意王章的看法，但又不忍心将王凤法办，此事暂时被搁置下来。

王章见自己的意见没被采纳，回到家中便准备用书面形式向皇帝继续陈述意见。他的妻子知道王凤是皇帝的舅舅，大权在握，是个得罪不起的大奸臣，便反对王章弹劾王凤，认为这样不讲策略的斗争方式会给丈夫带来灾难。她劝丈夫说：“人应当知足，别忘了我们当年穷困时，披着用乱麻织成的破被子相对哭泣的日子。如果你斗不过王凤，丢了官职，我担心我们还会回到过去那样的苦日子。”

但王章没有听妻子的劝告，坚持与王凤斗争，结果败在王凤手下，被关入监牢，最后含恨而死。他的妻子也被流放远方，直到王凤死后，王章的冤情才得以昭雪。

O

鸥鸟不下

【释义】 人如无机巧损人之心，那么异类也可以相亲。 也常用来描写超然物外、与世无争的隐逸生活。

【出处】 《列子·黄帝》。

相传古时候，海边上住着一个非常喜欢鸥鸟的人。 他每天都要到海上，和鸥鸟友好相处，每天飞来和他亲近的鸥鸟就达一百多只。

他父亲知道了这件事后，对他说：“我听说鸥鸟都跟你友好相处，明天你抓一只来，给我玩玩。”父命难违，他只好同意了。

但是，令他意想不到的是，当他第二天再到海上去，鸥鸟就像有所提防似的，只在空中飞，不再下来了。

呕心沥血

【释义】 呕：吐出；沥：滴。 比喻费尽心血，多用来表示文艺创作的艰难与不易。

【出处】 唐·李商隐《李贺小传》。

唐朝诗人李贺是我国文学史上一位杰出的诗人，二十七岁时便

去世了，但是却给后世留下了许多瑰丽的诗篇。李贺虽出生皇族，但不是嫡系。父亲只做过边城小吏，早早就去世了。所以，李贺家里十分贫寒。但他一生酷爱作诗，十多岁时便名扬文坛，大文学家韩愈对他十分赞赏。李贺作诗先不命题，而是每天都要骑上一匹瘦马，出外游览，借以寻找创作的灵感。随他而行的家奴背上背着一个锦袋，每当李贺想出佳句时，马上写下来卷成一个纸卷装进锦袋。晚上回来时，李贺的母亲让婢女收下锦袋，检视纸卷，如果发现装得很满，老夫人便十分心疼，埋怨道："是儿要当呕出心乃已尔。"意思是：这孩子真是被诗迷住了，恐怕要把心呕出来才肯罢休啊！

的确，李贺把自己全部的心血倾注于诗歌创作之中，可惜英年早逝。

P

排难解纷

【释义】 排除困难，解决纠纷。 意为帮助调停纠纷。

【出处】 汉·刘向《战国策·赵策三》。

公元前258年，秦国的大军包围了赵国的国都邯郸。 同盟国魏国见状，非但不派出援军，反而派将军辛垣衍潜入邯郸，通过相国平原君提醒赵王说：“秦军之所以围困邯郸，是要逼赵国尊秦昭王为帝。”

当时，齐国的高士鲁仲连正好在赵国做客，听说辛垣衍叫赵王尊秦为帝，就去见平原君，表示愿意会会辛垣衍。 两人会见后，鲁仲连开门见山地说：“如今秦国是个有战车万辆的大国，魏国也是，彼此同样称王。 仅仅看见秦国打了一次胜仗，就想尊秦为帝吗？ 秦国的贪心没有止境，如果真的称帝了，就要变动诸侯的大臣，撤换他所厌恶的人，赏赐他所喜爱的人，魏王还能泰然自若吗？ 就是你将军又怎能保持旧日的宠幸？”

辛垣衍听到这里，站起来向鲁仲连拜谢道：“起先我以为先生是个庸人，如今我才知道先生真是天下少见的高士，请允许我就此告辞，我再也不敢提尊秦为帝的事了。”

事过以后，平原君决定奉上千金奖赏鲁仲连。 鲁仲连一再辞谢，说什么也不愿接受，他笑道：“作为以天下为贵的有识之士，

可贵之处就在于他们能为别人排难解纷而不收取报酬（所谓贵天下之上者，为人排患释难解纷乱而无取也）。如果收取报酬，那就成为商人了，我鲁仲连不愿做这样的人。”鲁仲连辞别平原君而去，从此再也没有露面。

蓬生麻中

【释义】 蓬草生在大麻之中，不用扶持也能挺直。比喻人在好的环境中能变好，在坏的环境中则变坏。

【出处】 《荀子·劝学》。

汉武帝的第五个儿子，广陵王刘胥，年轻时能把沉重的铜鼎扛起来，甚至可以徒手与棕熊和野猪搏斗，但他生性粗鲁，所以并不讨武帝的喜欢。公元前 87 年，武帝去世，传位给他最宠爱的小儿子、年仅八岁的刘弗陵，即汉昭帝，由大司马大将军霍光等辅政。

刘胥虽然没有什么才学，但野心倒不小，见昭帝年少无子，就希望他早日死去，以便自己能够跻身帝位。于是，他请来一个女巫，叫她诅咒昭帝早死。那女巫装神弄鬼，说是武帝的阴魂附到了她的身上，传话要让广陵王做皇帝，刘胥听了很高兴。

碰巧昭帝短命，只活了二十一岁。刘胥当是女巫的诅咒起了作用，便等着继位。不料霍光等大臣却迎立武帝的孙子昌邑王刘贺为帝。刘胥非常恼怒，又命女巫诅咒刘贺早死。

其实不用女巫诅咒，刘贺又很快就被废掉了。只是，霍光等又另立武帝的曾孙刘询为帝，史称汉宣帝。于是，刘胥一方面命女巫诅咒宣帝死；一方面与楚王刘延寿暗中勾结，阴谋以武力夺取皇位。后来事败，刘延寿畏罪自杀，刘胥则被免去死罪。

刘胥不甘心，又让女巫诅咒皇帝，这件事后来终于败露，朝廷

决定查究。刘胥惊恐万状，将女巫及知情宫女二十余人全部毒死。刘胥杀人灭口的消息传开后，朝廷公卿大臣都要求皇帝诛杀刘胥。宣帝特地派大臣去审理这个案子。刘胥自知罪行严重，难逃制裁，索性在王府里摆开宴席，并命宠姬来献歌献舞陪饮，直闹到天明，与大儿子诀别后，上吊自杀。

对这段历史，西汉的史学家褚少孙引用了《荀子》中的话加以评论说："蓬草生在直挺挺的大麻秆当中，不用扶它自然会挺直；白色的沙子掺在黑色的泥中，混合起来都会成黑色的（蓬生麻中，不扶而直，白沙在涅，与之俱黑），这是土地的影响才使它们这样的啊！"

鹏程万里

【释义】 相传鹏鸟能飞万里路程。用来比喻志向远大、前途无限。常用作祝贺或自勉的话。

【出处】 《庄子·逍遥游》。

《庄子·逍遥游》里说：北方的大海里有条大鱼，名叫"鲲"，鲲之大，无法形容，光说它的长，就不知道有几千里。后来变成了鸟，这只大鸟，名叫"鹏"。鹏之大，也难以比拟，光说它的背，就不知道有几千里，它一怒而飞，张开翅膀，黑压压地就好像遮盖了天空的乌云。这大鹏鸟，每当冬天海潮运转之时，就要从北海迁居到南海去。

当大鹏鸟从北海起飞、迁往南海的时候，翅膀一扑，就击起三千里的巨浪，乘着一阵暴风，扶摇而上，直入云霄，一冲就是九万里。

蝉、斑鸠和斥鷃等飞虫、小鸟，很觉惊怪，也感到很好笑，它

们对于鹏的如此大举，简直无法理解。斥鷃就用讥笑的语气指着鹏说：“它要飞那么远干什么啊？像我这样地跳上跃下，只有几丈的活动范围足矣；要飞，在蓬草丛中穿来穿去，也够逍遥了。这个大家伙，真是莫名其妙，它究竟要飞到哪儿去呢？”

皮里春秋

【释义】 皮里：指内心；春秋：泛指历史。指口头上不说什么，心里是非分明很有主见。

【出处】 唐·房玄龄等《晋书·褚裒列传》。

东晋时，有个叫褚裒的人，年纪轻轻就显露出一种不同凡响的风度。当时的名人谢安，常在众人面前夸奖他。

有一天，尚书吏部郎桓彝，看见褚裒，眼睛盯住他不放，半晌才缓缓地笑着说：“哈哈，果然是名不虚传，我看褚裒皮里有春秋（季野有皮里春秋），虽然他口头上不表示什么，可心里是非分明，极有主见，可以说他身上具备四时的正气。”

后来，褚裒入了仕途，他为官清廉，生活简朴，即便后来做了高官，又是皇亲，却从不假公济私。他在朝廷做了一阵官以后，总觉得心里不安，怕别人说他依靠皇后的势力专权，几次要求离开京城，到外去任职。最终，朝廷同意了褚裒的请求，派他出镇京口。

贫贱骄人

【释义】 身处贫贱，但很自豪。指以自己的贫贱为骄傲，鄙视权贵之意。

【出处】 汉·司马迁《史记·魏世家》。

战国时期，魏文侯攻占了中山国，派他的儿子击在那里驻守。有一天，太子击在路上碰见了魏文侯的老师田子方，赶忙下车拜谒："先生，你到哪里去啊？"

田子方却既不还礼，也不答话，把头昂得高高的，装作没有听见的样子。

太子击感到非常难堪，但因他是父亲的老师，也不便发火，于是就问："先生，是富贵应该骄傲呢，还是贫贱应该骄傲？"

"你说呢？"

太子击说："当然是富贵应该骄傲！"

"为什么？"

"因为富贵的人不愁吃穿，有权有势，别人都得尊敬他。"

"我看贫贱应该骄傲！"田子方冷笑一声说，"你知道吗？诸侯骄傲要失国，大夫骄傲要失官，贫贱的士人如果与诸侯主张不合，议论不被采纳，可以跑到别国去，这好比是他丢掉了一只草鞋子而已，没有什么可惜的！"

太子击很不高兴地走了。

后人由此概括出"贫贱骄人"这一成语。

萍水相逢

【释义】 萍：浮萍。像浮萍随水漂泊，偶尔碰在一起。比喻不相识的人偶然遇见。

【出处】 唐·王勃《滕王阁序》。

滕王阁，气势雄伟，俯瞰赣江，不愧为千古名楼。这座楼阁

原为唐太宗李世民的儿子滕王李元婴总督洪州时所建，楼阁以其封号命名。后来，滕王阁年久失修，一度成为各种飞鸟的乐园，使得它更加破落、衰败，直到阎伯屿来洪州任都督后，滕王阁才得到了修缮。阎伯屿准备在九月九日这天大宴宾客，举行庆祝竣工的典礼。

在古时候，人们为了某种庆典，都要举行大型酒会，而每当酒会时，都要撰写文采灿烂的文章，以资纪念，而这种文章一般都要由当时的大名家来撰写。阎伯屿有个女婿叫吴子璋，是当时小有名气的文士。阎伯屿为了显示女婿的文采，便事先让吴子璋将文章写好，以便在宴会的当天炫耀才华，达到扬名海内外的目的。

到了九月九日这一天，宴会在滕王阁举行，贵宾如云，宾客们按照职务高低，年龄大小，依次入席。阎伯屿命人取来文房四宝，对众位宾客道："诸位朋友，今日名阁新修，贵宾云集，应该说是千古盛会，不可不留下纪念的文章。有劳在座各位挥动如椽大笔，为名阁增色吧！"说完命人将文房四宝从首座往下传。但在座的宾客谁也不敢冒冒失失地接手，自讨没趣，因为他们心里都已清楚阎伯屿的意图。

而在众多的来宾中，有一名年龄最小，而且也没有任何职务的人，他就是王勃。此时，他正坐在最后一个席位上，当仆人仅仅出于礼貌将文房四宝递给他时，出乎所有人的意料，王勃竟毫不客气地将文房四宝留在了自己的桌上，并开始挥毫写作。阎伯屿见王勃年纪不大，却如此不懂礼貌，很生气地一甩袖子离席而去，临走时，他留下一名书童在一旁观看，王勃每写出一句，书童都会高声向里面报一句。

当王勃写下"落霞与孤鹜齐飞，秋水共长天一色"时，阎伯屿与在座的宾客都吃惊地意识到：这位王勃实乃是百代难逢的天才

啊！ 他的文章将是千古不朽的杰作！ 于是，阎伯屿再不敢有半点怠慢，马上出来向王勃表示歉意。

《滕王阁序》通篇基调高亢激越，积极向上，但也抒发了王勃宦途坎坷，知己难求的那种苦闷心情：“关山难越，谁悲失路之人？ 萍水相逢，尽是他乡之客。”

“萍水相逢”成语被用来比喻人与人初次见面，互不了解，像浮萍水面偶然相遇，又各自东西。

剖腹藏珠

【释义】 剖开腹部，收藏珍珠。比喻惜物伤身，轻重倒置。

【出处】 宋·司马光《资治通鉴·唐太宗贞观元年》。

唐太宗李世民有一次给大臣们讲了这样一个故事：西域有个商人，偶然得到一颗珍贵的珍珠，他害怕别人把珍珠偷去，放在哪里都不放心。 后来，他把自己的肚子剖开，把珍珠藏在肚子里面，结果一命呜呼。 唐太宗讲完这个故事问：“你们说真会有这种人吗？”

大臣们说：“可能有。”

唐太宗说：“这个商人爱珠而不爱身的愚蠢行为十分可笑。但是，有些人却因贪赃受贿而丧命，有些皇帝因无止境地追求享受、穷奢极欲而亡国，他们和那个商人不是同样愚蠢可笑吗？”右丞相魏徵说：“因为利欲熏心，贪得无厌，结果把性命丢掉的大有人在。 从前鲁哀公曾对孔子说，有个健忘的人，在搬家的时候，只顾搬运他的财物，竟把自己的妻子忘记了。 孔子说，这不算稀奇，有的人健忘得更厉害，比如桀、纣，为了贪图享受，把自己的

性命都忘掉了，结果弄得身亡国灭。”

唐太宗听了，知道他在讽喻自己。但他没有生气，反而说：“你说得对。我与诸位都应当总结经验教训，不要犯错误，免得被天下人耻笑。”

扑朔迷离

【释义】 扑朔：乱动；迷离：眼睛半闭。原指难辨兔的雄雌。后来形容事情错综复杂，不易看清楚真相。

【出处】 《乐府诗集·木兰诗》。

民歌，是劳动人民创作、口头流传，并在流传过程中经集体加工或文人删改润色的一种民间文学样式。

《乐府诗集》中，有一首南北朝时的叙事民歌《木兰诗》，讲述了木兰男扮女装，代父从军的故事：

南北朝时期，有位姑娘名叫花木兰，自幼习武。有一年，国家征兵打仗，花木兰的父亲也在应征之列。花木兰看到父亲年纪大，身体又不好，而弟弟年龄还小，于是便萌生了女扮男装、代父从军的念头。她把这个想法告诉父母，但遭到了反对。后来父母被她的孝心所感动，最终还是同意了她的请求。花木兰辞别父母，到边疆作战。她虽是个女子，但武艺高强、聪明机智，在战场上屡建奇功。经过十年的艰苦奋战，他们终于打败了敌人，胜利凯旋。皇帝知道花木兰功劳很大，便要封她为尚书。花木兰再三推辞，只求皇上让她早日回家与父母团圆。当她脱下战袍，重新穿上女装时，和她一起征战的伙伴都大吃了一惊。

诗的结尾说：

雄兔脚扑朔，雌兔眼迷离；

双兔傍地走，安能辨我是雄雌？

意思是：兔子静卧时，雄兔两只前脚时时爬搔，雌兔常常眯着双眼；当雄雌两兔一起贴着地面跑时，你怎么能辨别哪个是雄兔，哪个是雌兔呢？ 比喻穿上战袍之后，分不出木兰是男还是女。 此后，木兰代父从军的故事被人们传为佳话，在民间广为流传。

后人从中提炼出“扑朔迷离”这一成语，用来比喻事物错综复杂，不易看清底细。

铺锦列绣

【释义】 铺：铺展。 列：排列。 锦绣：精致华丽的丝绣品。 比喻文章辞藻华丽。

【出处】 唐·李延寿《南史·颜延之传》。

颜延之，字延年，琅琊临沂（今山东临沂）人，是南朝宋代人，很有学问。 当时有个以儒学著称的隐士周续之到京城开馆讲学，颜延之同他展开辩论，结果周续之理屈词穷，辩不过颜延之。颜延之的诗歌也写得相当好，与当时的著名诗人谢灵运齐名，时称“颜谢”。

颜延之曾问文学家鲍照：“我与谢灵运比，谁的诗写得好？”

鲍照回答说：“他的诗，像刚开的荷花，自然可爱；你的诗，像铺开的锦、陈列的绣（铺锦列绣），满眼的五彩缤纷。”

Q

七步之才

【释义】 走七步就能做成诗。 比喻文思敏捷，才气过人。

【出处】 南朝·宋·刘义庆《世说新语·文学》。

曹植是曹操的第三个儿子、魏文帝曹丕的同母弟弟，他从小受到良好的文学熏陶，有着非凡的文学才华，曹操曾几次打算把他立为世子，以继承自己的事业，但曹植生性飘逸，却并不在意名利地位。 反而是曹操的二儿子曹丕，一心想当魏世子，拥护他的人也常在曹操面前说好话，最终促使曹操改变主意，立了曹丕为魏世子。 汉献帝延康元年（公元 220 年），曹操因病去世，曹丕继任丞相。 就在这一年，曹丕废献帝自立为帝（即魏文帝）。

曹丕称帝后，仍妒忌弟弟的才能，便借口曹植在父丧期间礼仪不当，拿他问罪。 审问时，曹丕指责他依仗才学，故意蔑视礼法，接着说："父亲在世时，倒也常夸你的诗文，我一直怀疑有人为你代笔。 今天限你七步成诗一首，如若不成，休怪我问你死罪！"

曹植点点头，说："请皇上赐题。"

曹丕又故意刁难他说："就以兄弟为题，但不许出现兄弟二字。"

曹植略一思忖，便迈开脚步，走一步吟一句：

煮豆持作羹，漉菽以为汁；
其在釜下燃，豆在釜中泣。
本自同根生，相煎何太急？

这几句诗的意思是：要煮豆子做豆豉，抱来豆梗当柴烧。豆梗在锅下呼呼燃烧，豆子在锅里被煮得又哭又叫：咱俩都是一条根上长出来的，为什么这样狠心地煮我啊？”

曹植吟完，正好走了七步。曹丕听了，羞愧难当，免去了他的死罪，将他贬为安乡侯。曹植七步成诗的事很快传开，人们也因此而称赞他有“七步之才”。

七纵七擒

【释义】 捉了七次又放了七次。指正确使用攻心战使对方心悦诚服。

【出处】 晋·陈寿《三国志·蜀书·诸葛亮传》。

三国鼎立时，蜀汉丞相诸葛亮为了巩固后方，于公元 225 年率军南征。正当大功告成准备撤兵的时候，南方彝族的首领孟获，又纠集了被打败的散兵来袭击蜀军。诸葛亮得知，孟获不但作战勇敢，意志坚强，而且待人忠厚，在彝族中极得人心，因此决定把他争取过来。

孟获虽然勇敢，但不善于用兵。第一次上阵，见蜀兵败退下去，就以为蜀兵不敌，于是不顾一切地追上去，结果闯进埋伏圈被擒。孟获认定自己要被诸葛亮处死，不料诸葛亮亲自给他松绑，好言劝他归顺。孟获不服失败，傲慢地加以拒绝，诸葛亮就放他

回去，让他准备好再战。就这样，诸葛亮一连捉了七次又放了七次，孟获终于心服口服。就这样最终归顺了蜀汉。诸葛亮也平定了后方，为伐魏事业扫平了一个障碍。

期期艾艾

【释义】 形容口吃的人吐字重复，说话不流利。后来借用于办事没明确的态度。

【出处】 汉·司马迁《史记·张丞相传》、南朝·宋·刘义庆《世说新语·言语》。

汉高祖刘邦的大臣周昌，又名期，与刘邦是同乡，跟从刘邦入关破秦，后升至御史大夫，封汾阴侯。他为人正直，敢于直言，但有口吃的毛病，所以说起话来很不流利。尤其是当他激动的时候，更会急得面红耳赤，更是老半天说不出一句话来。

汉高祖刘邦得天下后，他的宠妃戚姬生了个儿子叫如意。刘邦就想废掉原来的太子，立如意为太子。周昌知道后，去向高祖劝谏。周昌本来说话就有点口吃，表达意思很吃力，最后说急了，他脱下官帽，怒气冲冲地说："臣是不会说话的，然臣期……期知其不可，陛下一定要换太子，臣期……期不奉诏！"他说到自己名字"期"时总是要打顿重复。这一结巴，把满朝文武百官都逗笑了，刘邦也跟着笑了，于是改立太子这件事就暂且被搁在一边。

三国时魏将邓艾曾率军偷渡阴平进入成都，使得蜀汉最终灭亡。后来邓艾遭到钟会的陷害，因此招司马昭的疑忌而被杀。邓艾有口吃的毛病，说话时称自己是"艾……艾……"。有一次他

在洛阳参加司马昭的聚会，交谈时，他又开始“艾……艾……”。司马昭就跟他开玩笑：“你老说艾艾，到底是几个艾？”邓艾也不示弱，说：“凤兮凤兮，难道不是一个凤？”

“凤兮凤兮”是《论语·微子》中一个典故：春秋时楚狂接舆歌中说“凤兮凤兮”，指的是一个凤。后来，人们把这两个故事和在一起，就有了成语“期期艾艾”，形容口吃的人说话结巴。

欺世盗名

【释义】 世：世人；盗：用不正当的手段取得。指欺骗当世的人，窃取名誉。

【出处】 《荀子·不苟》。

史鱼是春秋时非常有名的一位贤臣，当时他在卫国做大夫。卫国有个贤士叫蘧伯玉，此人具有超人的外交才能和治国之才。史鱼多次向卫灵公推荐蘧伯玉，希望他能受到重用。

但卫灵公当时非常宠信弥子瑕，他听信了弥子瑕的建议，便将此事放于一旁。过了一段时间，史鱼向卫灵公问起这件事，卫灵公说：“弥子瑕说蘧伯玉这个人不懂兵法，不会治军。我所需要的人才是文武全能。他不精于兵法，我们就暂时将他放一放好了。”史鱼很是失望，认定弥子瑕是个大奸臣，应赶出朝廷。但卫灵公也没有理会。

这一年，史鱼患了重病，临死前，他对儿子说：“我生前有两件事没有做成，这是我终生的遗憾。一是没能让蘧伯玉得到重用；二是没能将弥子瑕赶出朝廷。这两件事使我死不瞑目，所以，我死后你不必为我盛殓。”卫灵公听了史鱼的遗言，倒有些后

悔了。

到了战国时，有个叫田仲的人，他在家种地，他哥哥却在朝廷做大官。为了让弟弟能过上好日子，哥哥给田仲送回许多金钱。但田仲宁可辛辛苦苦地耕种几亩薄田，过清贫的日子，却从来不用哥哥一文钱。左邻右舍看到田仲每天早出晚归种地，风里来雨里去地耕作，逢年过节也难得吃一顿好饭，乡人都称赞他的人格。很快，田仲成了一位名人，被当时的人们视为楷模。由此许多国家的君主纷纷派人请他出来做官，但都被他婉言拒绝了。

对这两位历史人物（史鱼和田仲）的评价，后人仁者见仁，智者见智，有很大的分歧。如荀子对他们的所作所为就做过极为尖锐的批评，他说："他们都是奸猾诡诈之人，在政治黑暗的社会里，以欺骗的手段盗窃好的名誉（以盗名于暗世者也），是当时危险的人物。"

蹊田夺牛

【释义】 蹊：践踏。牛踩坏了庄稼，就把人家的牛夺了过来。比喻处罚太重。

【出处】 春秋·鲁·左丘明《左传·宣公十一年》。

春秋时，陈国的君主陈灵公和大臣孔宁、仪行父都跟夏姬私通。有一天，他们在夏姬家喝酒，拿夏姬的儿子夏征舒开玩笑。

灵公对仪行父说："征舒像你！"

仪行父说："更像国君！"

夏征舒听了十分愤怒，后来，他趁灵公不防备，射箭杀死了灵公。孔宁和仪行父慌忙逃命到楚国去了。楚庄王因为夏征舒弑君

而兴师讨伐陈国，杀死了夏征舒，并把陈国收归为楚国的一个县。

楚国大夫申叔时对此颇有看法，楚庄王知道了，当面责备他说：“夏征舒杀了他的国君，寡人率领诸侯讨伐并且杀掉他，诸侯和本国大夫都来庆贺，只有你不庆贺我，为什么呢？”

申叔时说：“夏征舒杀了他的国君，讨伐并杀掉他，是国君您伸张正义。但也有人这么说：如果有人牵牛践踏了别人的田地，就该把他的牛夺走（牵牛以蹊人之田，而夺之牛）。牛践踏田地的人，确实有罪，但夺走他的牛，惩罚就太重了。现在把陈国设置为楚国的县，这不是跟夺别人的牛一样吗？”

楚庄王听了抚掌称好。后来，楚庄王重新封立了陈国。只是从每个乡抽一个人带回楚国，聚居一地，称为“夏州”，以旌表此次战功。

齐大非偶

【释义】　指因非门当户对，不敢高攀而拒绝联姻。

【出处】　春秋·鲁·左丘明《左传·桓公六年》。

齐国的国君齐僖公有个女儿，名叫文姜。齐僖公想给她找一个称心如意的女婿，左挑右选，看中了郑国的公子忽，于是派使臣去郑国说亲。郑国的文武大臣听说齐国主动提亲，都高兴得不得了。因为齐国是大国，而郑国弱小，经常受到诸侯国的歧视，如果能与齐国攀上亲戚，不就有个靠山了吗？所以郑庄公满口答应下来。

齐使走后，郑庄公派人请来太子忽，当面征求他的意见。太子忽满面愁容，屈身伏拜道：“回禀君父，儿臣万死，请君父谢绝

这门婚事，儿臣决不娶齐女文姜！”

郑庄公很惊诧，忙问：“为什么？”

太子忽说：“回禀君父，儿臣以为应该选择一个与自己身份相称的配偶。现在齐国强大，郑国弱小，与他们不能平起平坐。《诗经》上说‘求于自己，多受福德’，我想自己靠自己，用不着依靠大国。所以儿臣不能娶齐僖公的女儿（人各有耦，齐大，非吾耦也），请君父恕罪。”郑庄公为难起来，犹豫地说：“依靠别人早晚要吃亏，可是不答应，恐怕又会得罪齐君，真难办哪……”

太子忽说：“那就先让使臣回齐国去，告诉他这件事以后再商议。”郑庄公同意了。

转眼间，半年过去了。齐国遭到北戎人的侵扰，齐僖公派人请郑国派兵援助。郑庄公派遣公子忽率军昼夜奔驰，到齐国边境阻截北戎人。结果不仅击溃了北戎人，并且俘虏了北戎军队的两大主帅，献给齐僖公三百颗敌人头颅。为了庆贺胜利，齐国准备了充足的粮米和牛羊，犒劳郑国的援军。酒宴过后，齐禧公又想起为女儿择婿的事，他对公子忽亲热地说：

“上次我派使臣去贵国提亲，你吞吞吐吐没答应，一定是不喜欢我的女儿文姜。我不强求你。今天我打算把另一个爱女嫁给你为夫人，你一定不会拒绝吧？”

“不，君王。”太子忽斩钉截铁地回绝说，“这门亲事下臣万万不敢接受，请您另择佳婿吧！”说完，头也不回地率兵回郑国去了。齐僖公望着公子忽的背影，莫名其妙地摇了摇头。

公子忽回国后，郑国大夫们问他：“你怎么又一次推掉齐国的婚事？难道依旧是郑、齐两国地位不相称的道理吗？”太子忽说：“是的，不过又多了一个理由，先前我没有为齐国做什么有益的事情，尚且不敢答应他们。现在我打退了北戎人的军队，替齐

国解除了忧患，假如我同意这门亲事，迎娶齐僖公的女儿回国，那么人们就会说我别有企图，利用战争成婚，郑国的人民将会怎样看待我的品行呢？”大夫们不住点头说：“公子做事真是以国为重啊！”

齐人攫金

【释义】 攫：抢夺。形容因贪利而失去了理智，利欲熏心，不顾一切。

【出处】 《列子·说符》。

春秋时期，由于局势变化极快，不同人物的命运也经常发生戏剧性的变化。如苏秦，历经一番磨难后，靠着学问和三寸不烂之舌，竟由一介书生成为燕、赵、韩、齐、楚、魏六国的宰相，成为古今罕见的挂六国相印之人，他的身份之高就可想而知了。

无独有偶。另有一个叫范雎的人，他先投到魏国的大夫须贾门下做门客，后来被须贾诬告“里通外国”，被宰相魏齐打了个半死，丢到厕所里。

范雎醒来逃亡到了秦国，在秦国凭着自己的能力平步青云，被任命为相国。当了相国的范雎立即兴兵伐魏，最后逼得魏王只好将魏齐的脑袋献上，范雎才下令大军撤回。

苏秦和范雎的经历让一个齐国人深受“启发”。他只知道苏秦和范雎在成名做大官前，都不过是平平常常的读书人，而对他们的求学过程及杰出的政治才能却一无所知。他便一心一意找升官发财的机会。但他的学问和见识过于平庸，几年辛苦努力，却没有半点收效。

一日，他实在闲得无聊，来到集市上游逛。看到有人在卖黄金，他连想也不想，抓起一把金子转身就走。卖金子的人看他强盗不像强盗，小偷又不是小偷，很是莫名其妙，便上前拉住他说：“先生，你这是做什么？是要买，还是要拿，你与我说明白我们好商量啊？”齐人只是笑笑不吱声。卖金子的人无奈，只好将他送到了衙门里。衙门里的人听了卖金子人的报告，也认为事情很离奇，询问齐人说：“卖金子的人就在旁边，你拿起金子就走，这是为什么？”齐人回答得非常理直气壮，说：“这不是废话吗？我拿金子的时候，只看到金子，根本没看到人，我这么聪明，如果有人在场，能干这种傻事？”

人们听到他“精彩”的回答，无不啼笑皆非。

歧路亡羊

【释义】 歧路：岔道；亡：丢失。指岔道太多，找不到丢失的羊。比喻事情复杂多变，易于迷失方向而误入歧途。

【出处】 《列子·说符》。

杨朱是战国时期一位很有影响的思想家。他家境优裕，养了许多童仆料理家务。平日里，杨朱一心为前来求学的弟子讲学，与邻居绝少往来，彼此相安无事。

而杨朱的邻居是一个养羊专业户，有一次丢失了一只羊，便全家出动到处寻找。找了半日，一无所获。主人觉得很懊恼，又不甘心。有人出主意说：“杨朱先生家有不少童仆，不妨请杨先生派他的童仆帮帮忙，也许能找得到。”

邻居找到杨朱，说明来意，请求帮忙。杨朱奇怪地问：“不

过是丢了一只羊，有必要让那么多人去找吗？”邻居哭丧着脸说：“先生有所不知，村外的岔路太多了，不知羊从哪条路上跑掉的，人少了不济事，请先生千万帮忙。”杨朱不忍拒绝，便派出几个童仆协助寻找。

黄昏时分，找羊的人们陆陆续续回到家中。杨朱很关切地问邻居：“羊找到了吗？”邻居叹口气说：“别提了，整个儿白忙，连个影子都没看到。”杨朱说：“那么多人连一只羊都找不到，未免太奇怪了。羊难道能飞上天去？”邻居说：“都怪那该死的岔路太多了，岔路之中又有岔路。人没有岔路多，谁也弄不清羊究竟是从哪条路上走掉的，当然找不到了。”

杨朱听了似有所思，点了点头道：“哦，是这么回事。”

邻居走了之后，杨朱变得沉闷起来，整天不见笑容，像是有什么事压在心头。他的学生见老师闷闷不乐的样子感到迷惑不解，终于忍不住问：“不就是丢了一只羊嘛，并不是什么了不起的大事。何况羊又不是您的，您何必这样愁眉不展呢？”可杨朱说：“即使是我丢了羊也不是什么了不得的损失，我才不会为一只羊发愁呢！我是由这件事联想到治学，如果在学习上不求专一，而是东抓一把、西抓一把，到头来岂不像在岔路中找羊一样，一无所获吗？”

后来有个叫心都子的说：“大道以多歧亡羊，学者以多方丧生。”意思是说：大路上有很多岔路，所以找不到羊；读书人如果没有正确的方向，就会误入歧途，虚度一生。和杨子的想法不谋而合。

骑驴觅驴

【释义】 觅：寻找。指骑着驴找驴子。比喻东西就在身边

却还到处去找。

【出处】 宋·释道原《景德传灯录·福州升山白龙院道希禅师》。

从前有个王三，一副肥头大耳、呆头呆脑的样子。一天，他父亲从畜圈里赶出五头毛驴，让他到集市上去卖。临行时，父亲再三叮嘱说：“这是五头驴，你把它们都卖了，到集市的路很长，你要仔细看管，别让毛驴跑丢了。”王三答应着，抬腿骑上其中一头驴，然后赶着驴群上路了。

走到半路，王三想数一数驴子，看看够不够数，可是数来数去，总是四头。他心里疑惑：“父亲明明告诉我是五头驴子，怎么只剩下四头？”他以为是自己粗心大意，弄丢了一头，就按原路返回去找。

王三按原路找驴，一直找到家门口也没找到。这时，他十分口渴，就从驴肩上跳下来进屋喝水。等他喝完水出来，站在院门口又重新数了数毛驴的头数：不多不少，正好五头！他搔着头皮在那里想了好半天才恍然大悟：“嘿，原来我把自己骑的那头驴忘啦！”

乞儿向火

【释义】 烤火的乞丐。比喻那些趋炎附势的人。

【出处】 五代·后周·王仁裕《开元天宝遗事·向火乞儿》。

唐玄宗开元年间，奸臣杨国忠弄权当道，许多文武官员都看他的脸色行事。宰相张九龄对此很厌恶，从不与杨国忠来往。杨国

忠将他恨在心头，一些大臣都为他担心，生怕他遭到杨国忠的诬陷。

张九龄却说：“那些趋炎附势的人都是些向火的乞儿，别看他们现在眉飞色舞，以为得到了什么好处，其实什么也没有得到。等到火熄灭了，只剩下灰烬，那些灰被风一吹就会四处飘散，哪儿还有什么暖气？一旦这样，那些烤火的乞儿就会因缺少温暖而冻死在荒野，只剩下一些骨头，而骨头又会被抛到山沟沟里。他们现在似乎很得势，全然不知大祸将要临头。”

那一年，驻守边疆的节度使安禄山发动叛乱，唐玄宗带着杨贵妃仓皇出逃，在马嵬坡忠心保护皇帝的将士们坚决要求除掉杨国忠的靠山杨贵妃，玄宗为保江山，只好让杨贵妃上吊自杀了。杨国忠也被治了死罪。而那些巴结杨国忠的人果然一个个受到惩罚，有的甚至被诛灭九族。

前倨后恭

【释义】 倨：傲慢。恭：恭敬。起先傲慢，后来恭敬。形容前后态度截然不同。用来形容那些势利小人。

【出处】 汉·刘向《战国策·秦策一》。

战国后期，洛阳城有位名叫苏秦的说客，去秦国游说治国之策，却没有成功，盘缠也花完了，只得返回到洛阳家中。他的家人见他一副窘态，都不理睬他。妻子不给他做饭吃，父母不与他说话，他的嫂子还当面讥笑他。苏秦受到这般冷遇，感慨万千。从此，他足不出户，日夜攻读经史，发奋要干出一番事业来。

不久，苏秦再次远离家园，游说到赵国，奉劝赵肃侯采取“合纵”政策，联合韩、魏等五国，共同对付秦国。 赵肃侯十分赞赏他的建议，就封他为武安君，给他车马、玉璧、绸缎，让他去游说各国诸侯，共同抗秦。 苏秦凭着三寸不烂之舌，得到五国君主的赏识，一时间六国拜他为相，名声显赫。

有一次，苏秦从楚国返赵，途经家乡洛阳城，仪仗浩浩荡荡，威严壮阔，犹如天子巡行一般，引得家乡人赞叹不已。

苏秦的父母听说儿子衣锦还乡，忙洒扫居室，备好酒宴，赶到离城三十里外的地方恭候苏秦；苏秦的妻子低着头，不敢正眼看丈夫；苏秦的嫂子则一路匍匐而行，跪在苏秦的车马下，连拜四拜，向他请罪。

苏秦看着这一场面，回想到上次回家里受到的冷落，不禁感慨地问道：“嫂子，你对我为何以前态度傲慢，现在又如此恭敬呀(嫂何前倨而后卑也)？”

嫂子厚着脸皮答道：“因为叔叔您地位变得尊贵了，而且又十分富有。”

苏秦听了这番话，长叹着道：“唉！ 我穷困的时候，父母不把我当作儿子；如今我富贵了，亲戚家人便惧怕我了。 想不到人生在世，功名利禄竟是如此重要！”

前事不忘，后事之师

【释义】 师：榜样，引申为借鉴。 指记得以前的经验教训却可以作为今后行事的借鉴。

【出处】 汉·刘向《战国策·赵策一》。

张孟谈是赵国的左司马，他出计协助赵襄子联合韩、魏打败晋国的智伯。灭亡了晋国之后，赵、魏、韩将晋国瓜分。

大功告成后，张孟谈向赵襄子提出辞职。他说：“如今臣的声名显赫，权力很大，而且众人顺服。臣希望舍弃功名，丢掉权势，离开这里。”

赵襄子很不高兴，说：“这是为什么呀？我听说辅佐君主的人，才能声名显赫；功劳多的人，才能身价高；对国家大事负责的，才能委以重任；自己忠义诚实，才能使众人信服。你正是国家所需要的人才，为什么要辞职呢？”

张孟谈说：“您所讲的，是说一个人功成名就值得赞美的一面，臣所说的是掌握国家权力的道理。臣观察以往的事情和听古人说的结论都认为天下人对美好事物的认识是一致的。可是以君王和臣下的权力相等为美，却是没有过的事。功成名就就应急流勇退，留恋功名迟早会身败名裂。不忘记从前的事，可以把它作为以后行事的指导（前事之不忘，后事之师也）。您即使不同意我辞职，我也不可能再帮您办事了。”

赵襄子见张孟谈决心已下，只好同意了他的请求。张孟谈离开了都城，到负亲去耕种土地，过着悠闲的生活。

前徒倒戈

【释义】　前面的部队投降敌方，反过来打自己人。

【出处】　《尚书·武成》。

纣王是殷商最后一个君主，在历史上他是有名的暴君。他浮华奢侈，为了建造一座供他和他的爱妃们享乐用的长三里、高千尺

的鹿台，几乎动员了全国的青壮年劳力，使得全国田地中无青壮年收割，只好让妇女和儿童下田。

朝中那些为民着想、为国担忧的正直大臣，认为纣王建造的这个建筑实在荒唐，不仅劳民伤财，而且还直接危及到国家的安定，便纷纷来劝阻。纣王根本听不进大臣们的劝说，还想出了一个极为恶毒的办法来对付那些敢于劝他的大臣。他让人找来一个巨大的容器，在里面放满有毒的蝎子，称为“虿盆”；又命人竖起一根大铜柱，用火烧红，称为“炮烙”。然后，他颁下命令说：“如有敢劝阻修筑鹿台者，无论是谁都要丢入虿盆，或用铁锁绑在炮烙之上。”大臣们看到这两种酷刑，都吓得魂飞魄散，哪里还敢再来劝说。

耗费巨大财力、人力之后，一座气势雄伟、高接白云的鹿台终于落成了。纣王欣喜万分，每天都要带着心爱的妃子到台上欢舞赏歌，饮酒作乐。纣王还嫌不够，他又命人开凿出一个大池子，里面装满美酒，又在鹿台上挂满熟肉，让他的宠臣和宫人们在那里尽情地享受，并将那里命名为“酒池肉林”。

纣王的种种罪行，令人不忍描述，简直到了罄竹难书的地步，激起了全国上下的义愤。此时，周武王的丞相姜子牙认为时机已经成熟，便建议起兵伐殷。纣王赦免罪犯来充当士兵。殷、周的大军交战于牧野，谁料两军刚刚接触，殷军的士兵们便纷纷掉转矛头，直向纣王杀去（前徒倒戈）。结果殷军大败，纣王在鹿台上自杀。

钱可通神

【释义】 指金钱的魔力可直达神明。形容在旧社会靠钱可

以办成任何事。

【出处】 唐·张固《幽闲鼓吹》卷五二。

俗话说："人为财死，鸟为食亡。"唐朝张固的《幽闲鼓吹》就记述了这样一个故事：

唐代宗时期，左仆射张延赏了解到有一宗大案子是个冤案，一心想重新审理。后来他担任度支使后，便立即召见掌管讼案、刑狱的官吏严加训诫，要手下人认真追查，十天内必须查明真相。结果，第二天早上，有一张纸条放在张延赏书案上，上面写着："兹送钱三万贯，请你不要追查此案了。"张延赏看完，把纸条撕了心想："这么大的案子，你送三万贯就算了结？"他仍旧派人四处寻访证人，核查物证。第三天，他的书案上又有一张纸条，上面写着"十万贯"。张延赏生来还没见过这么多钱，于是财迷心窍，决定不再追查这个案子了。

他手下的人见张延赏对案情连续几天不闻不问，感到奇怪，就来询问原因。张延赏说："你们哪里知道这十万贯钱简直可以通神了！花这么多钱，还有什么人买不通，什么事办不到？如果咱们再追查下去，恐怕会带来灾祸的，倒不如收下钱不再追查了（钱十万可通神矣，无不可回之事，吾惧祸及，不得不止）。"

张延赏也许是贪，也许是怕，总之，他不再追查，而罪犯也一直逍遥法外。

黔驴技穷

【释义】 黔：地名，今贵州一带；技：技能，本领；穷：尽，完了。原指驴的本领十分有限，尽管它已使出了自己的全部

本领，但却仍然敌不过老虎，最后被虎吃掉。后用来比喻有限的一点儿本领。

【出处】 唐·柳宗元《三戒·黔之驴》。

从前，贵州一带没有驴子，有个人就用船运来了一头毛驴。因为不知用它来做什么，便把它放牧在山脚下。山里的老虎发现了这头毛驴，见它很高大，不知道它有些什么本领，便不敢靠近，只是远远地躲在树林里偷偷地观察它的动静。

过了一些时间，老虎放大了胆子，走出树林，一点一点地靠近毛驴，再仔细地瞧瞧它，但仍然不知道它究竟是个什么东西。

一天，毛驴突然大叫一声，把老虎吓了一大跳，以为它要来吃自己，急忙逃得远远的，可是，结果并非如此。过了几天，老虎又靠近毛驴，发现它并没有什么特别的本领，对它的叫声也听惯了。于是，向毛驴靠得更近些，在它面前转来转去，结果还是平安无事。

后来，老虎靠毛驴更近了，甚至碰撞毛驴的身子，故意冒犯它。毛驴终于被激怒了，用蹄子去踢老虎。这一来，老虎反而高兴起来了，它估计驴的技能就这么一点儿，没有什么可怕的，便大吼一声，猛扑上去，咬断了毛驴的喉管，美美地饱餐一顿，高高兴兴地离去。

强弩之末

【释义】 弩：古代用机械发箭的弓。强弩所发的箭，飞行已达末程。比喻强大的力量已经衰竭，不能起作用。

【出处】 汉·司马迁《史记·韩长孺列传》。

西汉时的韩安国，本是梁王刘武的中大夫，在平定“吴楚七国之乱”时曾屡立军功，后来因为触犯国法，被革去职务，赋闲在家。

到汉武时，田蚡做了太尉。韩安国就去贿赂田蚡，请他保举自己，担任了北地都尉的职务，不久又升迁为大司农。后来，韩安国平定战乱有功，汉武帝又让他做了御史大夫。

这时，汉朝和匈奴时而交战，时而议和。一次，匈奴突然派了一位使者来议和，武帝一时之间也难以决定，便召集满朝文武官员，共同来讨论这件事。有个叫王恢的大臣，过去曾在边疆做过几年官，对于匈奴的情况相当了解，他认为凭汉朝的军事实力，一定能扫平匈奴，因此他反对和匈奴议和，建议汉武帝立即采取行动，发兵到边疆去征伐匈奴。

在场的官员听了，都保持沉默，只有韩安国站出来大声反对说：“现在匈奴的兵力日益壮大，而且又神出鬼没，流窜不定，如果我们出兵千里去围剿，不但很难成功，而且还会给匈奴以逸待劳、得以制胜的机会。这情形就像是射出的箭矢飞行到最后没有力量的时候，连最薄的绸缎也无法穿破；狂风的尾巴，连很轻的羽毛也无法吹动一样（冲风之衰，不能起毛羽；强弩之末，力不能入鲁缟）。我们现在如果发兵征伐匈奴，实在是不智之举。依我的看法，倒不如和他们缔约谈和。”

很多大臣都支持他的意见，于是汉武帝便采纳了韩安国的意见，同意和匈奴议和。

巧夺天工

【释义】 天工：指自然形成的。精巧的程度超过天然。比

喻技艺高超巧妙。

【出处】 元·伊世珍《琅环记》引《采兰杂志》。

三国时，魏国第一代皇帝曹丕的皇后甄氏，原是袁绍之子袁熙的妻子，因生得美貌，曹丕便在当皇帝之前把她掳来为妻。后来，她四十岁时被封为皇后，为了使曹丕长久地宠幸自己，她每天早晨都要花许多时间打扮。

据说在她宫室前的庭院中，有一条长得非常美丽的绿色的蛇，它嘴里时常含一颗红珠，每当甄皇后梳妆打扮的时候，它就在她面前盘成奇巧的形状。甄皇后后来注意到，这蛇每天盘出的形状，从来不重复，于是，她就模仿它的形状梳头。由此甄皇后的头发梳得非常精致，可谓巧夺天工，后宫的人都称它为“灵蛇髻”。曹丕见了后，觉得她仍然非常年轻漂亮，还是对她十分宠爱。

但是，随着年华的消逝，即使再精致巧妙的梳妆，也无法改变甄皇后失宠的命运，年轻的郭皇后终于替代了她的地位。而她由于对此不满，惹怒了曹丕，最后被他下诏赐死。

亲痛仇快

【释义】 做事使亲人痛心，仇人快活。指某种举动只利于敌人，不利于自己。

【出处】 汉·朱浮《为幽州牧与彭宠书》。

东汉光武帝刘秀登基后，大封功臣，但渔阳太守彭宠却没有受封，为此彭宠心里不服。渔阳受幽州牧朱浮管辖。一次朱浮向渔阳征收银米，彭宠居功自傲，不肯发送，并且口吐怨言。朱浮大怒，写信斥责了他一顿，于是，彭宠怀恨在心。

不久，朱浮向光武帝密告彭宠行为不轨，说不定会造反。光武帝得知后，召彭宠到京都来，彭宠怀疑这是朱浮在搞名堂，进京不会有好事，便要求和朱浮同去京都，但光武帝不许，这样一来，彭宠更加怀疑并且畏惧起来了。彭妻平时就经常干预丈夫的公事，她劝彭宠干脆不去京都，自己独立。彭宠听从了她的话，拒绝应召入都，并出兵二万准备攻打朱浮。

朱浮听说彭宠发兵来攻，便写了一封信规劝他。信上说："现在国家刚刚太平，文武百官不管本领大小，都在为国家建功立业，而你却发狂地自暴自弃。你应该懂得，凡是做事情，决不能使亲人感到痛心，而使仇敌感到高兴（凡举事，无为亲厚者所痛，而为见仇者所快）。"

彭宠看了这封信后，没有听从朱浮的劝告，仍然发兵去攻朱浮所在的蓟城。彭宠夺取了蓟城以后，自称燕王。但是，他最后被府里的管家杀死了。

秦晋之好

【释义】　春秋时，秦、晋两国几代国君通婚。现泛指两家联姻。

【出处】　春秋·鲁·左丘明《左传·僖公二十三年》。

春秋初期，晋国吞并了附近一些小国，成为一个大的诸侯国。为了加强与大国秦国的友好关系，晋献公把大女儿嫁给了秦穆公，历史上称她为秦穆夫人。

但年老的晋献公却开始糊涂，他非常宠爱妃子骊姬，听了她的谗言，竟逼死太子申生。骊姬还准备陷害公子夷吾和重耳，以便

自己的儿子奚齐将来继任国君，夷吾和重耳只好逃离晋国。等晋献公去世后，骊姬如愿以偿，奚齐被立为了国君。

不久两个忠于夷吾的大夫杀死奚齐，派人去迎接流亡在外的夷吾回晋国继位。夷吾生怕回国后控制不住局势，便请秦穆公派兵护送并支持他，并允诺割五座城池给秦国作为报答。但他继位（史称晋惠公）后食言，使秦穆公非常恼火。过了四年，晋国发生饥荒，向秦国求援，秦穆公不计旧恨，运送了许多粮食到晋国去，帮助晋国度过了饥荒。可是次年秦国发生了饥荒，晋惠公却不肯支援秦国。过了一年，秦穆公率军攻伐晋国，活捉了惠公。后在秦穆夫人的帮助下，秦穆公不仅宽恕了惠公，而且与他缔结了盟约。

惠公经过这次劫难后，加强了对秦国的友好关系，把太子子圉送到秦国去当人质，秦穆公也将宗女怀嬴嫁给子圉。不料，子圉后来背着秦穆公逃回晋国，次年惠公死了，子圉继位当了国君，即晋怀公。怀公生性刻薄，乱杀老臣，引起朝中百官对他的强烈不满。

在各诸侯国流亡了十九年之久的晋公子重耳，最后来到了秦国。他才华出众，为人忠厚，秦穆公很欣赏他，把五个宗女嫁给他，其中一个即是怀嬴。一天，怀嬴捧着水盆给重耳浇水洗手。重耳洗完后，很轻视地挥手叫她走开。怀嬴生气说："秦国与晋国是对等的国家，你为什么欺侮我？"重耳知道自己做错了，马上向她认错。后来，秦穆公派军队护送重耳回晋国去，重耳派人刺杀了怀公，群臣都拥戴他当国君。之后，他让太子也娶秦国的宗女做夫人，从而父子两代都和秦国联姻，结成了"秦晋之好"。

秦镜高悬

【释义】 秦镜：相传秦始皇有一面镜子，能照见人的五脏六腑，知道心的邪正；悬：挂。比喻官员判案公正廉明，不徇私情。也比喻人料事清楚，见解深刻。也作“明镜高悬”。

【出处】 汉·刘歆《西京杂记》。

传说秦朝的咸阳宫中，收藏着无数的珍品宝物，其中有一面方镜，说起来真是神奇之至。这面方镜，宽四尺、高五尺九寸，正反两面都十分明亮。人直立对镜，镜内的人影却是倒立的；如果抚摩着胸口来照，可以清楚地照见五脏，体内有病的人，可以照出病在什么地方。如果谁有坏心歹意，也能在一照之下看得很清楚。据说秦始皇就常常利用这面镜子，来考察宫中嫔妃、侍卫等人是否忠贞，倘若发现心胆慌张乱跳的人，就立即逮捕审讯，加以惩处。

后来，刘邦攻入咸阳，把咸阳宫的珍宝全部封存起来，后来项羽领兵来到，把珍宝从刘邦手中夺走了不少。这面神奇的镜子，就在那时不知弄到哪里去了。

轻财好施

【释义】 不吝惜钱财，喜好施舍。

【出处】 晋·陈寿《三国志·吴书·朱据传》。

朱据是三国时吴人，他魁伟英俊，膂力过人，口才极好。当时，吴国的选曹尚书暨艳痛恨有污行的官吏，要给予严惩，朱据劝他说：“现在天下未平，正是用人之际，应该正确评价这些官吏的

功过，不要只看到他们的缺点。你如果对他们处分过重，恐怕会给自己惹出麻烦。”暨艳不听劝阻，处分了一批官员，这些官员便争相攻击暨艳，说他的坏话，引起了吴帝孙权对他的不满，最后他被逼自杀。

后来孙权器重朱据的才能，就封他为云阳侯，任命他为左将军，并把公主嫁给了他。有一次，朱据的部队应得饷银三万串，被一个叫王遂的人骗取了。典校吕壶怀疑是朱据贪污，就严刑拷问他的一个手下人，把他打死了，朱据知道他无辜而死，厚葬了他。吕壶对孙权说，朱据厚葬这个人，是因为他替朱据隐瞒了罪责。朱据无法查出这三万串钱的去向，只好等孙权降罪下来。几个月以后，有人查明了事实真相，孙权感慨地说：“像朱据这样的人都会被冤枉，更不要说普通的官吏和老百姓了。”只是，朱据后来还是被人陷害而死，死时五十七岁。

史学家评价说，朱据“谦虚接士，轻财好施，禄赐虽丰而常不足用”。而成语“轻财好施”也就此流传了下来。

倾城倾国

【释义】 倾：倾覆。原指君王沉溺于美色而亡国。现形容女子极其美丽。

【出处】 汉·班固《汉书·孝武李夫人传》。

汉朝时，中山李延年迁居京城长安。他出身于音乐世家，父母兄妹都能歌善舞，他本人还长于音乐创作，歌舞尤其出色。后来他进宫当了一名管理狗的官员，经常有机会接触汉武帝，进而以出色的音乐才能博得了皇帝的宠爱。

李延年经常有新创作的歌曲问世，每当他演唱一曲新歌时，都令听众如醉如痴。

有一次，李延年一边舞蹈一边唱：

北方有佳人，绝世而独立。
一顾倾人城，再顾倾人国。
宁不知，倾城与倾国，佳人难再得！

武帝听了禁不住叹息道："世上岂有这样的美人！ 顾盼之间竟能迷住整个城市和国家。 如有这样的美人，我一定要纳她为妃！"平阳公主在一旁听了，回答说："怎么没有？ 我听说李延年的妹妹就是这样的美人。"

武帝听了大为高兴。 立即召见李延年的妹妹进宫见驾，见她果然天生丽质，十分美貌，当即决定纳入后宫，并封为李夫人。

倾筐倒箧

【释义】 筐箧：均为盛器。 把大小箱子里的东西全部倾倒出来。 表示尽其所有。

【出处】 唐·房玄龄等《晋书·王羲之传》。

东晋的丞相王导和太傅郗鉴，都是三朝元老。 郗鉴有个女儿，被他视为掌上明珠，一心想替她觅个好女婿。 他听说王丞相家的子弟个个出类拔萃，就亲笔写了封求亲信，派门生给王丞相送去。

王导接信后，也很乐意两家联姻，就回信说："我家的子弟随您挑，您选中哪个，就让哪个做您的乘龙快婿。"

于是，郗鉴就指派他的心腹门生为他到王家去挑女婿。 门生

回来以后，报告说：“我到了王丞相家，他家的子弟们全都集中在东厢房里，命我一个个看过来。 王家的年轻人个个都很俊秀，而且全都老老实实，端庄稳重地坐在东厢房里。 只有一个家伙，太放荡不羁了，他撩着上衣，袒露着肚腹，大模大样地躺在东床上，嘴里还在吃着东西，全不把选婿当作一回事儿！”

郗鉴乐得一拍大腿：“这人正是我要找的好女婿！”

郗鉴亲自到王丞相家去拜访并打听那个“东床袒腹”的小伙子是谁，一问，才知道是王丞相的侄子王羲之，于是就把女儿嫁给了他。 这也是把女婿称作“东床”的由来。

郗夫人另有两个弟弟，一个是司空郗愔，一个是中郎郗昙，常到姐夫家来。 可王羲之与他们情怀不同，所以对他们比较冷淡，不像对他的文友谢安、谢万亲热。 两人就到姐姐面前发牢骚。 知书达理的郗夫人倒并不计较丈夫冷淡自己的娘家兄弟，而是开导弟弟们说：“王家见到二谢来，那是恨不得倾筐倒箧地把东西倒出来，尽其所有地款待他们。 那是因为二谢才高志远，令人仰慕，而与你们则‘话不投机半句多’。 今后你们就少来打扰了吧！”

情随事迁

【释义】 迁：变动，改变。 指人的思想感情随着客观情况的变化而发生改变。

【出处】 晋·王羲之《兰亭集序》。

东晋大书法家王羲之很小的时候就跟叔父学书法，后来又跟卫夫人学，这使他有机会见到许多名家的真迹。 王羲之学得很用

心，很快就掌握了草书、隶书、正楷、行书诸体的精要，写得颇见功力，特别得力于东汉张芝、三国时魏钟繇的书法，博采众长，自成一家。

王羲之的楷书，势巧形密；行书道媚劲健；草书浓纤适度，屈伸变化，纯出自然。他的书法艺术，在我国书法史上起到了承前启后的作用，在继承前代书法家的基础上，开一代新风，创出了为人们所喜闻乐见的崭新的书体，所以后人称他为“书圣”。

王羲之曾任右军将军，与太傅谢安、廷尉孙绰十分要好。永和九年三月初三，王羲之同谢安、孙绰等几十位当时的名流，到山阴西南的兰亭去参加集会。当时，文人墨客常常在闲暇时会集在一起，谈古论今，评议诗画，开怀畅饮，抒发抱负。兰亭集会就是东晋文人名士的一次有名的盛会。

这班大江南北的文人聚在一起，相互唱和，乘兴吟咏了不少诗词。临别时大家仍感到余兴未尽，一致决定把这些诗词汇集成册。王羲之的文章、书法均很精妙，就由他为诗集作序。这就是著名的《兰亭集序》的由来，后来成为王羲之的代表作。

《兰亭集序》以豪放的气魄、隽永的词句，记述了这次集会的盛况，描绘了与会者欢快的情状，也抒发了作者的人生感慨。大意不外乎人生在世当及时行乐，虽然每个人性情各异、爱好不同，但大家聚在一起就忘掉了一切烦恼。其中写道：“情随事迁，感慨系之矣。”说出了思想感情随着客观环境的变化而变化的道理。成语“情随事迁”即由此出。

请君入瓮

【释义】 瓮：陶制的坛子。比喻用某人对付别人的办法来

对付他自己。

【出处】 宋·司马光《资治通鉴·则天皇后天授二年》。

武则天在位期间，任用酷吏来俊臣和周兴来为其扫除政治上的障碍，制造了一系列的恐怖惨案。 周兴也由此从一个尚书省的都事升迁为刑部侍郎，掌管全国刑狱大权。 武则天称帝后，又拜他为尚书左丞。

天授年间，有人告发周兴与金吾卫大将军丘神勣共同谋反，武则天便命左台御史中丞来俊臣审案。 来俊臣的手段比起周兴来，可谓有过之而无不及。 他知道周兴不好对付，便挖空心思想要一举制服他。

一天，来俊臣把周兴邀到自己家里吃饭。 席间，两人一如往常，谈笑风生。 闲聊间，来俊臣谈到他手上的几个案子很棘手，漫不经心地问道："现在的囚犯一般都不肯认罪，不知周大人有什么好办法治服他们？"

周兴忘乎所以，摆出一副老前辈的姿态，说："对那些不肯招供的罪犯，你只要取来一口大瓮，用炭火把瓮烤热，然后让罪犯站进去，没有不开口的。"

"果真灵验吗？"来俊臣本来也用过这种酷刑，现在却故意问上一句。

"灵验得很！"周兴不假思索地回答。

来俊臣又道："那么，今天就试试周大人的高招吧。"于是命人在厅前设瓮，堆柴，点火，片刻间把瓮烤得火红。

周兴看瓮已烧好，便说："噢，可以带犯人了。"

来俊臣起身道："我这里有状子告你谋反，特奉密旨审问你。如不招供，那就请你到瓮里去吧（有内状推兄，请兄入此瓮）！"

周兴顿时吓出一身冷汗，连忙叩头服罪。时人把这叫作“来俊臣以周兴之道还治周兴之身”。周兴被来俊臣判了死罪，武则天念他“有功”，将他赦死流放。但他恶贯满盈，在流放途中被人杀死了。

庆父不死，鲁难未已

【释义】 庆父：古人名，是一个经常作乱的人。如果不除去庆父，鲁国的灾难是不会终止的。比喻不清除制造内乱的罪魁祸首，国家就得不到安宁。

【出处】 春秋·鲁·左丘明《左传·庄公三十二年》。

庆父是春秋时鲁庄公之兄，鲁庄公共有兄弟四人，除庆父外，还有两个兄弟：叔牙和季友。庄公和季友是同一个母亲生的亲兄弟，庆父和叔牙是另一个母亲所生的。兄弟四人，就此分成两派。

庄公病得快要死的时候，考虑到继任国君的问题，便先征求叔牙的意见。叔牙说：“庆父有才，让庆父继任为好。”庄公又问季友，季友表示：“誓死扶持公子般为国君。”

公子般是庄公的大儿子。庄公共有四个妻妾，除了一个没有生儿子以外，其余三个各生一子：般、申和开。等到庄公一死，季友怕叔牙支持庆父，便假传国君的命令，派人把叔牙扣押，并且送药酒给他，叫他自杀，叔牙就这样死了。季友随即立了般为国君。

鲁庄公死后不到两个月，庆父就派人把般暗杀了。季友听说般被害，知道是庆父干的，但是自己没有力量对付庆父，只得躲避

到陈国去。 庆父为了掩人耳目，暂不登上君位，却让年龄只有八岁的开当个傀儡皇帝，后称鲁闵公。

鲁闵公的舅舅是齐国的国君齐桓公，他支持鲁闵公，而且帮助季友回鲁国做了国相。 闵公元年冬天，齐桓公派大夫仲孙到鲁国访问，探探情况。 仲孙在鲁国了解到：庆父的野心还没有死，鲁国的祸害还没完。 所以他回国向齐桓公报告说：“不去庆父，鲁难未已。”第二年，鲁闵公果然又被庆父杀害了，季友就带着申暂往邾国躲祸。

鲁国人一向信服季友，憎恨庆父，这时便一致起来反对庆父。庆父见形势不妙，逃到莒国去了。

庆父一走，季友就带着申回国，请齐桓公来定君位，立了申为鲁国国君，即鲁僖公。 鲁僖公按照季友出的主意，派人送礼物到莒国去，请莒国国君代为惩办庆父。 庆父走投无路，终于自杀，鲁国的内乱才算平定。

罄竹难书

【释义】 罄：空，尽；竹：指竹简；书：写。 砍尽竹林制成竹简，也难写完。 比喻罪恶太多，无法写完。

【出处】 五代·后晋·刘昫等《旧唐书·李密传》。

隋朝末年，炀帝杨广荒淫奢侈，大兴土木，又连年对外用兵，使百姓无法活下去，从而到处掀起农民起义。

在众多的农民起义军中，有一支是翟让领导的瓦岗军。 翟让骁勇而有胆略，队伍很快发展到万余人。 后来另一支义军队伍中的李密投奔到了瓦岗起义军。 他游说翟让联合附近各起义军，取

得对隋军的作战胜利，从而取得了翟让的信任。次年，李密取得了全军的领导权，称魏公。

李密取得大权后，为了进一步联合各路起义军，并吸引隋朝的文武官员来投奔他，便在进攻隋都洛阳的时候，发布了一篇讨伐炀帝的檄文（一种用以晓谕、征召、声讨等的文书），号召各方人士推翻隋朝的统治。檄文在历数炀帝残暴统治、祸国殃民的十大罪状之后写道："用尽南山所有的竹子制成竹简，也写不完杨广的罪过；决出东海的水，也冲洗不清他的罪恶（罄南山之竹，书罪未穷；决东海之波，流恶难尽）。"

大业十四年，炀帝在江都（今江苏扬州）被禁军将领宇文化及等缢杀。同年，李密入关降唐，但不久因反唐而被杀。

穷兵黩武

【释义】 穷：竭尽。黩武：滥用武力。表示用尽所有兵力，好战不止。

【出处】 晋·陈寿《三国志·吴书·陆抗传》。

东吴后期的陆抗是名将陆逊之子。公元 264 年，孙皓当了东吴的国君，三十八岁的陆抗担任镇军大将军。公元 272 年，镇守西陵的吴将步阐投降晋朝。陆抗得知后，立即率军征讨步阐，将步阐杀死。

当时，晋朝的车骑将军羊祜镇守襄阳。他见陆抗能攻善守，知道要打败东吴并不容易，因此对东吴采取了和解的策略：部下掠夺了东吴的孩子，他下令放回；行军到东吴边境，收割了东吴方面的庄稼，就送绢帛给东吴做抵偿；猎获的禽兽已被吴人打伤，就送

还东吴。陆抗明白羊祜的用意，也用同样的态度加以回应。两人还经常派使者往来，互相表示友好。因此，吴、晋部分边境地带一时出现了和好的局面。

孙皓听说边境和好，很不高兴，派人责问陆抗。陆抗回话说："一乡一县尚且不能没有信义，何况大国呢！我如果不这样做，反而会显出羊祜很有威德，对他没有什么损害。"

孙皓听了，无话可说，但他还是想出兵攻晋。陆抗见军队不断出动，百姓精疲力竭，便向孙皓上书说："现在，朝廷不加紧农业生产，储备粮食，让有才能的人发挥作用，使各级官署不荒怠职守，严明升迁制度以激励百官，审慎实施刑罚以警戒百姓，用道德教导官吏，以仁义安抚百姓，反而听任众将追求名声，用尽所有兵力，好战不止，耗费的资财动以万计，士兵疲劳不堪。这样，敌人没有削弱，而我们自己倒像生了一场大病（而听诸将徇名，穷兵黩武，动费万计，士卒雕瘁，寇不为衰，见我已大病矣）。"陆抗还郑重指出，吴、晋两国实力不同，今天即使出兵获胜，也得不偿失。所以，应该停止用兵，积蓄力量，以待时机。

但是，孙皓对陆抗的这些忠告都听不进去。后来陆抗去世，晋军讨伐东吴，沿着长江顺流东下，势如破竹，吴国灭亡。

茕茕孑立

【释义】　茕茕：孤单的样子；孑：指孤单。孤身一人。比喻孤苦伶仃，无依无靠。

【出处】　晋·李密《陈情表》。

西晋的名士李密，生下来才六个月，父亲就去世了。四岁那

年，母亲被舅父逼迫再嫁，从此他由祖母刘氏抚养成人。后来在蜀国当尚书郎（在皇帝身边处理政务的官员），因文章写得好，颇有名气。

魏国灭了蜀国后，司马炎代魏称帝，建立了西晋王朝。为了笼络蜀国旧臣，司马炎便征召他们到朝廷做官，李密也在征召之列。但李密因为需要恪尽孝道，终养祖母刘氏，因此上表陈情，拒不赴召。他所上的《陈情表》，词语恳切，笔调婉曲动人。

李密在表中首先陈诉说：由于父亲早亡，母亲改嫁，祖母怜恤我这个孤儿，才抚养我长大。我没有叔伯，也没有兄弟，门庭衰微，自己得子又很迟。可以说外无可以来往的近亲，内无照应门户的童仆。只有我一个人孤苦伶仃地生活着，无依无靠，经常形影相伴（茕茕孑立，形影相吊）。而祖母又一直疾病缠身，时常睡在床上，需要我侍奉汤药。

李密接着写道：晋朝建立后，我被举为孝廉，后来又被举为秀才，我都因无人供养祖母而推辞不去。后来下了诏书，拜我为郎中，不久又让我当洗马。郡、县的官府都催我赴任，但祖母的病很重，使我进退两难。

李密最后写道：圣朝以孝治天下，凡是孤老，都受到朝廷哀怜抚育。如今祖母年事已高，日薄西山，气息奄奄，能活多久很难预料。没有祖母，我也就没有今天；祖母没有我，也不能终享天年。我今年四十四岁，祖母今年九十六岁，我为陛下尽忠的时间还很长，但给祖母尽孝的时间已经很短了。所以恳请陛下允许我终养祖母。

晋武帝读了《陈情表》以后，深为感动，不再催李密赴任，为嘉勉他的孝心，还赐给他两个奴婢，并责成郡县供养他的祖母。刘氏去世后，李密又完成守丧后，才去担任了洗马之职。

秋风过耳

【释义】 像秋风从耳边吹过一样。比喻对某种事物漠不关心。

【出处】 汉·赵晔《吴越春秋·吴王寿梦传》。

春秋时，吴王寿梦有四个儿子：长子诸樊，次子余祭，三子余昧，四子季札。其中季札的品德最为贤良，而且很有才能，最受父亲宠爱。公元前561年，寿梦得了重病，临终前要改变传位给长子的制度，把王位传给季札，季札坚决推辞。于是寿梦对长子诸樊说："我想把君位传给季札，但他不愿破坏旧制，你即位后，希望不要忘了我的遗愿。"

寿梦死后，诸樊继承了王位，他和余祭、余昧立下誓约：今后王位由兄弟依次相传，最后务必让季札继位。果然，诸樊死后，传位给余祭；余祭死后，又传位给余昧。季札忠心耿耿地辅佐兄长处理朝政，贤名远播。

余昧临死时，按誓约要传位给季札，但季札还是坚决不从。他说："父王离世前，我曾明确表示过，不继承王位。做人只要行为正派，品格高尚，至于荣华富贵，不过就像秋风过耳，没什么值得留恋的（富贵之于我，如秋风之过耳）。"为了彻底表明自己的心迹，他索性前往自己的封地隐居起来，直到余昧的儿子僚继位后，他才回到朝中，协助吴王僚治理朝政。

十二年后，诸樊的长子公子光刺杀了吴王僚，假意请季札继位，季札严词拒绝，而且对他严加痛斥。公子光即位后，季札逃回封地延陵，在那儿隐居到老，再也没回过吴都。

求田问舍

【释义】 田：田地；舍：房屋。 到处打听，盘算着买田地、房子。 比喻只知谋求家产，没有远大志向。

【出处】 晋·陈寿《三国志·魏书·陈登传》。

陈登是东汉时期的广陵人，他出身徐州大族，性格豪爽，为人忠诚，深沉而有谋略，从少年时代起就有扶世济民的志愿。

陈登原是陶谦部下，陶谦死后把徐州让给了刘备，于是，陈登便在刘备帐前效力。 刘备很欣赏陈登的才干，所以十分看重他。刘备后来在刘表处夸奖陈登：“像元龙这样的文武胆志，古时候还可以找得到，现在一般人很难比得上他了。”

在任广陵太守期间，陈登在其管辖区域内大力革除弊政，赢得了人们的敬重，老百姓很拥护他。 一天，他的故友许祀前来拜访。 陈登知道他胸无大志，这次来肯定只想谋求田地，购置房产，所以接待时，对他很冷淡。 当天晚上，许祀留宿在陈登家。陈登并不把他当上宾，所以让他睡小床，自己睡大床。 许祀很不高兴，对这件事耿耿于怀。

过了几年，许祀来到荆州，在荆州牧刘表手下任职。 一次，他与刘表以及前来投奔的刘备闲谈时，谈起了陈登。

许祀言道：“陈元龙完全是一派江湖人士的作为，我去拜访他，他也不理我，睡觉时自己睡大床，让我睡小床，真是不懂礼貌。”

刘备问许祀道：“先生说陈登不懂礼貌，可有什么根据？”

许汜便把几年前到陈登那里拜访的事说了一遍。

没想到刘备听完了他这话，却说：“陈元龙乃是豪杰之士。如今天下大乱，皇帝也失去了住所，人们都指望先生忧国忘家，有救世的志向，既然先生以国士自居，就应该以天下为己任，匡扶汉室，而先生你却只想谋求田地，购置房产，贪图安逸。所以先生说的话陈登没有什么可以采纳的，只好不理睬先生了（帝主失所，望君忧国忘家，有救世之意，而君求田问舍，言无可采，是元龙所讳也，何缘当与君语）。陈元龙给你睡小床，如果是我碰到了先生，当自卧百尺高楼而置君于地。”

这几句话真是一点面子也不留，把许汜损得无地自容。

曲高和寡

【释义】 曲：乐曲；和：跟着别人唱；寡：少。指曲调愈高雅，能跟着唱的人就愈少。比喻思想言论或文艺作品不通俗，能了解的人很少。

【出处】 战国·楚·宋玉《对楚王问》。

宋玉，战国时期楚国人，是我国历史上著名的文学家。后在楚国为官，由于能言善辩，文才出众，遭到许多同僚的嫉妒。这些人不断地在楚王面前说他的坏话。楚顷襄王听得多了，也不禁怀疑起宋玉来。

有一次，顷襄王问宋玉：“先生最近有行为失检的地方吗？为什么有那么多对你不好的议论呢？”宋玉凭他雄辩的高才，为自己据理力辩，表明自己的立场。

顷襄王说：“你说得倒也在理，可为什么那些人偏偏与你不和，专说你的坏话，这到底是什么原因呢？如果你能讲出令人信

服的道理，我就当那些人说的都是假话，不然的话，你说得再好，也是没用的！”

宋玉回答说：“最近，有位客人来到我们郢（今湖北江陵）唱歌。他开始唱的是非常通俗的《下里》和《巴人》，城里跟着他一起唱的有好千人。接着，他唱起了还算通俗的《阳河》和《薤露》，城里跟他一起唱的人要比开始时少很多，但还是有几百人。后来他唱着格调比较高雅的《阳春》和《白雪》时，城里跟他唱的只有几十个人了。最后，他唱出格调更高雅的商音、羽音，又杂以流利的徵音（商、羽、徵都是五音之一），城里跟着唱的就更少了，只有几个人。”说到这里，宋玉对楚王说：“由此可见，唱的曲子格调越高雅，能跟着唱的人就越少（是其曲弥高，其和弥寡）。”

为了进一步说明这个问题，宋玉又用动物的活动来打比方：“凤凰能在九霄云外展翅翱翔，在篱笆间奔驰的小鸟怎能与它一起计量天地的高低？鲲鱼早上从昆山出发，晚上在大泽过夜，在浅水里游的小鱼怎能与它一起计量江海的深广？不但鸟中有凤凰，鱼中有鲲鱼，人中也有像它们一样的人物。圣人有奇伟的思想和表现，所以超出常人，一般人又怎能理解他们的所作所为呢？”

楚王听后说：“原来如此！我明白你的意思了。”

曲尽其妙

【释义】 曲：委婉细致；尽：全部；妙：微妙的地方。能细致入微地把事物的全部妙处表现出来。形容表达能力很强。

【出处】 唐·郑处诲《明皇杂录》。

唐玄宗李隆基非常爱马，御厩里养着一百匹从北方边塞地区进贡来的好马，他还特地招请一批能干的艺师进宫来训练马匹。这些好马后来成为特殊的舞马。每天，他们被牵到御苑中，整齐地分成两排，在艺师的指挥下，伴随着乐曲翩翩起舞，进退周旋，抑扬顿挫，无不曲尽其妙。

可是不久后，爆发了“安史之乱”，唐玄宗逃到四川去避难，这批舞马便落到了安禄山手里。安禄山死后，这批舞马又落到魏博节度使田承嗣手里。田承嗣不知这批马的来历，就把它们全部编入战马之中，供骑兵作战时用。

有一天，田承嗣在营中犒劳将士。席间，他命乐工们奏乐助兴，那些马厩中的舞马听了，立即翩翩起舞。看守马厩的士兵以为马群中了邪，急忙去向田承嗣禀告。田承嗣赶来一看，以为这些马是在兴妖作怪，便下令把这些马全都杀了。

曲突徙薪

【释义】 突：烟囱；曲突：把烟囱修得弯曲些；徙薪：把柴火搬离火源。意谓防患于未然的意思。

【出处】 汉·班固《汉书·霍光传》。

西汉时，辅政大臣霍光权倾天下，族人也骄横奢侈。茂陵有个徐生说：“霍氏这样下去一定会灭亡。因为骄奢的人不懂得谦让，不谦让就会对皇上不尊敬，不尊敬皇上，这是大逆不道。位居众人之上，人们一定嫉恨他们。霍家人掌权时间如此长，嫉恨他们的人自然也多。天下人嫉恨他们，而他们的行为又违反礼仪，不灭亡，更待何时！”于是他给汉宣帝上书说：“霍家太兴盛

了，陛下既然很宠爱霍家，就应该加以抑制，不使它灭亡。”前后一共上书了三次，上面只回答说知道了。后来，霍光的族人要谋反，汉宣帝便将霍氏一族诛灭，并对告发的人大加赏赐，然而却将事先劝告他采取措施的徐生给忘掉了。朝廷中有人为徐生感到不平，就向宣帝上书。他先讲了一个故事：

有人盖了一座新房，有一个客人，看到烟囱笔直地竖在厨房顶上，灶门口又堆着柴火，就劝主人把烟囱重新砌得弯曲一些，柴火要搬得远些，以免发生火灾。可是主人认为这位客人不会说吉利话，很不高兴，便没有听他的。

过了不久，这家果然失了火，幸亏左邻右舍赶来相救，才把火扑灭。主人为了酬谢前来救火的邻居，杀牛买酒，请那些被火烧得焦头烂额的人坐在上席，其余的人坐在旁边，就是没有请那位劝他改砌烟囱、搬走柴火的人。席间有个客人说：“如果当初您听从那位朋友的意见，根本不会失火，也就用不着今天杀牛买酒请客了。现在您请被火烧得焦头烂额的人坐在上席，却把那位朋友忘了，这岂不是：曲突徙薪无恩泽，焦头烂额为上客？”

汉宣帝听了这个故事，恍然大悟，赏了徐生十匹绢，并提升了他的官职。

趋炎附势

【释义】　趋、附：迎合、依附；炎：权势兴盛，比喻有权势之人。指投靠或依附有权势的人。

【出处】　元·脱脱等《宋史·李垂传》。

宋真宗时，聊城（今属山东）人李垂考中进士，先后担任著作

郎、馆阁校理等官职。他曾写了三卷《导河形胜书》，对治理旧河道提出了许多有益的建议。

李垂很有才学，为人正直，对当时官场中奉承拍马的作风非常反感，因此得不到重用。当时的宰相丁谓，就是用阿谀奉承的卑劣手法获取真宗欢心的。他玩弄权术，排挤异己，独揽朝政，许多想升官的人都不住地吹捧他。有人对李垂不走丁谓的门道不理解，问他为何从未去拜谒过丁谓。李垂说："丁谓身为宰相，不但不公正处理事务，而且仗势欺人，有负于朝廷对他的重托和百姓对他的期望。这样的人我为什么要去拜谒他？"这话后来传到了丁谓那里，丁谓非常恼火，借故把李垂贬到外地去当官。

宋仁宗即位后，丁谓倒了台，被贬到遥远的地方去任职，而李垂却被召回京都。一些关心他的朋友对他说："朝廷里有些大臣知道你才学过人，想推举你当知制诰（为皇帝起草诏书的官员）。不过，当今宰相还不认识你，你何不去拜见一下他呢？"李垂回答说："如果我三十年前就去拜谒当时的宰相丁谓，可能早就当上翰林学士（皇帝最亲近的顾问兼秘书官，可升任宰相）了。我现在年纪大了，见到有的大臣处事不公正，就常常当面指责他。我怎么能趋炎附势，看别人的眼色行事，借以来换取他们的荐引和提携呢（今已老大，见大臣不公，常欲面折之。焉能趋炎附热，看人眉睫，以冀推挽乎）？"

他的这番话不久便传到了宰相耳里。结果，他再次被排挤出京都，到外地去当州官。

全无心肝

【释义】 指一点良心都没有。比喻毫无廉耻之心。

【出处】 唐·李延寿《南史·陈后主纪》。

陈朝是南北朝时期的最后一个朝代，陈后主（陈叔宝）则是这个朝代的最后一个皇帝。他昏庸无道，致使民不聊生。隋文帝趁机派大将韩擒虎攻取陈朝。

韩擒虎率隋军一路突飞猛进，不久便攻下陈朝京城。此时，内侍向陈后主报告，说皇宫已经失守，隋军即刻便将杀入。而陈后主却自作聪明地说："刀枪之下，不能抵抗，我自有好办法。"说完，他便带着两位贵妃躲进了宫中的枯井里。

韩擒虎率隋军杀入宫里，突然听到枯井里传来说话声，便命令里面的人出来。陈后主早已吓破胆，根本不敢出井。兵士们便以投石相威胁，陈后主这才拉住兵士们放下的绳子出来。兵士们往上拉人时，不知为何那样重，到井口一看，不仅仅是陈后主一人，还有两位贵妃，不禁笑骂道："真是个不知死活的亡国之君！"

陈后主被俘后，隋文帝给他三品官的待遇。每次宴会时，为了避免他伤心，隋文帝还十分体谅他，从不让乐师们演奏江南的音乐。

时光荏苒，不觉陈后主已被俘几年了。一次，他让人带口信给隋文帝说："请皇帝给我一个明示，我到底是一个什么官衔，不然每次参加宴会，我都觉得十分不方便啊。"隋文帝听了陈后主捎来的口信，慨叹地说："陈叔宝这人，真是没有一点良心啊（叔宝全无心肝）！"

后来，隋文帝又听说陈后主终日沉醉不醒，便有意劝他节制一点，但转念一想，又打消了这个念头，对大臣说："唉，让他喝吧，没有酒，这个亡国之君怎么能活得下去呢？"

更可叹的是，一次隋文帝出巡，陈后主陪同，行在路上，陈后

主诗兴大发，作诗歌颂隋文帝，他在诗中写道：“日月光天德，山川壮帝居。”

隋文帝听后说：“拿出作诗的功夫来治国，何至灭亡啊！”

犬牙交错

【释义】 错：杂、交叉。 像狗的牙齿那样上下互相交错。形容交界线参差不齐。 比喻局面错综复杂。

【出处】 汉·司马迁《史记·孝文本纪》。

西汉刚建立时，为了维护统一，汉高祖刘邦采用了分封诸侯王的政策。 这一制度直接导致了汉景帝时期，发生了历史上著名的“吴楚七国之乱”。 叛军后来虽被消灭，但却耗费了无数财力物力。 汉景帝对这次叛乱没有足够的认识，不久又重复他祖、父两辈犯过的错误——分封诸侯王。

汉景帝死后，汉武帝即位。 为避免“吴楚七国之乱”的悲剧重演，武帝决定削弱诸侯的实力。 而此时，各诸侯国也在密切地注视着中央的动态。 当他们探听到中央准备颁布削弱他们势力的诏书时，立即上书进行辩驳。 他们在给汉武帝的上书中说：“我们绝没有谋反的企图，更无任何罪过，皇上不要相信那些无理取闹的大臣的凭空猜测。 请皇上一定要训诫那些臣下，不要无事生非，人为地制造混乱。”

还有的诸侯强调说：“我们是至亲骨肉，父王给我们土地，为的是使中央与地方像犬牙交错一样互相援助，以便使汉室江山坚如磐石（先帝所以广封连城，犬牙相错者，为磐石宗也）。 皇帝不可听信外人的话，而疏远自己的骨肉呀！”

汉武帝没有被诸侯们所蒙蔽，根本不理睬他们的表白，因为“吴楚七国之乱”和自己即位后诸侯的所作所为已使他清醒地认识到，要坚持统一政策，维护国家统一和安定就必须削弱诸侯的势力。

后来，汉武帝做到了这一点，统一大业得到了巩固。

雀屏中选

【释义】 雀屏：画有孔雀的门屏。 比喻挑选到了佳婿的意思。

【出处】 宋·欧阳修等《新唐书·大穆窦皇后传》。

唐高祖李渊的皇后窦后，是隋朝定州总管窦毅的女儿，因为她的母亲是北周武帝的姐姐襄阳长公主，所以她从小一直住在周武帝的宫中。 当时，在周武帝的后妃中，有个突厥贵族的女儿，周武帝对这个突厥后妃很冷淡。 窦氏见了，便找了个机会，悄悄对周武帝说：“舅舅，如今四方边境都不安宁，突厥的力量非常强大，请您不要从个人好恶出发对待嫔妃，而要好好安慰突厥后妃，把国家大事放在心上。 我们只要得到突厥的帮助，就不怕其他人来作对了。”周武帝马上采纳她的意见，改变了对突厥后妃的态度。

过了些年，窦氏长大了，才貌双全，窦毅夫妇决心要给她找一个武艺出众的丈夫。 于是，窦毅命人在屏风上画了两只美丽的孔雀，凡是前来向他女儿求婚的，须在百步之外，将两支箭各射向孔雀的眼睛，谁能射中，就将女儿许配给他。

当时，前来求婚的青年很多，但他们中没人能射中孔雀的眼睛。 最后，年轻英俊又武艺高强的李渊来了，在百步外连发两箭，各中孔雀一眼，窦毅便把女儿嫁给了他。

R

让枣推梨

【释义】 原指少年儿童吃东西时，互相推让的美德。表示兄弟友爱。

【出处】 唐·李延寿《南史·王泰传》、南朝·宋·范晔《后汉书·孔融传》。

南北朝时，名士王泰，字仲通，北齐时任侍中，才学出众，十分有名。王泰幼年时，祖母把几个孙子叫来，给他们分红枣和栗子，其他孩子一拥而上，都想多抢得一些，王泰却乖巧地站立一旁，不与大家争抢。祖母问他："为什么你不去抢呢？"他回答说："不去自己抢，自然会有大人赐给我的。"

又据《后汉书·孔融传》注引《孔融家传》说：东汉名士孔融四岁时，每次和他的哥哥们一起吃梨，他总是挑小的吃，大人问他为何不挑大梨吃，他说："我是小孩，理当吃小的。"

后来，人们把这两个典故合到一块儿，形成了"让枣推梨"的成语。

人给家足

【释义】 人人饱暖，家家富足。

【出处】 汉·司马迁《史记·太史公自序》。

战国时期，墨家的创始人墨子是工匠出身，他有一双灵巧的手，有制造机械的技能，并且懂得军事。墨家学派的成员多半和墨翟一样，他们出身于平民小生产者，过着简朴的生活。他们严守纪律，服从首领。如果在别的诸侯国做了官，就要把俸禄的一部分交给墨家团体。谁的行为违反了墨家精神，就有可能被召回。墨家的人死了，只用三寸厚的桐木板做个简陋的棺材，丧礼也非常简单。墨子还非常重视发展生产，强调“耕勤者生，不耕勤者不生”。

司马迁在《史记·太史公自序》中引述了他父亲司马谈对各学派主要观点的评论，其中对墨家评价很高。司马谈特别肯定了墨家“强本节用”（加强农业生产、节省用度）的主张，并且认为这是实现人人饱暖、家家富足的办法。虽然诸子百家各有各的主张，但墨家的这个主张是谁也否定不了的，也是它胜过别人的地方。

《史记·太史公自序》原文这样写道：“夫世异时移，事业不必同，故曰‘俭而难遵’。要曰强本节用，则人给家足之道也。此墨子之所长，虽百家弗能废也。”

人面桃花

【释义】 原指女子的面容与桃花相辉映。后来形容男子怀念一见钟情而不能再度见到的女子，以及由此产生的惆怅心情。

【出处】 唐·孟棨《本事诗·情感》。

唐朝时，书生崔护从外地赶往长安，参加三年一次的进士考

试。崔护生得俊逸潇洒，性格孤高自傲。所以他一路行来，从不愿与他人结伴，只是独行独宿。

清明节这天，气候格外宜人，和煦的春风，暖人的春阳，杨柳婆娑地飘舞着，鸟儿在枝头欢快地唱着歌儿，一派明媚春光。崔护心情也格外好，他一人出外踏青，信步来到郊外。行走之间，一抬头，发现不远处有一条小径，小径被繁枝茂叶掩映着，十分幽深。小径尽头，野花爬满了竹篱，篱笆墙内则是掩映在红花绿树之间的村舍。远远看去，雅致宁静。

崔护看到此处如此清幽，心中暗想，这里的主人也一定风雅可人，不觉动了拜访的念头。他快步走去，轻轻地叩响柴门。门内却闪出一位年轻的姑娘，只见姑娘礼貌大方地问道："公子，您是找人呢，还是有事？"

崔护见出门来的是位姑娘，觉得自己有些唐突，便对姑娘说："走的路远，觉得口渴，想讨一碗水喝，望行个方便。"姑娘听后，说："请稍候。"

望着姑娘袅袅婷婷的背影，崔护不觉有些发痴。他接过姑娘递过来的水，一边喝，一边偷眼相看，只见那位姑娘倚在桃树下，双眉如画，眼如秋水，面似桃花，蜂腰纤细，楚楚动人，爱慕之情不由从心底升起。

第二年春天，崔护旧地重游，见绿柳含春，宛然昨日桃花盛开，一如去年。崔护又来到村舍前，见茅屋依旧，但双扉紧锁，一股物是人非的惆怅油然袭来。他情不自禁吟出一首诗，并题在门上：

去年今日此门中，人面桃花相映红。

人面不知何处去？桃花依旧笑春风。

题罢诗，崔护满怀失落，回到寓所。

人琴俱亡

【释义】 俱：全，都；亡：死亡，不存在。人死了，琴声也随之消失了。形容思念死者的悲痛心情。

【出处】 南朝·宋·刘义庆《世说新语·伤逝》。

王徽之字子猷，是晋代大书法家王羲之的儿子，他性格狂放，不拘小节。王徽之曾住在山阴。有天夜里，大雪初停，一轮明月照得四野生辉，银白的世界让人生出许多遐想。王徽之忽然想起好友戴逵家住郯溪，便驾起小船，赶了一夜路，来到戴逵的家门前，可是，连招呼也没打，竟返身回去了。有人知道了这件事就问他："你这算怎么回事呀？"王徽之回答说："我乘着兴致去，兴致满足了就回去，为什么一定要见到戴逵呢？"

由此便有了"雪夜访戴逵"和"乘兴而来，兴尽而返"的佳话。

王徽之的弟弟王献之，不仅精于书法，而且善于绘画，为人则风流倜傥。有一次路过吴郡，他听说顾辟疆家的花园景色秀美，没有征得主人的同意，便闯进去游玩。顾辟疆毫不客气地批评王献之说："对主人傲慢是不懂礼貌，自以为高贵是不懂得道理，缺了这两样就是为人所不齿的傻子！"王献之听罢，既不生气，也不往心里去。

后来王献之病重，有术士说："如有替代，病会好转。"王徽之听说，表示愿意替代。术士对王徽之说："你也活不长了，替代有什么意义！"

没过多久，王献之便死去了。王徽之赶来吊丧，他没有痛哭，而是取过王献之生前用过的琴来弹奏，但怎么也调不好琴弦，不禁仰天长叹道：“呜呼子敬（王献之的字），人琴俱亡。”

他悲伤痛哭了很久，后来，不到一个月也病逝了。

日不暇给

【释义】 暇：空闲；给：充足。意思是天天没有时间。形容事务繁忙，整天没有一点空闲。

【出处】 汉·司马迁《史记·封禅书》。

楚国人陆贾在秦末农民大起义时就随刘邦平定关中。他学问不错，口才非常出色，因此常常被刘邦派作使者，每次都十分圆满地完成任务，故而刘邦很赏识他的外交才干。后封他为太中大夫。

陆贾常常在刘邦面前大谈诗书。刘邦不喜读书，听得索然无味。终于有一次刘邦发火了，开口骂道：“老子是在马上平定天下，你讲的什么诗书有个屁用！”

陆贾并不紧张，镇静地反问：“陛下能在马上取天下，能在马上治天下吗？商汤王靠武力取得天下，后来是靠仁义、诗书守住天下。如果秦王并吞六国之后以礼仪治理天下，百姓都安居乐业，谁肯冒着杀头的危险起来造反呀？没人造反，陛下能在马上取天下吗？”

刘邦听了心中不大高兴，又没法反驳，便有些负气地说：“你写篇文章，谈谈秦朝所以失去天下，我所以取得天下的原因，范围可以放宽，从古说到今也不妨。”

于是，陆贾一连气写了十二篇文章，大致地勾勒了古今兴衰的主要原因及先兆，他写一篇便送给刘邦看一篇。刘邦初定天下，本来觉得每天的时间都不够用（日不暇给），但也认为陆贾的文章很好，还是饶有兴致地看完了，并将文章命名为《新语》。后来传世的十二篇《新语》即是陆贾那个时候的著述。

如火如荼

【释义】 荼：古代指茅草的白花。像火一样红，像茅草的白花一样白。形容军容的盛大。现在常用来比喻气势旺盛。

【出处】 《国语·吴语》。

春秋时代后期，吴国国力逐渐强盛，吴王夫差想当中原霸主，便于公元前482年带领大军来到卫国的黄池（今河南封丘西南），约天下诸侯前来会盟，要大家推他为盟主。可晋定公认为晋国向来是诸侯的盟主，不同意夫差的意见。而在这个时候，越王勾践率兵抄了吴王的后路，越国军队一直打到吴国的国都姑苏，又派人马占据淮河，把吴王的退路切断了。夫差急于回军救援，可又舍不得盟主的位置旁落，于是便想向晋定公施加压力。

一夜之间，夫差把带来的三万军队分成左、中、右三路，每路百行，每行百人，各摆成一个方阵。他亲自高举斧钺，以熊虎为旗号，指挥中军前进。他命令中军全体将士，全都身穿白色战袍，披上白色铠甲，打着白色旗帜，插起白色箭翎，远远望去，好像遍野盛开的一片白花（望之如荼）。左军一万将士，一律身穿红色战袍，披上红色铠甲，打着红色旗帜，插起红色箭翎，望去好像一片熊熊烈火（望之如火）；右军则全用黑色，犹如一片乌云。

三路大军，开到会盟地点附近，摆开阵势。天刚蒙蒙亮，吴王夫差就亲自鸣金击鼓发令，三万人一起大声呐喊，那声音简直像天崩地裂一般，惊动了到会的各路诸侯。

吴军军容如此盛大，军威如此整肃，各国诸侯都不敢和夫差相争，晋定公也不得不承认吴国为盟主。黄池之会，就在吴王夫差显示如火如荼的盛大军容后，取得了成功。

如鸟兽散

【释义】 好像受惊的飞鸟走兽四处逃散。形容军队打了败仗溃败逃散。

【出处】 汉·班固《汉书·李广苏建传》。

西汉时期，汉武帝派大将李陵去讨伐匈奴。有一次他率领五千人马从居延杀出，攻打匈奴境内的浚稽山，把三万匈奴兵杀得大败。匈奴单于大怒，派八万大军前来包围，汉军孤立无援，被匈奴骑兵团团围住。李陵忙命汉军在营外列阵，单于见汉军兵少，便命令部将一起向汉军攻击。李陵寡不敌众，且战且退，退到一个峡谷里，汉军受伤的人很多，但受伤的士兵仍然坚持作战。

单于将李陵堵在山谷中，用石头、木棒袭击汉军，汉军死伤惨重，再也无法前进。李陵下令放倒军旗，把珍宝埋在地下。然后对将士们说："现在还剩下几十支箭，完全可以逃脱的，不要等待天亮以后被他们俘虏去。你们各鸟兽散，逃命去吧，能有几人回去报告皇帝也是好的（今无兵复战，天明坐受缚矣！各鸟兽散，犹有得脱归报天子者）。"

李陵又给每个军士带上两升粮食、一块冰，冰是用来当水喝

的。半夜之后，他让兵士们各自走开，自己则上马驰出山谷，单于用几千名骑兵追赶他，李陵被俘。

成语“如鸟兽散”就是从“各鸟兽散”演变而来。

如坐针毡

【释义】 好像坐在插针的毡子上。意谓坐卧不宁，片刻都难以安定。

【出处】 唐·房玄龄等《晋书·杜锡传》。

晋朝时，名将杜预的儿子杜锡，才学渊博，性格耿直。被朝廷召去做文学侍从，经过几次升迁，最后做了太子舍人（掌管宫中一切事务的官），为愍怀太子服务。

愍怀太子是个不求上进的人，他行为乖张，做事不合情理。杜锡在他身边工作，对他这种作风很不满意，便时常向太子劝告，希望他能改进。杜锡的言辞非常忠实恳切，但愍怀太子却觉得他啰唆，很不高兴，想找机会报复他一下。有一天，他派人悄悄地在杜锡平日坐的毡中插上许多针，杜锡不知实情，坐下时屁股被刺得流出血来。

第二天，愍怀太子问杜锡说：“昨天你出了什么事啦？”

杜锡不好回答，只得说：“我喝醉了酒，出了什么事都不知道。”

愍怀太子又说：“你喜欢责备别人，为什么自己也做错了事呢？”杜锡被说得哭笑不得。

后人根据这个故事提炼出“如坐针毡”的成语。

孺子可教

【释义】 孺子：小孩子。 教：教诲。 这小孩子是可以教诲的。 形容年轻人有出息，可以造就。

【出处】 汉·司马迁《史记·留侯世家》。

张良原是韩国的公子，姓姬，后来因为行刺秦始皇未遂，逃到下邳隐匿，才改名为张良。

有一天，张良途经下邳附近的圯水桥，在桥上遇到一个穿褐色衣服的老人。 那老人的一只鞋掉到桥下，看到张良走来，便叫道：“喂！ 小伙子！ 你替我去把鞋捡起来！”

张良心中很不痛快，但他看到对方年纪很老，便下桥把鞋捡了回来，递给那个老人。 可是老人并不接过去，却对张良说：“来！ 给我穿上！”

张良心中更不高兴，但转念一想：鞋都拾起来了，又何必计较再给他穿上？ 便恭敬地替老人穿上鞋。 老人站起身，一句感谢的话也没说，转身走了。

张良望着老人的背影，觉得这老人一定很有来历。 果然，那老人走出去一里地又返身回来，说：“你这小伙子很有出息，值得我指教（孺子可教）。 五天后的早上，请到桥上来见我。”张良听了，连忙答应。

第五天早上，张良赶到桥上。 老人却已先到了，看见张良来晚了，生气地说：“跟老人约会，应该早点来。 再过五天，早些来见我！”

又过了五天，张良起得更早，赶到桥上，不料老人又先到了。

老人说：“你又比我晚到，过五天再来。”

又过了五天，张良下决心这次一定比老人早到。于是，他刚过半夜就摸黑来到桥上等候。天蒙蒙亮时，只见老人一步一挪地走上桥来，他赶忙上前搀扶。老人这才高兴地说：“小伙子，你这样就对啦！”老人说着，拿出一部《太公兵法》交给张良，说：“你要下苦功钻研这部书，钻研透了，以后可以做帝王的老师。”说罢扬长而去。

后来，张良研读《太公兵法》很有成效，成了汉高祖刘邦手下的重要谋士，为刘邦建立汉朝立下了汗马功劳。

入幕之宾

【释义】 幕：帐幕；宾：宾客。指进入幕帐的宾客，参与机要的人。也泛指亲信随从或幕僚。

【出处】 唐·房玄龄等《晋书·郗超传》。

东晋时，征西大将军桓温手下有郗超和王珣二人，一为参军，一为主簿。桓温本是个自命不凡的人，轻易不听别人的劝告，唯独对此二人的见解常常心悦诚服地接受。桓温营中的人都说：“长胡子的参军、短胡子的主簿，能令公喜，能令公怒。”可见二人受宠之深。

一日，谢安与王坦之到桓温军中商讨军机大事。桓温与他们早有隔阂，这两个人又都神机妙算，很难对付，所以桓温指着军帐后面的一张床对郗超说：“喜宾（郗超字喜宾），你就躺在这儿听听，也好帮我参谋参谋，免得我被这两个老家伙算计了。”郗超就悄悄躺到床上，偷听他们的谈话。

密谈进行了近两个时辰。傍晚时秋风乍起，风动帐开，恰好暴露了郗超。桓温觉得很难为情。谢安虽心中不满，嘴上却开起了玩笑：“哈哈……郗生可谓入幕之宾矣！”谢安借郗超的字号一语双关，说得大家一阵哄笑。

成语“入幕之宾”原意是说郗超参与机要，后来泛称幕僚为“幕宾”。现也指在一起工作的同事。

入室操戈

【释义】 操：拿；戈：古代像矛的武器。到他的屋里去，拿起他的武器攻击他。后比喻求学已达到超过老师的程度。

【出处】 南朝·宋·范晔《后汉书·郑玄传》。

东汉著名学者郑玄从小就喜欢读书，后来他投到大学者孔融门下求学。当时孔融有门徒四百多人，能进入房内面对面听讲的只有五十名学生。郑玄在那里学了三年，还没见过先生的面，只能求别的学生给他讲书。

郑玄十分刻苦，渐渐地，他的学问超出了所有的弟子。

一天，孔融突然在楼上召见郑玄，向郑玄提出了几个难解的问题。郑玄对答如流，条理清晰，孔融惊奇地对弟子们说：“将来把我的学问带走的就是郑玄呀！”

后来，郑玄独自一人在外边游学，过了十年才回到故乡。当时有一位住在任城的何休，也很有学问，写出了《公羊墨守》《左氏膏肓》《穀梁废疾》等文章。郑玄看到了，就针对他的文章写出了自己的意见。由于意见中肯，击中要害，何休看见后，感叹地说：“郑玄这是进了我的屋子，操起我的矛，来讨伐我呀（康成

入吾室，操吾戈以伐我乎）！”

“入室操戈”的成语即出典于此。

阮囊羞涩

【释义】 阮囊：晋代阮孚的钱袋；羞涩：难为情。 形容口袋里空空的，一个小钱也没有，或仅有极少的钱。 也作“囊中羞涩”。

【出处】 明·俞安期《类函》。

东晋人阮孚，是“竹林七贤”之一阮咸的儿子。 阮孚像他父亲一样放荡高傲，藐视权贵。 他不治家产，所以相当穷困。 晋元帝曾先后任命他为安东参军、丞相从事中郎等官职，可他根本不理公务，天天只知道喝酒游玩。 他的头发很乱，衣服也不整，说话行动都很散漫。 在他名义上担任黄门侍郎散骑常侍期间，甚至把金貂（官帽上的珍贵饰物）都拿去换酒喝了。

有一次，阮孚游览会稽，他带着一个黑色的手提囊，有人问他囊中装着什么，他随口答道：“这是我的钱袋，可是空着。 只留一个小钱在里面，因为恐怕它全空了要感到难为情（但有一钱守囊，恐其羞涩）。”

S

塞翁失马

【释义】 塞：边界的城关；翁：老头儿。比喻虽然暂时遭受损失，却也会因此而得到相应的益处。常指坏事变成好事。

【出处】 汉·刘安等《淮南子·人间训》。

战国时期，在靠近北部边城的地方，住着一位叫塞翁的老人。

塞翁带着一家人以养马为生，日子过得虽然不富裕，但一家人相亲相爱，自有一番天伦之乐。

一天，塞翁的马群中突然走失了一匹马。左邻右舍听说塞翁家丢了马，都纷纷来安慰他。可塞翁却笑着说："多谢大家的安慰，丢了一匹马损失不大，说不定会带来什么福气呢！"

邻居们听了塞翁的话，非常不理解，心中暗想，马丢了，是明摆着的倒霉事，大家劝他莫着急，他不着急也就罢了，还说会有什么福，真是莫名其妙啊！

事情一过，大家也就淡忘了。没想到，几天之后，塞翁家丢失的那匹马不但自己跑了回来，而且还带回一匹匈奴那边的骏马。

左邻右舍听说塞翁家的马不但回来了，还带回一匹马，又都纷纷前来祝贺，有人说："还是您老人家有远见！"

有人称赞："您老人家料事如神，说有祸就有福，不但丢的马

回来，还带了一匹。”

大家你一言，我一语，都说得很高兴。可是，塞翁听了却一点也高兴不起来，一脸愁容满怀忧虑地说：“白白得了一匹马，不见得是什么福气，说不定会惹来什么祸害呢！”

邻居们看到塞翁这副模样，又听了他的那番话，都百思不得其解。

塞翁有个独生子，从小就非常喜欢骑马。他发现被带回来的那匹匈奴马非常神骏，所以，每天都要骑着出去走几趟。

一天，他骑在马上打心眼里得意，便快马加鞭飞奔起来，一不小心从马背上翻了下来，命保住了，腿却被摔断了。

邻居们听说塞翁的儿子出事了，便又来劝慰。一番好话过后，塞翁又开口了，他慢条斯理地说：“没什么，摔断了腿却保住了命，这也许是福气吧。”

接连几件事，这老头都有自己的说法。邻居们觉得他说得似乎都有那么点儿道理，但怎么也想不明白：摔断了腿还能是什么福气呢？

事隔不久，境外匈奴大举入侵，边城的所有年轻人都被召入伍。塞翁的儿子因为脚跛了，没有被征兵。那仗打得真苦，几乎所有的人都战死了，唯有塞翁跛了腿的儿子保住了性命。

三寸不烂之舌

【释义】　形容一个人的口才好，能言善辩。

【出处】　汉·司马迁《史记·平原君虞卿列传》。

公元前257年，秦军包围了赵国都城邯郸。赵王派平原君到

楚国去请求援兵，同时缔结联合抗秦的盟约。平原君决定带二十个文武双全的勇士同去，但挑来挑去，还缺一个人。后来，一个名叫毛遂的门客自己推荐自己。经过一番考问，平原君勉强同意他一起去。

语不惊人、貌不出众的毛遂，其实是个能言善辩的人。到楚国后，他与同行的十九个人谈论起天下大事，头头是道，大家对他的学问和辩才都佩服不已。

平原君与楚平王会谈那天，两人从早晨一直谈到中午，还未谈出结果。十九个门客十分焦急，毛遂便自告奋勇上殿去看看情况。毛遂按着剑从容不迫地走上了台阶。楚王瞧不起他，要他退下去，他却紧握剑柄，大步走到楚王面前说："大王敢当着我主人的面对我如此无礼，不过是倚仗楚军人多势众罢了，但现在您跟我距离不到十步，大王的性命掌握在我的手里，楚军再多也没有用!"接着，毛遂义正词严地从历史到现实分析了楚、秦两国的关系，说明赵国派使臣来缔约联合抗秦，乃是为了救助楚国，而不只是为了赵国自己。

楚王觉得毛遂说得有理，与平原君一起举行了缔约仪式。就这样，联合抗秦的大事圆满办成。平原君带一行人回到赵国后，和人谈起毛遂这次的功劳，感慨万千地说："我今后再也不敢谈论识别人才的事了。我识别过的人才，少说也有几百人，自以为天下有真本事的人都逃不过我的眼睛，但却偏偏没有识别出毛遂先生的才干。毛先生一到楚国，就使赵国的地位迅速提升，毛先生对楚王说的那一席话，胜过了百万雄师啊（毛先生以三寸之舌，强于百万之师)!"从此，毛遂受到了平原君的重用，被奉为上宾。

后人把"三寸之舌"演化成"三寸不烂之舌"这个成语。

三分鼎足

【释义】 鼎：古代炊具，三足两耳。比喻像鼎的三只脚一样，三者各立一方，并立时峙。也形容三分天下，鼎足而立。

【出处】 汉·司马迁《史记·淮阴侯列传》。

公元前 203 年，汉高祖刘邦的大将韩信统率大军打败了齐国，他派人去向刘邦请求说："齐国是个屡降屡叛的国家，如果不暂立一个王来镇压它，形势肯定不稳。希望让我暂代齐王，这对稳定当前局势较为有利。"

刘邦当时和项羽正在荥阳苦战，处境非常不利，只得同意封韩信为齐王。韩信的谋士蒯通，分析天下大势后认为，韩信的作用举足轻重。他对韩信说："一个人的贵贱，看骨骼形相；喜忧，看脸上气色；成败，看他的性情和决断大事的能力。用这三条来看相，保险万无一失。"韩信就请他看相。蒯通望着韩信，良久，又让韩信转过身去，想了一会儿，说道："从您的面相看，将来最高不过封侯，而且还有性命危险；但从您的背影看来，将来却是贵不可言。"

韩信听了他的话，感到不可理解。

蒯通说："楚汉相争好久了，百姓怨恨。平庸无能的人，是不可能平息这场战争的。你如果帮助汉王得了天下，将来不过封侯，而如果背汉王自立，您就可以跟楚汉三分天下，像鼎的三足一样相互对峙，如此一来，刘、项谁也不敢先动手（诚能听臣之计，莫若两利而俱存之，三分天下，鼎足而居，其势莫敢先动）。以您的雄才大略，去阻止楚汉的争斗，这样做顺应了百姓的愿望，谁不

感念您的恩德？天下诸侯也一定会服从。天赐良机啊！否则，您现在帮刘邦，将来反受其祸，望您深思啊！”

韩信听了，虽然心动，但却不忍心背叛刘邦，落个不义之名，便没有采纳蒯通的建议。不久，刘邦听从谋士张良的意见，招韩信到垓下参与楚汉会战。项羽兵败，在乌江自刎而死。后来，刘邦虽然封韩信为淮阴侯，但最终还是信不过他，夺取了他的军权。最终，韩信被刘邦之妻吕后诱杀。

三人成虎

【释义】 街市上本没有老虎，三个人都谎传说有，别人就信以为真了。指谣言经过人们多次的传说，就能够让人信以为真。

【出处】 《韩非子·内储说上》。

东周后期，礼崩乐败，曾一统天下的周天子对他所辖的各诸侯国越来越失去约束力，几乎到了群龙无首的地步。

各诸侯国为了扩大自己的势力，便相互大加征伐，接着便是不断地签订盟约。为了能使盟约顺利地实施，双方互换人质就成了一种保障。

一次，魏国与赵国联盟，魏国大臣庞恭将陪同魏太子到赵国去做人质。这是一件很不容易办好的事情，因为庞恭担心，他陪太子到赵国去以后，魏国的一些大臣会在背后向魏王进谗言。于是，在临行前，庞恭把这种担心十分委婉地向魏王说出。

庞恭道：“大王，如果有人对您说，他在集市上看到一只老虎，您会相信吗？”

魏王听后摇摇头说：“我当然不信！”

庞恭接着又问：“如果又有人对您说，他也在集市上看到了老虎，您还会不信吗？”

魏王略加思付，说道：“我不能全信，但又不能不信。”

庞恭心中已不太好受，又说：“假如又有第三个人对您说，他在集市上确实看到了老虎，大王您会以为怎样呢？”

这时，魏王明确地说：“我相信确有其事。”

庞恭满心忧虑地说：“老虎不会出现在集市上，这是再明显不过的事情。但因为有三个人对您说他们在集市上看到了老虎，您就信以为真了。现在我要陪太子到赵国去，从我们魏国都城大梁到赵国都城邯郸，比从王宫到集市不知要远多少倍，如果有人在大王面前进谗言，说我的坏话，您既不能去调查，我又无法申辩，请大王务必慎重处理，臣才能放心而去。”，

魏王望望庞恭，说道：“我已明白了你的意思，你放心去好了。”

这事真被庞恭言中了。他陪同太子离开魏国不久，就有人向魏王报告说，庞恭在赵国根本不保护太子，每天只与赵国的大臣们饮酒谈天。魏王没有把这事放在心上。

过了一段时间，又有人向魏王道，庞恭在赵国有背叛魏国的苗头，要魏王注意。这时，魏王表面上虽然没有什么表示，心中却产生了怀疑。

过不多久，第三个人又来向魏王说庞恭的坏话了，心存怀疑的魏王有些相信，但他想起庞恭临去赵国前对他说的那番话，便没有采取什么行动。

庞恭到了赵国后，在那里的一言一行、一举一动都十分谨慎。既不敢与赵国大臣太亲近，以免引起魏太子的疑心，怀疑他叛国，又不能与赵国大臣太疏远，担心他们不高兴。庞恭感到自己

真难。

三年时间过去了。庞恭陪同太子回到魏国。魏王向太子问起庞恭在赵国时的表现，太子没做正面回答，话说得闪烁其词。这就使魏王十分难下决断，但心头早已罩上了抹不去的阴影。

按惯例，庞恭完成了陪太子去赵国的任务，理应受到封赏，但魏王不仅没有封赏庞恭，甚至连庞恭请求召见、以复王命这样的事都被魏王拒绝了。

三纸无驴

【释义】 写了三张纸，还没有见到一个“驴”字。比喻写文章废话连篇，不得要领。

【出处】 北朝·北齐·颜之推《颜氏家训·勉学》。

从前有位迂腐可笑的读书人，自以为才学高深，天下无人能比。有些人信以为真，就尊称他为“博士”。

有一次，博士到集市上去买驴，付过钱后，他要卖驴人写一份契约。卖驴人不识字，就请博士代写。博士觉得炫耀自己的机会来了，便爽快地答应下来。

不一会儿，博士写满了整整一张纸，卖驴人以为契约写好了，便连声道谢：“太好了，真麻烦您，契约我收下了！”

谁知博士紧紧按住那张纸头不放，又拿出两张纸来，一边写一边说：“别急呀，我才写了一张纸，还没写到你卖驴这件事呢！”

卖驴人听了，只好耐住性子静等。过了好久，博士在三张纸头上密密麻麻地写满了字，这才放下笔来。他摇头晃脑地念着自己写的契约，念完了，扬扬自得地说：“怎么样呀？你大开眼界

了吧！”

卖驴人听了，笑着说说：“你写了整整三张纸，怎么连个‘驴’字都没提到呀？其实，你只要写上某月某日，我卖了一头驴子给你，收你多少钱，不就完了吗？写了那么多无关紧要的，不是很多余吗？”

围观的众人哄笑不已。博士自觉没趣，忙牵着毛驴，灰溜溜地走开了。

丧家之狗

【释义】丧家：有丧事的人家。原指有丧事人家的狗，主人无暇喂养。后比喻失去靠山，无处投奔，四处漂泊游荡的人。

【出处】汉·司马迁《史记·孔子世家》。

春秋时，孔子周游列国，各国诸侯都不买他的账，孔子的政治主张得不到施行，而且一路上还遇到许多不顺心的事。到了卫国，孔子寄居在学生子路的妻兄家。

卫国国君卫灵公因为久闻孔子的大名，有意想留用他，见了孔子便问孔子道：“先生在晋国做官的俸禄是多少？”

孔子回答说：“我在晋国的俸禄是粟米六万斗。”

卫灵公便让孔子也享有这个数目的俸禄。

在卫国待了不长时间，就有人对孔子不满，也许是出于妒忌或政见不同，他们便在卫灵公面前说孔子的坏话。卫灵公本来就是个糊涂而平庸的君主，于是对孔子心存疑虑，竟然派公孙余假拿着兵器在孔子的住处进进出出，监视并威胁孔子。

孔子受不了这一套，更担心早晚会招来是非，弄个不明不白的

罪名，所以，住了十个月，便离开了卫国。孔子打算到陈国去。半路上经过匡（今河南省长垣县西南）地。

在这以前，鲁国贵族季氏的家臣阳虎曾经掠夺和残杀过匡人，这里还留下阳虎进攻时遭到破坏的断壁残垣。当孔子一行经过这里时，赶车的颜刻用马鞭子指着一处缺口道："前次我到这里，就是从那个缺口进入匡城的。"

这下可惹了麻烦。匡人听到此话，以为鲁国的阳虎又带人为非作歹来了，于是围住孔子等人不放。恰恰孔子的长相和阳虎很相似，匡人更信以为真，将孔子扣押。

经过这一番折腾，孔子与他的弟子们失散了，他最得意的门生颜回，在众人陆续都回到孔子身边后才赶到。孔子见了颜回，悲喜交集，说道："我恐怕你已经死了！"

颜回恭敬地答道："有老师您健在，颜回我怎会死？"

匡人把孔子一连拘押了五天，孔子的吉凶难测，学生们都为孔子的命运担忧，孔子却意味深长地说："周文王死了以后，迄今为止，所有前代的文化遗产不都在我这里吗？老天若想消灭这文化，那我也不会学会、掌握了这些文化；老天若不想消灭这文化，匡人又能把我怎么样呢？"后来，匡人弄清了事实真相，孔子才得以离开。

孔子到了郑国，又与弟子们失散了，孔子独自站在城东门外，有个郑国人瞧见后，对孔子学生子贡说："东门外有个人，他的额头像尧帝，脖子像皋陶（相传舜帝时任掌刑法的官。陶，读作yáo），肩膀像子产，下身从腰以下比大禹短一些。那副倒霉的样子，活像办丧事人家的一条狗（累累若丧家之狗）。"后来，子贡如实告诉了孔子，孔子欣然笑道："说我长得像谁，这倒不见得，而说我像失去了主人的野狗，这确实说得对啊，说得对啊！"

杀敌致果

【释义】 致：做到。果：果敢，也指战果。形容勇敢杀敌，建立战功。

【出处】 春秋·鲁·左丘明《左传·宣公二年》。

春秋时期，有一年，晋国派荀林父领兵攻打宋国，迫使宋国降服晋国。楚国为此对宋国不满，第二年春天，楚王就命令郑国替他去讨伐宋国。郑国派公子归生率兵去攻打宋国。

宋国的军队由华元、乐吕统率，迎战郑军。双方在大棘打了一仗，结果宋军惨败，乐吕阵亡，华元被俘。

在交战中，有一个宋军士卒名狂狡，作战勇敢，心地善良。狂狡追击一个敌人，敌人吓得跳进井里。狂狡把戟倒过来，用戟柄将落井的郑军士卒搭救上来。可是这个郑国人上来后，非但不感谢狂狡的救命之恩，反而把他绑起来，当作俘虏交给将领了。

这件事后来传到宋国，宋国的人们说："狂狡太可惜了，不过这是他自食恶果。杀死敌人就是果敢，做到果敢就是刚毅（杀敌为果，致果为毅）。狂狡违背军令对敌人慈悲，所以才当了俘虏，这是自讨苦吃啊！"

杀马毁车

【释义】 将马杀了，将车毁了。比喻弃官归隐。

【出处】 南朝·宋·范晔《后汉书·周燮传》。

东汉时的冯良，出身低微，三十岁的时候，县令调他当县尉的

“从佐”，也就是随从。有一次，郡里要派一个督邮官来县里，督邮将代表太守来督察县乡的工作，县令吩咐冯良到驿路口去迎候，必须执礼恭敬，不可怠慢，要迎到县衙，才算完成差事。冯良带着车马，来到路口。谁知从上午等到日落西山，还不见督邮人影。冯良满腹愤慨，便一口气把马车赶到十几里路外的山边无人之处，取出佩刀，杀了那匹马，又把车毁坏，脱下“从佐”的公服，撕成了碎片，再狠狠地把帽子踩扁。之后，逃到一个叫犍为的地方，投在名师杜抚门下，学习《诗》《礼》《易》，决心大长学问。（奉檄迎督邮，即路慨然，耻在厮役，因坏车杀马，毁裂衣冠，乃遁至犍为，从杜抚学）。

当晚，冯妻急了，四处寻找，都不见踪迹。十几天以后，在山边的草丛里，找到了破车、死马和冯良那件破碎的公服，以为冯良必是遇到了野兽或是被强盗所害。冯妻哭哭啼啼，替他办了丧事。

过了十几年，冯良回到家乡。这时候，冯良已学了更多的礼法，行为品德更加高洁，真是非礼不动，对妻子也客客气气，如同君臣相处。乡里人议论说：“冯良这一去十几年，回来像是换了个人了，真可以做大伙的表率了。”后来，冯良多次被公车征召做官，都以有病为由推辞掉了，可是他的名望却更高了。

山鸡舞镜

【释义】 野鸡照着镜子起舞。比喻顾镜自爱自怜。

【出处】 南朝·宋·刘敬叔《异苑》卷三。

山鸡有一身漂亮的羽毛，每当它在河边看到自己的倒影时，就

会忍不住翩翩起舞。东汉末年，南方有个人捕到一只美丽的山鸡，将它献给了曹操。曹操听说山鸡有善舞的本领，便让手下的人逗山鸡跳舞。在场的人都是初次见到山鸡，不熟悉它的习性，不知怎么办才好。任凭大家怎么轰，山鸡一直呆头呆脑地缩在角落里，一动也不动。那个献鸡的人急得冷汗直冒。

正在难堪的时候，曹操的小儿子曹冲进来了，他让人去抬一面大镜子来，并把山鸡抱到镜子前，山鸡顿时变了样：它站立起来，抖落一下羽毛，对着亮晃晃的大镜子忘情地跳起舞来。它转呀，跳呀，五彩的羽毛绚丽夺目，大家都看得眼花缭乱，曹操也很满意，赏给献鸡人很多钱。

山雨欲来风满楼

【释义】 大雨即将来临时，风声充满了楼阁。后比喻重大事件前到处充满了紧张的气氛和迹象。

【出处】 唐·许浑《咸阳城西楼晚眺》。

唐朝诗人许浑曾任监察御史。在一个秋天的傍晚，他独自登上与长安仅一水之隔的咸阳古城西楼，观赏景致。这时天上飘过一片黑云，一阵凉风从西南方向刮来，越刮越大，越刮越紧，天地之间显得空空荡荡，景色更加萧瑟肃然。诗人凭栏远眺，面对暮色之中的衰柳枯杨和河塘芦苇，不禁想起了自己的家乡。那是水乡泽国的江南呀！回忆自己大半生的蹉跎岁月，眼见朝廷的腐败，忧情愁绪顿生心间。他慢慢地吟出一首诗来：

一上高城万里愁，蒹葭杨柳似汀洲。
溪云初起日沉阁，山雨欲来风满楼。

鸟下绿芜秦苑夕，蝉鸣黄叶汉宫秋。
行人莫问当年事，故国东来渭水流。

这首诗不仅充满诗情画意，语言优美凝练，更重要的是诗中“山雨欲来风满楼”这一句，脍炙人口，意味无穷。它既是自然现象的真实写照，同时，又是社会重大变故的预言和征兆。常被后人引用。

姗姗来迟

【释义】 姗姗：行走缓慢从容的样子；来迟：来得晚。指行走缓慢，很晚才到来。也形容事情进展缓慢。

【出处】 汉·班固《汉书·外戚传》。

汉武帝在位时，他非常宠幸的李夫人病死了，汉武帝无比痛惜，整日郁郁寡欢，追忆着李夫人的音容笑貌。

有个炼丹方士少翁，自称有法术，能够使死人的魂魄重返人间。汉武帝听了很高兴，赏给少翁一千两黄金，并封他为文成将军，满怀希望地问少翁：“李夫人亡故几个月了，你能让她与我再见一面，以解我相思之苦吗？”

少翁说：“当然能。不过不能让她知道，更不能与陛下讲话。魂魄毕竟与生人有别，如果被惊动，对陛下不利，对小臣更不利。陛下必须答应不惊动魂魄，不发出动静，小臣一定让陛下见她一面。”少翁的要求多少让武帝觉得有些扫兴。但想了想，既然方士有规矩，也没有别的办法。虽然很不情愿，但还是答应了。

汉武帝迫不及待，当天夜里就命令内侍按照少翁的要求，在

甘泉宫内搭起了一个“接魂台”。接魂台上明烛高照，香烟缭绕，气氛十分庄严神秘。李夫人的画像挂在正中，只见她香唇微启，甜甜地望着人间。香案上摆满了美酒佳肴，都是李夫人生前喜欢吃的；香案下摆满了脂粉、衣裙等，都是李夫人生前用过的。另外设置一座帷帐供汉武帝休息，专候李夫人鬼魂的到来。

少翁在帐外开始作法。只见他披散头发，赤着双足点燃香烛，焚烧纸钱。然后手持宝剑指东画西，口中念念有词。当时正值深秋，一阵秋风吹过，满地黄叶簌簌地响。残月如钩，冷冷地高挂在夜空。

汉武帝等得不耐烦，悄悄掀开帷帐想看个究竟。只见少翁一个人在那里手舞足蹈，哪里有李夫人的影子？汉武帝走出帷帐，来来回回地踱步，借以排遣万分焦急的心绪。他仰视着星空，但见黑云片片，银汉渺茫。他觉得有些病劳，也有些扫兴，开始怀疑少翁的法力。少翁看出了皇帝的心思，嘱他少安毋躁，暂且回到帐中坐定，过一会儿必有所得。

汉武帝遵嘱回帐。他刚挂上帐钩，坐上龙椅，忽听得帐外一阵细碎的脚步声传来。他猛一抬头，但见袅袅婷婷的身影冉冉而来，那身材、那打扮、那飘逸的长发、那纤纤的细步都酷似他的李夫人，然而在香雾缥缈中又看不真切。

汉武帝抑制不住心中的悲哀，老泪横流。他暗暗说道：“是邪，非邪？立而望之，偏何姗姗来迟！”这几句话的大意是：“是你吗？我站在这儿等你，但你为什么来得这么晚呢？”

汉武帝还觉得不尽兴，又写了一篇情文并茂的辞赋，悼念李夫人。

生花妙笔

【释义】 指写出来的文章犹如鲜花一般美丽。比喻有杰出的写作才能。

【出处】 五代·后周·王仁裕《开元天宝遗事·梦笔头生花》。

唐朝大诗人李白在少年时代，就学习刻苦，志向远大。传说他有一天在灯下读书写字，几个时辰都没动地方。后来实在太累了，便不知不觉地趴在桌上睡着了，这时，他做了一个奇妙的梦。梦见自己使用的笔，笔头上开出了鲜艳的花朵，一张张白纸，飞到他跟前。李白高兴极了，就抓起这支奇特的笔飞快地写了起来，更为奇异的是落在纸上的却是一朵朵盛开的鲜花，美不胜收。

后来，李白刻苦读书，深入社会生活，游历祖国名山大川，创作了大量的不朽的诗篇。他热情歌颂了雄伟、壮丽的祖国，同时也揭露了腐朽黑暗的封建社会。他的许多著名的诗篇流传千古，至今仍被中外读者吟咏传诵着。

生灵涂炭

【释义】 生灵：百姓；涂炭：指泥沼和炭火。百姓陷于泥潭的火炕中。形容人民百姓处于极端困苦的境地。

【出处】 唐·房玄龄等《晋书·苻丕载记》。

十六国时期，前秦在苻坚的统治下，加强中央集权，注意农业生产，增加了财政收入，逐步统一了北方大部分地区，并夺取了东

晋的一小部分土地。但是，由于连年用兵，百姓负担沉重，加深了境内的阶级矛盾。特别是建元十九年（公元 383 年），苻坚征调九十万大军攻伐东晋，结果在淝水大败，使国家元气大伤，各族首领乘机反秦自立。

两年后，前秦受到后燕和后秦的攻伐，都城长安被困。苻坚被迫退到五将山，不久被后秦王姚苌的军队活捉，囚禁在一个寺庙里。姚苌威逼苻坚交出玉玺，苻坚不仅坚决拒绝，而且痛骂姚苌。于是姚苌下令处死了苻坚。

前秦的幽州刺史王永得知这个消息后，立即派人通知苻坚的儿子苻丕，并拥立他即皇帝位。第二年，苻丕大封群臣，王永被加封为左丞相。

王永就任后，写了一篇讨贼檄文，号召前秦在各地的武装力量联合起来，讨伐后秦的首领姚苌和后燕的首领慕容垂。檄文中写道："先帝不幸在贼人控制的地方被害，京师长安成为敌人的巢穴，国家凋败，百姓生活在泥沼、炭火之中，痛苦不堪（先帝晏驾贼庭，京师鞠为戎穴，神州萧条，生灵涂炭）。各地文武官员见到本檄文后，要马上派兵马前来会师，准备作战。"尽管如此，但由于后秦兵力强大，王永指挥的各地兵马实力不济，最终失败。公元 394 年，前秦被后秦攻灭。

尸居余气

【释义】 余气：最后一口气。人的躯体虽在，只不过比尸体多一口气。形容人衰弱到了极点，很快就要死亡了。

【出处】 唐·房玄龄等《晋书·宣帝纪》。

曹魏嘉平年间，大将曹爽掌握了全国的军权，他骄奢无度，当时很多人向他规劝，他都不听，他所惧怕的只有太傅司马懿。因为他是大功臣，而且权势也极盛，皇帝也要让他三分。

那时河南尹李胜，是曹爽的亲信僚属，他被调任荆州刺史时，知道曹爽最惧怕的人是司马懿，便借向司马懿辞行之机，侦察司马懿的行状。司马懿知道自己的存在是对曹爽的威胁，特地装出生病的样子，叫两个婢女扶持着，衣服一半落在地上，用手指指口，表示口渴，婢女给他吃粥，他装出没有气力接碗的样子，就用口在婢女手上喝着吃，粥都流在衣服上了。

李胜说："你的身体怎么已衰弱到这个地步呢？"

司马懿有气无力说："我年老多病，就要死了，你现在去并州，并州地方接近胡人，你要好好地防备，我恐怕不能再和你见面了，至于我的儿子，请你好好地照顾他们。"

李胜说："我是去荆州，不是去并州。"

司马懿又故意胡言乱语一番。李胜回去报告曹爽说："司马懿就像一个还有点人气的尸体，形神已离，即将死了，不必忧虑他了（司马公尸居余气，形神已离，不足虑矣）。"

曹爽终于放松了对司马懿的戒备，最终被司马懿所杀。不久司马懿的儿子司马昭、孙子司马炎夺取了曹魏政权，建立了晋朝。

尸位素餐

【释义】 尸位：占据着职位而不做事；素餐：不做事而白吃饭。指在位的官吏不尽职守而坐享俸禄。也作自谦语。

【出处】 汉·班固《汉书·朱云传》。

西汉的朱云原籍山东，后来迁居平陵。他为人非常义气，身材魁梧，膂力过人。年轻的时候，有一次为朋友报仇，杀掉了一个横行乡里的恶棍，惹上人命官司，不得不亡命江湖，浪迹天涯。

直到四十岁时，朱云才安定下来，决心求学，拜曾当过宰相的肖望之为师，刻苦钻研《论语》。他不但学习刻苦，而且悟性极强，很快受到人们的好评。人们都认为他既有志气，又有学问，还有骨气。

在汉代官制中，要求地方官向朝廷推荐人才。当时朱云居住在华阴郡。那里的郡丞看朱云是个人才，便向朝廷推荐朱云，说他德才兼备，能文能武，请朝廷予以重用。

但由于种种原因，这次推荐没有被朝廷认可。直到他在长安登台与五鹿充宗辩论，驳得五鹿充宗无言以答，名震长安，这才被朝廷任命为杜陵县令。

过了几年，朱云被任命为槐里县县令。当时，中书令石显当权，他与五鹿充宗为莫逆之交。二人狼狈为奸，干了不少坏事。朱云上书揭发总管百官的丞相韦玄成包庇石显与五鹿充宗的罪行。韦玄成借机报复，在皇帝面前诬陷朱云，不久，朱云便被撤去了职务。

汉成帝时，皇帝也拉帮结派，任命自己的老师安昌侯张禹为丞相。朱云认为这个张禹根本没有做丞相的资格，他为此上书汉成帝，请求当面陈述自己的意见。

汉成帝看过朱云的上书，便命人传旨，召见朱云。宫殿之上，朝中文武百官一个不缺，朱云慷慨陈词：“现在朝中大臣对上不能尽职尽责，帮皇帝陛下改正过失；对下又不能为黎民百姓谋利益，都像死尸一样占着重要职务而不尽职守（今朝廷大臣，上不能匡主，下亡以益民，皆尸位素餐）。请陛下赐我尚方宝剑，杀掉所

有奸臣，儆戒其余百官。”

听了朱云的一番话，汉成帝开始有些发蒙，便不解地问：“你要杀掉谁？”

朱云果断地说：“陛下要问，我首先杀掉宰相张禹。因为他不学无术，拉帮结伙，只知谋个人的利益而不想百姓与朝廷的大事。这样的人身居高官于国于民都是大的祸患，难道陛下认为这样的人不该杀吗？”

汉成帝听了勃然大怒，立即命令卫士将朱云拉出去杀掉。

卫士拖着朱云往外走，朱云扯住栏杆不放，致使栏杆折断。朱云大声疾呼道：“我死也是忠臣，非常满足，只可惜朝政要从此败坏，如此下去国家不像个国家的样子。”

一些大臣听了朱云的话，认为有道理，便仗义执言为朱云求情，朱云才免去一死。

后来有人要修复被朱云扯断的栏杆，汉成帝说：“不必修了，当作纪念吧，以此来表彰忠臣义士。”

师直为壮

【释义】 师：军队。直：理由正当。壮：壮盛，有力量。出兵有正当理由，士气就旺盛，战斗力就强。

【出处】 春秋·鲁·左丘明《左传·僖公二十八年》。

春秋时期，有一年，楚国起兵围攻宋国。当时，宋国是晋国的附属国，因而宋王就派使臣去向晋文公求援。

晋文公派大军开赴宋国的边境，但始终避免与楚军交战，因为不出兵就保不住宋国，而正面与楚国交战，又可能引起齐、秦等大

国反对。楚王见晋军赶到，忙命令楚军火速从宋国撤回。楚军将领子玉好大喜功，拒不服从楚王的命令，率领军队对晋军穷追猛打。晋军的统帅按晋文公的吩咐，领军后撤。晋军将士对此很不满意，抱怨道："楚军的统帅是臣，晋军的统帅是君，国君躲避臣下是奇耻大辱啊！况且楚军已经疲惫困顿，我军应乘机一举歼灭他们，为何退而不战呢？"

晋军的统帅说："两军交战，出兵有正当理由，士气就旺盛，战斗力就强（师直为壮），我军先退却一段，是对楚军表示恩惠。如果楚军不知好歹，继续追杀我军，那么他们就理屈了，士气必然低落，而我军则有足够的理由去击杀他们，到了那时，我军再反击也不迟！"

果然，楚军将领子玉仍一意孤行，率军追击晋军，结果在城濮遭到晋军的伏击，大败而逃。城濮之战，晋军取得全胜。此后，晋文公取得了诸侯霸主的地位。

十行俱下

【释义】 多行文字扫一眼就能读完。形容读书速度极快，聪慧过人。也称"一目十行"。

【出处】 唐·李延寿《南史·梁书简文帝纪》。

南北朝时，南朝的梁武帝萧衍有个儿子叫萧纲。萧纲从小聪明伶俐，记忆力特别强。他四岁开始识字读书，而且能够过目不忘；到六岁时，已经会写文章了。

梁武帝对萧纲如此好学非常高兴。有一次，特地把他叫到跟前，当面出了一个题目，要他做一篇文章。萧纲略一思忖，不慌

不忙地提起笔来就写。 不到一顿饭的工夫，写成了一篇词句整齐对偶的文章。 擅长文学的梁武帝一看，声韵和谐，辞藻华丽，不禁赞叹道：“你这孩子呀，真是我们萧家的东阿王！”

东阿王是三国时魏国著名的文学家曹植的封号，由此可见梁武帝对萧纲评价之高。

随着年龄的增长，萧纲读的书越来越多。 据说他阅读的能力很强，读书的速度惊人，能够十行同时阅读下去。 用这样的速度读书，当然能博览群书，写起诗赋文章来也得心应手（读书十行俱下，九流百氏，经目必记；篇章辞赋，操笔立成）。

十一岁那年，萧纲被任命为宣惠将军、丹阳尹，开始处理郡里的各种事务。 他虽然还是个少年，但因为读的书多，知识广博，因此处理事务颇有见地。

二十八岁那年，萧纲因长兄萧统去世而被立为太子。 从此，他就长期住在宫内，经常和当时著名的文士徐摛、厦肩君等人一起吟诗作赋，过着悠闲的宫廷生活。

萧纲的文才很好，但长期处于深宫，过着纸醉金迷的生活，因此老是以轻靡绪艳的文辞描写上层贵族腐朽的生活，所作的词赋格调低下，当时被称为“宫体”，对当时的文风起了很坏的影响。后来，军阀侯景起兵作乱，萧纲被立为简文帝，成为傀儡皇帝，最后还是被侯景派人用毒酒杀害了。

十羊九牧

【释义】 九个人牧十只羊，浪费人力。 原比喻官多民少。后用于比喻使令不一，无所适从。

【出处】 唐·魏征等《隋书·杨尚希传》。

南北朝时，北周人杨尚希在周明帝、武帝、宣帝三个朝代长期担任重要职务。他八岁时父亲去世，十一岁时辞别母亲到长安上学，涿郡人大儒学家卢拜见他后，很惊奇他的聪颖，让他入太学。他刻苦学习，深钻细研、孜孜不倦，同辈的人都很佩服他。周太祖曾经在太学亲自参加以酒食祭奠先圣先师的释奠典礼，当时尚希只有十八岁，奉命讲解《孝经》，言辞优美，意旨深远。

隋文帝取代了北周政权后，杨尚希对隋文帝也是忠心耿耿。隋文帝一切恢复汉制，完全改变北周鲜卑族政权的统治方法，以适应广大汉人的愿望。其中有一项是重新划分行政区域，设立州郡。但是，隋朝设立的州郡比秦汉时期多了一倍，有些地方甚至方圆不到一百里，就设几个县，不满一千户人家的一块地方，却要分属两个郡来管辖。这样，官府机构当然也相应增多，官员和吏卒也成倍增加，这简直使国家不胜负担。

杨尚希对这种情况深为忧虑，向隋文帝报告了自己的意见："这种州郡过多的情况好比十羊九牧，完全没有必要（所谓民少官多，十羊九牧）。当务之急是把重要的州郡保留下来，闲置的州郡撤并掉。这样对国家来说，地域、人口还是这么多，每年的租调、粮食、布匹等项收入，不会减少，而开支却可以大大节省。并且还可以把能派用场的贤才能人，安排到最需要的地方去，办事效率可望明显提高。"隋文帝于是按照杨尚希的建议，撤销、归并了许多州郡，收到了良好的效果。

拾人牙慧

【释义】　牙慧：即牙后慧，指说话中流露出的漂亮言辞。指把别人说过的言语作为自己的创见。

【出处】 南朝·宋·刘义庆《世说新语·文学》。

殷浩是东晋大臣，字渊源，陈郡长平（今河南西华东北）人。好读《老子》与《周易》，善谈玄理，颇负盛名，屡辞征召。曾为庾亮记室参军，累迁司徒左长史，后辞官隐居近十载。永和二年(公元346年)因褚裒推荐，始受命为建武将军、扬州刺史。

他学问很好，又能说会道。殷浩有一个外甥叫韩康伯，十分聪明，口齿伶俐，很像舅舅，因此很得殷浩的欢心。

也许是得到夸奖太多了些，也可能自以为聪明，对事物不肯深入钻研，韩康伯渐渐养成了一种好夸夸其谈的习惯，虽然什么也不会做，但装着样样都懂。对此，殷浩很不满。有一次，他看到韩康伯在和别人闲谈时那种手舞足蹈的样子以及言语之间流露出的那种自鸣得意的神情，着实感到不快。事后，他对朋友说："康伯自以为得我真传，其实，连我牙后那么一点智慧都未拾得呀（康伯未得我牙后慧）。"

食不甘味

【释义】 甘味：感到味道好。吃了东西，不知味道。形容心中忧虑或身体不好。

【出处】 汉·刘向《战国策·楚策一》。

战国时期，秦惠文王当政时，著名纵横家苏秦游说惠文王实行"连横"政策，诱骗挟持部分国家去进攻其他诸侯国，进而各个击破，实现统一天下的野心。可惠文王拒绝了苏秦的建议。苏秦遭到拒绝，只好悻悻而归。第二年，他又到各国游说。这次，他一反过去的策略，提出了"合纵"的主张，企图说服秦以外的六国联

合起来，共同抗秦。

“合纵”之策首先得到赵国国君赵肃侯的赏识，他拜苏秦为相国，资助他去游说列国诸侯。一天，驱车来到楚国，苏秦对楚威王陈说利害：秦国是天下各诸侯不共戴天的仇敌，时时有吞灭六国的野心。如果楚与秦国“连横”，那么就无法抑制秦国的扩张野心，最后只能向秦国割地求和；如果楚国与各国“合纵”抗秦，那么各国都会来侍奉楚国，服从楚国的安排。

楚威王赞赏道：“我对秦国的野心早就有戒备了，但苦于韩、魏等国受到秦国把持，不能与他们共谋；国内又缺少可靠的大臣，向我献策献计。所以，长期以来我一直睡不着觉，吃饭也没胃口（睡不安席，食不甘味），今天听了您的这番高见，才下定了决心，誓死与秦国抗争！”

从此，楚、赵等诸侯六国南北联合，缔结“合纵”盟约，共同抗秦，使秦国一度不敢对六国轻举妄动。

食言而肥

【释义】　食言：指说话不算数；肥：肥胖，指获得利益。形容只图自己得利而不实现许下的诺言。

【出处】　春秋·鲁·左丘明《左传·哀公二十五年》。

春秋时，鲁国有个叫孟武伯的大夫，为人不讲信用，说话从来不算数，鲁哀公对他很不满意。

有一次，鲁哀公请客，满朝文武都来赴宴。有一个叫郭重的大臣，是个胖子，真像他的名字一样，体重着实不轻，平时深得哀公宠信，这天自然也来赴宴。孟武伯向来妒忌他，瞅准今天的机

会，想出出他的洋相，让他难堪，于是离席趋前，走到他的座位前，问道："郭大夫是吃了什么东西才这么肥的？"

鲁哀公知道孟武伯不安好心，便接过话头，代郭重答道："他空话吃得太多，能不肥吗（是食言多矣，能无肥乎）？"

满堂文武都知道哀公所指何人，顿时哄笑起来。孟武伯不但没讨到别人的便宜，反而当众出丑，直羞得面红耳赤，无地自容。

使羊将狼

【释义】 将：统率，指挥。叫羊去指挥狼。比喻不足以统率指挥。也比喻弱者领导强者，将导致不好的后果。

【出处】 汉·司马迁《史记·留侯世家》。

汉高祖刘邦得了天下，可是有两件大事让他很不放心：一是群臣争功，各怀不满；二是太子懦弱无能，不是帝王之相，将来要把江山社稷交付给他，很难相信这个儿子能挑起这副担子。为了这两件事，刘邦常常寝食不安。

汉高祖十一年，陈豨、韩信相继谋反，刘邦迅速平定叛乱，政局暂时平静。

刘邦觉得自己的身体渐渐不行了，更忧虑继位的问题。他还有一个小儿子赵王如意，是宠妃戚夫人所生，聪明机灵，刘邦十分喜欢他，所以一心要废长立幼。但这件事要付诸实施，却很有些麻烦，首先吕后那里通不过，其次是张良等老臣暗中帮着吕氏出主意，维护太子，刘邦只得暂时不提此事。

第二年秋天，另一异姓王英布又发动叛乱。可是刘邦正在生病，就打算让太子统兵，前往平定英布。这个安排对太子显然不

利，因为与他同去平乱的许多将领，都是曾经与刘邦一起打天下的老将，让懦弱的太子统领他们，这帮人必然不肯为他出力，那么，太子要平定叛乱就根本不可能。无功而回，太子肯定要倒霉。

吕氏为此十分焦急，她哭着对刘邦说："这英布是个猛将，善于用兵。您手下的许多大将都是过去与你平辈的人，现在您让太子统率他们，这跟用羊统率狼没什么两样（且太子所与俱诸将，皆尝与上定天下枭将也。今使太子将之，此无异使羊将狼也）。你想，那些人肯听太子的调遣吗？再说，英布如果知道你竟派太子率军，更无所畏忌。所以我劝陛下抱病出征，即使在兵车上躺着指挥，各将敢不尽力吗？您虽然辛苦一些，比派太子去强得多。"

刘邦一想，自己这个儿子确实不堪大用，只得自己亲自统率军队，平定了英布叛乱。

市无二价

【释义】 做买卖没有两种价格。形容生意无欺诈行为。

【出处】 汉·班固《汉书·王莽传》。

汉元帝时，颇有政治手腕的王莽得到了"安汉侯"的封号。后来，他毒死了汉平帝，自称假皇帝，立年仅两岁的刘婴为太子。于是，王莽以"安汉侯"摄政，代行皇帝的权力。王莽想做真皇帝，不过，他又不能不顾天下人的态度。为此，他派出了八个风俗使，分头到全国各地考察民情，以便了解自己在民众心目中的形象。

半年以后，风俗使回京复命说："现在八方民风已经比前些年

大大改善，社会秩序非常好，跟文景之治那时候差不多了。百姓们丰衣足食，看不到饥民饿殍。盗贼绝迹，真是道不拾遗，夜不闭户。民风淳厚向善，几乎没有民事纠纷，所以官府也没有案件要办。市场上买卖公平，同一种商品没有两种价钱（又奏为市无二价，官无狱讼），也没有以次充好、擅自提价的欺诈现象……”

王莽听到“市无二价”时点点头，市场繁荣、物价稳定，是社会安定的标志，也证明王莽辅政所采取的一系列措施行之有效。所以他觉得很满意，也很安慰，王莽要放心地做真皇帝了。于是，他制造了一个天命的神话，假借一块浚井挖到的白石，上刻“安汉公莽为皇帝”几个字，宣示上天的旨意，终于“名正言顺”地坐上了皇帝的宝座。

噬脐莫及

【释义】 噬：咬；脐：肚脐；莫：不；及：达到。用嘴咬肚脐，怎么够得着呢？比喻后悔也来不及。

【出处】 春秋·鲁·左丘明《左传·庄公六年》。

春秋前期，南方的楚国为了扩展势力范围，不断攻灭周边许多弱小国家。随着斗争形势的变化，楚国与它的邻近诸国时而联合，时而互相攻杀，关系微妙复杂。

公元前690年，楚武王攻打随国，中途死去，其子熊赀即位，他就是楚文王。

楚文王即位的第二年，也就是公元前688年，便带兵攻打申国（其故城在今河南省南阳市），途经邓国（今河南邓县）。

邓国和楚国前几年就发生过摩擦，楚国曾经与巴国人联合打败

过邓国，加之楚国不断向外扩张，所以邓国许多人对楚国的态度是既不友好，又有戒备之心。

这次楚王及其军队路过邓国，在邓国内部引起了不同的反应。

邓国国君邓祁侯懦弱寡断。他的夫人与楚武王夫人邓曼（文王的母亲）是姊妹关系，因此对祁侯说："他（楚文王）是我的外甥，现在路过我这里，我应该接待他啊！"便留住楚文王，并盛情款待他。

跟楚国也有亲戚关系的骓甥、聃甥、养甥等三人则坚决主张趁这个机会杀掉楚文王，三人说道："楚文王这个人野心很大，又不讲信义。他刚当上国君，就兴师动众，去攻打申国。可以肯定地说，将来灭亡我们邓国的，必定就是他！现在我们如果不趁早打他的主意，日后您自己后悔到咬自己的肚脐，能够得到吗（若不早图，后君噬齐［脐］，其及图之乎）？可现在对他下手，还是来得及的！杀他现在正是时候。"

邓祁侯不以为然地说："我如果干这种事，那就连我祭祀用过的东西别人都不屑一顾，我会遭到人们的鄙视和唾弃的。我们不能杀他啊！"

骓甥、聃甥、养甥三人相互看了看，齐声说道："您现在如果不听我们的忠告，一旦我们的土地和五谷的神灵无人祭祀——邓国灭亡了，您到哪里获取祭祀的东西，哪里还谈得上什么剩余不剩余呢？"

邓祁侯最终不肯采纳骓甥等三人的意见。

楚文王攻下申国后，在回国途中，顺便进攻了邓国。到了公元前678年，楚国再次攻打邓国，果然不出骓甥等三人所预料，楚国终于灭亡了邓国。

手不释卷

【释义】 卷：指书。手中的书不肯放下来。比喻抓紧时间勤学，或看书入了迷。

【出处】 晋·陈寿《三国志·吴书·吕蒙传》。

吕蒙，字子明，是三国时期东吴名将。年轻时，家境贫困，无法读书。从军后，虽作战骁勇，常立战功，却苦于缺少文化，不能把战例经验总结写下来。

有一天，吴主孙权对吕蒙说："你现在是一员大将，掌权管事，更应该好好地读一些书，增长自己的才干。"吕蒙一听主公要他学习，便为难地推托说："军队里的事情又多又杂，都要我亲自过问，恐怕挤不出时间来读书啊！"孙权说："你的事情总没有我多吧？我并不是要你去研究学问，当专家，而只是要你翻阅一些古书，从中得到一些启发罢了。我年轻时就读过许多书，掌权以来又读了许多史书和兵书，得到的帮助真是太大了。你很聪明，更应该多读些书。"吕蒙问："可我不知道应该去读些什么书。"孙权听了，微笑着说："你可以先读些《孙子》《六韬》等兵法书，再读些《左传》《史记》等历史书，这些书对于以后带兵打仗很有好处。"停了停，孙权又说："时间嘛，要自己去挤出来。从前汉光武帝在行军作战的紧张关头，手里还总是拿着一本书不肯放下来呢（光武当兵马之务，手不释卷）！你们年轻人更应该勉励自己多读点书。"吕蒙听了孙权的话，回去便开始读书学习，坚持不懈。同时他还研究评论书中的一些观点。这样他的见解也越来越精辟，有时连当时那些学识渊博的人也自叹不如了。

后来，孙权的谋士鲁肃也感到自己的见识比不上吕蒙，他感慨地对吕蒙说：“了不起，你已经不再是当年吴下的愣小子阿蒙了，真应该刮目相看了。”

守成不易

【释义】 守：守住。成：已创有的事业。比喻创业固然不易，守业更难。

【出处】 五代·后晋·刘昫等《旧唐书·魏征传》。

有一天，唐太宗问群臣：“是创业艰难呢，还是守成艰难呢？”

大臣房玄龄说：“陛下创业的初期，群雄并起，割据四方，历经大小数百次战役，才将他们铲平，统一天下，我深觉是创业艰难的。”

魏征却不赞同说：“自古以来帝王获得天下，大都经过一番困难，但却失之于安逸。因此，我以为守成才是真正的困难。”

唐太宗听了他们的见解，便下结论说：“玄龄跟着我平定天下，在大小数百战中，真是从万死一生中走出来，他感到创业艰难是正确的。现在我已建立了唐朝，魏征替我安抚天下，也感到，一个人到了富贵的时候便会骄奢起来，骄奢了便会懒散，不再努力，到头来便要失败了。因此，我觉得创业维艰，守成也不易啊！”

首鼠两端

【释义】 首鼠：欲进又退，犹豫不决的样子。形容在两者

之间踌躇不决或摇摆不定。

【出处】 汉·司马迁《史记·魏其武安侯列传》（并见《汉书·灌夫传》）。

西汉武帝时，武安侯田蚡娶小老婆，魏其侯窦婴与将军灌夫等一起去祝贺。田蚡故意怠慢灌夫，灌夫在酒宴上大骂田蚡。田蚡耿耿于怀，后来借故要将灌夫及他全家抄斩。魏其侯窦婴平时和灌夫交往较深，极力想搭救好友，于是他就将这事告到了汉武帝那里。汉武帝也没有立即断决，而是召集文武百官辩论，看到底谁对谁错。

御史大夫韩安国平日里和田蚡的关系很好，然而因此事牵涉过多，不敢表明态度，于是吞吞吐吐地说："魏其侯说灌夫曾经为了国家而英勇对敌，为国立下了很大的功劳，在三军中是有名的，现在为了几句酒话，就要判他死罪，是不应该的，由此看来魏其侯讲的话是对的。武安侯说灌夫平时无理取闹，无法无天，经常欺侮皇室的骨肉和亲戚，并在家乡侵占百姓财产，为自己积了许多家财，真是罪该万死，所以武安侯说的也是不错的。最后到底怎么处理还是陛下您仔细考虑定夺。"

退朝后，田蚡对韩安国说："你平常在朝廷上讲话头头是道，今天对付一个老头子，为什么犹豫不决，不敢表明态度呢（与长孺共一老秃翁，何为首鼠两端）？"

树倒猢狲散

【释义】 大树倒了，树上的猢狲无处存身只得离散。比喻有权势的人一旦垮台，依附他的人也随即垮台。

【出处】　宋·庞元英《谈数》。

秦桧是中国历史上臭名昭著的人物，他出卖南宋的利益，害死民族英雄岳飞，千百年来一直为人唾骂。

秦桧在任职期间，大权在握，陷害忠良，培植亲信。当时有个名叫曹咏的人，与秦桧沾亲带故，这人又善于投机钻营。秦桧位居宰相之后，曹咏就攀上了秦桧，曲意奉承，秦桧便提携他做了侍郎的官。曹咏飞黄腾达，好不神气。

曹咏的大舅子叫厉德新，在乡里当小小的“里正”，周围人都劝他走走亲戚，不要放过眼前的荣华富贵。厉德新却不屑一顾，他早就痛恨秦桧卖国求荣，对曹咏这种趋炎附势的小人从心底里看不起。

曹咏对厉德新又气又恼，暗中指使地方官吏威胁厉德新，厉德新始终没有屈服。曹咏怀恨在心，却也拿他无法。

后来，秦桧死了，老百姓拍手称快。秦桧的罪行被揭露出来，过去依附他而得势的人也都垮了台，曹咏被贬到新州。

厉德新听说曹咏被贬职，心中高兴，想讽刺讽刺曹咏。他想到以前听说过的故事：据说秦桧还未发迹时，曾当过私塾先生，成天与那些顽皮的孩子打交道，生活很清苦，有一次发牢骚说：“将来我有了钱，一定不做猢狲王。”他把学生比作猢狲，把自己比作猢狲王。厉德新灵机一动，以《树倒猢狲散》为题目，写了一篇赋，派人送给曹咏，曹咏打开一看，原来是讥讽他的：赋中把秦桧比作一棵大树，把曹咏之流比作依附大树作威作福的猴子，大树一倒，猴子们就散伙了。曹咏看后，气得脸色铁青，又无可奈何。

数典忘祖

【释义】 数：数着说；典：指历来的制度、事迹。谈论历来的制度、事迹时，把自己祖先的职守都忘了。比喻忘本，即忘记自己本来的情况或事物的本源。

【出处】 春秋·鲁·左丘明《左传·昭公十五年》。

晋国大夫籍谈出身于一个世代掌管文物典籍的贵族之家。“籍”这个姓氏就是由他们世袭的职务得名的。只是到了籍谈这里，他已不大管理文物典籍了，对晋国的历史也了解得很少。

昭公十五年，东周景王夫人去世了，各诸侯国都按照礼仪，派专使前去吊唁，并献上珍贵的礼品。籍谈与大夫荀砾作为晋国的特使，也来参加葬礼，但是却没有带什么礼物。周景王心中十分不悦，决定要对晋使施加一些压力。

葬礼后，周景王特别设宴招待两位晋国特使。宴席上，周景王用鲁国朝贡的酒壶为他们斟酒，并夸奖说：“这青铜壶真是很珍贵啊！”然后，又装作不经意地问道：“别国都有物品进贡王室，为什么独独晋国没有进贡呢？”

荀砾答不上来，籍谈也没有思想准备，随口就说：“陛下，各诸侯国在受封时都曾得到过王室的大量赏赐，而晋国僻处深山，与蛮夷为邻，从未受过王室的赏赐。而且我们的财力物力对付这些蛮夷的入侵都还紧张，哪有什么器物可以献给陛下啊？”

周景王听后，不满地说：“你太健忘了吧！晋国的始祖唐叔不就是我们成王的弟弟吗？从那时起晋国就不断受到周王室的赏赐。你的祖先是晋国的司典，你也是当今管理晋国典籍的正卿，

怎么会对这些史实这样无知啊？”说得籍谈无话可答，也无脸再待下去了，于是，不等席终就告辞而去了。

籍谈走后，周景王对左右的大臣们说：“籍谈大约要绝后了吧，竟然把自己祖先的职守都忘了（数典而忘其祖）！”

数见不鲜

【释义】 数：屡次；鲜：新奇。 指多次见到，已经不新奇了。 现常作“屡见不鲜”。

【出处】 汉·司马迁《史记·郦生陆贾列传》。

西汉时，戚夫人深受汉高祖刘邦的宠幸，生一子名如意，如意后来被封为赵王，史称赵王如意。

刘盈当时已立为太子。 刘邦认为太子生性懦弱，不适合当皇帝；而如意性格刚毅，与自己相似。 为此，刘邦曾动过立如意为太子的念头，但由于群臣持反对意见，刘邦只好放弃这个想法。这件事没办成，但仍然在刘盈的生母吕后的心头留下了挥之不去的阴影，使她耿耿于怀。

刘邦死后，吕后决意加害赵王。 太子刘盈了解吕后的狠毒，刻意防范，与赵王同食同宿，使吕后无机可乘。 有一次，刘盈早晨出宫射猎。 赵王年幼贪睡，刘盈不忍惊动，便独自出宫。 待刘盈回宫时才知道赵王已被吕后用毒酒害死了。

吕后毒死赵王，仍不甘心，又命人将戚夫人的双手双脚砍掉，挖去双眼，割掉双耳，丢进茅厕，起个名堂，称为“人彘”，然后请刘盈观看。

刘盈当时已经称帝，史称惠帝。 他见了这种惨不忍睹的景象

后，不禁失声痛哭。后来，惠帝派人传口信给吕后，说：“这件事简直不是人干出来的。我有你这样的母亲，这皇帝没法再做下去了。”

从此之后，惠帝故意糟蹋自己的身体，用醇酒美女麻醉心灵，在位五年，含恨而死，年仅二十三岁。发丧时，吕后装出伤心的样子，大声哭叫却不流泪。这事让张良的儿子侍中张辟疆看出了玄机。他向丞相陈平提出警告说：“太后哭而无泪，是担心胜过悲哀。太后没有可以称帝的成年儿子，对文武大臣不放心。你赶快交出相权，否则有杀身灭门之祸。”

陈平从此不过问朝政，吕后一族控制了朝政，一股巨大的政治暗潮在表面的平静下形成。

不久，吕后又打算分封她的子侄为王，但又担心朝中有辩才的大臣反对。陆贾深知自己无力改变政局，立即上表辞官，得到准许后便悠闲地回到家中。他拿出当年出使南越时，赵佗奉赠的千两黄金，分赠给五个儿子，说：“你们每人分二百两做生活用度，我在你们每个人家住十天。如死在谁家，我的宝剑车马即归谁所有。一年之中，我轮番住在各家，绝不久居，免得经常见面而失去新鲜感。你们也不必为我在一家住得时间太久而担心（一岁中往来过他客，率不过再三过，数见不鲜，无久慁公为也）。”

率马以骥

【释义】 率：率领；骥：良马。用良马统领群马。比喻贤能的人可为别人做出表率，成为众人的榜样。

【出处】 三国·魏·曹操《下州郡》。

杜畿是三国时期魏国的一个州官，深受曹操的赏识。他在二十岁任县令的时候就很有政绩了。他的前任是个昏官，监狱里囚禁着几百人，人们怨声载道。杜畿到任后第一件事，就是亲临狱中察看、问案，把一些无辜的农民都释放了。杜畿得到全郡人的称赞，美名也从此传扬开去。

杜畿的人品很好。他的母亲早亡，继母对他挺刻薄，但他仍然以一个孝子的心肠对待继母。继母死后，他为继母送葬。送葬队伍走到半路，遇到一伙强盗拦路抢劫，其他人全吓跑了，唯有杜畿站在那儿一动不动，守着继母的灵柩。贼人喊道："你再不跑，我就用箭射死你！"杜畿岿然不动，对搭箭的贼人说："你们图的是财，可我现在是给亡母送葬，除了悲伤什么东西也没有。射死我，你们又能得到什么呢？"强盗听罢，扫兴地走了。

后来，杜畿被曹操任命为河东太守。在任内，他一举平定了豪强的叛乱，给曹操提供了军粮。曹操为此很器重他。

当时曹操有个宠臣，名叫刘勋，名声很大。他听说河东产的大枣皮薄肉嫩，是养生佳品，就写信向杜畿索要。杜畿给他回了一封信，婉言拒绝了他的要求。刘勋便嫉恨在心，一有机会就在曹操面前说杜畿的坏话，曹操因此对杜畿产生了怀疑。后来刘勋犯法被处斩了，曹操见到杜畿婉拒刘勋的这封信，对他的不媚宠臣、不结私好的品格更加赞赏。

一天，曹操对身边的人讲起了颜回的故事：

有一次，孔子与弟子们被困于陈、蔡之间，七天七夜没有一粒米下肚。这一天，颜回讨来一点米，赶紧熬粥。大家在一旁眼巴巴地等着。粥快熟了，孔子瞥见颜回伸手从锅里捞了一把，迫不及待地送进嘴里。孔子心里很不高兴，心想：这颜回平时看上去很老实，可是今天粥烧好了不先让我吃，自己倒先偷吃一口。一

会儿，颜回盛了一碗粥端到老师面前，孔子假装没有看见刚才的事，说道："我刚刚做了一个梦，梦见了老祖宗。这粥还没人动口，很干净，先来敬奉老祖宗吧。"颜回回答道："先生，不行呵！刚才有一片炭灰落入锅中，我用手捞了出来。手上的米粒丢了可惜，我就把它放进嘴里吃了。"孔子听了十分惭愧，于是对弟子们说："人们相信自己的眼睛，可是眼睛并不可信；人们相信自己的心，可是心也不可信。弟子们记着，知人实在不容易啊！"

讲完了，曹操遥望远方，仿佛还在回味孔子最后的那句话。当晚，他在灯下写了一篇名为《下州郡》的文告，通报褒扬杜畿的廉洁忠贞。文告中说：古时，孔子每次谈到他的弟子颜回，都大加赞扬。这不仅因为他对颜回有发自内心的喜爱，更主要的原因是他觉得如同在马群之中，找出了作为领头的千里马一样（每言不能不叹，既情爱发中，又宜率马以骥）。现在，我也希望大家仰慕高山，效法杜畿的好品德。

成语"率马以骥"就出自曹操的这篇文告，现用来比喻找出先进人物，借以带动整体。

水火无交

【释义】　表示没有任何礼尚往来。比喻为官清廉。

【出处】　唐·魏征等《隋书·赵轨传》。

赵轨是隋朝时期河南洛阳人，他为官很是清廉。隋文帝杨坚即帝位后，赵轨调到齐州任别驾，每遇出巡，他可以享受单独乘车的待遇。他虽然握有大权，却从不滥用。赵轨在任上时与家人居住在一座庭院里。邻居家有一棵桑树，枝繁叶茂，枝丫伸到他家

院子里来了。初夏季节，乌亮的桑葚落到院子里，孩子们都拿着小篮子来捡，赵轨却要求孩子们捡起来还给邻居，他说："这桑果是别人的，不是他们送的，所以我们没有理由拿来享用，希望你们以此为戒。"

有一次，赵轨奉诏赴任，马不停蹄，日夜赶路。途中，随从的马跑到田里，糟蹋了农家的庄稼，赵轨便停下马不再赶路，等到天亮，赔偿了农人的损失后才启程离去。

赵轨在齐州四年，政绩考核年年第一，隋文帝征召他回朝。齐州的老百姓听说赵轨要离开了，扶老携幼，赶来送行。一位老人手捧一杯水，含着眼泪，颤巍巍地说："您为官四年，从没有在我们老百姓身上取点什么，所以我们不敢用酒来为您相送（别驾在官，水火不与百姓交，是以不敢以壶酒相送）。您为政清明，为官廉洁，就像一汪水那样清澈见底，请允许我们酌一杯清水为您饯行。"赵轨听着，眼圈也红了，接过来，一口气喝完了。

水深火热

【释义】 像水那样越来越深，像火那样越来越热。形容人民生活极端痛苦。

【出处】 《孟子·梁惠王》。

战国时，燕国爆发内战。于是，齐国乘虚而入，齐宣王派大将匡章率兵十万攻燕。燕国百姓对内战不满，不愿出力抵抗齐军，有些地方的燕国百姓反而给齐军送饭递水表示欢迎。匡章只用了五十天工夫，就攻下燕国国都，但匡章不管束军队，士卒欺凌百姓，于是燕人纷纷起来反抗。

这时，齐宣王向正在齐国游说的孟子请教，问道："有人劝我不要吞并燕国，有人劝我吞并它，到底该怎么办？"

孟子回答说："如果吞并燕国，当地百姓反而很高兴，那就吞并它。古人有此先例，周武王便是。"

他又说："如果吞并燕国，当地百姓并不高兴，那就不要吞并它，古人也有先例，周文王便是。"这是指周武王的父亲文王，当初虽已三分天下有其二，但他认为商王朝还没有丧尽人心，仍侍奉商朝，不急于灭掉它。

孟子接着指出："当初齐军攻入燕国，燕人送饭递水表示欢迎，那是因为燕国百姓想摆脱苦日子；而今如果齐国进而并吞燕国，给燕人带来亡国灾难，使他们陷入水深火热之中，那他们必然会转而盼望别国来解救了（如水益深；如火益热；亦运而已矣）！"

齐宣王不以为然，一心要吞并燕国，结果不但引起燕国反抗，其他国家也表示要救助燕国。齐宣王被迫从燕国撤军。

水中捞月

【释义】 到水中去捞月亮。比喻白花力气，去做无法做到的事。

【出处】 《僧祇律》。

佛教典籍《僧祇律》上记载着：

佛祖释迦牟尼为诸弟子说法，讲了一个寓言故事：在过去时，伽尸国波罗奈城生活着五百只猕猴。有一天晚上，它们在树林中玩耍，偶尔来到一眼水井边上。猕猴的首领看见井水中有一个月

亮，吓坏了，对同伴们说："月亮今天死了，掉在了水井中，我们应该把它捞出来，以免以后的晚上都是漆黑一片。"其他猴子一看，水井很深，不知如何下手。猕猴的首领看见井边长着一棵树，又有了主意，说："我抓住树枝，另一只捉住我的尾巴，其他猴子也这样首尾相连，就可以够到月亮，把它捞出来了。"于是众猴就像它所说的那样，一只抓住另一只的尾巴，连成一大串，向井底垂下去。可这树枝并不粗壮，哪经得起这么多猴子的重量，结果叭的一声折断了，群猴全都掉进井水里了。

佛祖讲这个故事本是用来比喻那些自以为是，分不清是非虚实，害己害人的外道邪师，后来从这个故事衍生出的成语"水中捞月"被广泛用来比喻白花力气，去做无法做到的事。

死诸葛吓走生仲达

【释义】 用死人吓走活人。指人虽死，余威犹在。

【出处】 晋·陈寿《三国志·蜀书·诸葛亮传》，南朝·宋·裴松之注。

公元231年，诸葛亮再次出兵祁山，与魏军对峙于渭水南岸。诸葛亮夙兴夜寐，殚精竭虑，终于积劳成疾，昏倒在地。他知道自己时日不多，叫来姜维、马岱，传授兵法和锦囊妙计。又吩咐杨仪："我死后，不要发丧，可以做一个大龛，将我的尸体放在龛中，嘴里放入米粒，脚下点一盏长明灯。军中一切照常，让后面的营寨先撤退，然后一营一营缓缓而退，不要急躁。如果司马懿来追，你可布成阵势，摇旗击鼓。等他来到，就将我的雕刻木像放在车上，推到队伍前面，命令将士们分列左右。司马懿见了肯

定会惊吓而走。”一一布置妥当，当夜，诸葛亮去世了。

这时，司马懿获知诸葛亮已死，随即下令追击。刚出寨门，又生疑虑：“孔明善用计谋，莫非他见我不出战，故意以死诈我出来？我若贸然追击，肯定中他的计。”于是又勒马回寨，只令夏侯霸带领数十骑，到蜀军驻地探听消息。

夏侯霸探得确切消息，赶紧报告说：“蜀军全部退走了。”司马父子率军直奔蜀寨，果然已空无一人。司马懿引军在前，追到山脚下，远远望见蜀兵，于是奋力追赶。忽然，背后喊声大震，姜维命杨仪举旗鸣鼓，树影中飘出大旗，上面写着：“汉丞相武乡侯诸葛亮。”司马懿大惊失色，再定睛一看，只见数十员大将，拥出一辆四轮车来，车上端坐着的竟是诸葛亮，司马懿惊呼：“孔明还活着，我中计了。”回头便逃。姜维从背后杀出来，魏兵魂飞魄散，丢盔弃甲，死伤无数。司马懿一口气跑了五十余里，仍惊魂不定。蜀军从容撤退。

后来人们嘲笑司马懿：“死诸葛吓走了生仲达。”

素面朝天

【释义】 天：天子。妇女不施脂粉，入朝觐见天子。后多形容女子不化妆。

【出处】 宋·乐史《杨太真外传》。

唐玄宗李隆基时，由于宠爱的武惠妃去世，他常常郁郁寡欢，有时无缘无故地发火。当时他儿子寿王李瑁的妃子杨玉环是一位绝色美人。玄宗一见到她就神魂颠倒，虽然从辈分上说，她是自己的儿媳妇，但他顾不得辈分了，千方百计将她弄到自己的身边，

封她为贵妃，宠爱有加。自从得到杨贵妃，唐玄宗便沉溺于歌舞声色中了。

杨贵妃集后宫三千宫女嫔妃的宠爱在一身，杨家顿时鸡犬升天，兄弟姐妹都得到封赏，大姐封韩国夫人，三姐封虢国夫人，八姐封秦国夫人。

韩国夫人、虢国夫人、秦国夫人三人都美貌出众，玄宗经常与她们一起寻欢作乐，每年都要赏赐大量的脂粉钱。

三人中虢国夫人最漂亮，又很会卖弄风骚，讨皇上喜欢，玄宗对她也是又怜又爱。虢国夫人自恃美艳，常常不施脂粉，素面入朝，觐见天子（虢国不施脂粉，自炫美艳，常素面朝天）。诗人张祜曾有诗讽刺道：

虢国夫人承主恩，平明骑马入宫门。
却嫌脂粉污颜色，淡扫娥眉朝至尊。

宫中女子为了讨皇上欢心，都要描眉画唇，施以厚厚的脂粉，虢国夫人别出心裁，不施脂粉，在六宫粉黛中反而更显得美若天仙，玄宗由此更加宠爱她。她家的宅第，豪华比得上皇宫，气派没有哪家能比，虢国夫人享尽荣华富贵。“安史之乱”后，她逃到陈仓，死在那里。

虽死犹生

【释义】 犹：如同。人死了还像活着一样。形容死得有价值，有意义。

【出处】 北朝·北齐·魏收《魏书·咸阳王禧传》。

北魏孝文帝元宏有个弟弟，名叫元禧，曾被封为咸阳王，任过

冀州刺史，很有政绩。

元宏是北魏历代君主中最富有改革精神的人物。他摒除鲜卑族的旧有陋习，提倡学习汉族文化，还鼓励鲜卑族人与汉人通婚。元禧坚决支持元宏的改革，将各项革新措施不折不扣地推行下去。

元宏对他的几个弟弟都怀有深深的手足之情。弟弟元禧身居要职后，元宏总是教导他要谦虚谨慎。元宏死后，元禧接受遗诏辅佐少主元恪。他不再像当初跟随元宏那样兢兢业业了，慢慢地居功自傲，身边拥有美女数十个，仍不满足，还派人到处搜罗女人。元恪对他的所作所为非常反感。

公元 501 年，元恪宣布亲自执掌朝政。元禧深感不安，便勾结一些人准备谋反。一日，元恪出城办事，元禧乘机集合人马，但准备不充分，没来得及起事就泄密了。元恪接到密报，派人去捉拿元禧。

元禧仓皇出逃，只有一位随从尹龙虎跟随身边。为了缓和紧张的情绪，尹龙虎出了一则谜语让元禧猜："要睡则一起睡，要起则一齐起，贪婪的样子就像豺狼，但自己从来不把东西据为己有。"

元禧想了一阵，因心乱如麻，猜不出是什么，尹龙虎告诉他是筷子。元禧看着忠心耿耿的部下，感慨地对他说："你可要做好与我一起去死的打算啊。"

尹龙虎神色严峻地回答："承蒙您咸阳王一向待我很好，能与您同命运、共患难，我虽死犹生。"

后来他们被捉住后，元禧被赐死于家中。

所向风靡

【释义】 风靡：草木随风倒下。比喻惧怕强敌，闻风

溃败。

【出处】 唐·房玄龄等《晋书·王濬传》。

晋武帝司马炎即位后，企图吞并江东的吴国。命令王濬负责制造船只，做好进攻吴国的准备工作。

王濬受命后，在蜀郡益州制造战船。王濬在长江上游造船，木屑顺流而下，吴国太守吴彦捡到后，向吴主孙皓报告："晋国看来准备攻打吴国了，必须增加建平的兵马。晋国拿不下建平，就不敢渡过长江。"孙皓没有引起重视，只图自己享乐，不顾国家的安危。

七年后，王濬已做好伐吴准备，他上书请求出战："吴主孙皓荒淫凶残，国内怨言四起，现在是伐吴的大好时机。我负责修造的那些船只，因为时间长了，有的已逐渐损坏，再说我年已七十岁了，说不定哪天就死了，希望陛下不要错失良机。"

晋武帝终于下定了决心，公元 279 年，令水陆六路大军二十余万人同时出动，进攻吴国。

王濬率领一路大军从成都出发，顺江而下，吴国为了对付晋国，在长江险要地带用铁索拦住江面，又将一丈多长的大铁锥暗置江中，用来破坏晋国的战船。晋国早有防备，做数十个大竹筏，攻破了吴军的防线。王濬率军顺江直下，先后攻取吴国多座重镇，直抵建业三山。

公元 280 年，王濬率八万大军离船登陆，直入石头城，吴主孙皓投降，至此，魏、蜀、吴三国分裂的局面结束了。

起初，晋武帝下令灭吴，曾通知王濬说："进攻建业时，受安东大将军王浑指挥。"王濬攻下建平后，王浑却要他去江北讨论军事。王濬考虑到庞大的船队正顺风顺流而下，不宜停泊，就没有

去见王浑，而是率军直捣建业，立下战功。这样一来，引起王浑的不满和妒忌，上书晋武帝说："王濬违反皇帝诏令，不接受我的指挥。"

晋武帝不知道事情真相，责备王濬，王濬很委屈，上书辩解说："臣自率军进攻吴国以来，所向风靡，势不可挡（臣自达巴丘，所向风靡）。到达三山时，王浑在长江北岸，我军因顺风直指建业，没有机会去见王浑。我以为，事君之道，应当尽节尽忠，奋不顾身，随机应变，如果对国家有利，那么个人的生死可以置之度外。如果顾全自己，逃避责任，那么虽然对个人有利，但对国家不利。我为国家尽股肱之力，哪怕肝脑涂地，也在所不惜。"

晋武帝认为王濬说得有理，尽管王浑等人一再要求对他治罪，武帝始终没有答应，反而把王濬召进洛阳，封为辅国大将军。

所向无前

【释义】 无论走到哪里，前面都没有能阻挡的。形容军队所指向的地方谁也无法阻挡。

【出处】 晋·陈寿《三国志·魏书·夏侯渊传》。

东汉末年，曹操统一了北方后又率军西征，大败韩遂和马超的联军，占据了长安。曹操有了这个基地后，又命他勇猛的大将夏侯渊留在那里，准备攻下陇右。

经过三年的征战，夏侯渊将马超赶跑，又将韩遂逼退到了略阳。韩遂在宋建等的支援下，准备坚守略阳。但是，夏侯渊焚烧羌人的村落，诱使韩遂出城救援。长离一战，韩遂全军覆没，前来相助的氐人首领也逃离了陇右。

夏侯渊乘胜追击，他的先锋张郃很快率军来到枹罕。宋建一面下令闭城坚守，一面派人请湟中等地的羌汉义军来救援。

张郃指挥将士攻城，枹罕军士竭力坚守，双方相持不下。夏侯渊见张郃一时不能破城，便亲自率领大军围攻枹罕。经过一个多月的猛攻，守军终于失败。城被攻破后，宋建被俘，因不肯投降，而被杀死。

曹操接到胜利的战报后，在许都下令嘉奖夏侯渊说："宋建作战三十多年，如今被夏将军一举攻灭，夏将军真是猛虎般地扑向陇右，前方没有什么可以阻挡（宋建造为乱逆三十余年，渊一举灭亡，虎步关右，所向无前）。"

T

太公钓鱼，愿者上钩

【释义】 太公：姜太公姜尚，字子牙，西周初年帮助武王伐纣的功臣。比喻心甘情愿地中别人的圈套。

【出处】 晋·苻朗《苻子·方外》。

姜子牙，即姜尚，子牙是他的字。他还有一个别号叫飞熊。至于太公，则是后人对他的尊称。习惯上，人们又称他为太公望。

姜太公与他的妻子离异后，彻底离开了商界，再也不去做买卖。他住在朋友的家时闲来无事，便到渭水河边去钓鱼，以此消磨时光。

虽然是钓鱼，可他的方法与别人不同。别人钓鱼都是弯钩，而他却用直钩，并且从不在钩上放鱼饵。一边钓鱼，他一边唱道：“快上钩呀快上钩，愿意上钩的快来上钩。”

或许鱼儿没有听懂他唱的，还是根本就不想听他唱的，就连一条愿意上钩的鱼也没有。总之，姜太公钓鱼的成果，与他做买卖的成绩一样。好长好长时间过去，他也没有突破零的纪录。尽管成绩不佳，但这丝毫没有影响他直钩钓鱼的热情，他每天都兴趣盎然地到渭水河边，唱着他的小曲垂钓。

后来，周文王听说渭水河边有位老者用直钩钓鱼，他就料到此人一定是位奇才。这样的人一定胸怀大志，腹有良谋。他直钩钓鱼，是在等着有人去请他出山为国建功立业，辅佐贤君明主造福百姓呀！

周文王立即斋戒三天，焚香沐浴，用最隆重的礼节来聘请姜太公。周文王对姜子牙以大礼相待，拜他为丞相。周文王慧眼识人，他寻找到了一位能帮他成就大业的智者，最后姜子牙辅佐周武王，建立了周朝。

泰山北斗

【释义】　称颂学问品德高尚或艺术修养精深，可为榜样的杰出人物。也简称“泰斗”。

【出处】　宋·欧阳修等《新唐书·韩愈传》。

唐代文学家韩愈的诗和文章都很有名，特别是他的散文，自成风格，为人们所传诵，称之为“韩文”。后人把他列为“唐宋八大家”之首。当时一般的文风，由于受六朝以来的影响，作家都只求辞藻华丽，崇尚对句等形式（所谓“骈俪体”），而魏以前优秀作家的传统，如汉代文学家司马迁、扬雄等写作技巧和雄浑清新的气派，这时已衰退不振。韩愈便提倡学习古文，并以主要精力从事散文创作。在他的倡导和推行下，古文运动（亦即散文运动）展开，给后世留下深刻的影响。宋代著名文学家苏轼曾称赞韩愈“文起八代之衰”。

《新唐书·韩愈传》在叙述了韩愈的事迹后，说道：“自愈没（死后），其言大行，学者仰之如泰山北斗云。”

泰山压卵

【释义】　泰山压在蛋上。比喻以至强加于至弱，弱者必难幸免。

【出处】　唐·房玄龄等《晋书·孙惠传》。

晋朝有位叫孙惠的人，字德施，吴国寓阳人。他的祖父、父亲都曾在三国时的吴国为官。

这位孙惠不善言谈，但是满腹经纶，博学多才，特别是一手文章写得非常漂亮。由于有才学，在八王之乱时，好几个王都想拉拢他，好为自己所用。

最初，孙惠曾参加八王之一的齐王司马冏的队伍，并在攻打赵王司马伦的战斗中立过大功。在那次战斗中，司马冏命孙惠率军攻打司马伦，当攻到城下时，司马伦命人放下滚木雷石将司马冏的军队杀伤大半，但连攻数天不见成效。

这一天，天黑风大，孙惠看准风向，命人架云梯攻城，并将火把投入城中，使城中大火熊熊。在大火中司马冏的军队冲进城中。后来，孙惠被司马冏封为晋兴县侯。

这之后不久，司马冏终于控制了中央政权。但他为人傲气十足，根本不将新继位的晋惠帝放在眼里。孙惠见司马冏如此为人，便多次规劝他。但司马冏听不进去，仍然我行我素。孙惠见他不足以成大事，便辞官而走。

到了公元 302 年，河间王司马颙与长沙王司马乂联手攻打司马冏。他们决心一举灭掉司马冏，不给他半点儿喘息之机。

这时成都王司马颖专权辅政，又任用孙惠，推荐孙惠为大将率

参军，领奋威将军。不久，孙惠擅自杀死司马颖的牙门将梁俊，不得不隐名埋姓远走他乡，偷偷地隐居了起来。

几年过去了，这一年东海王司马越在下邳（现在的江苏邳县）大举兴兵。他广集粮草，招兵买马，并广招贤士，表示要拥戴皇室，所以深受人们的爱戴，许多有识之士都投奔到他的门下，一时东海王司马越声名大震，声势十分浩大。

隐居了一段时间的孙惠看到司马越如此有抱负，便对他抱了很大的希望，希望他能结束这种长期动荡的局面，使百姓过上安定的日子。

于是，孙惠化名南岳逸士秦秘之，给司马越写了一封长信。在这封信中，孙惠称司马越兴兵是“履顺讨逆，执正伐邓”。说他此举好像猛兽吃掉一只小小的狐狸，雄伟的泰山压碎一个小小的鸟卵（况履顺讨逆，执正伐邪……猛兽吞狐，泰山压卵），必胜无疑。

司马越接到这封署名南岳逸士秦秘之的信，十分欣赏此人的文才。于是他命人贴出榜文，到处寻找写信的人。

功夫不负有心人，后来司马越终于找到了孙惠，让他做“新室参军”，负责军中文书工作，并参与谋议大事。以后孙惠屡次升迁，受到重用。

贪天之功

【释义】　贪图天的功劳，把它说成是自己的力量。现指把别人的或者集体的功劳都算作是自己的功劳。

【出处】　春秋·鲁·左丘明《左传·僖公二十四年》。

春秋时，晋国发生内乱，晋公子重耳逃出晋国，在外流亡了十九年，后来在秦国的帮助下，回国继承了王位，成了晋国国君，就是晋文公，这时他已经六十二岁了。

晋文公为了报答有功之臣，决定论功行赏：以跟从出亡的为首功；以送款资助的为次功；以迎归为三等功。很多人因此都得到了封赏。晋文公怕有遗漏，又在城门上贴出诏令；“倘有遗下功劳未叙者，许其自言。”当时有个跟随晋文公出亡的功臣名叫介子推，行赏时被遗漏了，他的邻居看到了诏令，就跑去告诉他。

介子推自从回国后便托病居家，不出去做官，只在家中侍奉老母，甘守清贫。邻居来找介子推，见他正在编草鞋，就笑着说：“晋侯下了诏令，允许有功的人自己去提要求。你只要一去，晋侯就会想起你的功劳了，会重赏你的。你再不用干这一行了。”

介子推只是笑而不答。他母亲很不理解，说：“你十九年来一直跟着晋侯。晋侯饥肠辘辘时，你又曾割股煎汤给他喝，没有功劳也有苦劳吧。你为什么不去见他呢？”

介子推说：“我无求于君，又为何去见呢？”

邻居劝道：“你去见了晋侯，便可封个一官半职的，也可领一些赏赐，就不用每天这么辛苦了。”

介子推说：“晋献公有九个儿子，只有公子重耳最有能力。他成为晋国国君，不是哪一个人的力量，而是上天的力量，是势所必然。而有些人却以为是自己的功劳。偷窃别人财富的人，会被叫作盗贼；到晋侯面前居功求赏等于将上天的功劳贪为已有（窃人之财，犹谓之盗；况贪天之功，以为己力乎），这更加可耻！我宁愿编草鞋，也不去争这份功劳。”

邻居听了，大为叹服。他离去后，介子推的母亲说：“你即是廉士，我便是廉士之母，我们何不隐居深山呢？”

介子推听了，十分高兴，于是当晚便背着母亲，乘着月色，直奔绵山，从此隐居不出。晋文公后来得知介子推的事情，亲往山中寻找，却不见踪影，只得以绵上作为介子推的挂名封田。

弹冠相庆

【释义】 弹冠：弹去帽子上的尘土，比喻做好入仕的准备；庆：贺喜。原指志同道合的好朋友做了官，自己也因为必然将会得到引荐而庆幸。后比喻坏人即将得势而相互庆贺。

【出处】 汉·班固《汉书·王吉传》。

西汉昭帝时期，有个昌邑中尉王吉，字子阳，为人正直，经常上书向皇上提意见而受到嘉奖。王吉少时以勤奋好学、品行端正为乡邻称颂。

他的邻居家有一株高大的枣树，结满果实的树枝伸进了他家的院子。王吉的妻子见枣子圆润饱满，信手摘了一些给王吉吃。事后，王吉知道了事情的真相，认为妻子贪图人家的小便宜是很不道德的，这样做有辱家风，一气之下将妻子赶出了家门。

枣树的主人听说了这件事，心中十分不安，认为事情的起因是那棵枣树生得不安分，才使王吉赶妻出门，于是准备将树伐掉。其他邻居闻听后赶来劝阻。

枣树的主人说：“只要王子阳将妻子接回家中，原谅了她，我就可以不伐树。不然，为了我的几个枣子而拆散了一家人，我还有什么脸面见人哪？”

好心的邻居将这番话转述给王吉，王吉只好将妻子接回家中。邻居们将这件事编成一首歌谣，唱道：“东家有树，王吉去妇；东

家枣完，去妇复还。”

王吉的高尚品德从此声名远播。在朝廷选拔人才时，他被推举为孝廉。入朝时始为郎官，后补为主管库兵的右丞，再升到县令，不久又调到昌邑王府任中尉。

昌邑王喜欢打猎，毫无节制，每次出猎都要老百姓为他围猎，前呼后拥，十分气派。王吉上疏劝谏说：“您每天驰骋二百余里，郡中百姓要放下农活为您服务，这样做是要影响农业收成的。”

昌邑王认为这个意见很好，虽然没有采纳，但从心里对王吉很敬重。

昭帝死后，大将军霍光迎昌邑王为帝。王吉立即写信告诫说：“大将军霍光辅佐先帝几十年不曾有过细微过失，他治国精明，您当皇帝后把大政交给他处理就可以了。还有，您必须改掉过去十分任性的毛病，要千万小心谨慎才是。”

但昌邑王根本没有将王吉的话当回事，称帝不到一个月，就因忘乎所以、胡作非为而被废黜。

朝廷对昌邑王事件十分震怒，开始追究昌邑王府中的官员们的失职行为。认为这些官员既没有尽职尽责地劝谏，又没有将昌邑王的过失报告给朝廷，弄得朝廷十分被动。于是霍光下令，将原昌邑王府的大小官员全部下狱。但经过审理，了解到王吉曾不止一次地劝谏过昌邑王，于是从轻处分了王吉。

贡禹，字少翁，与王吉是同乡且是好友。他对儒家经典很有研究，因此被征为博士，后来又在举贤良时被授予河南令。

按汉明惯例，朝廷都在年终岁尾考查地方官的政绩，予以褒奖。贡禹因在工作上与上司持不同看法而被上司指责。贡禹将帽子摘下表示认错，上司很满意，贡禹却说：“帽子已经摘掉了，还

能留住什么？”说完扬长而去，不再理会上司。

王吉在宣帝时，重新被启用，任益州刺史，不久任博士谏大夫。贡禹听说王吉复出，高兴得弹掉帽子的灰尘，表示庆贺。所以人们说：“王吉在位，贡公弹冠。”意思是二人政见一致，志同道合。

谈何容易

【释义】 原指臣子向君王进言很不容易。现多指事情做起来不像嘴上说一下那样容易。

【出处】 汉·班固《汉书·东方朔传》。

汉武帝即位不久，下令全国推荐人才。年轻的东方朔经过长途跋涉，来到京都长安。他向武帝自荐，被任命为“常侍郎”。汉武帝曾下令要把长安附近一大块土地划为上林苑作为皇家游猎区，东方朔竭力反对，他认为这样做是“上乏国家之用，下夺农桑之业，弃成功，就败事，损耗五谷”。武帝没有听取他的正确意见。又有一次，东方朔上书提出耕战强国的建议，又未被采纳。为了讽谏汉武帝，东方朔写了一篇《非有先生之论》，虚构了下面的故事：

非有先生在吴国当了三年官，默默无言，从不发表什么政见。国君吴王很奇怪，就对他说：“先生如果有高明的见解而不谈出来，就是不忠；如果谈出来我不采纳，就是我不明。先生什么看法也不谈，难道是我不明吗？”

非有先生只是连连作揖，仍不开口。

吴王说：“可以谈了吧，我一定诚心听取。”

非有先生叹了一口气说：“可以了吗？可以了吗？臣子向君王进言是多么不容易啊（可乎哉？可乎哉？谈何容易）！”接着，他举例说：“夏朝的贤臣关龙逢再三向夏桀直言进谏，却被杀害；商朝忠臣比干屡次劝谏纣王，却被剖腹挖心而死。这样看来，臣下向君主进言真是不容易啊！”非有先生又举出一些奸臣靠阿谀逢迎而飞黄腾达和一些贤臣因主上昏庸而避世的例子，然后重复地说：“臣下向君主进言谈何容易啊！”后来，非有先生又讲了商汤和周文王采纳贤臣的主张，国家兴盛强大的事例。

吴王听了这些话，深受感动，从此，改革政治，励精图治，吴国终于兴旺发达起来。

在这里，东方朔借用非有先生的议论，巧妙地说出自己的看法，希望汉武帝能听正确的意见。

谈言微中

【释义】　微中：有意无意中说到问题的要害。表示言语隐晦，但切中要害。

【出处】　汉·司马迁《史记·滑稽列传》。

西汉的史学家司马迁在《史记·滑稽列传》的开头，引用了孔子说的一段话，意思是《礼》《乐》《书》《诗》《易》《春秋》这六部经书，虽然具有不同的性质、内容，但是政治方向和目的是一致的，里面都是治理天下的大道理。接着司马迁说，天道是非常广大的，有些隐微而切中要害的话，同样也能解除纷乱迷惑，实际上也解决了有关治理天下的大问题（天道恢恢，岂不大哉！谈言微中，亦可以解纷）。

为了证明这个观点，司马迁记述了几个幽默诙谐、多智善辩的人物的动人故事。里面一个是有关优旃的故事：

优旃是秦国一个善于歌舞的宫廷艺人。他身材矮小，很会说笑话，但所说的笑话中往往包含着大道理，所以秦始皇常要他在身旁侍奉。

一天，秦始皇让百官到宫中来喝酒。正好天下大雨，手执盾牌站在宫外的侍从全身被雨打湿，冷得瑟瑟发抖，却又不敢擅离职守。优旃见他们这副模样，非常同情，便走到他们跟前轻声问道："你们想休息一下吗？"

侍从们回答说很想休息。于是优旃对他们说："等一会儿我呼唤你们时，你们马上说'有'。"

优旃说罢，上殿入席。不一会儿，群臣齐声高呼万岁，向秦始皇敬酒。优旃迅速走到殿前的宫廊边，高声喊道："侍从人员！"

侍从们听到优旃呼唤，马上答应"有"。接着他与侍从们开玩笑地说："看你们个个长得高高大大，可又有什么好处呢？还不是站在那儿挨雨淋。我人虽然长得矮小，福气却比你们大，可以在屋里休息。"

优旃说的话引起了秦始皇的注意。他发现侍从们在雨中又湿又冷，于是命他们一半人侍立，一半人休息，轮换更替。

有一次，优旃陪同秦始皇游览皇家花园。游着游着，秦始皇突然对优旃说："这花园太小了，我想扩大。它的范围是东起函谷关（在今河南省灵宝县），西至陈仓（今陕西省宝鸡市）。"

优旃听了马上说："对了，这样可以多养些凶猛的禽兽在里面，如果有敌人从东来犯，就可命令鹿用它的角去顶撞敌人，那就为我们省去了很多不必要的麻烦。"

秦始皇一听，觉得自己的想法不大切合实际，便放弃了这个设想。

探骊得珠

【释义】 探：探取。 骊：骊龙颔下之珠。 原指冒着生命危险潜入深渊，在黑龙颔下取得一颗宝珠。 后比喻作诗写文章能抓住要害，深得命题的精髓。

【出处】 《庄子·列御寇》。

战国时，有个人去拜见宋国国君，国君一高兴，赐给他车十乘。 他便得意扬扬地驾着这十乘车，在庄子面前耀武扬威。 庄子冷冷一笑，讲了下面这个故事：

很久以前，在黄河边上住着一户人家，生活十分贫苦，靠割芦蒿、编芦苇为生，勉强维持温饱。 有一天，儿子到河边去割芦蒿时，一时性起，又仗着自己水性好，向水深处不停地潜去。 渐渐地，四周变得漆黑一片，只有一个圆圆的东西在黑暗中闪闪发光。他好奇地游过去，拿到手里一看，竟然是一颗明珠。 他高兴极了，拿着珠子跑回家去。 他父亲一看，脸色大变，叫道：“快拿石头把它砸碎后扔了！ 这种价值千金的明珠，原先必定是万丈深渊中黑龙颔下的东西。 你之所以能拿到它，一定是黑龙睡着了。 如果它醒过来，必定会四处寻找拿走它明珠的人，到时候，你还能活着吗？”

庄子讲到这儿，看着那个人说道：“现在宋国政事的乱局深不可测，何止是九重深渊；宋国国君的凶恶刚猛，何止是深渊中的黑龙。 你能得到他的赏赐，只是因为他正巧头脑不清醒，他一旦清醒过来，你恐怕就会粉身碎骨了。”

探囊取物

【释义】 探囊：手伸进口袋。伸手到袋子里取东西。比喻一件事非常容易办好。

【出处】 宋·欧阳修等《新五代史·南唐世家·李煜》。

五代时期，后周的名士韩熙载因父亲被明宗李嗣源所杀，便准备离开中原，投奔江南的南唐。

韩熙载临走前，他的好朋友李毂为他送行。两人在江边小酌道别，韩熙载对李毂说："江南的国家如果任用我为宰相，我定能率军北上，迅速平定中原。"李毂举着酒杯说："中原的国家如果任用我为宰相，那夺取江南各国好比把手伸到口袋里取东西那样容易（中国用吾为相，取江南如探囊中物尔）。"说罢，一口饮尽杯中的酒。

韩熙载投奔南唐不久，就领兵将吴国给灭了。但是，南唐也国事多变，奸臣当道，他最终未能得到重用。于是，他借酒浇愁，整天与歌妓厮混在一起，也一直未能当上宰相。他原先的誓言，自然没有得到实现。

李毂的情况则与韩熙载不同。他成为北方后周的将领，奉命征伐南唐，并在南征过程中打了不少胜仗，屡建战功，但唯独当宰相的誓言却一直没有实现。

唐突西施

【释义】 唐突：冒犯；西施：春秋时的美女。比喻把反差

极大的两件事相提并论，而突出了丑的，贬低了美的。

【出处】 南朝·宋·刘义庆《世说新语·轻诋》。

西晋末年有个尚书吏部郎，叫周觊。西晋灭亡后，晋元帝在建康建立了东晋政权。原来的士大夫们纷纷南渡长江避难。每逢风和日丽的日子，这些人常常相约到新亭，在草地上野宴，共忆往日的辉煌，共叙对故国的眷恋。

有一回野宴中，周觊看到一群北飞的鸟，触景生情，哀伤地说：“唉，这里的风景不错，只是山河与北方完全不同了！我们什么时候也能像小鸟一样自由自在地飞回故国呀！”在座人听了，不无相对垂泪。他的话表达了士大夫们的爱国之心。

后来周觊在东晋任尚书左仆射，仍然思念北国，经常醉酒三日不醒，人称“三日仆射”。

当初，在王敦叛乱时，有人主张诛杀王敦九族；周觊则冒死为王敦的堂弟王导进行辩护，认为王导没有罪过。王敦攻破建康时，周觊被王敦杀害了。周觊死后，王导才得知周觊曾救过自己，而周觊被杀时自己却没有劝阻，他后悔地说：“罪孽啊，我虽没有亲自杀他，手上却沾上了他的血！”

周觊生前有个朋友叫庾亮，任过护军将军。他一向敬慕周觊的人品和才华。有一次，庾亮对周觊说：“现在有很多人把你比作乐氏。”周觊问：“哪个乐氏，是乐毅吗？”他所说的乐毅是战国时人，极善统兵作战。庾亮说：“不是，他们把你比作乐广。”这个乐广是晋代的一位贤人，很有辩才。

周觊一向谦虚，听说人们把他比作乐广，心中甚为不安，忙道：“请你转告他们，此话不可再讲。如果把我比作乐广，就等于把丑女无盐说成是和西施一样的美女了，还不是亵渎冒犯了美女

西施吗（何乃刻画无盐以唐突西施也）？”从此，人们不再把周顗比作乐广，但心里却更加敬佩他。

螳臂当车

【释义】 臂：螳螂的前腿；当：阻挡。螳螂举足想挡住车子前进。比喻势力单薄，不自量力。

【出处】 《庄子·人间世》。

颜阖为鲁国名士，一次他游历卫国，卫灵公听说他很有才学，便打算聘请他当自己长子蒯聩的老师。颜阖听闻蒯聩非常凶暴，任意杀人，卫国的人对他十分惧怕。对这样的人是否可以教导，他吃不太准，因此去请教卫国的贤人蘧伯玉。

颜阖把自己对蒯聩的了解告诉了蘧伯玉，然后问道：“如今大王要我当他的老师，要是我同意了，会很难办的：如果放任他而不引导他走正路，他一定会继续残害国人，给国家带来危难；如果对他严加管束，制止他胡作非为，他就会来害我。我该怎么办呢？”

蘧伯玉回答说：“凭你的才能去教育蒯聩，是很困难的。如真的当他老师，应该处处谨慎，不能轻易地去触犯他，否则会惹来杀身之祸。就像太爱自己的马的人，见有虫在咬马，便赶紧猛力去拍打。结果却惊了马，让马一脚把自己踢死了。”

蘧伯玉见颜阖不住地点头，便又举了一个例子：“你知道螳螂吗？一次我乘马车外出，看到路上有只螳螂，不顾车轮正在朝它滚去，却奋力举起两条前腿走来，想挡住车轮行进。它不知道自己的力量根本不能胜此重任，结果当然被车轮碾得粉身碎骨。螳

螂所以被碾死，是因为它不自量力（汝不知夫螳螂乎，怒其臂以当车辙，不知其不胜任也）。如果你也不自量力，想去触犯蒯聩，恐怕也要落得个与螳螂当车一样的下场。”

颜阖听了，决定不去触犯蒯聩，尽快离开卫国。后来，蒯聩果然在一次闹事中被人杀死。

桃李不言，下自成蹊

【释义】 蹊：小路。原指桃树、李树虽不会向人打招呼，但其花朵艳丽动人，其果实甘美，引人喜爱，树下自然会走出路来。

【出处】 汉·司马迁《史记·李将军列传》。

西汉初期，北方的匈奴不断南下骚扰，名将李广奋勇抗击，战功卓著，匈奴既怕他，又敬重他，称他为“飞将军”。

公元前119年，朝廷决定对匈奴再发动一次大规模的攻击，分两路向匈奴进军。已经六十多岁的李广主动请战，担任前将军，归卫青指挥。李广在行进途中几次迷路。等他赶到会合地点，已比指定的时间迟了好几天。当时，匈奴已被卫青的大军打败。会合后，卫青派手下的人问李广迷路的经过情况，并催促李广的部下快到卫青那里去听审受问。

李广气愤地说：“我的部下并没有罪，误期迟到的责任全在我一人身上，要审问就审问我。我现在亲自去大将军的幕府去听候审问。”接着，李广对部下说，“我一生跟匈奴打了大小七十多次仗，这次跟着大将军出战，本来很幸运可以同单于的军队接触，没想到大将军又把我的队伍调开，让我走那条迂回遥远的路，而偏

又迷失了路径，这岂不是天意吗？ 况且我已经六十多岁了，毕竟不能再同那些舞文弄墨的小吏去打交道了！”说完，拔刀自刎。

司马迁在《史记》中评论说：“孔子曾经说过：‘如果本身正派，做得对，就是不发号施令也没有行不通的事；如果本身不正派，做得不对，就是发号施令也没有人听从。’这好像是针对李将军而说的。 我看李将军诚实得像个乡下人，嘴里不会花言巧语。他死后，天下人不论是否与他相识，都非常悲痛。 俗语说：‘桃花和李花是不会说话的，但它开放的时候，欣赏的人都在树下踩出小路。’这话虽然讲的是小事，但却可以用来比喻大事（谚曰：‘桃李不言，下自成蹊’。此言虽小，可以喻大）。”

天女散花

【释义】 原是说佛经故事里的天女以散花的方式来测试诸菩萨和弟子的道行。 后多借来形容大雪纷飞或绚丽纷呈的景象。

【出处】 《维摩诘经·观众生品》。

相传，仙界里有一个漂亮聪明的少女，大家称她天女。 有一天，她漫步在云层的上端，忽然听见浮云下面有一行人在说话，走近一看，原来是佛教的传播者维摩居士在向众人布道、宣扬佛法。他的旁边有佛祖释迦牟尼的大弟子文殊菩萨和普贤菩萨。 其余的弟子都簇拥着维摩居士，不时地插嘴发问。 天女想，这么多人在听维摩讲经，我不妨测试一下，看他们道行如何。

于是天女便飞到天国的花园里，摘了些天花来。 她顺手摘下天花的花瓣，揣在衣兜里，待靠近他们一群人时，便把花瓣朝众人身上撒去。 佛教有个规矩，修行时必定要六根清净，如果在人世

间的各种欲望还没有斩断的话，就算修到了正果，也要重新修炼。漫天花瓣撒落在人身上，如果经过人身而飘洒开去，就说明这人一心向着佛祖，有道行；如果花瓣附身，沾住不飞，那就说明这人佛心不坚定。

大家突然看见天上飘落大把大把的花瓣，都不知是怎么一回事，纷纷抬头向上看去。经天女一折腾，果然那一大群能说会道的弟子身上全沾满了五颜六色的花瓣，唯有文殊和普贤身上却清清爽爽，连花粉都不曾沾到衣服上。只有维摩居士明白其中的底细，他不动声色地微笑着。这时天女现了身形，并说明了原因，那一群大弟子听后都感到很难为情。维摩出来打圆场了，他说："普贤和文殊跟着佛祖释迦牟尼修炼了多少年，才达到这个地步，你们大家要努力才对呀！"大家都点头称是，从此更加努力地修行了。

天无二日

【释义】 日：太阳，比喻君王。天上没有两个太阳，比喻一国不能同时有两个君王。现在多比喻凡事应统一，不能两大并存。

【出处】 汉·班固《汉书·高帝纪下》。

高祖刘邦建立汉朝以后，对父亲仍然很尊敬，每次探望父亲时都要行跪拜礼。一些侍臣认为这样做不合礼法，便劝告刘邦父亲说："天没有两个太阳，地上没有两个王（天无二日，土无二王）。如今皇帝虽然是你的儿子，可他是全天下的主人；你虽然是他的父亲，但你是人臣。怎么可以让人主拜人臣呢？这岂不是乱

了朝纲，违背了礼法吗？”

太公听了诚惶诚恐。从此以后，刘邦再来朝拜，他总是拿着扫帚站在门旁，见到儿子连忙后退着走，眼睛也不敢看儿子一眼。

刘邦对父亲的变化感到惊讶，后来听说是侍臣的劝导，心有所动，便赏给侍臣黄金五百斤。接着下了一道诏书说：“人的至亲，莫亲于父子，所以父亲有天下而传给儿子，儿子得了天下而归功于父亲。这是人的最高的道德。如今将军、大臣们尊我为皇帝，然而却没有为我父亲尊号。今天我宣布，尊我父为太上皇。”从此，他名正言顺地可以对父亲行跪拜礼了。

觍颜人世

【释义】 觍颜：厚脸。比喻丧失气节，厚着脸皮活在世上。

【出处】 唐·房玄龄等《晋书·郗鉴传》。

晋朝的赵王司马伦召王羲之的岳父郗鉴去做属官。郗鉴发觉赵王有谋反的野心，便假托自己身体有病，辞职离去。

不久，司马伦果然篡位称帝，投靠他的人都做了官。郗鉴并不以为然。不久发生了“八王之乱”。最后，皇族司马睿在建康（今南京）重建政权，史称东晋元帝。郗鉴因为一直忠于朝廷而被拜为辅国将军。

后来，大权掌握在大将军王敦手中。明帝时调任郗鉴为安西将军，统兵驻守在阴谋篡权的大将军王敦驻地的旁边。王敦看出对自己不利，立即上奏明帝，推荐郗鉴为尚书令，明帝就将郗鉴召回。

郗鉴回京，路过王敦的驻地，专程前去拜谒王敦。王敦故意

对他说：“当年满武秋当机立断效忠贾后，倒称得上是有见识的俊杰之士。”

郗鉴想，惠帝时贾后弄权，明明是暗使诡计废黜太子，便说：“人活在世上，保持节操最为重要，满武秋助贾后为虐，是个失节的人，不值得称道。”

王敦说：“惠帝痴呆无能，贾后势大，人在危急关头，岂能不知变通？依我看，他还是个明白人。”郗鉴反驳说：“堂堂男子汉大丈夫怎能忍辱偷生，厚颜存活于人世呢（岂可偷生屈节，靦颜天壤邪）？”

王敦诱劝不成，反被讥讽一顿，恼羞成怒，便把郗鉴软禁起来。因郗鉴是朝廷重臣，几天后，王敦又只得将郗鉴放了。

回京后，郗鉴受命组织军队保卫朝廷。公元 324 年，王敦起兵造反，被郗鉴杀败，王敦也在军中病死。

听人穿鼻

【释义】　牛鼻穿绳任人牵引。比喻听任别人指使摆弄。

【出处】　唐·李延寿《南史·张弘策传》。

南朝齐武帝当政时期，有个贵族叫徐孝嗣，他做事没有什么主见，一直听命于齐武帝，唯命是从，武帝把他作为忠臣看待。

公元 493 年，齐武帝去世，由皇太孙萧昭业继位。武帝临终时，因为信得过徐孝嗣的忠心，嘱托他辅佐嗣主。第二年，皇族西昌侯萧鸾企图谋夺帝位，他得知徐孝嗣受了托孤之命，而且了解到徐孝嗣为人没有主见，胆小怕事，便想依靠徐孝嗣的作用实现他的野心。为了试探一下徐的反应，萧鸾便派心腹暗地里告知徐孝

嗣自己的阴谋，以讨取意见。徐孝嗣得知西昌侯生性残暴，不敢得罪，也不加反对。

徐孝嗣的好友乐豫知道了这件事，对他说：“当年齐武帝待你不薄，将托孤之重任交给你，你怎么可以默许萧鸾谋反，这不是有负于当年武帝对你的信任吗？”

徐孝嗣不言，他明知乐豫讲得有理，却又害怕萧鸾。乐豫走后，他一个人在屋里徘徊。

这时，正好萧鸾驾到，徐孝嗣不敢怠慢，忙起身迎接。萧鸾把篡夺帝位的具体步骤告知了徐孝嗣，并要他一起协助完成篡位之事，徐孝嗣思考再三，还是答应了。在他的帮助下，萧鸾派人杀死了皇帝。

皇帝死后，国不可一日无君，萧鸾怕自己现在篡位会引起公愤，便想借用太后名义立十五岁的新安王萧昭文为帝，自己可在暗地里操纵新帝。徐孝嗣便取出早就拟好的太后诏令，满足了萧鸾的心愿。

同年，萧鸾又相继诛杀了齐高帝、齐武帝的子孙，借皇太后的名义再次废去萧昭文的帝位，自己称帝，史称齐明帝。

四年后齐明帝去世，他的第二个儿子萧宝卷继承皇位。萧宝卷比其父萧鸾更加残暴专横，整天吃喝玩乐，不理朝政，一不称心就要杀人。朝廷大臣谁也不敢多言。徐孝嗣本性怕事，他虽已担任尚书令，但仍不敢进谏，听任暴君胡作非为。

后人把徐孝嗣软弱无能的行为，称之为“听人穿鼻”。

同工异曲

【释义】 工：精致、巧妙。曲：乐曲。同样工巧而曲调各

有不同。比喻同样高深的造诣而风格情调各不相同。也比喻不同人的文章或艺术有同样高的造诣。也常作“异曲同工”。

【出处】 唐·韩愈《进学解》。

韩愈是唐代杰出的散文家，其散文在唐宋时期获得很高的评价，他曾经在朝中做官。凭借着学识渊博，讲起课来旁征博引，兼通百家，出口成章，妙语连珠，他深受太学生们的欢迎。有一次，他写了一篇题为《进学解》的文章，来发泄自己才学极高却遭到贬斥的愤懑情绪。

一天早上，韩愈教导太学生们说：“学业由勤奋而精进，由嬉游而荒废；为人行事由深思远虑而获得成就，由因循、随便而招致失败。如今圣上和群臣融洽相处，公正无私，有才能的人都得到了任用，谁说才多反而不被举用？”说到这里，太学生们哄堂大笑起来，有人站出来问道：“先生在骗人！弟子跟先生学了几年，对先生终年苦学不倦，对待学业的勤奋十分了解。先生埋头于儒家典籍之中，玩味它的精华，然后写成文章，住处内到处都是自己的著作。上取法学习于虞舜、夏禹时代的著述《尚书》《诗经》，下及《庄子》《史记》以及西汉扬雄和司马相如的著作，它们各有特色，都是好文章，就像乐曲虽不同，都同样美妙动听（子云相如，同工异曲）。先生的文章内容丰富，语句洒脱畅达。先生的为人行事，也早已由深思远虑而获得成就，但为什么自己常常弄得进退两难呢？”

痛饮黄龙

【释义】 黄龙：宋朝时金人的京城，在今吉林省。表示收

复国土、消灭敌人的雄心壮志。

【出处】 元·脱脱等《宋史·岳飞传》。

北宋末年，金国举兵南侵，宋高宗急命大将岳飞到河南去抵御。岳飞率军与金将兀术的十万大军艰苦作战数日，终于凭借着顽强的战斗力，将金国大军打得落花流水，取得了著名的郾城大捷。接着，岳飞派人到太行山等地，联络当地义军，要他们一起抗金。各路义军纷纷响应，打起了“岳”字旗号，准备跟岳飞的军队会师。

金军统帅兀术想征发军队抵抗岳飞，不料命令下达后，黄河以北竟没有一人前来。金军的将领也惶惶不安。而此时，不断有人向宋军投降，有个叫韩常的将军也准备带领五万人马归降岳飞。

岳飞高兴极了，对部下说：“我们很快就要直捣金人的老巢黄龙府。到那时候，我一定同大家痛饮一番（直捣黄龙府，与诸君痛饮耳）！”

投笔从戎

【释义】 投：扔掉；戎：军队。扔掉笔去参军。指文人放弃本行，加入军队。

【出处】 汉·刘珍等《东观汉记·班超传》。

东汉初年，班氏一门父子两代，再加上女儿，出了四个名垂青史的人物。父亲班彪，著《史记后传》；长子班固，历时二十余年著出《汉书》，完善了纪传体史书的形式，成为断代史的典范；女儿班昭（又称曹大家）为《汉书》续写了八表，并整理了其中《天文志》部分的遗稿；次子班超，是一位十分杰出的外交家，以

胆识和武略扬名塞外。“投笔从戎”说的就是这位班超的故事。

班超的哥哥班固在撰修《汉书》时被人告发，以“私修国史”的罪名投入监狱。班超为此事向皇帝上书申辩说：“一个国家不能没有历史，既然有人肯做这项工作，朝廷理应支持才是。现在朝廷不但不予奖励，反而加以罪名，将有贡献的人投入监狱，岂不让有心报效国家的那些仁人志士心灰意冷？”

皇帝看了班超的上书，认为他说得十分有道理，立即传下圣旨，释放班固，并命他火速进京，担任校书郎，专门从事《汉书》的写作。

汉明帝永平二年（公元 12 年），班固接到皇帝的圣旨，带着母亲、弟弟班超和妹妹班昭来到京城洛阳任职。所谓的校书郎，是个小官。官卑职小，自然俸禄也低。班氏一家几口人，只靠班固一个人微薄的俸禄生活，日子过得十分清苦。

班超看到哥哥收入低，让老母与大家一起受苦，心中十分不安，便让哥哥帮忙为他寻找一份差事，一来可以补贴家用，二来也可以借机锻炼自己。

班固刚到京城不久，人生地不熟，托了几个新近结识的朋友，也都说一时难找到合适的差事。于是便让班超代官府抄写文书。

官府的文书抄写量极大，而且又有严格的时间要求。为了能够将这项工作做好，保质保量地按时抄写完成，班超每天天不亮就爬起来抄写，直到天色很晚了他也不离开书案。这样日复一日，累得班超腰酸背痛，两眼发花。

工作非常枯燥，有时使他心烦意乱。每当抄写过程中心绪不好的时候，班超便常常想起自己的雄伟志向。但为了让老母亲生活过得好一些，只好硬着头皮坚持做下去。

一天，班超觉得自己的这份差事实在无聊，想起自己平生的抱

负难得施展，便愤怒地将笔狠狠地掷在地上说：“大丈夫既然不能实现太大的志向，至少也应该像傅介子、张骞那样为国家的外交做一番贡献，得到封侯，而不应该在笔砚之间耗尽岁月。”

从此，班超放下手中的笔来到军队中。他作战勇敢，很快得到提升。很快又被朝廷任命为使节，出使国外，充分地施展了自己的才能。

投鞭断流

【释义】 把马鞭子扔到江河里，就能把水流截断。比喻兵马众多和强大。

【出处】 唐·房玄龄等《晋书·苻坚载记》。

东晋时代，黄河流域以北的地方，都被匈奴、鲜卑、羌、羯、氐这五种胡人割据占领了，他们先后建立了许多个小国家。后来氐族中苻姓的人，建立了前秦。

前秦有一位知人善任的君主，姓苻名坚，他用了王猛做宰相。王猛替前秦奠定了良好的政治基础，前秦便强大起来，吞并了其他的小国，统治着整个黄河以北，和黄河以南的东晋对立起来。后来王猛死了，那时东晋国力十分孱弱，苻坚便企图并吞东晋，统一华夏大地。

当他准备大举兴兵南伐时，他宗族中的大臣苻融谏阻道：“晋是汉族统一的政府，而且占据着长江的险要，又获得人民的拥戴，我们是不能向它发动战争的。”

苻坚凭恃着自己国势强盛，兵马众多，便很骄傲地回答道：“我统领着这百万大军，每人把他的鞭子投进长江的水里，也足够

截断长江的水流（以吾之众旅，投鞭于江，足断其流）。”苻坚不听苻融的苦谏，还是发动了侵略战争，最后以失败告终。

投袂而起

【释义】 袂：袖子。一挥袖子站立起来。形容精神振作，立即行动起来的神态。

【出处】 春秋·鲁·左丘明《左传·宣公十四年》。

公元前617年，楚穆王为了扩展土地，决定征伐宋国，于是他纠集了郑、陈、蔡三个诸侯国的军队。宋昭公自知不是对手，赶紧向楚穆王表示屈服。于是，楚穆王以霸主的身份进入宋国，去孟诸泽（今河南省商丘东北）打猎游乐。到了孟诸泽，负责楚穆王打猎准备工作的楚国大夫申舟，要求各诸侯明天一早点起火炬，驾着马车到预定地点集合。不料，第二天早晨宋昭公迟到了一会儿，也忘了在马车上点燃火炬。申舟竟不顾宋昭公的面子，当场命人把驾驭宋昭公马车的官员鞭打了一顿，还押他到各营去示众。宋国的官员认为，这是对宋国君臣的侮辱。有人向申舟提出，他这样做太过分了。但申舟拒不接受，强调自己是在履行职责。

三年后楚穆王死去，儿子即位，史称楚庄王。一次，楚庄王派申舟出使齐国，途中要经过宋国，按惯例应向宋国借道。但楚庄王根本瞧不起宋国，命申舟不必借道就通过宋国。申舟因当年曾经侮辱过宋国君臣，怕他们乘机杀了自己。但楚庄王还是坚持申舟只管前往，说如有不测，他立即出兵讨伐宋国。

申舟进入宋国后不久，就被发现扣留下来，最终被杀。楚庄王听说后，勃然大怒，立即一挥袖子愤然而起（楚子闻之，投袂而

起）。剑也未佩上，就快步出宫，到军营命令将士征伐宋国。但由于宋国军民竭力抵抗，楚庄王无法取胜，只好撤兵返国。

投鼠忌器

【释义】 用东西打老鼠，又担心打坏老鼠旁边的器皿。比喻做事有所顾忌，放不开手。

【出处】 晋·陈寿《三国志》。

东汉末年，汉室衰败。曹操挟持汉献帝来命令天下诸侯，嚣张跋扈，不可一世。

有一次，汉献帝与丞相曹操、皇叔刘备一起去打猎。曹操为了显示自己的武力，竟跟汉献帝齐头并进。汉献帝见不远处有只兔子，就叫刘备射，说是要看看皇叔的箭法。刘备连忙弯弓射箭，正好命中兔子，献帝连夸好箭法。献帝又看见一只大鹿，连射三箭不中，就叫曹操射。曹操拿过献帝的金铑箭，一箭就射中了鹿。将士们见射中鹿的是金铑箭，以为是献帝射的，都高呼“万岁”。曹操得意地站到献帝前接受欢呼。关云长实在看不下去，拍马横刀要砍曹操。刘备忙暗示他不可轻举妄动。事后，关云长问刘备为什么不让杀曹操，他说：“投鼠忌器，他身边还有献帝呢。”

图穷匕见

【释义】 图：地图；穷：尽；匕：指匕首；见：通“现”，显露。将图展开，展到尽处匕首露了出来。比喻事情发

展到了最后关头，真相或本意终于完全显露出来。

【出处】 汉·刘向《战国策·燕策三》。

战国末期，燕国的太子丹被迫到秦国做人质。秦王嬴政（即后来的秦始皇）很瞧不起他，也不放他回国；后来让他回国，又在途中设计害他。幸未得逞，他才得以回到燕国。这时，秦国实力强盛，不久攻灭了韩、赵两国，接着又向燕国进军。为此，太子丹决定派人去行刺秦王，以期扭转局势。

太子丹物色到一位名叫荆轲的勇士。他擅长剑术，是行刺秦王的最好人选。为了使荆轲能接近秦王，特地为他准备了两样秦王急于想获得的东西：一是从秦国叛逃到燕国的将领樊於期的头颅；二是燕国督亢地区（今河北涿县东）的地图，表示燕国愿将这块地方献给秦国。

这两样东西分别放在匣子里。行刺秦王的匕首，就放在卷着的地图的最里面。此外，还为荆轲配了一名助手，此人叫秦舞阳。临行时，太子丹等身穿丧服，将荆轲送到易水边。

秦王得知燕国派人来献两样他最需要的东西，非常高兴，在都城咸阳宫内隆重接见他们。荆轲捧着装有樊於期头颅的匣子走在前面，秦舞阳捧着装有地图的匣子跟在后面。

秦舞阳在上台阶时，紧张得双手颤抖，脸色变白，引来别人猜疑。荆轲赶紧解释说，秦舞阳没有见过什么大世面，被秦王的天威吓到了，这才掩盖过去。他按秦王的要求，接过秦舞阳手里装有地图的匣子，当场打开，取出地图，双手捧给秦王。秦王慢慢展开卷着的地图，细细观看。荆轲又上前，给他指点讲解。地图快展到尽头时，突然露出一把匕首（轲既取图奉之。发图，图穷而匕首见）。荆轲见匕首露现，左手抓住秦王衣袖，右手举起匕首

便刺。

秦王闪身躲开，荆轲并未刺中。 秦王想拔剑自卫，却又一时拔不出来。 于是两人绕着柱子转。 卫兵因没有秦王命令，不敢擅自上前。

就在这紧张的时刻，秦王的侍臣情急之下用医袋抽打荆轲，并向秦王喊叫把剑推到背后拔出。 秦王顿时醒悟过来，迅速拔出剑来，一剑砍断了荆轲的左腿。 荆轲倒地后，将匕首投向秦王，但仍没有击中秦王，最后卫兵一拥而上，将荆轲乱刃分尸。

土龙刍狗

【释义】 泥土捏的龙，稻草扎的狗。 比喻徒有其名并无其实的事物。

【出处】 晋·陈寿《三国志·蜀书·杜微传》。

大家都很熟悉刘备三顾茅庐请诸葛亮的故事。 诸葛亮本人也是个十分爱才的人。 刘备入蜀之后，诸葛亮为了巩固蜀国国势，到处搜罗有识之士。 当时，刘璋手下有一个主簿杜微，声称自己耳聋告退回家，不肯为刘备效力。 主簿是典领文书、办理事务的小官，但诸葛亮听说杜微很有才能，只是未得重用而已，所以极力想请他出山。

诸葛亮亲自登门拜访，杜微表现得不卑不亢。 诸葛亮说什么，杜微都装作听不见的样子。 诸葛亮便耐心地把想说的话写出来，请杜微看。 诸葛亮写道："我得知你在这里德高望重，急忙来求见你。 现在刘皇叔刚入蜀地，急需人才来扶助汉室。 你深知此地地理人情，又有治世之才，所以我代表刘皇叔请你出仕，共图

大业。”

杜微看罢，却道：“我年老多病，已经告退，不想再去操劳政事了。况且我如此耳聋，也不大方便。”

诸葛亮来此之前已打听到杜微虽患耳疾，却未必这么重，知道他只是以此来当借口罢了，所以还苦口婆心地劝他：“曹丕篡弑，自立为帝，是犹土龙刍狗之有名也。欲与群贤因其邪伪，以正道灭之。”意思是：当前曹丕虽自立为帝，不过是土捏的龙、草扎的狗，名实不符。我们正应该行天下之道而讨伐他，你怎能甘于世外，归于山野呢？

杜微终于被诸葛亮的诚意所打动，重归官场，做了谏议大夫，为诸葛亮提供了很多与众不同的政治主张。

兔死狗烹

【释义】 烹：煮。指兔子死了，猎狗就被煮吃了。比喻事情成功后，就把曾经出过力或共同奋斗过的人抛弃或杀掉。

【出处】 汉·司马迁《史记·越王勾践世家》。

春秋时，吴王夫差遵循父亲阖闾的遗命，拜伍员(即伍子胥)为大将兴兵伐越。

伍员熟知兵法，精于布阵。他用兵如神，大军挥师越国，所向披靡，没过几天就一举灭掉越国，生擒越国国王勾践。

越王勾践被俘后心情十分沮丧。他想，自己败得如此之惨，国破家亡尚不说，就连自己这一国之君也成了阶下囚。于是他想到了死，想以自杀来结束眼前的一切。

他手下的大臣范蠡和文种劝慰他要忍辱负重，小心恭敬地伺候

夫差，然后再慢慢地想办法脱身。只要想办法回到越国，那就不怕没有机会报仇雪耻。

勾践回国后立下誓言，十年生聚，十年教训，二十年报仇雪耻。他们君臣协力，使越国的人口物产、粮食储备和鞍马兵器都成倍增长。这都为打击吴国做好了充分的物资准备，只待时机成熟便兴兵伐吴。

勾践看到越国生机勃勃，一派欣欣向荣，高兴地对范蠡和文种说："将来灭掉吴国，你们二位是最大的功臣。我一定要重重地赏赐你们，我们共享荣华富贵。"

吴王夫差灭掉越国后，渐渐骄奢淫逸，只知沉溺于酒色，并听信谗言，杀害了头脑清醒的伍子胥，然后又亲统大军攻打楚国。

勾践一看吴王发兵楚国，知道这是天赐良机，因为此时吴国内部一定空虚。勾践尽起大军，乘吴国不备，一举攻占了吴国。

吴王夫差得知勾践占了吴国，截断了自己的后路，在走投无路的情况下，便向勾践请求投降。此时，勾践新仇旧恨一齐涌上心头，怎肯让吴王夫差投降？夫差羞愤难当，后来在勾践面前自刎而死。

上大夫范蠡见越王勾践实现了自己复国报仇的心愿，便悄悄地找到文种对他说："我们的使命现在完成了。依我看，越王勾践这个人心地残忍，只能同患难不能共富贵。你难道没听说'野兔打光了就要杀掉猎狗；敌国破灭了，必然害死谋臣；飞得高的鸟没有了，好的雕弓就要收藏起来（狡兔死，走狗烹；敌国破，谋臣亡；高鸟尽，良弓藏）'的话吗？"

文种不信范蠡的话，还留在勾践身边，不久便被勾践逼迫自杀了。范蠡却泛舟五湖，逍遥自在地隐居了起来。

推心置腹

【释义】 指把自己的心放到别人肚子里。 比喻诚心待人。

【出处】 南朝·宋·范晔《后汉书·光武帝纪上》。

刘秀是汉高祖刘邦的第九代孙，也是东汉的开国君主，史称光武帝。 他九岁时双亲病故，由其叔父刘良收养。 他研读过《尚书》，但兴趣却在农作物上。 他性格敦厚严谨，循规蹈矩；他的哥哥刘伯升则豪侠仗义，喜欢结交海内英雄。

公元8年，王莽篡汉。 到公元19年，即王莽地皇三年，中原水旱蝗灾连续发生，南阳一带尤其严重。 加之赋税沉重，贪官污吏层层盘剥、残酷压榨，各地民众不堪重压纷纷起义。 刘伯升鼓动乡民造反。 刚刚起事时，不少人担心兵败被杀，准备中途退出，后来看到刘秀以一副将军打扮出现在众人面前，这才坚定了起义的决心。 众人惊讶地说：“连这样谨慎的人都造反了，我们还怕什么？”

公元23年，刘玄称帝，改元更始。 刘秀任太常偏将军，统兵八九千人攻克昆明、定陵、郾城等地，后因战功卓著，加封为萧王。

当时天下大乱，公孙述称王于四川，李宪割据淮南。 刘秀在平定天下的战役中击败了其他农民起义部队，在萧阳收编了各军残部。 义军的将领被收编后心中不安，担心被杀害。 刘秀让他们放心，命他们仍然统领原来的部队。 有时刘秀只带几个人到被收编的部队去巡视，毫无戒心。 那些投降的将领感动地说：“萧王将他真诚的心放到我们的肚子里（推赤心入人腹中），我们还能不为他拼死战斗吗？！”

豚蹄穰田

【释义】 用猪蹄来换良田。 比喻给人很少，却要求很多。

【出处】 汉·司马迁《史记·滑稽列传》。

春秋时，齐威王在位期间，楚国派兵侵入齐国边境。 齐威王没办法抵抗，就派淳于髡到赵国去请求救兵。 临行之前，齐威王交给他一百斤黄金、十辆马车，作为献给赵国国王的礼物。 淳于髡一看这些礼物，仰起脖子哈哈大笑，把系帽子的绳都笑断了。齐威王觉得奇怪，淳于髡说：“今天我看见路边有一个人，在向神祈祷田地丰收。 他拿着一只猪蹄子，一碗酒，向神祷告说：‘神啊，让我在山地上种的粮食得到满笼的收获，让我在洼田种的谷物得到满车的收获。 保佑我种的庄稼都丰收，让粮食装满我家的房屋！’我看他祭神的东西很少，而向神要的东西却极多，所以我才这样笑。”

齐威王听了这番话，明白了他的意思，便增加黄金一千斤、白璧十双、马车一百辆，淳于髡这才高高兴兴地出使赵国去了。

赵国的国王见到这么多的珍贵礼物，立刻答应派出十万精兵、一千辆战车去援救齐国。 楚国得到了赵国派援兵救齐的消息，当夜就悄悄把兵撤回去了。

豚蹄是微不足道的东西，却想用它换取极大的报酬，这怎么能办得到呢？ 后来人们便从这个故事中概括出“豚蹄穰田”这个成语。

唾面自干

【释义】 能吃亏忍让，对人宽容。 别人将唾沫吐在他的脸上，擦也不擦，等其自干。

【出处】 宋·欧阳修等《新唐书·娄师德传》。

娄师德是唐朝高宗年间的进士，六十三岁时，被武则天任命为同凤阁鸾台平章事（相当于宰相），管理朝政。

有一次，娄师德的弟弟被武则天提拔到代州去做刺史。 临行时，弟弟来向他辞行。 娄师德说：“我和你都蒙受皇上恩宠，待遇十分优厚。 这是很容易招惹别人嫉妒的，他们一定很想找我们的错处来进行攻击。 如果你遇到有人故意找你的错处，你将怎么去对付他呢？”

弟弟回答说：“假如有人把口水吐到我的脸上，我绝不和他计较，自己擦干唾液就算了。”

娄师德却说：“人家既然把口水吐在你脸上，便表示心中在怨恨你；若是你又将口水擦干，一定更加重他的怨意。 所以，你应该让口水自己干掉（未也，洁之，是违其怒，正使自干耳），含笑地承受。 这样，他的怒气才会消失。”

W

外强中干

【释义】 干：枯竭。原指所乘之马，貌似强壮，实则虚弱。后泛指外表好像很强大，实际上很虚弱，不堪一击。

【出处】 春秋·鲁·左丘明《左传·僖公十五年》。

晋惠公，名夷吾，晋献公之子，周襄王三年(公元前650年)即位。晋献公死后，儿子奚齐继位。不久，卿大夫里克便杀死幼主奚齐。这消息很快传到了正客居秦国的晋公子夷吾耳中，他觉得这是自己回国做王的大好时机。

夷吾第二天便求见秦穆公，对穆公说：“现在晋国没有国君，我应该义不容辞地回去安定晋国。请求大王借我战车千乘，甲士三千，将来我会重重答谢大王。”

秦穆公问道：“我想知道将来公子如何答谢我？”

夷吾说：“大王，我若当了晋国国君，送给大王五座城池，您看如何？”

秦穆公说：“好，我们一言为定，希望你信守诺言。”

由于有了秦穆公的相助，夷吾回国后果然如愿以偿地当上了晋国国君，并杀死卿大夫里克及其党羽。可坐稳王位后他又觉得白白送给秦穆公五座城池心里不好受，便有意将事情拖了下来。

秦穆公之前虽那样说，但并没有真正打算白要晋国的那五座城

池，也无人向秦穆公提及此事，于是这事渐渐地也就被人淡忘。

到了第二年，秦国发生了大旱灾。秦穆公为解燃眉之急，派人到晋国去借粮。这时已经成了晋惠公的夷吾，不但一口拒绝了秦国的请求，而且还向秦国使臣说了许多对秦国不好的话。

秦国的使臣带了一肚子怨气空手而回，把在晋国的遭遇向秦穆公报告后，秦穆公感到无比气愤。这时，秦国的大臣对秦穆公说："大王，晋惠公也太不像个君王了，当年如果不是我们借兵给他，他也当不了国君，而且他当年答应我们的五座城池也没有给我们，大王应该马上兴兵教训教训这个小人。"

秦穆公听了大臣的话，也觉得这口恶气实在难以咽下，于是亲自率领大军，浩浩荡荡直扑晋国。秦军上下含怒而来，作战格外英勇，大军一出师，便势如破竹，不到几日就已兵临晋国京城韩城之下。

自不量力的晋惠公羞辱走秦国使臣后，心中也忐忑不安。这一天，有人来报："秦穆公亲率大军讨伐晋国，现已兵临城下。"晋惠公更是惊慌失措，于是慌忙地点起兵马，准备与秦军大战。战前，晋惠公让人换上郑国送来的战马驾车。

大臣郑庆知道郑国的这些战马只能看不能用，便劝说道："过去打仗都用我们自己的马来驾车。本国的马熟悉道路，适应环境，驾驭起来得心应手，进退指挥自如，打起仗来才能自如。郑国的战马驾车，情况可就大不一样了。他们的马表面强壮，胆子却小，一旦临阵，它们就会惊恐不安，失去常态，不但不听指挥，而且还狂奔乱叫。到时候，您要前进，它偏后退；您要后退，它却冲锋，您会后悔的（外强中干，进退不可，周旋不能，君必悔之）。"

晋惠公听不进别人的意见，坚持换上了郑国送来的马驾驶战

车。大战开始后，晋惠公的马被吓得咴咴乱叫，拖着战车到处乱撞，以至于将战车拖入了泥淖之中，进退不得。晋惠公大声呼救，可还没等晋军赶到，他就早已成了秦穆公的俘虏。

顽石点头

【释义】 比喻只要言之成理，金石都会受感化。也常用来形容讲解得生动感人。

【出处】 清·翟灏《通俗编·地理·顽石点头》。

东晋末年有一个学识很高的和尚，名叫竺道生。他本姓魏，出身于官宦世家，幼年跟从竺法汰出家，所以改姓竺。后来跟随鸠摩罗什译佛经，是鸠摩罗什的著名门徒之一，被人尊称为“生公”。

当时《涅槃经》刚传入中国，他译过一部分，但没人赏识。此后便一直隐居于虎丘山，并在此孤寂地度过了他的晚年。死后，在虎丘山留下了他的遗迹“生公石”，最终成为了一段传说：

据说生公因为坚持“众生皆有佛性”而不容于寺庙，被众人逐出。回到南方后，他住到虎丘山的寺庙里，因无人听他讲经，于是便在虎丘山下搬了许多石头排列起来，当作听众。他对着石头讲经说法，阐述自己的意见。据说他讲得非常生动，并坚持不懈，讲到后来，当他讲到得意的地方时，便会发问道：“你们说对不对？我的解释是否符合佛经原意？”那些石头竟然能感动得个个点头。

万人之敌

【释义】 敌：对抗。武艺高强能敌万人。也可指长于兵

法，善于统帅军队以抵御众多敌人。

【出处】 汉·司马迁《史记·项羽本纪》。

西楚霸王项羽，名籍，字羽，是秦末起义军领袖，也是当时著名的将领和政治人物，军事思想“勇战”派代表人物。

项羽家中世代都是楚国的名将，因封地在项城，因而姓项。项羽年少时，断文识字，没有什么长进；又改学剑术，也没有成就。于是，叔父项梁责备他说：“你学什么都学不好，真没出息。”

项羽却理直气壮地说：“识字只不过记记姓名而已，剑术只能对付一个人，都没有什么意思。我要学，就学可以敌万人的学问（书，足以记名姓而已；剑，一人敌，不足学；学万人敌）。”

叔父项梁听了很是惊奇，觉得项羽小小年纪竟有如此抱负，很是难得。于是教他兵法，项羽自己也非常喜欢，可他也只学习大概并不去深究那些烦琐的细节，最终在楚汉相争中败北身亡。

亡戟得矛

【释义】 亡：失掉，丢失；戟、矛：古代兵器。丢了戟，得到矛。比喻得到的和失去的相当，没有损失。

【出处】 战国·秦·吕不韦等《吕氏春秋·离俗》。

鲁成公二年（公元前589年）齐、晋两国爆发了鞌（春秋时属齐，今山东济南市）之战。

整个战役中有段小插曲。一个齐军战士落在大队人马后，正手握长戟向前猛冲，突然从侧面杀出两名晋军拦住去路。这一个

齐军士兵毫不畏惧，将长戟舞动如飞，猛刺晋军。两名晋军也奋勇对敌，一前一后用长矛与齐军格斗。双方经过一番苦斗，齐军士兵终是双拳不敌四手，手中长戟被晋军打掉。齐军没了兵刃，于是逃走。两名晋军也表现得十分仁义大度，他们不屑追杀失去兵器的勇士，于是掉头奔向了大战场。这齐军士兵逃跑时发现草丛中有战死士兵丢弃的长矛，他顺手捡起来准备重新参战。但向前跑了几步后就猛然想起，战场上丢失兵器，按齐军军法是要受惩处的。于是他开始犹豫起来，不知如何是好。正在彷徨无计的时候，他发现远处有个人影向他缓缓走来。

他想："或许可以向此人请教一番，看该如何摆脱困境。"

齐军士兵急忙向来人跑去，跑至近前一看，来人像个读书人。齐军士兵心中大喜，便立在路旁，向来人抱拳行礼，然后恭敬地问道："请问先生，我在作战时失掉大戟，但又拾到一支长矛，您看，我还会受到惩罚吗（亡戟得矛，可以归乎）？"

读书人觉得这不是个问题，就不假思索地说："戟是兵器，矛也是兵器，丢了戟，得到一支矛，得失相当嘛，不会受处罚的。"读书人说完，头也不回地走了。但齐军士兵仍然不放心，他觉得一个书生哪里会懂军中法规，摇摇头叹了口气，仍感到十分为难。

于是他心情沮丧地站在原地发呆。突然，他隐隐听到远处传来阵阵銮铃声响。乍一看，原来是镇守高唐的齐国大夫经过这里。于是这一齐军士兵便向大夫报告了亡戟得矛的过程，并表示希望可以回营。

齐大夫一听便大怒起来，训斥道："戟是戟，矛是矛，两者不能相抵，你等着受军法惩处吧。"此时的战况是齐军渐渐不支，纷纷后退，但这位齐军并没跟着撤而是坚持作战。他的同伴劝他一

同逃命，他便悲壮地说：“与其回去受军法处置而死，还不如多杀几个敌人，战死沙场乃是战士的本色。”说完，又抱着必死的决心返身投入了战斗，直至战死。

网开三面

【释义】 把捕捉鸟兽的网打开三面。比喻给予生路，对罪犯从宽处理。

【出处】 战国·秦·吕不韦等《吕氏春秋·异用》。

商汤是商朝的创建者，又称武汤。有一天，商汤出外巡游，见一个猎人在一片树林的四面都张上网，准备捕捉禽兽。只见他拱手对天祷告道：“从天上飞下来的，从地下往上爬的，从四面八方来的，统统进入我网里来！”

商汤听了，对猎人说：“唉，你这样做太残忍，禽兽要被你捉光了！快撤掉三面网，留下一面便够了！”

猎人不理解，问：“只在一面张网，怎么能捕到禽兽呢？”

商汤回答说：“你留下一面网后，就祷告说：‘禽兽啊！你们愿意往左就往左，愿意往右就往右，实在不想活的，就进到我网里来！’”

商汤对猎人讲的话，很快就四处传开。部落首领们听后都感动地说：“商汤真是一位了不起的大王，他对禽兽都这么仁慈，对人一定更仁慈了，我们应该拥护他！”

那时夏朝的末代天子夏桀，是个暴虐无道的昏君，商正准备讨伐他。其他部落首领知道后便都来归顺了商汤。后来，商汤出兵灭掉夏朝，建立了商朝。

往者不谏，来者可追

【释义】 谏：规劝，使改正错误。以往的不能挽回，以后的还可以补救。

【出处】 《论语·微子》。

楚狂，姓陆名通，楚国人。因对当时社会不满，剪去头发，佯狂不仕，所以也被人们称为“楚狂”。

一天楚狂看到政治主张得不到楚昭王采纳的孔子坐着车从楚昭王的宫里出来，于是就假装疯癫跟着孔子的车子转，边走边唱：

凤兮凤兮，何德之衰？
往者不可谏兮，来者犹可追也！
已而已而，今之从政者殆而！

大意是：“凤呀，你怎么生在这道德衰败的时代？过去碰了不少钉子就不必说了，以后聪明一些也还来得及！算了吧，目前的执政者全是危险不可靠的！”

他在歌中所说的“凤”，据说要逢太平盛世才得出现。孔子曾自比为凤，而又自叹不幸生在乱世，颇有生不逢时的感慨。因此楚狂劝道：“凤呀，算了吧。”

孔子听了楚狂的歌后，便叫停车，想同他谈谈，但孔子还没下车，楚狂已挤进人丛，不知去向。

惘然若失

【释义】 神情恍惚，像丢了魂似的。

【出处】 南朝·宋·范晔《后汉书·黄宪传》。

黄宪，是东汉慎阳（今河南省正阳县）人。虽然家中贫贱，但他从小就才学过人。黄宪十四岁时，有位叫荀淑的名士遇见他，只交谈几句，就发现他有惊人的才学，一连谈了几个时辰，分手时还向黄宪拱拱手说："真没想到，您竟是我的老师啊！"

次日，荀淑去拜访本郡的功曹袁阆，一见面他就问："贵郡有个颜子（指才学过人的年轻人），您知道吗？"

袁阆回答说："怎么不知道，他是黄宪，还未成年呢。"

其实，与黄宪住在同一个闾里中的戴良，也是个文学出众的人，只是他傲气十足，自称像孔子和大禹一样，天下第一，谁也比不上他。一天他见了黄宪后，马上像变了一个人似的，一副惘然如失的神情，回家后仍怅惘失意，好像丢掉了什么东西似的（及归，惘然若有失也）。母亲回到家里见他闷闷不乐，便询问原因。只见戴良叹了口气，说："啊，我没见黄宪的时候，总认为自己并不比他差，但见了面就觉得他高不可攀了。"

"惘然若失"又可用作"惘然有失""惘然如失"。

望门投止

【释义】 投止：投宿。人在窘迫之际，到处找人家投宿。

【出处】 南朝·宋·范晔《后汉书·张俭传》。

张俭，字元节，汉桓帝时出任山阳郡东部督邮。当时深受汉桓帝宠信的中常侍侯览与张俭同属山阳郡。侯览不但横行朝廷，而且称霸乡里，不但夺占民宅、良田，还给自己建造华丽住宅和陵墓。对此，张俭非常愤慨。他上书汉桓帝，告发侯览的罪行，要

求从严惩办。 可张俭的奏章还没有到皇帝手里，就被侯览扣下。从此，侯览对张俭怀恨在心，伺机报复。

不久，就有人在侯览指使下诬告张俭，说他勾结同郡二十四人，结成党羽，图谋不轨，企图造反。 朝廷便下令逮捕所有“党人”。 张俭听说后连夜出逃，但由于侯览假借皇帝口谕向所有郡县都下了逮捕令，所以张俭只好过着居无定所的逃亡日子，看到谁家可以，就投在谁家门下暂时安身（俭得亡命，困迫遁走，望门投止）。 后来得以投身在鲁县孔融门下，但因有人举报，最终还是被捕了。

望洋兴叹

【释义】 望洋：仰视的样子。 兴：发出。 仰望着无边无际的海洋，身不由己地发出了感叹。 后来一般用来比喻办事力量不足，条件不够，无从着手，无可奈何。

【出处】 《庄子·秋水》。

河伯，是中国古代神话中的黄河水神，原名冯夷，也作冰夷。他一向以为，黄河是天下最大的河，因此从未远离过黄河。 随着秋天的到来，雨水连绵不断，大大小小河流的河水猛涨后全汇集到黄河里。 于是，黄河的水面开阔起来。 隔水望去，只见波涛滚滚，连对岸的牛也看不清楚了。

河伯见水势这么大，以为天下的水都流到了这里。 于是，得意扬扬地乘兴顺流东游。 不久，他来到了黄河的入海口，然后进入北海。 他向东遥望，看不见水流的尽头。 河伯不由神色大变，茫然地抬头对北海若（北海之神）感慨地说：“俗语说：‘自以为知道很多道理，没人能赶上自己了。’这正是说我呀。 而且，我

还曾经听说过有人贬低仲尼的学识，轻视伯夷的节义，开始我不相信，现在我看到你的浩瀚无穷，如果我不到你的门下，那是多么危险啊，我将会永远被有见识的人讥笑了！”

危如累卵

【释义】 卵：蛋；累：垒。危险得像垒起来的蛋。形容危险到了极点，随时都有倒下来打碎的可能。

【出处】 《韩非子·十过》。

春秋时代，晋灵公贪图享乐，派大臣屠岸贾给他造一座九层的琼台，他怕有人劝阻，于是事先下令说：“谁敢进谏，一律杀头。”

大夫荀息知道后，便来求见晋灵公。晋灵公为了防止荀息谏阻，就命武士弯弓搭箭，准备射杀前来劝谏的荀息。

荀息见到晋灵公后，故作轻松地对晋灵公说：“我今天来拜见大王，并不敢向你规劝什么，只是来给你表演一个特技。我能够把十二颗棋子垒起来，再把九个鸡蛋垒上去，而不会倒坍。”

晋灵公听了，便叫荀息表演。于是荀息先把十二颗棋子垒起来，再把鸡蛋一个个加上去。晋灵公见了，在一旁大叫“危险”，荀息慢条斯理地说：“这有什么危险的，还有比这更危险的呢！”

晋灵公问比这更危险的是什么，荀息说：“大王，你到处征人造九层高台，弄得国内已没男人耕地，女人们都在烧水送饭，粮食自然也就没了，国库空虚。邻国都知道我国的财力已经不行了，都在磨枪擦剑，准备要进攻我们。他们一兴兵我们晋国可就亡了。”听了他的话，晋灵公醒悟过来，马上下令停止了九层高台的修建。

危若朝露

【释义】 危险得就像早上的露水，太阳一出来就要消失。比喻处境危险，容易灭亡。

【出处】 汉·司马迁《史记·商君列传》。

商鞅，又称卫鞅、公孙鞅，是先秦法家代表人物，“商鞅变法”的缔造者。

商鞅投奔秦国后，被秦孝公任命为左庶长，由他来主持秦国的变法，商鞅不负君望，执法如山。有一次，太子嬴驷犯了法，商鞅认为太子犯法也应治罪，但因为太子是国君的继承人，不好施刑，就把太子的两个师傅抓来惩罚。

由于执法如山，铁面无私，商鞅得罪了许多人。一次，一个名叫赵良的人去见商鞅，劝告他要恩威并用，对于贵族大臣不宜执法太严，以免结怨过多。最后赵良说：“您现在的处境就像早上的露水一样，这样下去，怎么能长保平安呢（君之危若朝露，尚将欲延年益寿乎）？”商鞅听了，并不以为然。

公元前338年，秦孝公因病去世，太子嬴驷即位，他的两个师傅便马上勾结贵族大臣诬告商鞅谋反，最后将商鞅治罪并车裂而死。

韦编三绝

【释义】 韦：熟牛皮；韦编：用熟牛皮绳把竹简（书写文字的竹片）编连起来；三：概数，表示很多次；绝：断。本指孔子晚年刻苦研《易》，以至编联竹简的皮绳磨断了多次。后形容读

书刻苦勤奋。

【出处】 汉·司马迁《史记·孔子世家》。

春秋时期的书，主要是以竹子为书写材料的。把竹子破成一根根竹签，称为“竹简”，用火烘干后再在上面写字。一根竹简上写的字，多则几十个字，少则八九个字。因此一部书要用许多竹简，然后通过牢固的绳子之类的东西按次序编连起来做成书。通常，用丝线编连的叫“丝编”，用麻绳编连的叫“绳编”，用熟牛皮绳编连的叫“韦编”。所以像《易》这样厚重的书，便是由许许多多竹简通过熟牛皮绳编连起来的。

孔子“晚年喜易”，所以花了很大的精力研究，反反复复把《易》读了无数遍，并且还给《易》做了注，不知翻开来又卷回去地阅读了多少遍。以至于把串连竹简的牛皮带子也磨断了几次，不得不多次换上新的再使用。

此后人们便用韦编三绝来比喻读书勤奋用功。

为富不仁

【释义】 为：做，引申为谋求；不仁：刻薄，心肠不好。一心要聚敛财富便不能为别人着想，讲仁慈。后指富人贪财心狠，不念穷人死活。

【出处】 《孟子·滕文公上》。

战国时期的滕国本来就国势衰微，到了滕文公继位时，局面更为严峻：府库空虚，民生凋敝，四周列强窥伺，虎视眈眈，随时都有亡国的可能。

滕文公即位后不久便决心要收拾这样的残局，振兴滕国。一

天上朝，他向朝中文武官员征询兴复邦国的办法，可官员们觉得这个题目太大，一时不知从何处着手，个个都像锯掉了嘴的葫芦，开口不得，闷闷不语。滕文公看到这般景象好不生气，于是便命令退朝。

滕文公回到宫中后凭栏远眺，默默沉思。忽然想起，大学问家孟子现今正旅居滕国，为什么不请教他呢？于是，滕文公轻车简从，来到孟子住处。孟子见国君亲自前来，觉得有些意外。便首先问道："老朽不过是一介布衣，不敢劳驾国君，如有疑问，老朽乐于效力。"

滕文公长叹一声说："您是大学者，大贤人，所以特来请教。您知道，滕国兵微将寡，国家贫弱，依先生之见，怎样才能使滕国早日富强起来不受邻国欺侮呢？"

孟子见滕文公态度诚恳，便直言相告，说："人民是国家的本源，把一个国家比喻为大树，那么人民就是树根，树根越发达粗壮，才能使枝干强健，树叶茂密，大树才能茁壮生长呀。"

滕文公问："怎样才能使树根健壮呢？"

孟子说："当然要施仁政。孔子说：'仁者爱人。要珍惜民力，不要做劳民伤财的事情，更不要随意增加人民的赋税。'人民安居乐业了，还愁国家不富吗？对一国之君来说，只有讲仁义才能使人民爱国，人民才肯为国家效命。如果国君横征暴敛，弄得人民怨声载道，人民当然不愿为国君效力了。"

滕文公听后，觉得孟子的话很有见解和道理，于是便决心在国内推行仁政。

为虎作伥

【释义】 为：替，给；伥：伥鬼，古代迷信传说人被老虎吃

掉后会变成伥鬼，来诱人给虎吃。给老虎当伥鬼。比喻为恶人做帮凶，助其做坏事。

【出处】 唐·裴铏《传奇·马拯》。

传说唐穆宗长庆年间，有个处士马拯听说衡山祝融峰上住着一个伏虎长老，于是便带了一个童仆，上山去拜访他。到了那里一看，果真有一座佛寺，里面有个须发皆白的老和尚。老和尚很热情，一定要留马拯吃饭，可是厨房里的油和盐正巧用完了。马拯就叫童仆下山去买。老和尚陪送他走出寺门，马拯便独自一人站在寺边观赏山景。

不一会儿，从山下又来了一个叫马沼的隐士。两人互通姓名之后，马沼说他在半山腰看见一只猛虎在吃一个仆人。马拯大惊，问了那人的年龄、容貌、衣着，惊叫道："那是我的童仆！"马沼又说："奇怪的是，那猛虎吃了人后，忽然变成一个须发皆白的老和尚。"

不一会儿，老和尚回来了，马沼轻声对马拯说："正是这个和尚。"天晚了，老和尚要请他们住僧房，两人却说喜欢住在斋堂里。他们把门紧紧闩上。半夜里，有只老虎几次来撞门，两人用力顶住，门才没有被撞开。两人决心要除掉这只吃人的老虎，想出了一个好办法。

第二天一早，两人说是后院一口井里传出怪声音，把老和尚骗到井边。当老和尚凑到井口看时，马沼一用力，把他推下井去。和尚一落水，立刻变成了老虎。两人搬来大石头，把它砸死了。

两人逃下山去，却迷了路，后来幸亏遇见一个正在搭设陷阱的猎人。两人把前事说了，猎人便让他们到搭在树上的窝棚里过夜。

半夜里，马拯突然被树下的人声吵醒。他借着月光一看，

竟有几十个人——有男有女，有老有少，走到马拯他们栖身的大树近旁。突然走在前面的那人发现了陷阱，十分生气地叫起来：“你们看！是谁在这里暗设了机关陷阱，想谋害我们大王！真是太可恶了！是谁竟敢如此大胆！”说着，和另外两个人一起将猎人设在陷阱上的机关给拆卸下来，然后前呼后拥互相招呼着走过去了。

待这伙人走后，马拯赶紧叫醒猎人，把刚才的一幕告诉了猎人。猎人说：“那些家伙叫作伥，他们原本都是被老虎吃掉的人，可是他们变作伥鬼后，反而死心塌地为老虎服务。晚间老虎出来之前，他们便替老虎开路。”

马拯听后明白了，他对猎人说：“那他们刚才所说的大王一定是老虎了。老虎可能不多久就要来了，你赶快再去把机关架好。”

猎人敏捷地从树上下来，把陷阱上的机关重新架好，刚登上大树，只听一阵狂叫，一只凶猛的老虎从山上直窜过来，一下扑到陷阱的机关上，只听嗖的一声，一支弩箭弹出，正中老虎心窝。只见老虎狂暴地跳起，大声吼叫，叫声直震得松林发抖，老虎挣扎了一阵，倒在地上死了。

老虎巨大的哀叫声，惊动了已走了很远的伥鬼们，他们纷纷跑回来，趴在胸口还流着血的死老虎身上大哭起来，边哭还边伤心地哀号着：“是谁杀死了我们大王呀？是谁杀死了我们大王呀？”

马拯在树上听得明白，不由得大怒，他厉声骂道：“你们这些伥鬼！自己是怎么做的鬼还一点不知道，你们原本就死在老虎嘴里，至今还执迷不悟，还为老虎痛哭！真令人气愤！”

为人说项

【释义】替人宣传，说好话，或受人委托，代为说情。

【出处】 宋·计有功《唐诗纪事》。

唐时的项斯，诗写得很好，却鲜为人知。一次，项斯带着他的诗去拜访文士杨敬之，虚心求教。杨敬之是当时有地位的文士，官为“祭酒”，他早已读过了项斯的部分作品，并且相当欣赏。这次和项斯面谈以后，对于这位青年诗人更是赏识钦佩，于是赠诗一首道：

几度见诗诗尽好，及观标格过于诗。

平生不解藏人善，到处逢人说项斯。

这首诗的大意说：多次读到你的诗，句句都让我钦佩，现在见到你的人品，使我更加钦佩。我从不主张隐瞒别人的优点，不论碰到谁我都要为项斯称道。

由于杨敬之的推荐介绍，项斯的作品在京城长安广泛流传，读者多了，项斯的诗名也就很快传开了。

后来，杨敬之“到处逢人说项斯”的这句诗便演化出了“为人说项”这个成语。

为人作嫁

【释义】 原为感叹贫女没有钱置备嫁衣，却年年替别人缝嫁衣。现比喻自己辛苦劳动，却是在为别人忙碌。

【出处】 唐·秦韬玉《贫女》诗。

晚唐有位诗人叫秦韬玉，他擅长写七律诗，而且每写完一首诗，都会被当时的人所传唱。其中有一首《贫女》诗，就以它的末联著名而流传至今。诗云：

蓬门未识绮罗香，拟托良媒益自伤。

谁爱风流高格调，共怜时世俭梳妆。
敢将十指夸针巧，不把双眉斗画长。
苦恨年年压金线，为他人作嫁衣裳。

写的是一个穷家女因心性很高，不肯迎合世间的流俗而难以找到如意郎君的忧伤和哀怨。诗的大意是：

“我生在底层贫民之家，原来连绫罗绸缎都不认识，更谈不上穿戴过。父母想托人为我做媒，想起来心里更加难过。如今，人们只看重衣着、打扮和家世，谁会把你心性高低当回事？像我这样，纵然有一手出色的女红针线，却没有条件去修饰自己。至于把眉毛画得长长的去讨人家喜欢，跟别人争妍斗丽，也绝不是我所情愿干的事情。如此看来，我这样不合当今世态人情的人，即使托到了再好的媒人，不也是难以找到如意郎君吗？唉！我年龄一天天大了，终身大事却至今还没有着落，心里本来就烦闷、忧伤，可是还得天天穿针引线刺绣绸衣罗裙，不停地为别人家的姑娘缝制出嫁用的漂亮衣裳，真叫人心酸！”

成语“为人作嫁”，就是后人从该诗最末一句缩减而来的。它反映了当时一定背景下社会的不平等，也寄托了诗人怀才不遇的心情。

为渊驱鱼，为丛驱雀

【释义】 渊：回旋的深水；驱：赶；丛：茂密的树林；驱：驱赶。把鱼赶到深潭里，把鸟雀赶到密林里。原比喻统治者施行暴政，结果使自己的百姓投向别国。现比喻不善团结人，把可以依靠的力量驱向对方的阵营之中。

【出处】 《孟子·离娄上》。

孟子是中国古代著名思想家、教育家。有一天，孟子的几个学生针对夏、商两朝灭亡的原因展开了激烈的辩论。

双方争执不下，便一道去请教孟子。

孟子说道："我举例来说吧。国君施行仁政，爱护百姓，百姓就像百川归海一样涌向国君的周围。你们都知道，水獭是专门靠吃鱼为生的，水獭一出现，鱼类必然潜往深水；鹰隼专吃小鸟，小鸟看到鹰隼一定会飞向树林深处。所以说，是水獭代替深水将鱼儿赶来，鹰隼为丛林聚积鸟类（故为渊驱鱼者，獭也；为丛驱雀者，鹯也）。由此可见，是桀纣把百姓驱赶到商汤王和周武王那儿去的。总之，桀纣的灭亡是因为人心向背，绝非什么天意。天意太难把握了，我们还是多尽人力吧。"弟子们听了，都表示满意。

未可厚非

【释义】 厚：过分；非：责难。不可过分加以责难。指还有一定的道理，不能全盘否定。

【出处】 汉·班固《汉书·王莽传》。

新朝皇帝王莽即位后第二年，便下令把汉室的诸侯王一律改为平民，并派使者分别去收回他们的王印；又派许多将军分头到匈奴、西域、西南各部族去，将王印换成侯印。汉室的诸侯早已失势，便都乖乖交出了原来的印，而那些少数民族的首领就没那么顺从。云南王首先就不服，说："汉武帝封我们家为王，新朝却把我降为侯，这太瞧不起人了。"于是杀了王莽的使者，并派兵经常在边界骚扰。

为震慑嚣张作乱的云南王，王莽便派将军廉丹和史熊去攻打云南。但这两人都是酷吏，他们强征民夫，加重捐税，备粮备战，

弄得当地句町人民不聊生，纷纷起来造反。新都大尹（职位相当太守）的冯英因此向王莽上书，劝他与其这样劳民伤财、纵容酷吏，不如罢兵屯田，分化句町部落，悬赏招降他们。

王莽阅后大怒，随后便罢了冯英的官职。但过后又觉得冯英说的还是有一定的道理，于是又对身旁的人说："冯英如此做，其实也是不可过分责难他的（英亦未可厚非）。"于是又重新任命冯英为长沙太守。

尾大不掉

【释义】 掉：摆动。尾巴太大了，不易摆动。旧指部属的势力强大，难以驾驭。现比喻机构庞大，指挥不灵。

【出处】 春秋·鲁·左丘明《左传·昭公十一年》。

公元前530年，楚国灭掉蔡国后，将公子弃疾封为蔡公。有一天，楚王向大夫申无宇打听公子弃疾在蔡国的情况。

大夫申无宇回答说："我听说将官的势力如果太大，就不宜派他们长期在外镇独守一方；如果官员的势力太薄弱了，就不宜胜任京官的职务。俗话说得好：'自己的亲属最好别安排外地的职务给他，别国来的客人也最好别担任宫廷的大臣。'如今，我们公子弃疾远在蔡国任职，而郑国的公子丹却在我们楚国担任要职，大王您可要当心呀。"

楚王又问："那么现在国内出现了一些规模很大的封邑城市，这到底好不好呢？"

申无宇说："过去周天子分封诸侯，他的用意原本是希望靠诸侯的封地和城池形成藩篱和屏障，如众星拱月那样，拱卫中央朝廷。可是后来诸侯的邑城发展得越来越大，天子渐渐地指挥不动

诸侯了，不仅指挥不动，反而诸侯的邑城还对天子的都城造成了威胁。这好比树梢长得太茂盛以后，大风一来就会把整棵树拦腰吹断；动物的尾巴长得太肥大以后，摇晃起来就十分困难，这您是知道的吧（末大必折，尾大不掉，君所知也）！”楚王听后，连连点头称是。

畏首畏尾

【释义】 畏：害怕。既怕前头又怕后面。形容瞻前顾后，疑虑重重的样子。

【出处】 春秋·鲁·左丘明《左传·文公十七年》。

春秋时代，晋和楚都是大国，力量强大，郑国较小较弱。晋国和楚国为了扩大自己的势力范围，所以都想把郑国变为自己的附庸。

有一次，晋灵公为了扩大影响，便在郑国附近召集邻近小国会盟。郑国因地处晋、楚之间，既不敢得罪晋国，也不敢得罪楚国，所以只得找个借口不去参与其会。晋灵公见郑国没来会盟，便说郑国对晋有二心，表示很不满。

郑国的国君为此惶恐不安，生怕晋国出兵攻打郑国。于是急忙写信给晋灵公，陈述郑国与晋国在历史上就有许多相互友好的往事，并说明郑国的处境，表明郑国的态度。信中还说：“我们郑国位于晋、楚两大国之间，北边怕晋国，南边畏惧楚国，故而未应邀出席会议，这实在是无可奈何的事，古话说：‘头也怕，尾也怕，全身上下还剩多少地方呢（畏首畏尾，身其余几）？’古话还说：‘鹿到了快要死的时候，不选择庇荫的地方，只求有地方安身。’我们郑国，现在正是这样，如果把我们逼得无路可走了，那

我们就只好去投靠楚国了，如果我们投靠了楚国，那是你们逼我们不得不这样做的!”

晋灵公见信后，害怕郑国真的投靠楚国，就决定不向郑国兴师问罪，而派人和谈了事。

文武之道，一张一弛

【释义】 文、武，指周文王和周武王。原意是宽严相结合，是文王武王治理国家的方法。比喻工作、学习要善于调节，有节奏地进行。

【出处】 汉·戴圣《礼记·杂记下》。

端木赐，字子贡，是孔子的得意门生之一。

周朝时候，民间有一个习俗，每年的十二月有一天是祭祀百神的节日，称作“腊”。到了这天，人们可以尽情歌舞寻欢。

有一次，子贡陪同孔子去看祭礼，看到热闹欢乐的人群，孔子问子贡：“赐，你看他们这么欢乐，你知道为什么吗？”

子贡回答说：“他们这般快乐，我还真不明白其中的原因！”

孔子解释说：“奴隶们成年累月地在田地里干活，偶尔遇上这么一个节日，能不感到快活吗？这是君王赐给他们的恩泽。这好比拉弓射箭一样，把弓拉得太紧，而不松弛一下，是发挥不出它的力量的；相反，要是把弓松开以后不再拉紧，弓便没有了什么作用。对百姓也是这个道理，所以一年之中给他们过一个节日，让他们尽情欢乐一下。有张有弛，才是文王、武王治理国家的好办法呀（一张一弛，文武之道也）！”

子贡听完后说：“还是先生知道的学问多啊！”

蜗角虚名

【释义】 蜗角：蜗牛之角，微小的意思。比喻人们微不足道、毫无作用的名声。

【出处】 《庄子·则阳》。

战国时，魏惠王与齐威王结成联盟，后来齐威王背叛了盟约，魏惠王非常气愤，打算派人去刺杀齐威王。公孙衍劝魏惠王说："大王身为一国之君，却采取一般百姓的报复手段，我真替大王感到惭愧。不如给我二十万甲兵，攻打齐国，活捉他的老百姓，抢走他们的牛羊，使齐威王一想到此事就浑身冒汗。在此之后再攻占他的国家，捉住他，鞭打他的背，折断他的骨头。"

季子在一旁听了，耻笑说："魏国有七年不打仗了，这是一件好事，也是大王立国之本。公孙衍这个捣蛋的人，无端挑动战争，大王不要听他的！"

惠子知道这场争论后，也弄不清究竟哪一方对，于是就去请教一个叫戴晋人的读书人，并将他引荐给魏王。见到魏王后，戴晋人并未直接回答魏王的问题，而是说："蜗牛的左角上有一个国家叫触氏，右角上有一个国家叫蛮氏。有一次两国为了争夺地盘而发生战争，双方大战了半个月，死亡好几万，一时间弄得遍地都是尸体。后来触氏国打胜，乘胜追击，占领了蛮氏国不少的地方。"

魏王听后，说："哎，你也太夸张了，世界上哪有这样的事！"

戴晋人解释说："事情虽然有些夸张，但道理是一样的。蜗角两国所争夺的地盘，人类看到的不过是针尖大；同样，人类所争

夺的地盘，在一个真正完美的人看来，也不过针尖大而已。其实他们完全是为了蜗角的虚名在进行战争啊！”

我见犹怜

【释义】 怜：爱。形容女子美貌动人惹人喜爱。

【出处】 南朝·宋·刘义庆《世说新语·贤媛》。

公元３４５年，东晋荆州刺史桓温攻占四川，并将成汉皇帝李势的女儿掳掠为妾。桓温的妻子南康长公主生性妒忌，桓温就一直将此事瞒着她，不敢让妻子知道自己纳妾，并将李姑娘藏在书房的里面。

李姑娘一直幽居不能出，如笼中的小鸟，任人玩弄于股掌之上，虽有家仇国恨，却无法报复，于是心中很是郁闷。

后来，南康长公主听到这个消息，很是气愤，回想这段日子，桓温对自己的态度确实变了，心中便更是陡生怒意，于是决定要杀掉李姑娘。

一天，趁着桓温不在府中的时候，南康长公主气势汹汹地带着几十名手上拿着刀的丫鬟去找李姑娘兴师问罪。

正在镜子前梳头的李姑娘听到破门而入的响动后，不但没有害怕，反而平静地转过身来。她秀长的头发乌黑晶亮，如瀑布般奔泻，似柳丝般飘垂，洁白的肌肤像玉一样，发出晶莹的光泽。南康长公主不由得被李姑娘的姿色惊呆了，竟连手里的刀也掉了下来。于是，她走上前去抱住李姑娘，动情地说：“啊呀，你是这般漂亮，连我见了也生了怜爱之心，何况桓温那个老家伙呢（阿子，我见汝亦怜，何况老奴）！”

卧榻之侧岂容他人鼾睡

【释义】 在自己安睡的床边，是不能容许别人呼呼熟睡的。比喻不许别人侵犯自己的利益。

【出处】 宋·岳珂《徐铉入聘》。

徐铉是五代宋初文学家、书法家，历官五代吴校书郎、南唐知制诰、翰林学士、吏部尚书等职。北宋灭了南汉以后，南唐被孤立了。南唐后主李煜极为恐慌，由此他向北宋表示，愿意取消南唐国号，自称江南国主。可宋太祖终不能容忍这个割据政权的存在，于是派大将曹彬率领十万大军征讨南唐。公元 975 年，曹彬挥军打到南唐金陵城下。李煜无奈，只好派徐铉到汴京（今河南省开封市）求见太祖。

徐铉见到宋太祖后，说："我们是小国，你们是大国。小国服侍大国，就像儿子服侍父亲一样，这没有什么罪，请求大宋停止进攻吧！"

哪知，宋太祖赵匡胤怒气冲冲地说："江南是没有什么罪过，但是天下一家，在自己睡觉的床边，怎么能够容忍别人呼呼睡大觉呢（江南亦何罪，但天下一家，卧榻之侧，岂容他人鼾睡耶）！"

过后没多久，宋军就攻破金陵，俘获了李煜，南唐政权也就此灭亡。

握发吐哺

【释义】 握发：洗头时握着头发；吐哺：吃饭时，吐出食物。源于周公旦的故事。用于形容为国家礼贤下士，殷切求才。

【出处】 汉·司马迁《史记·鲁世家》。

周公，姓姬名旦，亦称叔旦，周文王姬昌第四子。因封地在周(今陕西岐山北)，故称周公或周公旦。西周初期杰出的政治家、军事家和思想家，被尊为儒学奠基人，孔子一生最崇敬的古代圣人之一。

周武王姬发灭商后两年病故，因为继位的成王年纪尚幼无力处理政事，所以成王的叔父周公便主动代其行使政权。因此有人说周公独揽大权，想篡位。

于是周公出来辟谣，说："我是担心天下叛周，无以告慰先王，才不避闲言碎语行使政权的。"后来，周成王分封诸侯，周公的长子伯禽被封为鲁侯。

伯禽临走时，周公告诫他，说："我的地位在天下也不算低了。但我有时洗一次头需三次握头发，吃一顿饭需三次放下饭碗，为的是去接待来客，生怕怠慢了天下的贤士（然一沐三握发，一饭三吐哺，犹恐失天下之士）。你到了鲁国，可千万不要骄横啊！"

握椠怀铅

【释义】 椠：古代用以写书的书版。铅：古代用于写字的铅条。一直随身携带书版和铅条，以备记事。指勤于写作或者校勘。

【出处】 晋·葛洪《西京杂记》。

扬雄是西汉史官，也是著名的文学家、哲学家和语言学家。扬雄性情淡泊宁静，既不急于谋求富贵，也不因为贫贱而忧愁，更

不会去博取名声。家里并不富裕，但他胸怀宽广，有大志，不是圣贤的书不喜欢读；不是出于本心，即使能富贵的事也不去做。

由于扬雄为人很好奇，所以不论去哪儿常常带着纸和笔（握椠怀铅），常常跟从着专管记录的官吏去各地方记录一些坊间故事或奇闻怪事。扬雄四十多岁时游历京师，大司马王音认为他是个奇才，便让他在自己手下做了个小官。此后，他历经三个皇帝，几十年都没有升官。和他一同做官的人都加官晋爵，飞黄腾达，只有他安贫乐道，不求名利，只求他的文章与文录能传诸后人。

乌合之众

【释义】 像乌鸦那样暂时聚合。比喻临时拼凑起来的队伍，毫无组织纪律。

【出处】 南朝·宋·范晔《后汉书·耿弇列传》。

耿弇，东汉开国名将，字伯昭。少而好学，尤爱兵事，勇猛善战，用兵灵活，指挥果断，富于创造，是中国战争史上卓越的军事天才。

公元 23 年，王莽建立的新朝败亡了，汉哀帝刘欣即位。各地将领纷纷起兵，独揽地方政权，改换郡守、县令。耿弇的父亲耿况认为自己的官职是王莽所设置，心里很是不安。此时二十一岁的耿弇便告别父亲，带上贡品，准备到哀帝那儿去，希望以此求得父亲地位的稳固。

一天，耿弇在去的路上遇到一人，那人诈称是汉成帝的儿子子舆，现在邯郸起兵。这时跟随耿弇的官吏孙仓、卫包等都说：“刘子舆是成帝的儿子，是汉室的正统，咱们应该归顺他才有出

路。可别失掉这个机会啊！”

耿弇按着剑柄，说：“刘子舆这小人，早晚是个降虏罢了。等我到长安，参与国家组织的渔阳、上谷的军队，出入太原、代郡，往返数十日后，再回来领兵收拾这些乌合之众。到时消灭他们就像摧毁朽烂的木头一样简单（归发突骑以辚乌合之众，如摧枯折腐耳）。我看你们不识好歹，很快便会遭到灭族之祸的。”

但孙仓、卫包两人不听耿弇的话，都投奔了那个人。

于是耿弇便一人接着赶路，后来在途中听说南阳刘秀在卢奴起义，于是放弃了投奔哀帝刘欣的念头，转而投奔了刘秀，并得到刘秀的信任，此后，耿弇骁勇善战，多次克敌制胜，为刘秀平定天下立了汗马功劳。

巫山云雨

【释义】 原指古代神话里巫山神女兴云降雨之事。后比喻男女爱情。

【出处】 战国·宋玉《高唐赋》。

战国期间，有一天，楚怀王心情抑郁，茶饭无心。一天，看天气尚好，楚怀王便叫身边的侍臣备好车驾，说要出门看看风景。

于是四匹白马拉着一辆彩饰的马车跑上了林荫小道。怀王看着车窗外向后飞驰而去的山水田野美景，连日来的不快心情渐渐消逝了。马车转过山脚，眼前顿时出现浩渺的云梦泽，怀王高兴极了，于是弃车乘船，往湖心而去。

到了湖心，怀王登上了建在那儿的高唐观。他环顾四周，心旷神怡，不禁把酒临风独酌起来。几杯下去后，他感到有些倦

意，便和衣在床榻上睡下。

睡后，他做了个梦，梦见一位美丽的女子从走廊外飘了进来，深情地看着他，流露出无限的倾慕。过了一会儿，只听得女子朗朗地说："我是巫山的神女，听说大王游赏高唐观，特意来这里相见，献上我真诚的爱。"于是两人执手相看，深情缱绻。末了，神女告辞说："我住在巫山南面险峻的丘冈上。早晨，我是飘在天边的云彩；晚上，我是洒在行道上的清雨，朝朝暮暮，您都能在阳台山下见到我。大王，愿我们常能相聚。"话音刚落，怀王一晃身就醒了过来，但梦中的景象还历历在目。

第二天早晨，怀王一起床就跑到阳台山下。抬眼望去，葱郁的山峰绕着一段彩云，一会儿耸然直上，一会儿飘如巾带，恍惚不定，千变万化。怀王痴痴地看了会儿，随后便命人在这儿建造了女神祠。

无出其右

【释义】 出：超出；右：古人以右为上位。没有能超过他的，没有比他更强的。

【出处】 汉·司马迁《史记·田叔列传》。

田叔，是赵国陉城人，为人严正廉洁，并以此自得。他曾在赵王手下任郎中一职，随后，因得到汉高祖刘邦的赏识又被封为郡守、诸侯相。

有一次，刘邦又分别召见赵王张敖的臣僚谈话，其中发现田叔很有才能，觉得满朝官员没有一个能超过田叔的（臣毋能出其右者）。由于刘邦甚是赏识田叔的才能，便把田叔封为汉中郡守、诸

侯相（汉初分封诸王，置国相一名，总理政务）。

刘邦死后，吕后专权，朝中大乱。后来，绛侯周勃铲除诸吕势力，另立刘恒为帝，史称孝文帝。

孝文帝久闻田叔的贤明正直，便召见田叔，问："你知道在朝文武中，谁最厚重自尊吗？"

田叔摇摇头，表示不知道。文帝笑笑说："我看，你就是。"

田叔说："臣怎敢自称厚重自尊！臣认为先帝时驻守边疆的孟舒才是这样的人。"

文帝不以为然，说："孟舒在郡守任内与贼寇作战时用兵不力，损兵折将，算不上长者"。

田叔为孟舒辩解说："孟舒在赵王府为官时非常恪尽职守，当地方官时更加尽心。至于讨贼时损失的那些士兵，那是因为他在军中极有威信，爱兵如子，士兵爱戴他，愿意为他卖命。他们是因为主动出城作战才战死的，并不是孟舒的失职。"

文帝听了，认为他言之有理，于是便重新任命孟舒为郡守。

无能为役

【释义】 役：役使。原指不足以供某人所役使。后泛指没有能力做好某件事情。

【出处】 春秋·鲁·左丘明《左传·成公二年》。

郤克，即郤献子，是春秋中期晋国正卿。当时，鲁国和卫国同遭受齐国攻击，于是便向晋国求救。晋景公同意后准备以兵车七百乘相助，并命郤克为主帅。

可郤克嫌战车数量太少，于是对晋景公说：“七百辆战车，这是从前晋文公时候‘城濮之战’的战车数目。那是因为有晋文公那样的英明国君，还有像先轸、狐偃那样机智的大夫，所以才取得胜利。可我呢？与他们相比能力远不如他们，我就是做他们的仆役恐怕还不够格呢（有先君之明与先大夫之肃，故捷。克于先大夫，无能为役），所以我要求派八百辆战车给我！”

晋景公听后答应了郤克的要求，便派了八百辆战车给他，让他率领中军，士燮辅佐上军，栾书指挥下军，韩厥为司马，就这样，军队浩浩荡荡地便向齐国开去。

大军开出后不久，郤克便在靡笄山下与齐顷公摆开了战场，双方你来我往，二十多个回合仍不分胜败。但晋帅郤克腿部受了重伤，于是想要退却，于是他战车的御者解张就说：“我背部中箭，便自己折断了箭杆，而后继续驾车，哪敢说受伤。全军都在注视着我们啊，努力吧！”说完便提缰击鼓，飞一般冲向齐军，三军备受鼓舞，一拥而上，大败齐军。

晋国获胜后，齐国拿出了许多宝物给晋国，并让出大块土地给鲁国。

无所不容

【释义】 一切都能容纳，极言其宽广。

【出处】 晋·陈寿《三国志·魏书·曹植传》。

曹植，字子建，魏武帝曹操之子，魏文帝曹丕之弟。三国时期曹魏诗人、文学家，建安文学的代表人物，生前曾为陈王，去世后谥号“思”，因此又称陈思王。

魏文帝曹丕即位后，本来生性多疑的他此时更是唯恐天资聪颖、才高八斗的兄弟曹植造反，于是便让曹植出京去自己的封国，并特设了监视诸侯王的官，考察他的一言一行，企图找借口将曹植除掉。

可此后一段时间内并未找到任何可以杀死曹植的理由。于是，曹丕授意监国谒者灌钧要治曹植的罪，灌钧就上奏说："曹植醉酒之后出言不逊，要挟皇帝的使臣。请求将他依法治罪。"曹丕本想趁此治曹植死罪，然而碍于太后的缘故，只将他的爵位降低，贬为安乡侯，还装作很宽容的样子，说："曹植是我的同母弟弟，我对于普天下人无所不容，更何况是曹植呢？骨肉手足，怎能置亲情于不顾？因此，我才没将他治罪处死，只是改变了他的爵位。"

此后十多年里，曹植多次上书请求为国家出力，始终没有如愿，无处施展他的才华，终于忧郁成病，死时才四十一岁。

无妄之灾

【释义】 无妄：出其不意，不能预料。指意想不到、突然而来的灾祸。

【出处】 《周易·无妄》、汉·刘向《战国策·楚策》。

战国时期，赵国人李园想把妹妹献给楚考烈王，但听说楚考烈王不能生育，担心妹妹日后在宫里会失宠，于是便用诡诈的手段，诱使楚相春申君收纳其妹为妾。

后来李园之妹便有了身孕，兄妹密商以后，李园之妹便去对楚相春申君说："楚王宠信您，超过了他的兄弟，如今您为相二十多

年，而楚王又无子，他死后，其兄弟继位，他们各有所亲，到那时还能保证你荣华富贵吗？ 而且，您掌权时间很长，在与楚王的兄弟们相处的过程中，失礼与得罪他们的地方很多。 如果他们中有人继位，您恐怕就会大祸临头！ 但那时还能保证你的相位和封地吗？”

李园之妹恫吓了春申君一阵子以后，接着神秘地说道：“现在妾已怀有身孕，如能凭着您跟楚王的亲密关系，趁此把妾献给楚王，妾托老天的福，将来若生下个男童，那就是您的儿子，也就是未来的楚王，这样一来，比起受别人管辖，时刻担心会有不测的祸患，不是要强得多吗？”

春申君认为她说得很有道理，便借机将这女子献给了楚王，这女子果然生下了个男孩，并被立为太子，自己被立为王后，李园也因此受到楚王重用，手握大权。

不久，考烈王患病后，有个叫朱英的人便对楚相春申君说：“世人有不测之福，又有不测的灾祸（又有无妄之祸），如今您处在不测的世道中，服侍不测的君王，这样，你周围哪能没有不测之人呢？”

春申君问：“什么叫不测之福？”

“您做楚相已经二十多年了，虽然名义上是相国，但实际就是楚王。 如今楚王病危，太子幼小，楚王一旦归天，您辅佐幼小的君主，就像古时的周公一样。 或者，您自己当王，长久地拥有楚国。 这就是我所说的不测之福。”

“什么叫不测的灾祸？”

“当前，李园虽然还没有执政，但他已是国舅。 他虽不担任领兵的将军，但很久以来，他已私下养了一批能为他舍死效忠的军士。 楚王一旦去世，李园必然抢先入宫，假托楚王的遗旨，执掌

大权，任意专断，并斩杀您来灭口，这就是不测之灾。”

“那么什么叫不测之人？”

“您现在就抢先任命我为郎中一职，待到楚王去世后，李园如果真的抢先进宫，我就帮您杀掉他，这就是我所说的不测之人。”

春申君摇摇头，说：“先生，算了吧！不要再说了。李园是一个懦弱的人，我待他又很好，他怎能干出那种事来呢？”

朱英见春申君听不进他的告诫，怕将来受到牵连，于是便逃往了别国。

十七天后，考烈王病死，李园果然抢先进宫，埋伏下杀手，待春申君来到时，刺杀了他，并割下他的头扔到了宫门外。事后，李园将妹妹跟春申君怀孕生下的那个男孩立为了楚王，史称楚幽王。

无以复加

【释义】 无法再增加了。形容程度达到了顶点。

【出处】 汉·班固《汉书·王莽传》。

公元9年，王莽把汉朝改为“新朝”，自己称为“新皇帝”。在他的一系列倒行逆施下，全国各地群起反抗。

王莽看到天下将乱，十分焦急。为了显示自己能够建立万世帝业，以此来让百姓信服，便在长安城郊划出了数百顷土地给自己修宗庙。

王莽手下的大臣崔发、张邯为讨好他，说：“您的宗庙应该造得气势恢宏才行，即使千秋万代以后，这座宗庙展现在后人眼里的宏伟与崇高，也仍然是无以复加、举世无双的（且令万世之后无以复加也）。”

听信谗言后王莽又征集了大量工匠，精心绘图设计，还强迫全国的百姓为宗庙捐钱捐粮，并拆除了长安城内外的许多古建筑，用拆下来的砖木去修建他的宗庙，整个工程耗资数百万，累死的民夫和工匠不下一万。

不久，王莽的昏庸之举终于激起了赤眉、绿林的农民起义。起义军在昆阳消灭了新朝的四十二万军队，很快便攻进了长安城，并把王莽处死。

吴牛喘月

【释义】 吴地的牛怕热，见到月亮以为是太阳就气喘吁吁。比喻害怕某种事情，因而经常戒备，发现一些似是而非的虚幻迹象，也立刻心神不定害怕起来。

【出处】 南朝·宋·刘义庆《世说新语·言语》。

晋初的尚书令满奋是三国魏名将满宠的孙子。魏国末期他和叔父满伟转投到晋公司马昭的手下，很快得到他的重用。满奋虽然身材高大魁梧，看着体格十分健壮，但实际上却并非如此。他特别怕风畏冷。一到寒冬季节，他就整天待在家中，不想走出门去。他住的房间不但门窗要关得严实，还要挂上厚厚的帷幕。有时听到呼啸的风声，他都会觉得冷气入骨，坐立不安。

深秋的一天，天气渐寒，即位不久的晋武帝司马炎召满奋进宫去谈事。晋武帝叫他靠北窗坐下，却发现满奋皱着眉头，踌躇不定，两片嘴唇直打哆嗦，脸色也十分难看，不由关心地问他：“你今天身体欠佳吗？”

满奋举手指着窗外说：“外面风大，臣觉得很冷。”晋武帝看看北窗，笑了。原来北窗上装的是透明的琉璃，透过琉璃可以看得见外面的树枝在秋风中摇晃。晋武帝说：“外面风虽大，但隔着琉璃屏，根本就吹不进来，你怎么会冷呢？”

这时满奋才发现自己闹了笑话，红着脸说：“吴牛怕热，看到月亮以为是太阳就会热得喘起气来。臣就像是吴牛，见了寒风吹拂就冷得发抖啊（臣犹如吴牛，见月而喘）！”

吴下阿蒙

【释义】 吴下：指长江南岸一带；阿蒙：即吕蒙。指当时在吴下的阿蒙学识浅薄。后用来泛指还处于学识浅薄之时的人。

【出处】 晋·陈寿《三国志·吴书·吕蒙传》。

三国时，吕蒙为东吴名将，他身居要职，但因小时候依靠姐夫生活，没有机会读书，学识浅薄，见识不广。

有一次，孙权对吕蒙和另一位将领蒋钦说：“你们现在身负重任，得好好读书，增长自己的见识才是。”

吕蒙不以为然地说：“军中事务繁忙，恐怕没有时间读书了。”

孙权开导道：“我的军务比你们要繁忙多了。我年轻时就喜欢多书，等掌管军政以来，更读了许多史书和兵书，感到大有益处。当年汉光武帝在军务紧急时仍然手不释卷，如今曹操也老而好学。希望你们不要借故推托，不愿读书。”

孙权的开导使吕蒙很受教育。从此他便抓紧时间读书，很快便超过了一般儒生。

一天，士族出身的名将鲁肃和吕蒙谈论政事。交谈中鲁肃理屈词穷，常常被吕蒙难倒。鲁肃不由轻轻地拍拍吕蒙的背说：“以前我以为老弟只是略懂军事谋略罢了，现在才知道你学问渊博，见解高明，再也不是以前吴下的那个阿蒙了（非复吴下阿蒙）！”

梧鼠技穷

【释义】 梧鼠：鼠类的一种。梧鼠有五种技能，但都不能很好使用。比喻技能多而不精。也比喻才能有限。

【出处】 《荀子·劝学》。

荀子在《劝学》里面阐述道：把土堆起来形成一座山，就会有风雨兴起；水流到一处形成深渊，就会有蛟龙出现；平时多做善事，久而久之就会成为有德之人，就会如神仙一样洞察世事，就会拥有做圣人的根本素质。

如果不想一小步一小步地走，就不会到达千里之外的地方；如果没有千万条小溪流汇到一起，那么世界上就没有什么大江大海。即使骥骥能跳得很远，但它纵身一跃也不能一下子走十步那么远；如果有十匹驽马拉的马车，它们慢慢走却可以走很得很远。

如果锲刻一个物体却不坚持，即使是一段腐朽的木头也折不断；如果能坚持不懈地锲刻，那么即使是金石这么硬的东西也可雕刻。那不起眼的蚯蚓，并没有什么锐利的爪子，也没有强壮的筋骨，之所以能上吃黄土，下饮黄泉，是因为它用心专一。螃蟹有六只爪子和两只大螯，但如果没有虫蚰蟺的洞穴，它们就无处可容身，这是由于它们用心浮躁造成的。因此那些胸无大志的人，不会取得显赫的功名。

这些人即使走在大街上，也走不到自己想去的地方；即使能有机会侍奉两位君王，也不会得到重用。这就像眼睛同时看两样物体，当然看不清东西；两只耳朵同时听两种声音，当然听不清楚。螣蛇没有翅膀却能够飞翔，梧鼠虽然怀有五种技能，却因用心不专，还是走投无路，陷入困境：它能够飞翔，却飞不上屋子；能够爬树，却爬不到树顶；会游泳，却游不过一个河谷；能够打洞，打的洞却不能把身体藏进去；能够行走，却走不过人，结果这么多技能一无用处（螣蛇无足而飞，梧鼠五技而穷）。

五里雾中

【释义】　方圆五里的雾中。形容对事物迷惑或理解不了。

【出处】　南朝·宋·范晔《后汉书·张楷传》。

张楷是汉代时成都人，喜好道术，据说能在晴天里造出方圆达五里的云雾。关西的裴优也能造雾，但造的雾方圆只有三里。为了学成五里云雾的本领，变卖家产，南下拜张楷为师，不料被拒绝了。

裴优回到关西后，已身无分文。一天，他便冒出一个念头：造雾行窃。稍作准备后，他来到大街上，找个角落站好，喃喃地念一会儿经文，大喊一声：“咄！”街上立刻腾起一团雾，四面漫开，三里长街转眼间已被云雾笼罩了，听得清说话却看不见人形。于是裴优便赶紧用布袋把摊面上的东西全都收罗进去，扛回家中。

后来他竟偷到衙门里去。皂隶看见起雾，便把门关了起来。等裴优把袋子装满准备逃走时，才发现门已被关，云雾消散后，无法脱身的裴优便被抓住。皂隶打开布袋后，发现全是赃物，便当

场打了他几十大板，并把他拉到大庭下拷问。

惊堂木猛拍下去，裴优早已两腿发软，说：“小人该死！ 这都是成都张楷教的。 他本事更大，能造五里云雾啊。”

县官为了升官，立即添油加醋禀报上司，上司改头换面上奏朝廷，朝廷便十万火急派人到成都将张楷逮捕，将他投入监狱。

五日京兆

【释义】 京兆：指京兆尹，即指古代国都所在地的行政长官。 做五天的官。 比喻在某一职位上任期很短。

【出处】 汉·班固《汉书·张敞传》。

西汉宣帝时，张敞官任太中大夫。 他为人正直，不畏权势，不徇私情，一心为公。 后来得到汉宣帝的赏识，被任命为京城的京兆尹。

后来，他的朋友杨恽因居功自傲，被处以极刑，与他有关的官员几乎都被停职，唯有张敞暂时没有停职，但也有类似的风声传出。

一次，京城里发生了盗窃案，张敞派手下絮舜去调查破案。可是絮舜接受命令后，无动于衷，不仅怠工，还跑回家去喝酒，将公务丢在一边。 有人劝絮舜说，可不能将张敞的话当儿戏啊。 絮舜却有恃无恐地说：“张敞不过是个五日的京兆尹，能把我怎样（五日京兆耳，能奈我何）？”

有人将絮舜的话报告给张敞，张敞怒不可遏，立即将絮舜抓来，判处死刑。 执行时，张敞让人给絮舜送去一张纸条，条上写道：“五日京兆，一样定你死罪，你绝活不过今天。”

事后，絮舜的家属控告张敞，说絮舜没有死罪，张敞是滥杀无辜。汉宣帝也觉得张敞的做法有些过分，便免去了他的京兆尹职务。

五十步笑百步

【释义】 逃跑五十步的讥笑逃跑一百步的。比喻虽然自己和别人一样有同样的缺点或错误，却自以为程度较轻而嘲笑他人。也指两者缺点错误的程度虽有所不同，本质却是一样的。

【出处】 《孟子·梁惠王上》。

战国时期，梁惠王是个很不错的国君，不仅处理国政用心，而且对国内老百姓的生活也相当关切，所以梁国的百姓要比其他几个诸侯国的百姓过得好。尽管如此，还是有件事一直让梁惠王十分不开心，他左思右想也弄不明白为什么自己终日为国事操劳，尽心尽力地让老百姓过好日子，让百姓安定舒心，但国内的人口却总不见增长。

正当这时，大学问家孟子来到了魏国。于是，梁惠王决心与孟子把这件事探讨清楚。一见到孟子，梁惠王便用困惑的语气说道："对于治理国家，我自己觉得已经竭尽心力了。例如，黄河以北受灾，农业歉收，我立即组织灾民迁移到丰收的地方去，并且将黄河以东的粮食往灾区调拨。当然，假如黄河以东受了灾，我也会采取同样的办法。"说到这里，梁惠王有些激动，他站起来，不停地走动着说："据我了解，列国诸侯中，没有谁能像我这样勤勉治国，关心百姓生活的。令我想不通的是，其他国家的人口没有减少，而魏国的人口却总也不见增加。先生您能否告诉我，这

是什么原因？”

孟子对梁惠王说：“大王善于领兵打仗，现在我不妨用打仗来解释您提出来的这个问题吧。比如说在战场上，当战鼓咚咚擂响时，我们就应该挥动刀剑拼命向前冲杀，但有的人却不是这样。他们转过头来往回奔跑，有的人跑出一百步停下，有的人跑出五十步停下，于是，跑了五十步的人就嘲笑那些跑了一百步的人，说他们贪生怕死，临阵脱逃，干了有损国格与人格的事情。大王，您认为这种嘲笑对吗（填然鼓之，兵刃既接，弃甲曳兵而走，或百步而后止，或五十步而后止。以五十步笑百步，则何如）？”

梁惠王说：“当然没有道理，他们同样都是逃跑，不过是一个跑得快些，一个跑得慢些罢了。”

孟子听了梁惠王的话，笑着说：“大王，那您就是跑了五十步的那种人哪。您虽然比邻国诸侯更关心百姓，但您太喜欢兴兵打仗，每次战争都要有伤亡，怎么能指望人口增加呢？”梁惠王听了孟子的说法点点头，表示同意。

X

席不暇暖

【释义】 席：坐席；暇：空闲。 连席子都来不及坐暖。 形容办事心切，或者非常忙碌。

【出处】 南朝·宋·刘义庆《世说新语·德行》。

陈蕃是东汉末年的大臣。 他二十岁时举孝廉入仕，被任命为乐安（治所在今山东省青县西北）太守。 乐安有位姓周的人，他很有才能，以前几任太守都仰慕他的名声，请他出来担任职务，都遭到他拒绝。 但陈蕃到任后只拜访了他一次，他马上便出来任职了，因为陈蕃一席话，让他非常佩服。

后来，陈蕃当豫章（治所在今江西省南昌市）太守时，豫章有位名叫徐穉的贤才。 陈蕃抵达豫章后还没有安顿好家，就准备去拜访他。 迎接陈蕃的一位官员知道这种情况后，对陈蕃说："大人请先安顿好家眷再说。 徐先生就住在城里，过几天再去拜访也不迟。"

可是陈蕃回答道："从前周武王灭掉商纣以后，一进城就去拜访商朝贤臣商容。 他求贤心切，可以说是连席子也来不及坐暖。我学古人礼贤下士，及早上门拜访贤人，有什么不可以的。（武王式商容之闾，席不暇暖，吾之礼贤，有何不可）？"

下笔成章

【释义】 下笔：落笔；章：文章。一动笔就写成文章。形容文思敏捷，创作极为迅速。

【出处】 晋·陈寿《三国志·魏书·陈思王植传》。

曹植是魏武帝曹操的三儿子，他自幼聪明伶俐，喜欢诗、辞、歌、赋，十几岁时就能诵读名篇数百，而且也非常会写文章。他的七步诗《兄弟》中，那句“本是同根生，相煎何太急”更是脍炙人口。

曹植有这番功夫，除了天赋之外，也是从小练就的。曹植有个外号叫“绣虎”，是说他的文章特别华美。他幼小的时候，就已崭露出聪明才华。

有一次，曹操看他的文章内容深刻，文辞清新隽永，气魄格外豪壮，竟然不相信是自己儿子写的。他把曹植叫来，问道：“这篇文章如此不成体统，是谁代你写的？”曹植一时摸不着头脑，但是他很诚实，就说：“回父亲大人话，不管文章好坏，都是孩儿自己写的。我自己所思所想，下笔成章（言出为论，下笔成章），为什么要找别人代写呢？如果您不相信，可以出个题，孩儿马上写一篇。”

曹操听了禁不住哈哈大笑起来，说：“不是别人代写，那就好啊！”

不久，曹操在官城建造的铜雀台竣工了，就让几个儿子都上去看看，并叫他们每人都写出一篇辞赋来，试一试他们的文采。曹植拿起笔来就写，一会儿工夫就写好了。这就充分证实了曹植自

己说过的那句话：“言出为论，下笔成章。”

下车泣罪

【释义】 下车向遇见的罪人流泪。形容君王为政宽仁。

【出处】 汉·刘向《说苑·君道》。

传说舜见禹治水有功，又受百姓爱戴，就将部落领袖的位置让给了他。

有一天，禹坐车出去访察民情，在路上忽然发现几名武士押着一个犯人走过。禹急忙叫车停下，问：“这人犯了什么罪？”那罪人看出问话的是个大人物，以为要严办他，吓得低着头不吭声。禹对此并不生气，他看着犯人愁苦的面容，一面对他进行规劝，一面不由得怜悯地流下了眼泪。

站在犯人身后的武士劝禹说：“大王，他不遵守法令，犯下罪，您为何这样替他伤心落泪呢？”禹叹了口气，止住眼泪对武士说：“我不是为这个罪人流泪，而是为自己流泪。从前尧和舜做领袖的时候，老百姓都和他们同心同德；如今我做了领袖，老百姓却不和我同心同德，做出这损人利己的事来，所以我内心感到非常痛苦！百姓之所以犯罪，在于我的过错，是我对他们的教育不够，因此我才悲伤呀！”

武士和罪犯听了禹的话都很受感动。

后人从这个故事中概括出“下车泣罪”这个成语。

下马作威

【释义】 指新官上任，显示威风。也简称为“下马威”。

【出处】 汉·班固《汉书·叙传》。

西汉时期有个叫班伯的少年，他家世显赫，经常出入宫中，很受皇帝的信任。

当时，定襄有石、李两个大家族对抗朝廷，捕杀地方官吏，弄得定襄一带人心惶惶。班伯听到此事，就主动向皇上请求去定襄做太守。

定襄的豪绅大姓听说来了一位年少气盛的新太守，料定他走马上任初期，会雷厉风行、大抓大杀，以此来显示一下威风。于是，他们便把犯了罪的人藏起来，然后静观其变。

而班伯到任后，首先请来了当地的豪绅，对他们客气地说："在座的都是我的父兄师父，今后有什么事，还需要大家鼎力相助，班伯一人治理不好定襄，也不打算在定襄待得太久。定襄是在座诸位的，要治理好也是诸位的事。我这次来，只同大家交个朋友。"说完，班伯对年长的人行了儿孙礼。

从这以后，班伯果然不问定襄的事，只是日日广交朋友。久而久之，他结交了不少的人，逐渐了解到那些犯法之人的匿藏处。于是，班伯召集官吏，分头捕获，不到十天，郡中震动。定襄很快恢复了秩序。

《汉书·叙传》中记叙此事中有这么一句话："定襄闻伯素贵，年少，自请治剧，畏其下车作威，吏民竦息……"后来"下车作威"演化为"下马作威""下马威"的成语。

先驱蝼蚁

【释义】 蝼蚁：指蝼蛄和蚂蚁。自己先葬于地下为别人驱

赶蚂蚁。形容效忠于人，不惜先死。

【出处】 汉·刘向《战国策·楚策一》。

战国时期，安陵君是楚恭王的男宠，在楚国身居高位。

有一天，谋士江乙对安陵君说：“您对楚国没有丝毫的功劳，也没有骨肉之亲可以依靠，却身居高位，享受厚禄。人民见到您，没有不整饰衣服，理好帽子，毕恭毕敬向您行礼的，这是为什么呢？”安陵君说：“这不过是因为楚王错误地提拔我罢了，不然，我不可能得到这种地位。”江乙说：“用财物与别人结交，当财物用尽，交情也就断绝了；用美色与别人相交，当美色衰退了，爱情就改变了。因此受宠幸的美女，她床上的席子还没有睡破就被疏远了，受宠幸的臣子，马车还没用坏就不受信任了。如今您独揽楚国大权，却没有什么办法与君王深交，我暗自替您感到担心啊！”安陵君焦急地问：“既然这样，那我该怎么办呢？”江乙说：“希望您能向君王请求随他而死，以自身为君王殉葬，您这样一说，必能在楚国受到长久的重用。”安陵君听信了江乙的话。

一天，楚王要到云、楚地区游猎，忽然一头犀牛发了狂似的朝车轮横冲直撞过来，楚王拉弓搭箭，一箭便射死了犀牛。楚王随手拔起一根旗杆，按住犀牛的头仰天大笑说：“今天的游猎真快乐啊！寡人死去后，跟谁一起能有这样的快乐呢？”安陵君疾步上前去，流着眼泪说：“我进入宫中就坐在大王的下面，外出就和君王您同乘一辆车。大王万岁千秋之后，我愿意以身相殉，当草席为君王阻挡蝼蛄蚂蚁（大王万岁千秋之后，愿得以身试黄泉，蓐蝼蚁），哪里有比这种快乐更快乐的事情呢？”

楚王听了大为高兴，就正式封他为安陵君。

相顾失色

【释义】 相互看着对方的脸色，露出惊慌的神态。

【出处】 宋·薛居正等《旧五代史·段希尧传》。

五代时期，段希尧为人勤恳，为政勤勉，吃苦耐劳，德行很好。 他从后唐时一个录事参军做到后晋的右谏大夫。

一次，他被派到吴越做事。 出发那天，天气晴朗，正当段希尧带领士兵们坐着船在大海上航行时，忽然天色大变，狂风大作，浊浪滔天，扑上船舷。 掌舵的船夫、随行的仆人面面相觑，露出了惊慌的神态（风涛暴起，楫师仆从，皆相顾失色）。 面对这紧张的情势，段希尧镇静地对手下人说：“我这个人平生处世做事小心谨慎，言行坦荡，从不搞什么阴谋，老天可以明明白白地看到我这颗心，难道不会保佑我吗？ 你们不用惊慌，尽管把我当作一个依托好了。”说来奇怪，段希尧的话刚说完，大风停止了，海面重又恢复了平静，他们安全地到达了目的地。

响遏行云

【释义】 响：声音；遏：阻止。 歌声嘹亮，响彻云霄，把天上移动的云也止住了。

【出处】 《列子·汤问》。

战国时期，有个名叫薛谭的青年非常喜欢唱歌。 他得知秦青在唱歌方面很有造诣，便拜歌唱家秦青为师。 薛谭学习认真，进步很快，没多久就成为秦青学生中的佼佼者，受到了大家的称赞。

薛谭学了一段时间，自以为把老师唱歌的技艺都学到手了，便对秦青说："老师，我已经学得差不多了，想回家去。"秦青知道他有自满情绪，没有正面劝阻，而是说："你要离开，我不拦阻你。让我在大道上为你饯行吧！"

离别那天，秦青带了一些学生把薛谭送到大路上，并备了酒菜为薛谭送行。喝完酒后，秦青对薛谭说："我谱了一曲新歌，本想以后教你，现在你要走了，我就在这儿唱一遍，作为临别的纪念吧！"

接着，秦青一面打着节拍，一面唱了起来。歌声悲壮雄浑，充满了真挚的感情，路旁的树木仿佛也受到了感染，颤抖起来；而天上的云彩仿佛被吸引得止住了脚步，不再飘动（扶节悲歌，声震林木，响遏行云）。

薛谭听得入了迷，也意识到自己的骄傲自满有多么愚蠢。他十分惭愧地对秦青说："老师，我原以为学得和您差不多了，现在才知道比老师差远了，请老师原谅我，让我继续跟您学习吧。"于是，薛谭跟着秦青返回秦家，继续跟秦青学唱歌。

想当然耳

【释义】 依靠主观想象、推测，应当是如此。

【出处】 南朝·宋·范晔《后汉书·孔融传》。

《三字经》说："融四岁，能让梨"。融，指的就是孔融。据说他小时候分梨时，自己专挑小的，将大的让给哥哥，性格很仁厚。孔融成年后当过北海太守，人们又尊称他为孔北海。

后来，曹操击败董卓，平定了关中。孔融被调到朝中任太中

大夫。他聪明诙谐，喜欢幽默，对看不惯的事常常嘲讽。

公元 203 年，曹操为了彻底消灭袁氏割据势力，又出兵北上，进攻袁绍的儿子袁尚、袁熙等人。他的二儿子曹丕也随从出征。破城后，曹丕率兵进驻袁氏府第，遇见了来不及逃走的袁熙的妻子甄氏。甄氏生得花容月貌，美艳绝伦，很让曹丕动心。曹丕请求纳甄氏为妾，曹操见甄氏不言不语也透出万种风情，便满意地说："真不愧是我的儿媳妇。"一句话，甄氏便成了曹丕的合法夫人。

孔融对此很反感，写信告诉曹操说："武王伐纣，将纣王妃妲己给了他弟弟。"

曹操不明就里，便向孔融请教此说出自哪部经典。孔融说："您将甄氏赏给曹丕，从现在的情景看，可以设想有那么回事（以今度之，想当然耳）啊！"曹操被气得瞠目结舌。

曹操本来很欣赏孔融的文学才华，无奈孔融却不肯合作。由于政见的冲突，两人的矛盾终于激化。后来，孔融以不孝的罪名被杀害。正可谓欲加之罪，何患无辞。

向壁虚构

【释义】 对看墙壁无事实地凭空捏造。比喻杜撰胡诌和不真实的记述。

【出处】 汉·许慎《说文解字序》。

《尚书》是我国最早的一部历史书，记载着春秋之前的唐、虞、夏、商和周武王时代的重要史迹。可是到了汉朝，这部古书却失传了。

有个在秦朝当过博士的伏生，这时还活着，据说他还私藏着一

部《尚书》。汉文帝就派太常掌故晁错到济南去拜访伏生。不料，伏生的藏书经过秦末汉初连年的战乱也都失散了。这部原有一百多篇的古书，如今只剩了二十九篇，而且是写在竹简上的古文，一般人都不认得。晁错便叫伏生念给大家听。这时伏生已九十多岁，眼花耳聋，说话也含糊不清了。于是，老先生先念给他女儿听，再由他女儿转述，晁错等人就一字一句地记录下来，这才编成了一部《今文尚书》。

汉景帝时，山东曲阜又发现了一部《尚书》，这是从孔子旧时讲堂的墙壁里发现的。当时孔子的后代有个名叫孔安国的人把它整理了一下，也并不齐全。不过比伏生留存的多了十六篇。为了区别于伏生的《今文尚书》，人们就称孔安国的这个版本为《古文尚书》。汉武帝时，派人向孔家去取书，恰因宫中发生变乱，这部《古文尚书》因此又失散了。到后汉时，经学家杜林所留传的《古文尚书》，据说也是孔安国的版本。此外，还陆续发现了一些前所未见的篇章，有的还重新分编过，所以现在我们看到的《尚书》，不止四十五篇，而是有五十八篇。

关于《尚书》历来的争论很多，唐代曾经正式规定，《尚书》以孔安国的版本为标准。可是后来有人却又认为孔本是假造虚构的。《说文解字序》说："世上人共非訾，以为好奇者也，向壁虚造不可知之书，变乱常行，以耀于世。"

项庄舞剑，意在沛公

【释义】 项庄：项羽部下的武将；沛公：刘邦。项庄在鸿门宴舞剑助兴，其本意是伺机杀掉刘邦。比喻说话或做事表面上有正当好听的名目，实际上却别有目的。

【出处】 汉·司马迁《史记·项羽本纪》。

在秦朝末年，各路起义军中，有两支最强大的力量，这就是项羽与刘邦领导的起义军。 这一年，他们兵分两路进攻秦国首都咸阳。

临行前，他们约定，谁先攻下秦朝首都咸阳，谁就在关中一带为王。 刘邦先一步攻占了咸阳，控制了函谷关。 项羽率军也不敢怠慢，一路英勇杀敌，但当他率领大军来到咸阳附近的新丰县鸿门时，传来了刘邦已占领咸阳的消息。 有人报告项羽说，刘邦入咸阳后正准备称王。 项羽听了勃然大怒，于是要找刘邦决战。

当时刘邦的人数和战斗力远远不能与项羽相比，听说项羽率兵来攻打，刘邦心中不禁惊恐万分。 谋士张良为刘邦献上一计：他要刘邦去项羽军中，主动去解释，说自己没有称王之意。 这样就能取得项羽的谅解，避免眼前的灭顶之灾。

事不宜迟，第二天，刘邦带着张良和猛将樊哙到鸿门拜见项羽。 事前听说刘邦要来鸿门军中，项羽的谋士范增便建议宴会上将刘邦杀掉，以绝后患。

刘邦等人来到鸿门项羽的军中献上礼物。 项羽也设宴款待了刘邦等人。 饮酒中，项羽见刘邦态度谦卑，说话诚恳，便打消了杀掉刘邦的念头。 谋士范增见项羽迟迟不动手，便找到项羽的弟弟项庄说：“项王太仁慈了。 你快进去借舞剑助兴为名，趁机杀了刘邦。”

项庄便抽出腰中宝剑，来到大帐之中要将起来。 越舞越靠近刘邦。 项羽的堂叔项伯与张良交好，不愿杀掉刘邦，便起身对项羽说：“一人独舞，兴致不高，让我与他对舞吧。”项伯也拔剑与项庄对舞，却暗中用自己的身体挡着刘邦，使项庄无法下手，给了

刘邦逃跑的机会。

项庄舞剑的用意当然不是为了助兴，真正的企图是刺杀刘邦，所以后人用这个成语来讽喻别有用心的行为。

萧规曹随

【释义】 萧：萧何；曹：曹参。 两人先后是汉代初期宰相。 指按前人的规矩办事。

【出处】 汉·班固《汉书·曹参传》、汉·扬雄《法言·渊骞》。

秦朝末期，刘邦率领起义军攻占秦都咸阳时，萧何收取秦朝的律令图书，掌握了全国山川险要、郡县户口和当时的社会情况。刘邦当皇帝后，萧何被封为丞相，为汉朝制定了一整套法规、典章和制度。

当萧何病重垂危的时候，向汉惠帝推荐了曹参继任丞相职务。曹参也是刘邦手下一个很有威望的大臣。

曹参接替萧何做汉朝的相国，在位三年，极力主张清静无为不扰民，遵照萧何制定好的法规治理国家，使西汉政治稳定、经济发展、人民生活日渐提高。 他死后，百姓们编了一首歌谣称颂他说："萧何定法律，明白又整齐；曹参接任后，遵守不偏离。 施政贵清静，百姓心欢喜。"史称"萧规曹随"。

跳梁小丑

【释义】 无足轻重的坏人猖狂作乱。

【出处】 元·脱脱等《宋史·张景宪传》。

宋代的张景宪曾做过淮南的转运副使，为人刚正不阿。当时在山阳有个叫关昉的官员，因为很多亲戚都是达官显贵，便敢于在当地横行霸道，为非作歹。张景宪上任后便将关昉流放到了岭外。这事影响极大，一些贪官污吏只好收敛起来。

后来，张景宪因为政绩突出被提升做了户部副使。元丰初年，张景宪做了河阳地区的最高行政长官。西南地区一些少数民族经常入侵边关，张景宪向皇上进言说："那些骚扰边关的人，都是些跳梁小丑。但他们的老巢地处偏僻，地势险恶，易守难攻。假如皇上下令调动大军前去攻打，路途遥远不说，万一供应部队的粮草给养跟不上，就会影响军心，士气败落，部队将陷于重重围困之中，那样反而对我们不利，不如先放任他们为好。"

后人从这段故事中引申出成语"跳梁小丑"，比喻那些品格低下或并无什么真才实学者，为了达到个人私利或不可告人的目的而极尽捣乱、破坏之能事，但终究没有什么了不得，只不过是真正地暴露了他自己的丑恶嘴脸罢了。

小时了了

【释义】 了了：明白懂事。年纪很小的时候就很聪明懂事。

【出处】 南朝·宋·刘义庆《世说新语·言语》。

孔融是东汉末年著名的才子，孔子的二十世孙，以诗文著称。孔融从小就很聪明，尤其能言善辩，所以小小年纪就有点小名气了。十岁那年，他随父亲去了洛阳。当时的河南太守是很负盛名

的李元礼，读书人都很敬仰他。由于李氏的才名很重，因此在太守府中往来的人除了他的亲戚，其余都是当时有才名的人。也只有那些有名望的人或至亲好友到来，李元礼才肯接待。十岁的孔融却敢大胆地去访问这位太守。看门的见他是个小孩就不予理睬，也不通报。孔融说："我是你家主人的亲戚，你这样对我，看我告诉你家主人！"那人见他大模大样、一本正经，哪里还敢怠慢，急忙很客气地将他请进屋去。

李元礼见了孔融，见与他并不相识，便问："你和我有什么亲戚关系呀？"孔融就将自己的老祖宗孔子搬了出来，与李元礼的祖先老子李耳拉上了关系。他说："我的远祖孔子和您的远祖老子有师徒之谊，我们当然是世交啊！"（孔子当年碰到自己不懂的礼仪问题，就自称学生，谦虚地向李耳请教。）李元礼听了这孩子一番振振有词的话，不由得点头称是。

当时，李元礼的家中正好有许多宾客，他们看到孔融年纪小小便能讲出这番话来，都感到非常惊讶。这时有个叫陈韪的官员也来李府拜访。众人就把刚才发生的事情讲给他听。陈韪是个很傲慢的人，听了其他人的介绍便瞥了一眼孔融，见他是个乳臭未干的小毛孩，便嘲笑说："小时候聪明懂事，长大了未必能做出什么大事来（小时了了，大未必佳）。"孔融听了，立刻反唇相讥道："照您的意思说来，那么您小的时候一定很聪明吧？"陈韪无言以对，一时很是尴尬。

小巫见大巫

【释义】 巫：旧时靠装神弄鬼替人祈祷来骗取钱财的人。原意是法术（本领）小的人遇到了法术大的人，就不能施展法术

了。 后比喻相形之下，一个远远比不上另一个。

【出处】 晋·陈寿《三国志·吴书·张严程阚薛传》。

三国时期，东吴有位谋士叫张纮，他很有文才；另一个文人陈琳在魏国做官，他也同样出名。 两人虽各事其主，但相互仰慕，经常有书信来往，探讨作品。

在一次请客宴宾时，陈琳特地拿出张纮的文章让在座的宾客传阅、欣赏，嘴里还不断地夸耀说：“这篇文章写得多么脱俗清新呀！ 你们知道吗？ 这是我同乡张纮作的呀！”

过了不久，张纮也看到了陈琳写的《武库赋》《应机论》，不由得击掌叫好，对陈琳的作品也是大加赞赏，并马上写了一封信给陈琳。 信上对陈琳文辞清新、见解独到的文章风格大加赞赏，并表示要好好地向他学习。

陈琳见信感慨极了，在回信时谦虚地说道：“我在北方，消息闭塞，几乎与天下隔绝了。 我的文章并不稀奇，因为这里写文章的人少，所以才容易被人注意。 你对我过于夸奖了，这并非我的本领。 我在这里，你在那里，我与你相比，差得太远了，真好比小巫遇见大巫，法术便无法施展了（今景兴在此，足下与子布在彼，所谓小巫见大巫，神气尽矣）。”

信口雌黄

【释义】 信口：随口；雌黄：一种名叫“鸡冠石”的黄赤色矿物。 古时写字用黄纸，写错了就用雌黄做的颜料涂抹再写。 原指随口更正不恰当的话。 后也指随口乱讲，轻下论断。 原作“口中雌黄”。

【出处】 晋·孙盛《晋阳秋》。

魏晋时期，上层社会盛行清谈之风，西晋大臣王衍就是一个出名的清谈家。此人少年时就伶牙俐嘴，他在文学名家山涛府上做客时，以清秀的仪表、文雅的谈吐，赢得了四座赞赏。山涛却感叹道："日后耽误天下的，未必不是此人啊！"

王衍成年后，爱好老子、庄子的学说，善于用老、庄的道家思想解释儒家经义，讲授玄理。讲课的时候，他总是身穿宽袍大袖的衣服，手执玉柄麈尾（用鹿的尾毛制成的拂尘）轻声慢语，但议论中却往往前后矛盾，满嘴都是玄妙空虚的怪话，别人指出他的错误或提出质疑，他也满不在乎，甚至不假思索随口就改。人们因此称他是"口中雌黄"。

行百里者半九十

【释义】 一百里路走了九十里，只能算是走完了一半路程。比喻越接近成功，越不能松懈，要坚持到底，去争取最后的胜利。

【出处】 汉·刘向《战国策·秦策五》。

战国时期，秦王依靠秦国强大的实力、有利的地形，成功地实行了"远交近攻"的"连横"政策。几年来，六国或被攻破，或被削弱，眼看大局已定，秦王逐渐放松了努力，把政事交给相国，自己则在宫中饮酒作乐，恣意享受起来。

一天，侍卫向秦王报告说，有一个年近九十岁的老人，刚从百里外赶到京城，一定要进宫求见秦王。秦王亲自接见了他。

秦王说："老人家，你刚从远地赶来，路上一定很辛苦吧！"

老人说："是啊！老臣从家乡出发，赶了十天，行了九十

里；又走了十天，行了十里，好不容易赶到京城。”

秦王笑道：“老人家，你算错了吧？ 开头十天走了九十里，后来的十天怎么只走了十里呢？”

老人回答说：“开头十天我一心赶路，全力以赴。 待走了九十里以后，实在觉得累，而那剩下的十里，却似乎越走越长，每一步都要花出许多力气，所以走了十天才到了咸阳。 回头一想，前面的九十里，只能算是路程的一半而已。”

秦王点点头，说：“老人家赶了那么多的路来见我，可有什么话要对我说呢？”

老人回答说：“我就是要把这走路的道理禀告大王。 我们秦国统一的大业眼看就要完成，正如老臣百里路已经走了九十里一样。 不过我希望大王把以往的成功只看作是事业的一半，还有一半更需要去努力完成。 如果现在懈怠起来，那以后的路就会特别难走，甚至会半途而废，走不到终点呢！”

秦王谢过老人的忠告，再也不敢懈怠，而是把全部精力都放到统一六国的大业上去了。

行将就木

【释义】 木：棺材。 形容快要进棺材了。 比喻将近死亡。

【出处】 春秋·鲁·左丘明《左传·僖公二十三年》。

春秋时期，晋国吞并了邻近一些小的诸侯国，成为一个大国。当时，年老的国君晋献公宠爱妃子骊姬，打算将来让她生的儿子继位。 他听信了骊姬的坏话，将太子申生逼死。 骊姬还要陷害申生的两个异母兄长公子重耳和夷吾。 他俩只得逃走。 重耳先逃到他

的封地蒲城，晋兵闻讯而来。蒲城的百姓坚决抵抗，与晋军决一死战来保卫公子重耳。重耳为了不使蒲城人民受难，就带领狐偃、赵衰、颠颉、魏武子等谋士逃到狄国。狄国人很尊敬重耳，把美女叔隗、季隗献给重耳。重耳看中了季隗，便娶她为妾，而将叔隗赏给了赵衰。几年后，季隗为重耳生了两个儿子，取名伯儵和叔刘。叔隗也给赵衰生了一个儿子，取名为赵盾。

后来，从晋国秘密传来一个坏消息：晋国的主公要派人谋刺重耳。原来，与重耳一起出逃的公子夷吾在献公去世后，借助秦国的力量回到晋国继位，史称晋惠公。他怕兄长重耳回国争位，派出刺客谋害重耳。重耳得知这个消息后，又逃到齐国去。多年后，在手下谋士们的敦促下，重耳决定离开齐国，以便寻找回晋国执政的机会。临别时，重耳依依不舍地对季隗叮嘱道："我一旦处境好转，一定来接你。请你等我二十五年，如果我不来接你，你再嫁别人。"

季隗听完此话，不觉泪如雨下，回答说："我今年已经二十五岁了，等上二十五年再嫁人，我怕已是快要进棺材的人了（我二十五年矣，又如是而嫁，则就木焉）。我还是等着你吧！"

行尸走肉

【释义】 行尸：指行动的尸体；走肉，指能够活动而没有灵魂的躯体。走动的尸体，活动的肉体，犹如活死人。比喻糊涂过日子，没有理想，没有思想，活着就像死了一样。

【出处】 晋·王嘉《拾遗记·后汉》。

东汉有个人叫任末，虽然家境贫穷，但从小勤奋好学，十四岁

时就背着书箱拜访了许多老师，不怕艰难险阻，后来成为一个大学问家。他勉励自己说：“人如果不好好学习，将来凭什么去完成一番事业！活到老，学到老，才不会虚度一生。”

有段日子，他曾在一座林子边搭了一个茅草棚，住在里面读书。没有笔，他便砍下荆条，把荆条削尖作笔；没有墨，就将树液加上烟灰做墨。夜晚，没有灯，他就映着月光读书；没有月光，就点着晒干的蒿草照明。读书如有心得，就写在穿着的衣服上。日复一日，年复一年，他孜孜不倦地苦读，终于成了一个十分博学的人，不少人慕名而来，拜在他的门下向他学习。

他临终时告诫学生们说：“一个人如果能够勤奋学习，虽然他死了，但他好像还活着；如果不学习，即使他活着，也不过像行尸走肉一样，没有什么意义（夫人好学，虽死若存；不学者，虽存，谓之行尸走肉耳）。”

休戚相关

【释义】 休：喜悦；戚：忧愁。彼此的喜悦与忧愁共同承担。形容彼此命运联系在一起，息息相关。

【出处】 《国语·周语下》。

春秋时期，晋国的国君悼公姬周子，年轻时候曾因受族人排挤，无法留在国内居住，只得客居在周地洛阳，在周朝世卿单襄公手下做事。单襄公很器重他，把他请到自己家里，就像对待贵宾一样地招待他。

周子虽然年纪轻轻，却表现得十分老成持重。说话时总忘不了忠孝、仁爱，待人接物很友善、和睦。他虽身在周地，可是听

说自己国家晋国有什么灾祸，他就忧愁；听说晋国有什么喜事，他就高兴（晋国有忧，未尝不戚；有庆，未尝不怡）。这些情况单襄公看在眼里，很为他高兴。单襄公不久病倒了，自知死期不远，就对儿子单顷公嘱咐说："我看周子是很有出息的年轻人呀，他不忘自己国家，为它的命运担忧，有可能回晋国去接替国君位置，我死后你可要好好照顾他呀！"

不久，晋国国内发生变故，晋厉公被杀死，晋国大夫派人来接回周子，让他做了晋国的国君，便是晋悼公。

后人从这个故事中概括出成语"休戚相关"。

羞与哙伍

【释义】 哙：指樊哙。韩信蔑视樊哙，不屑与他同为列侯。指因与某一种人做伙伴而感到羞耻。

【出处】 汉·司马迁《史记·淮阴侯列传》。

汉高祖刘邦建立西汉后，封曾经在鸿门宴上立功的樊哙为"舞阳侯"。由于担心大将军韩信握兵自重，便削其兵权改为楚王，接着又降为淮阴侯。从此韩信由失望而生怨恨。

韩信矜才自负，对当时的绛侯周勃、颍阴侯灌婴等根本不放在眼里，羞于与他们为伍。有一次，他实在感到无聊，便漫不经心地到樊哙家里串门。樊哙十分敬重他的才能，见他来自己家里特别高兴，对韩信跪拜迎送，殷勤招待，甚至对韩信自称"臣"，还说："您这样的大王身份怎么会光顾我家啊？"显得受宠若惊。然而，韩信对樊哙的破格相待毫不在意，认为理所当然，甚至在出门时苦笑着说："我这辈子竟然与樊哙等人为伍（生乃与哙等为

伍）！”

韩信的狂妄，使得刘邦对他更有所猜忌，最终设计将他杀了。一代名将，落得个可悲的下场。

“羞与哙伍”这个成语现在也常写成“羞与为伍”。

虚有其表

【释义】 虚：空；表：外表。空有好看的外表，实际上却不中用。比喻才能与外表不能相符，有名无实。

【出处】 唐·郑处诲《明皇杂录》。

唐朝时，玄宗皇帝特别器重苏颋，打算让他做宰相。唐玄宗既不准备征求别人的意见，也不想让别人事先知道，所以直到任命的前一天夜里才起草诏书。

诏书一般由中书舍人草拟。那天晚上值班的中书舍人是萧嵩。这个人身体魁伟、仪表堂堂，下边人都叫他“萧俊公”。萧嵩接到唐玄宗口谕后，便回到朝房起草诏书，写完了，拿给皇上审阅。

唐玄宗看着看着，发现文中有“国之瑰宝”四个字，觉得不妥。虽然这四个字是赞美苏颋的，但是苏颋的父亲叫苏瑰。在古代，是不能直接称呼长辈和尊者名字的，也不能在书面上表露出来，这叫“避讳”（表示尊敬）。所以唐玄宗让萧嵩改掉，顺便再推敲一下别的字句。

萧嵩第一次拟写诏书就受到皇上批评，早吓得淌汗了。回到朝房，他赶紧提笔把“国之瑰宝”改成“国之珍宝”，然后坐在那儿老半天，任凭再怎样搜肠刮肚，也改动不了什么了。

临早朝前，玄宗再次审阅诏书，发现仅仅改了一个字，不仅龙颜大怒，他把草诏抛在地上说：“虚有其表耳！”意思是在指责萧嵩外表长得好看，但实际上却无才无用。萧嵩跪下谢罪，唐玄宗见他身如筛糠，两眼熬红，总算饶他一条活命。

虚与委蛇

【释义】 委蛇：周旋、应付。随便应付一下。指对人假意接待，敷衍应酬。

【出处】 《庄子·应帝王》。

战国时期，列子向壶子学习老庄之道。后来，列子遇到了郑国的神巫季咸，便想另拜季咸为师。他对壶子说：“从前，我一直以为您的水平最高，没料到我碰上一个水平更高的人。”

壶子淡然一笑，说：“我还未与季咸较量过，你怎么就断定他的水平比我高呢？你去把他请来，让他和我比试比试！”

后来，季咸去见壶子，出来后对列子说：“哈哈，你的老师活不了多久了，最多还能撑十天吧。”

季咸第二次去见壶子，出来后对列子说：“你的老师幸亏碰上了我，今天的脸色好多了。”

季咸第三次去见壶子的时候，脚跟还未站稳，竟掉头便走。

壶子对列子说：“你知道季咸为什么今天一见我就跑？世上万事万物，无不遵循‘道’的规律，逃脱不了‘道’的范围。这几天，季咸说是来看我，实际上是与我斗法，我则跟他虚与委蛇（乡吾示之以未始出吾宗，吾与之虚而委蛇）。他在心里变成婴儿，我也变作婴儿；他变为畦田，我也变为畦田；他变为悬崖，我也变作悬

崖。因此，季咸感到我难以捉摸，不好对付，所以落荒而逃。”

从此以后，列子经过壶子的教导，大有长进。他刻苦学习，修炼老庄之道，终于达到了忘我的境界。

虚左以待

【释义】 虚：空；虚左：古时以左为尊。空着尊贵的位置以待宾客。

【出处】 汉·司马迁《史记·魏公子列传》。

战国时，魏国信陵君十分好客，礼聘天下的贤士，家内已养了两千个门客，还到处访贤求客。他听说夷门地方有一位隐士，名叫侯嬴，已七十多岁，便想邀请他到自己的门下来。

有一天他大摆筵席，置酒宴客，等到客人们都坐下来之后，他便把自己左边的座位空着，驾了马车亲自去迎接侯嬴（公子从车骑，虚左，自迎夷门侯生）。

侯嬴穿着破衣服，一点也不客气地上了信陵君的车。信陵君亲自执着马鞭，很恭敬地为他驾马。半路上，侯嬴碰到他的老朋友朱亥，便下车和朱亥交谈，故意谈了很久，目的是要察看信陵君是不是有厌倦的表情，但信陵君不但没有厌恶之感，反而愈显和气。而他家里的客人早就等得不耐烦了。

好半天，信陵君总算回来了。侍从见主人给一个穿破衣的老头子执鞭驾车，暗中都骂侯嬴。信陵君却请他坐上首，并亲自给他斟酒，所有客人都惊讶不已。

其实，侯嬴正是用自己过分的举止，替信陵君赢得了礼贤下士的好名声。

徐娘半老

【释义】 指年纪已大，但还有风韵的女子。

【出处】 唐·李延寿《南史·后妃传下》。

南朝时，梁朝湘东王萧绎的妃子徐昭佩因政治联姻而入宫。由于和萧绎感情不和，萧绎即位为梁元帝后一直不愿立徐氏为皇后，只把徐氏从王妃晋为皇妃，并且对她十分冷淡，一连数年不进她的房中。徐昭佩过着寂寞孤独的生活。

后来，萧绎以湘东王的身份出镇荆州，这时徐昭佩也已人到中年。一次，她在荆州瑶光寺烧香时，和寺中的智远和尚勾搭成奸。过了不久，她发现萧绎的亲信暨季江年轻英俊，神采飘逸，又把他勾搭上手。

暨季江的年龄要比徐妃小十多岁，但徐妃刻意打扮，浓妆艳抹，看上去仍很年轻。暨季江曾经感叹地说："柏直的狗老了，仍然能捕捉猎物；萧溧阳的马老了，仍然能奔驰如飞；没想到徐娘半老，竟风韵犹存，仍如此风流多情（徐娘虽老，犹尚多情）！"

徐妃荒淫无耻的行径最终传入萧绎的耳中，但他为顾全脸面，一直容忍着她。后来，萧绎宠爱的王贵妃突然去世，有人向萧绎密告是徐妃下了毒。萧绎忍无可忍，下令要徐妃自杀。徐妃投井死后，萧绎又将她的尸体退还给徐家，不再认她为王妃。

悬梁刺股

【释义】 股：大腿。怕困倦影响学习，把头发束起来吊在

屋梁上，或用锥子刺大腿让自己清醒。比喻学习勤奋刻苦。

【出处】 汉·刘向《战国策·秦策一》。

苏秦是历史上著名的策士、说客，合纵抗秦外交路线的倡导者。但苏秦的成名却历经了很大的坎坷。年少时，他就告别家人带上充足的旅费，去寻找做官的门径。结果一直不被重用，末路穷途时，他只好打道回府。

家人见他这副样子，都很冷落他。苏秦心中气愤，可也只好忍气吞声，将亲人的满腹牢骚化成动力，关起房门刻苦攻读。

每晚，苏秦都读到月上三更，忍不住会打起瞌睡。为了驱除睡意，他就将头发吊在房梁上，只要一低头，吊在房梁上的头发就会将他扯醒。

如此这般坚持了一年，他再次周游列国，终于说服齐、楚、燕、韩、赵、魏“合纵”抗秦，成为历史上唯一手握六国相印的名人。

“锥刺股”的故事发生在汉代学者孙敬身上：孙敬是信都（河北邢台）人，自幼好学。为了多读书，他日以继夜，常常废寝忘食。有时太疲倦了，不知不觉伏案而睡，醒来时就会对自己非常痛恨。为了驱赶睡魔，他就在困倦时用锥子刺大腿，疼痛会使他振作起来，继续读书。

到了莺飞草长的春季，孙敬的好友们想邀请他到郊外赏花饮酒，孙敬总是借故推托。有时实在是盛情难却，也是勉强出行，兴致不高，弄得同伴十分扫兴。

秋季是射猎的黄金季节。汉代读书人注意文而兼武，每逢到了百草调零，野兽不易藏身的秋季，人们往往出门行猎。孙敬的好友们也及时地招呼他一道打猎，结果每次都会被拒绝。于是，

好友们称他为“闭门先生”。

年复一年地刻苦学习，使孙敬饱读诗书，博学多才，最终成为一名通晓古今的大学问家。

后人将这两个典故合并起来，称之为“悬梁刺股”。

削足适履

【释义】 适：适应；履：鞋。把脚削小，去适应鞋子的大小。比喻不合理地迁就、凑合，或不考虑实际情况地生搬硬套行事。

【出处】 汉·刘安等《淮南子·说林训》。

《淮南子·说林训》中记载着这样两则故事：

春秋时，楚灵王的弟弟弃疾听信谋士朝吴的建议，趁灵王率军出征在外时，杀掉了灵王的儿子另立新君。楚灵王在征讨途中闻知国内有变，儿子被弟弟杀死，顿觉心寒，想想活在世上没有意思，就上吊自杀了。弃疾知道楚灵王死了，马上威逼新君自杀，自立为王，他就是臭名昭著的楚平王。

另一个故事是：

晋献公宠爱骊姬，对她的话言听计从。骊姬提出要将自己所生的幼子奚齐立为太子，晋献公便将原来的太子、自己亲生的儿子申生杀害了。但晋献公还有重耳和夷吾两个儿子。骊姬觉得他们对奚齐将来继承王位是极大的威胁，便又对晋献公说：“申生虽然死了，但重耳和夷吾还在晋国，将来大王百年之后奚齐为王，他们兄弟二人肯定会联合旧臣与奚齐为敌。如此，奚齐怎么能安安稳稳地当好这一国之君呢？不如也杀了他们吧。”

晋献公竟欣然同意。但他们的密谋被一位正直的大臣探听到，立即转告了重耳和夷吾，二人听说后，便分头跑到国外避难去了。

《淮南子》的作者评论这两件事说："听信坏人的话，使父子、兄弟自相残杀，就像砍去脚指头去适应鞋的大小一样（犹削足适履），太不明智了。"

雪泥鸿爪

【释义】 鸿雁从融化雪水的泥土上走过，留下了爪印。比喻往事所留下的痕迹。

【出处】 宋·苏轼《和子由渑池怀旧》。

人生到处知何似？应似飞鸿踏雪泥。
泥上偶然留指爪，鸿飞那复计东西。
老僧已死成新塔，坏壁无由见旧题。
往日崎岖君记否？路长人困蹇驴嘶。

这首诗，是宋代文学家和诗人苏轼作的。苏轼之弟苏辙曾写了一首《渑池怀旧》诗，苏轼就以上面这首诗和他，所以这首诗的题目叫作《和子由渑池怀旧》。

苏轼和苏辙兄弟俩曾到过渑池，并曾在那儿的一所寺院里住宿过。寺院里的老和尚奉闲还殷勤地招待过他们，他们也在寺内的壁上题过诗。

当苏轼后来从苏辙的怀旧诗回忆起这些情景的时候，奉闲已经去世了，题诗的墙壁可能也已坏掉。想想自己漂流不定的行踪，苏轼不由得感慨起来，和诗的大意是说："人生在世，到这里、又

到那里，偶然留下一些痕迹，你道像是什么？ 我看真像随处乱飞的鸿鹄，偶然在某处的雪地上落一落脚一样。 它在这块雪上留下一些爪印，正是偶然的事，因为鸿鹄飞东飞西根本就没有一定规律。 老和尚奉闲已经去世，他留下的只有一座藏骨灰的新塔，我们也没有机会再到那儿去看看当年题过字的破壁了。 老和尚的骨灰塔和我们的题壁，是不是同飞鸿在雪地上偶然留下的爪印差不多呢？ 你还记得当时往渑池的崎岖旅程吗？ ——路又远，人又疲劳，驴子也累得直叫。”

苏轼的这首诗，对人生抱着消极的态度，并不足取。 但由于这首诗，却产生了“雪泥鸿爪”这个成语。

血流漂杵

【释义】 形容战争中杀人之多。

【出处】 《尚书·武成篇》。

《尚书·武成篇》记载着周武王讨伐商纣王的一段历史，说双方战争非常激烈，尤其是在殷商的都城朝歌以南约三十里的牧野地方展开的一场恶战，直杀得天昏地暗，“血流漂杵”。

杵，是古时舂米用的木棒。 战场上战士的鲜血，把木棒都漂浮起来了，试想这是多大的伤亡呀！ 可是孟子却不信这段记载，他在《孟子·尽心篇》中说：“血流漂杵”的描写是夸张过度、不符事实的。 伐纣的武王军队是仁义之师，当时殷人都痛恨纣王，拥护武王，武王怎会滥杀人民呢？ 而且纣王的军队当时纷纷起义，武王很快就进入了朝歌，又怎会展开那样激烈的战斗呢？ 可见孟子并不一味迷信古书。 但是，“血流漂杵”这句话，后来仍

然保留了下来。这个成语同“血流成河”“血流成渠”等意思相仿。

睚眦必报

【释义】 瞪过一眼的小怨. 也要报复。形容心地褊狭，气量狭小，一点嫌隙都不肯忍让。睚眦：瞪眼怒视。

【出处】 汉·司马迁《史记·范雎列传》。

范雎是战国时魏国的中大夫，却遭大夫须贾陷害，被宰相魏齐毒打一顿，范雎装死才得以脱险。后来，他在几个朋友的帮助下又偷偷到了秦国，化名张禄，取得了秦昭王的赏识登上了宰相高位。

范雎当了宰相不久，就说动秦昭王发兵攻伐魏国。魏国派须贾前往秦国请求罢兵。范雎听说须贾来到秦国，便化装成一个流落他乡的穷汉到宾馆去见他。须贾见是范雎，吃了一惊说：“你原来还活着！”谈了几句话后，须贾觉得他可怜，便顺手取件锦袍送给他，随后去进见秦相张禄。让他想不到是，这一次，他又见到了范雎。

想起旧事，须贾不禁惶恐万状。立即光着上身，跪在范雎面前请罪。范雎将须贾大骂一顿，列数完他的罪，又特地举行了盛大的宴会，当着全体宾客的面侮辱了他一场。范雎说姑念他赠送锦袍，总算不忘旧情，饶了他的命，可是必须告诉魏昭王，速将魏齐的头送来，否则就要发兵杀到魏国国都。

魏齐听得消息，吓得逃到赵国。赵国也怕秦国，不敢收留他，他又想逃往楚国，楚国也不敢欢迎。这位宰相终于被逼自

杀了。

范雎为了个人荣辱，报复私仇，投靠敌国，背叛祖国，在当时却有人称赞他“恩怨分明”，说他不仅报了仇，而且报了恩：他保荐救了他性命的朋友郑安平为秦国的将军，提拔王稽为“河东守”；还把部分家产分散给其他曾经帮助过他的人。但司马迁在《史记·范雎列传》里说他：“一饭之德必偿，睚眦之怨必报。”意思是：给过一顿饭的小恩，也要报答；瞪过一眼的小怨，也要报复。

Y

烟霞痼疾

【释义】 烟霞：借指山水；痼疾：久治不愈的疾病，借指癖好。形容爱好山水的癖好。

【出处】 宋·欧阳修等《新唐书·隐逸传》。

唐朝永徽年间，田游岩因博学闻名而被推荐到京城，补为太学生，后来请辞归乡。他生性淡泊，酷爱山水，就带着家人到他朝思暮想的夷陵清溪安居下来。

清溪一带山明水秀，茅舍炊烟更添诗意。田游岩朝对泉石，暮临烟霞，觉得非常舒适惬意。平日里以舟代步，从容飘荡，任意东西；吟诗作文，飞鸟相伴，千啭不绝。田游岩整个身心都融合在山山水水之间。

一年，高宗召田游岩去京城做官，没想到田游岩到了汝地，托病留在了箕山的许由祠旁又居住下来。此后，朝廷又几次召他进京，都被他辞谢了。

公元679年，高宗去嵩山游玩。他还惦念着田游岩，特意与中书侍郎薛之超专程去问候田游岩的母亲，还送了许多药物和布料等。田游岩想不到高宗竟亲自登门访问，来不及整理衣衫就出门迎驾。

高宗急忙命令侍臣扶起田游岩，并关切地问："先生近来好吗？"

田游岩动情地说："臣得皇上隆恩，心早有寄托。唯有泉石烟霞是我不可改的癖好（臣所谓泉石膏肓，烟霞痼疾者）。"

唐高宗长长地叹息了一声说："我能得到你这样的人才与汉帝得到'四皓'（秦汉时的四位年老的隐士）有什么两样呢？"

薛之超在旁赞扬高宗说："汉帝想废嫡立庶，所以这四君子才出来辅政的，这怎么能与皇上降低身份亲自求贤相比呢？"这一切都使田游岩非常感动，再说又是皇帝亲自来请，他不能不赴京了。就这样，他到京城做官去了。

言不二价

【释义】 形容交易时从不说出第二种价。也泛指说出话来，不再改变。

【出处】 汉·赵岐《三辅决录》。

东汉人韩康，字伯林，又名恬休。他出身望族，却不慕名利，不但熟读经书，而且擅长医道，精通医理。他还常常上山采集各种草药，拿到长安集市上出卖。向他买药的人只要告诉他病情，他就会选择适合的药卖给买药人。但他有一个习惯，他说药价多少就是多少，不许别人讨价还价。如果买药人讨价还价，他就不卖。以此表明信誉为重，所售药是货真价实的。

这样，韩康以一个卖药人的身份隐迹市中三十余年，他的"言不二价"也出了名。

一天，有一个不认识他的女子来向他买药，韩康说了个价钱，

那女子好说歹说，要韩康降低一些价钱，但韩康坚决不肯。女子气冲冲地说：“长安市中只有韩康卖药言不二价，你难道是韩康吗？”

说完，她丢下药，气呼呼地走了。

韩康叹了口气说：“我为了避免出名，才隐迹市中卖药，现在连一个小女子都知道了我的名字，我还卖什么药呢？”

于是，他隐居在霸陵山上，不再出山卖药。汉桓帝曾多次征召他出来做官，都遭到他的拒绝。

言人人殊

【释义】 殊：特殊。指对同一件事情，每个人的说法都不一样。

【出处】 汉·司马迁《史记·曹相国世家》。

曹参在秦始皇时曾主管沛县监狱，是萧何的同事，与刘邦是同乡。

萧何是文职人员。曹参却既能冲锋陷阵，又善于指挥作战，是个文而兼武的全才。后来二人均在刘邦手下任职。刘邦死后，惠帝继位，曹参意识到责任更加重大了，便开始着手研究治理齐国的方针政策。

由武转文，曹参深感力不从心，当下召集齐地有威望的老人及有名气的读书人开会。会上曹参很诚恳地说：“今天请来诸位是想请你们介绍一下齐国的风俗人情，然后根据具体情况，制定治理齐国的方针大计。今天在座的老人经验丰富，年轻人学问渊博，请大家不必客气，畅所欲言，不要忌讳。”

到会者有一百余人，他们见曹参的态度诚恳，便开诚布公地说出各自的想法，十分热烈，但各人说法不一，搞得曹参也拿不定主意，不知道该采纳谁的建议（如齐故诸儒以百数，言人人殊。参未知所定）。

后来听说有一位盖公，他对黄帝、老子的思想很有研究。曹参立即派人带上一笔巨款，礼聘盖公来商议治国大法。二人一见面，盖公很坦诚地说："治理国家关键是要清静无为，不要制造事端，那么老百姓自然就会安定下来。百姓安定了，国家自然安定。"并以此类推，阐述了很多具体的方法。

曹参听了，认为非常有道理，当下将自己办公的屋子让给盖公，并采用盖公的思想治理齐地，使齐地一直富足安定。

眼中之钉

【释义】 比喻某人心里极为憎恶的人。就像眼中的钉一样，非要拔去不可。

【出处】 宋·欧阳修《五代史·赵在礼传》。

后唐庄宗时，赵在礼担任指挥使之职，率兵镇守瓦桥关，后调防驻守贝州。

一天，军士皇甫晖作乱，赵在礼得到消息，匆忙间翻墙逃走，被皇甫晖拉住脚从墙上拖下来。

大堂上，皇甫晖把钢刀架在赵在礼的脖子上，说："赵在礼，如果你答应跟我们造反，就做我们的领头人；如果你不答应，那么你就死到临头了。"

赵在礼吓得浑身发抖，连连答应。于是，赵在礼带兵对抗

朝廷。

庄宗派明宗前往讨伐赵在礼，谁料明宗与庄宗不是一条心，入城后便与赵在礼会合，然后反戈一击，推翻庄宗。

明宗即位后，拜赵在礼为义成军节度使。他利用职权，欺压民众，极尽搜刮民脂民膏之能事，积累金银巨万。他在宋州时，百姓深受其害。后来，赵在礼奉命攻打契丹，离开当地，宋州百姓闻讯无不拍手称快，说："眼中拔钉，岂不乐哉！"

赵在礼进攻契丹劳师无功而返，得知宋州百姓之说，怀恨在心，竟下令宋州百姓每人交一千钱的"拔钉费"，违者处死。

偃旗息鼓

【释义】 偃：放倒。息：停止。指正在办的事情停止进行。

【出处】 晋·陈寿《三国志·蜀书·赵云传》南朝·宋·裴松之注引《赵云别传》。

三国时，魏蜀爆发汉中之战。蜀将黄忠杀死了曹将夏侯渊，并夺取了战略要地。曹操非常恼火，亲率二十万大军来替夏侯渊报仇，并把粮草屯在汉水北山的脚下。黄忠自告奋勇要前去烧粮，刘备派大将赵云为他副手。黄忠立功心切，与部将张著想趁夜烧劫魏军粮草。临行前赵云和他们约定了返回时间。

第二天，到了约定的时间，赵云见二人未归，便带了数十骑兵前去探查情况，结果发现黄忠和张著已被曹兵分开围住，不能脱身，便奋勇向前，冲进敌阵，救出了黄忠和张著，回到营寨。

曹操在高山上看见赵云如此英勇善战，视自己的大军如草芥，

心中大怒，立即亲自带领大军下山助战。赵云的部将张翼见后面有大军追来，就请赵云下令关紧寨门。赵云却下令大开寨门，放倒旗帜，停止擂鼓（更大开门，偃旗息鼓）；并在寨外战壕里面埋伏下弓箭手。他则独自骑马提枪，站在营寨的门口。

生性多疑的曹操追到寨门口，见赵云一人立在寨门。心想，寨门大开，必有伏兵，即匆忙下令撤退。正在这时，赵云把枪一招，四处的战壕里发出雨点般的箭矢。这时曹操不知道赵云究竟埋伏多少部队，首先拨马逃走，其余将领也都争着逃命。赵云和黄忠随即领兵在后面追杀，曹兵大败，落入汉水淹死的兵将不计其数。蜀军占领了曹军营寨，夺取了曹军粮草。

羊裘垂钓

【释义】 披着羊皮袄钓鱼。形容不慕官爵，隐居不仕。

【出处】 南朝·宋·范晔《后汉书·严光传》。

东汉光武帝刘秀在削平各地割据势力后，一方面整顿内政；一方面广泛收罗人才。

一天，刘秀想起了在长安游学时的同窗严光（字子陵），决意把他请来。但刘秀登基后，严子陵更改姓名隐居起来，要寻找他很是困难。

刘秀想出了一个办法：按像查访。他叫来画工，把严子陵的长相说了说，让画工去画。画好后，刘秀看看还算像，便让人再画几张，然后派人将画分送到各郡，叫当地官吏和百姓寻找严子陵。

过了不久，齐地有人上书给光武帝，说那里有个人，长相与画

上的几乎一样。此人老是披着羊皮袄在河边钓鱼（羊裘垂钓）。光武帝大喜，马上派使者备了车，带上礼品，到齐国去请他来京城。

使者见到严子陵后，奉上礼物，请他上车，不料，严子陵却推辞说："我是打鱼的，你们看错人了。我不想当官，让我安安稳稳地在这里过日子吧。"

使者便硬把他拉上车，直向京城驶去。

到了京城，严子陵被安排在一所专门为他准备的房子里。当天，刘秀就亲自上门来看望他了，并且当场就要拜他为谏议大夫。严子陵却只肯与他叙旧，并说："你让我回去，我们还是朋友；你若硬要我当官，反而伤了和气！"

光武帝没有办法，只好放他回老家去了。严子陵回到家乡富春山后，仍然在那里种田、钓鱼，过着悠闲的生活。

羊质虎皮

【释义】　质：本性。指羊尽管披上虎皮，本性仍很懦弱。形容外强中干或徒有虚表。

【出处】　汉·扬雄《法言·吾子》。

我国古代，由于各国战事频繁，勇武之人常被统治者视为保家卫国的有用人才。

南北朝时，有这么一位勇猛如虎的壮士羊侃。他身长八尺，虎背熊腰，双目如炬，一脸浓黑的连鬓胡子，站在那儿，有如铁塔一般。北魏皇帝听说这个人，特别喜欢，忙把他召进宫里，对他说："人们都把你称作一员虎将，从外表看果然如此；但不知你有

什么真本领，会不会只是一只披着虎皮的羔羊——见到青草就欢喜，见到豺狼就发抖，忘记自己披着虎皮（羊质而虎皮，见草而悦，见豺而战，忘其皮之虎矣）。你学个老虎的样子让我瞧瞧好吗？”

羊侃闻言，忙匍匐在殿上，四肢着地，脖颈高昂，学起老虎的样子。随即大吼一声，震得大殿上的帷帘抖颤。

皇帝急忙叫他起身。满朝文武一看，在羊侃刚才手指抓过的石砖上留下了十个小坑，各个惊得目瞪口呆。皇帝高兴地赞道：“真是一位壮士！”当场赏赐给羊侃一把镶珠宝剑。

杳如黄鹤

【释义】 杳：无影无声；黄鹤：传说中仙人所乘的鹤。像黄鹤飞去一样无影无声。形容一去不复返。

【出处】 南朝·梁·任昉《述异记》。

黄鹤楼位于湖北省武汉市。江南三大名楼之一，国家旅游胜地四十佳。素有“天下江山第一楼”之美誉。关于黄鹤楼，还有一个美妙的传说：

从前有个名叫荀瓌的读书人，有一次他正在楼上游玩，有些累了，便坐下来休息，恍惚之间忽然看见西南天空云朵散开，不知是什么东西由云端飘然而下，转眼就飞到楼上。原来是骑着黄鹤的仙人从天而降。荀瓌走上前去，与仙人攀谈起来，彼此都很愉快。不久，仙人告辞，骑上黄鹤，腾空而起，一眨眼便消失在云彩之中。

后来，唐朝诗人崔颢根据这个传说，为黄鹤楼题过一首诗：

昔人已乘黄鹤去，此地空余黄鹤楼。
黄鹤一去不复返，白云千载空悠悠。
晴川历历汉阳树，芳草萋萋鹦鹉洲。
日暮乡关何处是？烟波江上使人愁！

后人根据崔颢的诗句“黄鹤一去不复返，白云千载空悠悠”，引申出“杳如黄鹤”一个成语。

要言不烦

【释义】 要：简要；烦：烦琐。话不多，但说到点子上。指说话或写文章简单扼要，不烦琐。

【出处】 晋·陈寿《三国志·魏书·管辂传》。

三国时代，魏国的冀州刺史裴徽部下文学从事管辂，是个很有才学的人，精通《周易》，全国出名。公元248年十二月间，吏部尚书何晏宴请管辂，当时另一尚书邓飏也在座。

三人谈天说地，兴致极高，大家都知道管辂对《易经》很有研究，何晏、邓飏两人都想听听他的高见。何晏说：他自己读《易经》有九件事不明白。管辂都一一做了解释，何晏马上就明白了，并不像《易经》本身那样深奥，难以理解，他对管辂的博学倍加赞赏。此时邓飏却说：“大家都说管辂精通《易经》，怎么他的言语又都不涉及《易经》的词义呢？”

管辂却回答说：“凡是精通《易经》的，都不谈论《易经》的词义的。”

何晏觉得他说得很妙，就称赞管辂的谈话：“可谓要言不烦也。”意思是：你话不多，却说到点子上了。

这就是“要言不烦”的来历。其意思是指言论简明扼要，不烦琐。

曳尾涂中

【释义】 曳：拖住；涂：泥路。像鸟、龟那样拖着尾巴在泥路中爬行。比喻做官不如当个平民百姓好。

【出处】 《庄子·秋水》。

战国时期著名的思想家庄子很有才学，楚威王想请他来辅佐朝政，便派了两名大夫，作为自己的特使去邀请他。临行之前，楚威王嘱咐他俩说：“你们见到庄子，就对他说我愿意把国家委托给贤人管理。”楚威王又拿出珍珠玉帛，作为礼物，让使者送给庄子。

两位使者在濮水岸边找到正在钓鱼的庄子，就转达了楚威王的话。庄子这时正在钓鱼，手里擎着鱼竿，头也没回，说：“我听说楚国有一个神龟，已经死了三千年了，现在他的龟壳还被珍藏在庙堂之上。你们说，这只龟是留下壳、被供在庙堂上好呢，还是保全性命、拖着尾巴活在污泥中好呢（宁其死为留骨而贵，宁其生而曳尾涂中乎）？”

两位使者说：“当然还是宁可拖着尾巴在污泥中活着好啊！”

庄子说：“那么，你们可以回去对楚威王说，我将要像龟那样拖着尾巴生活在污泥之中！”

庄子不肯出来做官，两位使者只好悻悻而去。

夜以继日

【释义】 以：用；继：继续。晚上连着白天，连续干一件

事。形容勤奋工作或学习。

【出处】《孟子·离娄下》。

周公旦是西周政治家，因采邑在周，故称为周公。他在哥哥武王领导的攻伐殷商的事业中起了很大的作用，并尽忠职守，为巩固周王朝的统治呕心沥血。

周武王死后，由周公辅助成王执政。有些贵族猜忌他，在成王面前造谣，说他有篡位的野心，有的兄弟还和纣王的儿子武庚勾结起来，发动武装叛乱。此外，东方的夷族也乘机作乱。但周公坚韧不拔，遵照武王的遗志办事，消除了成王的误解，击败了武庚的叛乱和夷族的反抗，制定了礼法和刑律，继续分封诸侯，并建筑洛邑（今河南洛阳），设立了东都成周。

由于为国操劳过度，周公在东都建立后不久就去世了。临死前，他还谆谆告诫大臣们，一定要帮助天子管好中原的事；自己死后要葬在成周，以表示虽死不忘王命。

孟子赞扬他说："周公想兼学夏、商、周三代开国君主的贤德，来把周朝治理好，如果有不适合于当时情况的，他就抬起头来想，夜以继日地思考（仰而思之，夜以继日），等想出了好的办法，便坐着等待天明，马上去施行。"

一曝十寒

【释义】曝：晒。指晒一天，冻十天，植物便不能生长。比喻学习或工作没有恒心毅力，时断时续，努力少，松懈怠慢多。

【出处】《孟子·告子上》。

战国时代，百家争鸣，游说之风十分盛行。

孟子是儒家的代表人物之一，素有“亚圣”之称，他是儒家学说集大成者。孟子不遗余力地弘扬儒家思想，这不仅使儒家学说得以发扬光大，而且孟子的名字也为各国所知。他在齐国做客卿时，发现齐宣王做起事来忽冷忽热，缺乏持久性，这对国家百姓都很不利，觉得很有必要开导开导他。

一次，齐宣王问孟子：“我觉得我对国家的治理已经竭尽心力了。我每天天不亮就起来批阅奏章；夜深了还在思考国家大事。但是，我们齐国还是没有别的国家强盛得快，你能说说这是什么原因吗？”

孟子对齐王的昏庸无能、做事没有毅力、轻信奸佞谗言很不满，便不客气地说：“治理国家是一件非常不容易的事情，谁也不会一夜之间把所有的事情都办好。就拿吃饭来说吧，一大碗饭，只能一口一口地吃；又如挖井，只能一锹一锹地挖，差一寸水都出不来。”

齐宣王见孟子说的只是些吃饭、挖井的事，心中便有些不快。孟子猜到他的心事，便不动声色地继续说：“比方说吧，有一种植物生命力很强，生长得又很快，可是，你要是把它放在太阳下面晒上一天，然后再放到阴冷的地方冻上十天，那么，它就不能顺利地生长了（虽有天下易生之物也，一日暴之，十日寒之，未有能生者也）……”

后人便将孟子所说的“一日曝之，十日寒之”精简成“一曝十寒”一个成语，用来比喻修学、做事没有恒心。

一不做，二不休

【释义】 不做则已，做了就索性做到底。指事情既然做了

开头，就索性做到底。

【出处】 唐·赵元一《奉天录》卷四。

公元755年，唐朝的节度使安禄山起兵叛乱，在与叛军的一次交战中，大将王思礼的坐骑被箭射中倒毙。就在他处境危急的时刻，一个名叫张光晟的骑兵把马让给他，使他脱险。叛乱平定后，王思礼升了官，但他没有忘记张光晟的救命之恩，一再向朝廷保举，从而使张的官越做越大。

公元783年，一支军队在京师长安哗变。德宗皇帝仓皇外逃至奉天，叛兵推立太尉朱泚为帝。张光晟以为唐朝气数已尽，便依附了朱泚，做了他手下的节度使。朱泚自称大秦皇帝，张光晟为副将，率军进攻奉天，驻扎在九曲，与李晟军对阵。不料出师不利，围城一个多月未能攻克，而各处来援救德宗的军队日渐接近奉天。在这种情况下，朱泚、张光晟只能退回到长安。

次年，朱泚又改国号为汉，自称汉元天皇，封张光晟为宰相。这时，唐德宗命令李晟领兵讨伐朱泚，逼近长安。朱泚将五千精兵交给张光晟，命他驻扎在九曲一带抵御唐军。

张光晟见朱泚大势已去，便暗中派人与李晟取得联系，希望归降朝廷。李晟表示欢迎，同时指挥军队猛攻长安。张光晟作为内应，劝朱泚赶快离开长安，并亲自护送他出城。待朱泚逃远后，他再返回长安，率领残部向李晟投降。李晟答应奏告朝廷，减免他叛变投敌的罪行。张光晟对李晟感激涕零。

后来，李晟每次举行宴会，总要邀请张光晟参加，并且奉为上宾。宾客们对此非常反感，有的当众发作，表示不愿与反贼同席。李晟见众怒难犯，只得将张光晟软禁起来，等待朝廷发落。不久，德宗颁下诏书，处死叛贼张光晟。李晟无法再为张光晟说

情救命，只好执行。临死时，张光晟悲哀地说：“把我的话传给后世的人：第一不要做，第二做了就不要罢休（传语后人，第一莫作，第二莫休）！”

一筹莫展

【释义】 筹：筹码，引申为计谋、计策；展：展开，引申为施展。形容一点办法也没有。

【出处】 元·脱脱等《宋史·蔡幼学传》。

南宋孝宗十年（公元1173年），年仅十八岁的蔡幼学取得了朝廷礼部会试的第一名，成为当时最年轻的进士。但此时的南宋已是国运已尽，朝纲衰败，特别是皇亲国戚们把持朝政，为所欲为。同年宋孝宗驾崩，继位的宋宁宗决心重振朝纲。于是下令朝臣和地方官广开路放言为朝廷提意见，批评朝政。

一直受到压制的蔡幼学见皇帝要有所作为，心中万分高兴，便连夜草拟奏章，呈给宁宗。蔡幼学在奏章中写道：“陛下要打算当一名贤明、有作为的君主，必须抓住三个方面：一是要孝敬父母；二是要注意选拔品质高尚、才能超群的人担任重要职务；三是要减轻赋税，立法宽厚，使百姓体会到朝廷的仁爱。要想抓好这三方面的事情，最根本的一条是抓住宣传教化这一重要环节。近些年来，一些心术不正的人大量制造舆论，目的在于排挤品德优秀而又有杰出才能的人。大臣们有心为朝廷和陛下效力，但又怕招惹是非，身遭不幸。亲近的人有意为朝廷办事，常常担心与皇帝的意见不符。朝中有学问的人不少，但他们不敢坦诚地说出自己正确的意见，使您一点办法都没有（多士盈廷而一筹不吐）。在

这种情况下，不抓紧兴办教育，广泛地选拔人才，怎么能使天下的仁人志士振奋精神呢？”

宁宗将蔡幼学的奏章反反复复地阅读了许多遍，对蔡幼学的学识、人品，对朝廷的忠心十分欣赏，于是准备提升蔡幼学的官职。但是宰相韩侂胄却极力反对。最后，刚直的蔡幼学不得已只好离开京城，到外地做官去了。

后人把蔡幼学奏章中的“一筹不吐”，久而久之说成“一筹莫展”，用来形容遇事拿不出一点办法。

一饭千金

【释义】 吃一餐饭，报答千两金。指受人点滴恩惠而给予厚报。

【出处】 汉·司马迁《史记·淮阴侯列传》。

韩信是汉王朝的开国元勋，在助刘邦打天下时，他军功赫赫，令人崇敬。

少年时的韩信却颇不得志，因为家里穷，又没有固定的收入，就连吃饭都很成问题。迫于生计，韩信不得不到河边去钓鱼。钓到了可以卖几个钱，钓不到就得饿肚子。

有一位替人洗衣服的老婆婆，见韩信饿得可怜，便时常带些东西送给他吃。一连几十天都这样，让韩信非常感动。他觉得自己身为五尺男儿，竟然落到这种境地，实在惨不忍睹，便对老婆婆许愿说：“将来我若是富贵了，一定给您千两黄金，报答您的一饭之恩。”

老婆婆听了韩信的话，却生气地说：“你五尺高的汉子，连饭

都混不上，还说什么富贵！ 我看你这个人饿得实在可怜，才送饭给你，谁想要你报答呀！”

韩信一向不大善于辞令，被老婆婆的几句话说得无言以对，想了好一会儿才说：“请老人家不必生气，我也不是因为吃了您的饭，才要报答您。 我只是觉得您待人善良，令人敬佩，所以才发誓报答您。”老婆婆说：“这才像话，我当然不指望你报答什么，可你不思进取，靠钓鱼能钓到富贵吗？”

老婆婆的一番话说得韩信心中很是难受，脸上一阵红一阵白。最后长叹一声，给老婆婆做了个长揖，默默地离去。 后来，韩信替汉王立了不少功劳，被封为齐王，他想起从前曾受过漂母的恩惠，便命从人送酒菜给她吃，更送给她黄金一千两来答谢她（召所从食漂母，赐千金）。

一傅众咻

【释义】 傅：教导；咻：喧扰，吵闹。 指一个人教导，许多人干扰。 比喻学习环境不好，正面教导抵不过反面干扰，不能有所成效。

【出处】 《孟子·滕文公下》。

赵国大夫戴不胜久仰孟子大名，曾十分诚恳地请教他说：“您是大贤人，有大学问，对于治国、辅佐国君，总能有一套高明的见解，望不吝赐教。”

孟子问：“你是在问怎样引导国君走正道，对吗？”

戴不胜说：“正是此意。”

孟子不认为这仅仅是个方法问题，思索良久，才勉强答道：

"这个问题很复杂，不妨做个比喻：假如楚国有位大臣，他打算让儿子学会十分流利的齐国话，您以为是请齐国人来教好呢，还是让楚国人来教好呢？"

戴不胜说："当然是齐国人教更好了。"

孟子说："情况不那么简单吧。就算我们请来一个齐国人来教齐国话，可在学生的周围尽是楚国人在吵闹，不时地进行干扰影响。您想，在这种环境下学生能将齐国话学好吗？你就是每日用鞭子抽打学生，督促他学，我敢肯定，他一定学不好齐国话（一齐人傅之，众楚人咻之；虽日挞而求其齐也，不可得矣）。你同意这种推论吗？"

戴不胜问："以先生之见，怎样才能使学生学好齐国话呢？"

孟子说："假如将学生带到齐国，让他在齐国都城临甾繁华的街市住下，时间不必太长，三年五载也就可以了。他每天接触齐国人，学说齐国话。这时，你用鞭子抽他，强迫他说楚国话也是枉然，他一定还坚持说齐国话，因为环境迫使他必须这样做。"

戴不胜反驳道："您是说环境能改变人，可是在同样环境中人也有好坏的区分呀。譬如薛居州就是我国的贤臣，他并没学坏嘛。"

孟子说："对，薛居州是个廉明的贤臣，但他一人对国君的影响毕竟有限。如果君王的周围大臣都像薛君州那样贤明，国王想做坏事也做不成啊。实际上，薛居州的处境和那个想学齐国话的楚人差不多。"

戴不胜恍然大悟说："难怪君王不学好，他周围的贤臣太少了。"

一鳞半爪

【释义】 鳞：鱼类的鳞片；爪：鸟兽的脚趾。 指绘画中龙飞腾于云雾中，只露出一部分鳞片和几只爪。 原指诗贵在含蓄，忌浅露。 后比喻事物的零星片断。

【出处】 唐·高仲武《中兴闲气集·苏涣》。

一个雪天，伊水河畔。 两个身穿蓑笠的纤夫拖着一只小船走来。 船头上覆盖着青色帐幕，帐幕下有一个白衣人与僧人对坐。 船后立一灶，灶上架着铜壶，水雾袅袅，香气扑鼻，显然在烹煮着香茶。 小船逆水而上，传来一阵吟诗说笑声。

僧人叫佛光，而那白衣人，正是大名鼎鼎的白居易。

二人到了香山上的房子里，与几位当世文士见过。 白居易忙叫家人上菜，温酒。 一切备齐后，他起身道：“如此良辰美景，难得各位幸会，咱们还是以诗会友，赋了诗再饮酒吧。” “好，好！ 您是主人，请您出题目吧。”众人齐声赞和。

白居易略加思忖，道：“前次聚会，谈到了南朝兴废。 不如以此为旨，每人作一首《金陵怀古》可好？”

大家兴致勃勃，个个挥笔弄墨。 刘禹锡却只顾着自斟自饮。 众人见了，急道：“刘兄，诗还没有写出来，你怎么可以先喝了呢？”

刘禹锡自然不是等闲之辈，听到众人的责怪，也不搭话，扯过纸来，笔走龙蛇，片刻之间写出一首七律《西塞山怀古》。 大家围拢过来，但见写的是：

王濬楼船下益州，金陵王气黯然收。

千寻铁锁沉江底，一片降幡出石头。
人事几回伤往事，山形依旧枕寒流。
从今四海为家日，故垒萧萧芦荻秋。

白居易读罢，竖指赞道：“真乃绝妙好诗！ 我们四人下海探骊龙，你却先得了龙珠，剩下的一鳞半爪还有什么用啊？”意思是说，事物的主干和精华都被你捞去了，剩下的只是零星和片断而已，写出来也没什么味道了。 众人随声附和，仰天大笑。 随后收起笔墨，开怀畅饮，直至通宵达旦。

一丘之貉

【释义】 貉：一种形似狐狸的野兽。 同一个小土山上的貉。 原比喻都是同类，没有差别。 现比喻都是一样的坏人。

【出处】 汉·班固《汉书·杨恽传》。

杨恽是西汉宣帝时丞相杨敞的儿子，中书令司马迁的外孙。

杨恽做官自律甚严，办事恪守原则，廉洁无私。 不过，他性格上的弱点也非常明显。 他常常以自己为尺度衡量别人，要求别人近于苛刻。 最致命的是他经常直率地指出别人的缺点和过失，大胆地揭发贪赃枉法的行为。 这样一来，被他揭露的人无不对他恨之入骨。

一次，杨恽听说匈奴王单于被人杀死了，感慨万分，在写给朋友的信中提到：“一个无能的君主，不采纳大臣提供的治国良策，自然是要灭亡的。 像秦二世胡亥，一心听奸臣的话，杀害忠良，最终亡了国。 如果当时能听忠贤之言，说不定国家还能保持到现在呢！ 总之，古代的帝王和今日的帝王就像是生活在一个土丘上

的貉子一样，差不多的呀（若秦时但任小臣，诛杀忠良，竟以灭亡，令亲任大臣，即至今耳。古与今，如一丘之貉）！”

谁知，这信落到了与他积有私怨的太仆戴长乐的手里，戴长乐把信送到皇帝那里，指控他妄自尊大、目无皇上、不知悔过。

宣帝看了，十分生气，立即下令交廷尉判决他大逆不道。正直的杨恽因敢于直言惨遭杀身之祸。

一日三秋

【释义】 一日不见，如隔三秋。形容思念殷切，虽历时甚短而感觉漫长。

【出处】 春秋·佚名《诗经·王风·采葛》。

《诗经》中有一首诗是这样写的：

彼采葛兮，一日不见，如三月兮。
彼采萧兮，一日不见，如三秋兮。
彼采艾兮，一日不见，如三岁兮。

古时的歌谣很多是歌唱爱情的，这首诗可以当作男人思念爱人的歌词。因为那时的男人负责打猎、耕作、打仗，女人负责纺织、采摘、炊灶。主人公的思恋对象，先是采葛，后是采萧，再是采艾，分明是位勤快的劳动姑娘。全诗的意思是说：“有位去采野菜的姑娘，一天看不见她，就好像过了三个月没见一样！一天不见，又好像过了三个秋季一样长！一天不见，又好像过了三年一样。”

现在人们常以“一日不见如隔三秋”来表达思念之情，就是从此诗中演化出来的，后凝成“一日三秋”的成语。

一身两役

【释义】 一个人做两件事。 指一个人担任两项职务或承担双重责任。

【出处】 唐·姚思廉《梁书·张充传》。

张绪是南北朝时梁朝的一位名臣，一生清廉正派，在朝臣中很有威望。 偏偏他有个不肖之子，二十八九岁了，仍不思进取，整日里带群家丁吃喝玩乐。

有一年张绪告假回乡来探亲，乘船而下，除夕傍晚行至家乡的水面上，他伫立船头，极目远眺，陶醉在即将和父母、妻儿相见的喜悦之中。

忽见岸边有六七个人影嬉笑着由远而来，懒懒散散，不成体统。 到了近前，张绪发现原来是自己的儿子张充与一群纨绔子弟。 只见张充佩剑携弓，左臂托着鹰，右手牵着狗，身后的家丁则背着捕获的猎物，分明是刚刚打猎归来。 儿子虽然长得健壮俊美，却这等逍遥无志，张绪不禁火气上升，立即差人大声喝住张充。

张充见父亲大人回来了，急忙丢掉鹰犬拱手施礼。 张绪怒道：“你这个不孝逆子！ 看看像什么样子？ 一手托鹰，一手牵狗，一身两役，完全被无聊琐事缠住了（一身两役，无乃劳乎）。你已不是几岁顽童了，难道就这样潦倒一生？”

张充闻言，羞愧万分，跪下来连连叩头，沉重地说：“儿子知道错了，望父亲大人息怒。 儿今年二十九岁，圣人云‘三十而立’，儿定当奋发图强。”

张绪下船，扶起儿子，道：“望你好自为之。”

张充被父亲的一顿训斥激醒了，此后攻读不辍，学问大增，后来成才为官，报效了国家。

一时之秀

【释义】 一个时期的优秀人物。也作“一时之选”。

【出处】 唐·令狐德棻《周书·唐瑾传》。

南北朝时期，北周的唐瑾性格温和、待人谦虚，很有学问。隋文帝杨坚当时执掌北周朝政，他很是爱才，便写信给唐瑾的父亲，要唐瑾入朝为官。

唐瑾入朝后，先后担任尚书右丞、吏部郎中、户部尚书、骠骑大将军、开府仪同三司等官职，屡立战功。

而唐瑾每天退朝回家，总是衣冠端正地对着娇妻爱子讲述做人的道理。遇到打雷或狂风，即使是半夜三更，也一定起身，冠带整齐，正襟危坐，以防突然事故的发生。他乐善好施，所得的俸禄或赏赐，常常分给亲戚朋友，留给子孙后代的，仅仅是些贫瘠土地，而把肥沃的田地送给穷人。唐瑾的这些做法，赢得了朝廷内外的一致称赞。

当时的燕公于谨，德高望重，也非常爱才，上奏文帝道：“臣以为唐瑾虽是年轻晚辈，但是学业有成，品行端正，臣愿与他同姓，结为兄弟，让我的子孙后代向他学习。”

文帝对于谨的做法，很是叹服，便赐唐瑾姓于，后官拜吏部尚书。同朝六位尚书被称为是“一时之秀”，隋文帝称他们为“六俊”（时六尚书皆一时之秀，周文自谓得人，号为六俊）。

一蟹不如一蟹

【释义】 比喻一个不如一个，越来越差。

【出处】 宋·苏轼《艾子杂说》。

传说，中原有一个名叫艾子的人，一天，他来到海边。因他从没见过海，一切都感到那么新鲜。他兴致勃勃地央求打鱼人带他出海。打鱼人正在收网，网里除了鱼之外，还有一只圆而扁且多腿的动物。“那是什么？”艾子问道。

打鱼人笑道：“你连梭子蟹（蝤蛑）都没有见过，真是个呆子！”

“能吃吗？”

“当然能吃，味道还挺不错的呢。尤其是雄蟹的油，雌蟹的黄，好吃极了！”打鱼人介绍说。

不久，艾子又看到一种类似梭子蟹的怪物，只不过比梭子蟹要小一点，最大的也不过半斤重。

“这是不是叫梭子蟹？”艾子问。

当地人善意地嘲笑他一番，然后说：“梭子蟹生长在海洋的咸水里。这种也是蟹，但生长在淡水里，大家叫它螃蟹。”

后来，艾子又发现一种长相像螃蟹，可是比螃蟹要小得多的“蟹”。它的壳最大的也不超过铜板那么大。

“这是否还叫蟹？”艾子问当地人。

有人说：“这只是蟹的一种啊，名叫蟛蜞。”

艾子仰天长叹道：“老天爷呀，您竟然造出如此相像却又不同的东西！可是，为什么一蟹不如一蟹呢！”大家都笑了。

一薰一莸

【释义】 薰是香草，莸是臭草，分别形容好和坏、善和恶。这个成语比喻一善一恶相混杂，善常为恶所掩。

【出处】 春秋·鲁·左丘明《左传·僖公四年》。

晋献公是春秋时晋国的国君，在攻取骊戎时，夺得了骊姬和她的妹妹，因为她们生得非常漂亮，又善于讨好国君，所以深受晋献公的宠爱。

当初，晋献公因夫人齐姜早死，便要立骊姬为夫人。他请占卜人用龟甲占卜，卜得的结果很不吉利。于是，他又让人用蓍草占筮，这次结果很吉利。献公就说："既然占筮说这件事是吉利的，那就照这么办吧。"

占卜的人告诫献公道："占筮往往不灵，占卜常常是很灵验的，不如听信灵验的吧。而且我得到的占词里说：'独专宠幸使人变狂，将会盗走你的公羊。臭草香草搅在一起，十年以后还有臭气（一薰一莸，十年尚犹有臭）。'这占词里的话是很不吉利的，君王不能这么办啊！"

晋献公不听占卜人的话，还是将骊姬立为夫人。结果后来引发了晋国大乱。

一言九鼎

【释义】 九鼎：古代象征国家政权的传国之宝。一句话抵得上九鼎之重。形容言语极有分量，能起决定性的作用。

【出处】 汉·司马迁《史记·平原君虞卿列传》。

战国时期，秦军攻打赵国都城邯郸，秦国的军队团团包围了邯郸，形势十分危急。赵国国君孝成王派平原君到楚国请求援助。

平原君到了楚国后，立即与楚王谈及援助赵国的事情，谈了半天楚王也不肯答应。最后，平原君手下门客毛遂仗剑上殿，对楚王说：“我们今天来请您派援兵去救助赵国，您一言不发。可您别忘了，楚国虽然人多地大，可是却连连吃败仗，连国都要丢掉了。依我看，楚国更应该联合赵国一起来抗击秦国啊。”毛遂的一番话说得楚王心服口服，立即答应出兵援赵。

后来，平原君称赞毛遂说：“毛先生一至楚，而使赵国重于九鼎大吕。毛先生三寸之舌，强于百万之师。”

这段话的意思是：毛先生一到楚国，就使我们赵国的地位提高到像九鼎大吕般的重要。毛先生的三寸不烂之舌，比百万军队的力量还要强大。

一叶障目，不见泰山

【释义】 障：遮挡。指被一片树叶遮住眼睛，连前面高大的泰山也看不见。比喻为局部的或暂时的现象所迷惑，不能看到事物的全貌或根本。

【出处】 《鹖冠子·天则》。

古时候有个人，一心寻找发财的门路。这日，他随手拿起一本《淮南子》翻看，突然被书中的一段话吸引了，那段话说螳螂捕蝉时，先用树叶将身体遮起来，谁能找到这样的树叶，也就能将自己遮蔽起来。

他一看，高兴得跳了起来，真是踏破铁鞋无觅处，得来全不费功夫，发财的机会终于找到了。他撒腿向树林跑去。在树林中，他东转西瞧，好不容易找到一片螳螂用来隐蔽身体的树叶，急忙把树叶摘了下来。可忙中出错，刚到手的那片树叶落到了地上，和地上其他的树叶混在了一起，他就把落叶全都收了起来，装进筐里带回了家。他的妻子问："什么事把你乐成这个样？"他不回答，却迫不及待地放下筐拿出一片树叶，遮住自己的眼睛问："你能看见我吗？"妻子怪道："你一个大活人，我怎么能看不见呢？"他不甘心，就一片片地拿出树叶来试，又一遍遍地询问妻子。妻子被问得越来越不耐烦，气得指着他的鼻子骂道："你这个蠢货，该不是得了什么病吧！你拿树叶遮住眼睛，反来问我能不能看见。我怎么会看不见呢？"他也有些急了，但还是耐着性子忍受着妻子的谩骂，继续试着叶子。当他又拿起一片树叶遮住眼睛时，妻子索性说："我看不见你了！"他一听，喜出望外，长长地出了一口气，小心翼翼地把那片树叶收了起来。

第二天清早，这人走进一家店铺，掏出树叶遮住眼睛，伸手便去拿贵重的物品，然后转头就走。可是没走出多远，便被店主一把抓住扭送到县衙门。

县太爷问明原委，差点笑晕过去，说道："你这蠢材，真是一叶障目，不见泰山！以后好好为人，回家去吧！"

一衣带水

【释义】 水面像一条衣带那样窄。形容距离很近，往来方便。

【出处】 唐·李延寿《南史·陈后主纪》。

公元581年，杨坚取代北周称帝，建立了隋朝，史称隋文帝。隋文帝想要干一番大事业，他一登基，便着手准备统一中国。

当时南朝陈的皇帝是陈叔宝，历史上称之为陈后主。这位陈后主多才多艺，是一位集音乐家、诗人于一身的人物。但他缺少安邦定国的本领。陈后主身为一国之君，整日在皇宫吹拉弹唱、谱曲演出、写诗赋词，置国家安危、百姓生活于不顾，国家也就自然地一天天衰败。国君整天不问朝政，朝中那些只贪眼前享乐的大臣为了保住一时的富贵，更愿意迎合陈后主的嗜好，整天陪着他饮酒作乐，听歌观舞，在脂粉钗裙中醉生梦死。陈朝江山岌岌可危，百姓怨声载道，民不聊生，哀鸿遍野。

隋文帝见统一中国的时机来到了，便立即起兵伐陈。这时，有大臣说："陈后主虽然荒唐，不理朝政，但他并无大罪，我朝无故兴兵，恐怕出师无名，请皇帝三思。"

隋文帝自有主张，他对文武百官说："陈后主虽无商纣王之恶、周幽王之昏，但他沉溺于酒色，深居后宫，江南百姓生计维艰，我既为天下之主，怎能让一条衣带那么宽的河流阻隔，而不去拯救江南的百姓呢（我为民之父母，岂可限一衣带水不拯之乎）？"隋文帝决心已定，便加强武备、屯集粮草，准备渡江。

公元589年，隋文帝统一了全国。

一字之师

【释义】 原指是改正一个字的老师。后借指能纠正一个错别字或者一个字在文句中不妥当的老师。

【出处】 宋·陶岳《五代史补》。

唐朝时，有个叫齐己的和尚，住在江陵龙兴寺，他学识渊博，能诗善文，自号衡岳沙门。

冬天的一个早晨，他刚做完早课，一个小和尚喜形于色地跑进佛堂让他去观赏后园的梅花。齐己一听，立即起身到后园去。进入后园，远远望去，确有几枝梅花已傲然怒放。

“嗬！真是太美了，简直就是一首诗！”齐己赞叹着，观赏着，一首咏梅诗便在脑海里酝酿而成，脱口而出：

万木冻欲折，孤根暖独回。
前村深雪里，昨夜数枝开。
……

《早梅》诗写好后，齐己和尚照例又拿去请他的文友们品评。文友们看了后，都觉得写得不错，其中有个人说：“袁州（江西宜春）的郑谷，善写《鹧鸪诗》，人称郑鹧鸪。这人诗文的特点就是用词准确、生动，师傅不妨去请他看看。”

齐己听了，立即带了自己的《早梅》诗，动身去郑谷家。郑谷读了《早梅》一诗后，沉思片刻，说：“既为《早梅》，‘昨夜数枝开’这句，不足以点明‘早’字，不如把‘数枝’改为‘一枝’的好。”齐己听了郑谷的话，觉得十分有道理，佩服极了，便口称老师，跪下来虔诚地向郑谷行礼。

其他一些文人见郑谷虽只改换了一个字，却使全诗确切、生动多了，便都说郑谷是齐己的“一字之师”。

依样画葫芦

【释义】 指依照葫芦的样子画葫芦。比喻照原样模仿，没

有一点创新。

【出处】 宋·魏泰《东轩笔录》卷一。

陶谷本是五代末期的翰林学士，赵匡胤“黄袍加身”之后，他又在宋朝为官。 单从文学水平来看，他的文章从五代到宋代都称得上是一流的，但是这个人阴险狡诈，尤好谄媚取宠，士大夫对他敬而远之。 宋太祖赵匡胤虽然也不喜欢他，想到他文笔毕竟不错，便仍留他在翰林院供职。

陶谷自以为是老臣，巴望着得到重用。 可宋朝高品官员的升迁不单凭文章的好坏而定。 赵匡胤提升的一些新人，名望都没有陶谷高。 陶谷愤愤不平，几次托人在太祖面前推荐自己，理由自然是自己在翰林院干了很久，为朝廷出了不少力，等等。

宋太祖听了，笑着对讲情的人说：“我不止一次听说陶学士草拟法度都是仿照前人的样本，只是在词语上稍加变换。 如此行文，就是人们通常所说的‘依样画葫芦’，怎么能谈得上尽职出力呢？”

陶谷听说后，心里更不是滋味，就在翰林院墙壁上写了一首诗发泄牢骚。 诗云：

官职须由生处有，才能不管用时无。
堪笑翰林陶学士，年年依样画葫芦。

宋太祖感到陶谷的抱怨鄙俗可厌，打定主意再不重用他。

颐指气使

【释义】 颐：下巴。 用下巴和神色来指挥别人，盛气凌人的意思。

【出处】 宋·薛居正等《旧五代史·梁史·李振传》。

公元900年，宦官刘季述趁唐昭宗酒醉发动政变，废黜了昭宗，立太子李裕为帝。然后，他派人去汴州，请节度使朱温予以支持。朱温的心腹李振献计，请朱温以勤王为名消灭宦官，以便控制朝廷。

朱温采纳了李振的意见，派他去京城长安联络宰相崔胤共谋大事。崔胤答应后便调兵冲进宫中杀了刘季述，恢复了昭宗的帝位。朱温因功被封为梁王，从此对李振更加信任。

公元904年，朱温又杀了崔胤并胁迫昭宗迁都洛阳，从此昭宗便成了傀儡天子。李振作为朱温的心腹亲信，常被派去洛阳窥察昭宗和其他大臣的动静。

李振小人得志，趾高气扬，目中无人，经常用动动下巴和盛气凌人的态度去指使别人（颐指气使），遇到不顺眼的就训斥。每次他到洛阳，总要把自己看不顺眼的人贬掉几个。因此，朝臣们在背后都称他为“鸱枭”（猫头鹰）。

公元905年，朱温指使李振勾结宰相柳璨把三十多名大臣降职贬往外地，残暴成性的李振给他们扣上浮薄的罪名，全部投入黄河中淹死。

公元907年，朱温灭唐称帝，建立后梁政权。李振当上户部尚书。但仅过了十七年，后梁便被后唐所灭，李振被满门抄斩。

以暴易暴

【释义】 以：用；暴：暴虐，残暴；易：换，替换。指用一种暴政或暴力来取代另一种暴政或暴力。表示统治者更换了，

可是残暴的统治方式依然如故。也指一个祸害去掉了，却换来另一个祸害。

【出处】 汉·司马迁《史记·伯夷叔齐列传》。

伯夷、叔齐是商朝孤竹国君的儿子。伯夷是国君指定的继承人，却想让位给叔齐，他们互相谦让，谁也说服不了谁，便各自跑到了外地。最后只好由孤竹君的另一个儿子继位。后来二人见面，原本想一道回国生活，可叔齐说："不论谁回去，都要把弟弟挤下去，干脆都别回去了。"伯夷说："那也行，可咱们不能总东奔西跑，这也不是长久之计呀！"叔齐说："听说周国国富民强，生活一定比较安定，周文王也是爱才之人，就去那儿吧！"

弟兄俩一路风餐露宿，来到了周国。可到了周国，周文王已经死了，他的儿子武王正集聚兵马准备讨伐商纣王。伯夷、叔齐认为商纣王是天子，不能讨伐他，况且文王刚死，儿子不去守孝、治丧，反而大动干戈，是不仁、不义、不孝。他俩便拉住周武王，劝他不要出兵。武王不听，不久便灭掉了商纣王，建立了周朝。伯夷、叔齐反对周武王的做法，便不再吃周朝的粮食。两人跑到人烟稀少的首阳山，靠挖野菜度日。

一天，兄弟俩正在山上挖野菜，碰到一个当地的妇女也在采集野菜。她看见两个弱不禁风的老头儿，不由怜悯地说："冬天要到了，野菜已经不多了，你们还是下山到村里找些吃的吧！"

伯夷、叔齐摇摇头说："我们宁可吃野菜，也不吃周朝地里长出来的粮食。"

那位妇女直爽地说："你们俩也太死心眼儿了。粮食是周朝地里长出的，你们不吃。可是普天之下，哪一块地不是周天子的？这野菜不也是周朝山上长出来的吗？"

伯夷、叔齐一想也对，索性连野菜也不吃了。不久就双双饿死在首阳山上。临死前，他们还编了一首民歌唱道：“我们登上首阳山，吃山里的野菜度命，你们用暴力去取代暴力，还不知道自己的错误（以暴易暴兮，不知其非矣）。世间的圣主没有了，我们也要找一个安适的去处。我们的命运到此休矣！”

以讹传讹

【释义】 讹：错误。指把本来就错误的东西加以传播，结果越传越错。

【出处】 战国·秦·吕不韦等《吕氏春秋·慎行览·察传》。

春秋时，宋国有户姓丁的人家，他家庭院里没有水井，要取水浇地，就只能出门打水，所以经常得有一个人在外面往家里运水。后来，他家院子里打了一口井，于是，这家人就告诉外人说：“我家打井之后，就如同得到了一个人一般。”

听到了这话的人互相转告说：“丁家人打井，挖出来了一个人！”后来，都城里的人都在说这件事。有大臣听说了，连忙告诉了宋国的国君。国王连忙派人去问丁家的人。

姓丁的人说：“我的意思是说我得到了像一个人那么多的劳力，不是说我从井里挖出了一个人啊。”

以古非今

【释义】 非：非难，否定。用历史故事非难当前的政治。

指用古事非议当今的政事。

【出处】 汉·司马迁《史记·秦始皇本纪》。

秦始皇当上皇帝以后，有一年在咸阳宫庆贺自己的寿辰。酒宴开始以后，仆射周青臣大肆称颂秦始皇的功绩。博士淳于越原本是齐国人，对秦始皇本来就怀恨在心，听了周青臣的话很是反感，嘲弄地说："我听说古时传至千岁的圣君都是封子弟、功臣为王，互为辅政，可是陛下统一了天下，而子弟仍是匹夫，这是违反先君的古法的，然而周青臣还一味地阿谀奉承，这不是加重陛下的过失吗？我看他不是忠臣！"

丞相李斯冷冷地说："三皇五帝的时代已经过去，现在的形势不一样了。今陛下开创大业，建立万世之功，淳于越所说的古法是不必效仿的。现在天下已平定，法令一出，百姓应当为农、为工，士应该学习法令。现在有些人不学今而效古，用古时候的事情来议论当今的事情，这是扰乱民心。我以为导致天下混乱的原因就是以古害今的那些学说、私学。我建议陛下下令将那些诗、书、百家之言全部烧光，只留下医药、卜筮、种树的书册。谁私藏那些书就办他的罪；有敢在一块谈论《诗》《书》的，处以死刑示众。用古代的人来否定攻击今天的现实的，就满门抄斩（有敢偶语《诗》《书》者，弃市；以古非今者，族），官吏知情不举也同样受诛，下令后三十天不烧掉违法书册的要判重刑……"

后来，秦始皇听信了李斯的话，下令焚书坑儒。

以管窥天

【释义】 管：竹管；窥：从小孔或缝隙里看。指由竹管孔

中去看天。比喻见识狭窄，看问题想事情片面狭隘。

【出处】 汉·司马迁《史记·扁鹊仓公列传》。

一次，神医扁鹊同他的弟子出外行医，路经虢国，听说虢国的太子刚刚死去，扁鹊便来到王宫前，询问守门人道："请问太子患何病而死？"

"太子气血不调，外邪入侵，暴病而死。"

"死了多长时间？"扁鹊又问道。

"清晨鸡叫时死的。"

扁鹊想了想说："我是齐国的医生，能让太子活过来，有劳您引我进宫。"

守门人浑身上下打量了扁鹊一番，嘲笑道："哈哈，你说梦话呢！人死了还能治活？不要骗钱了，快走，快走！"

扁鹊长叹一声道："一般医者看病就像从竹管里看天，从门缝里观画（一般医者诊病，若以管窥天，以郄视文），我诊治病人，不用切脉、望色、听声……您如认为我的话是假的，不妨回去仔细诊察太子，定会听到他耳中有响声，见他鼻孔张动……"

守门人听了，便去报告国君。国君便请扁鹊入宫治病。扁鹊给太子扎了几针，太子果然苏醒过来，又吃了扁鹊配的几剂汤药，很快就痊愈了。人们都说扁鹊能起死回生，扁鹊却说："太子本来就没有死，我只是治好了他的病罢了。"

以规为瑱

【释义】 规：规劝；瑱：古人冠冕上垂在两侧用以塞耳的玉。把规劝的话当作塞耳的瑱。比喻闭耳塞听，不听别人的

劝告。

【出处】 《国语·楚语》。

春秋时，楚灵王为了享乐，耗费了无数钱财，建造了豪华的章华宫。宗室大臣子张对此非常忧虑，经常苦口婆心地规劝他，要他认真地把国家治理好。为此，楚灵王十分讨厌他。

有一次，庄王对一个善于阿谀奉承的大臣说："子张老是在我面前唠唠叨叨，你可有什么法子，让他别再说三道四？"

那大臣回答说："大王可以对子张说，我常和鬼神打交道，听到的劝谏够多的了，不想再听其他的话了。"

不久子张又向灵王进谏，灵王就把那大臣教的话说了。子张说："殷朝的武丁是位贤明的君主，还到处求贤纳谏，大王的德行比不上武丁，却如此讨厌别人规劝，太令人失望了！"

灵王无法反驳子张，无可奈何地说："好吧！那你就继续进谏吧！我虽不想听从，但还是愿意把它放在耳朵里的。"

子张听了，苦笑道："臣向大王进谏，是为了让大王采纳。不然的话，巴浦产的犀角和象牙多得很，大王尽可拿它们来做瑱塞耳，又何必把我规劝的话用来做瑱塞耳呢（不然，巴浦之犀牦兕象，其可尽乎！其又以规为瑱也）？"

子张知道灵王以后决不会采纳自己的意见，便离开了朝廷。灵王从此再也听不到忠言，过了没有几年，他便被他的同父异母兄弟公子比推翻，最后上吊自杀。

以邻为壑

【释义】 原意是把水引向邻国。现在普遍用于嫁祸于人的

意思。

【出处】《孟子·告子下》。

战国时期的白圭，曾经做过魏国的相国，很会治理水患，为此他很得意。有一次白圭与孟子谈论起治理洪水的事情时，自我吹嘘说：“我治水的方法恐怕比大禹还要厉害呢！”

孟子当场驳斥他说：“你这话说得就大错特错了。大禹治水是把四海当作大水沟，顺着水性疏导，把洪水引入河道，最后流向四海，使人们彻底免除了水的灾害，于己有利，与人无害。而你呢，只修筑堤坝，填补漏洞，加高坝的高度，你自己是保住了，可水流到你的邻国去了。这是把邻国当作大水沟，让别人遭到危害（今吾子以邻国为壑）。你的这个办法，是具有仁爱之心的人全都厌恶的，你还夸耀什么呢？”

白圭听了，顿觉羞愧，再也不宣扬自己治水的功绩了。

以夷制夷

【释义】夷：我国古代对东部各民族的总称，也泛指其他少数民族或外国。指利用外族（国）内部或外族（国）之间的矛盾，使其自相（互相）攻伐，以削弱其力量。也指利用这个国家的力量去抵制、制服另一个国家。也作“以夷伐夷”。

【出处】南朝·宋·范晔《后汉书·邓训传》。

东汉初年，护羌校尉张纡诱杀羌族首领，引起诸羌的愤怒，他们联合起来报复汉朝。皇帝很忧虑，邓训被公卿推荐接替了张纡。

羌人首领迷唐率万余骑兵来到边塞，不敢直接向邓训挑战，便

胁迫小月氏配合他们攻击邓训。小月氏当时只有二三千骑兵，人数不多，但作战骁勇，与羌人打仗往往以少胜多，所以并不服从迷唐的领导，迷唐便先进攻小月氏。

有人议论羌人攻打小月氏时说："羌人互相攻击，对朝廷有利，一国攻击另一国，我们不必干涉（羌胡相攻，县官之利，以夷伐夷，不必禁护）。"

邓训深谋远虑地说："张纡不守信义，引起羌人不满，战端一开，我们不仅耗费钱粮，还要损失人马。羌胡所以不满，就因为我们官员不讲信誉。现在小月氏危在旦夕，我们不能袖手旁观。"

于是邓训命令打开城门，让小月氏的妇女老幼进城避难。迷唐见汉军严阵以待，不敢轻举妄动，只好悄悄退兵了。

倚马可待

【释义】 靠着战马写文书，一会儿就写好了。形容才思敏捷，文章写得快。

【出处】 南朝·宋·刘义庆《世说新语·文学》。

东晋有个文人名叫袁宏，受大司马桓温的赏识，被请去担任文书的起草工作，两人相随不离，但关系并不好。

一次，袁宏写了一篇《东征赋》，赞扬了东晋的许多名士，却只字不提桓温的父亲桓彝。其实，桓彝也是东晋的忠臣，袁宏不写他是出于对桓温的不满。

桓温知道后很生气，责问他说："你写的《东征赋》，称颂了许多先贤，但为什么不提一提家父呢？"

袁宏灵机一动，回答说：“尊公为国捐躯，英名远扬，怎么能不写进去呢？ 我早就想好了，只是没请教过您，所以不敢写上。”说着，袁宏当场对桓彝的一生做了恰如其分的评价。 桓温听后，感动得流下了眼泪。 一场风波就此平息。

公元369年，桓温率军北伐，袁宏在行军途中又触怒了桓温，被免去了官职，但仍随军出征。 部队到了前方，桓温为了鼓舞士气，要发布一篇讨伐檄文。 桓温考虑时间紧迫，不得已之下，只得把袁宏请来。

袁宏受召前来，听桓温说明了要求，说这是倚马可待的事情，要来笔纸，靠在马身上，手不停顿地写起来，转眼间一篇长达七页的文告便写成了（唤袁倚马前令作，手不掇笔，俄得七纸，殊可观）。 桓温一看，写得慷慨激昂、热情洋溢，不由得十分高兴，就恢复了袁宏的官职。

亦步亦趋

【释义】 原意是你慢走我也慢走，你快走我也快走，你跑我也跑。 指紧紧地跟着别人或模仿别人。

【出处】 《庄子·田方子篇》。

颜回是孔子最得意的门生。 有一次，他对孔子说：“夫子步亦步，夫子趋亦趋，夫子驰亦驰；夫子奔逸绝尘，而回瞠若乎后矣！”

这几句话的大意是这样：“老师慢走，我也慢走；老师急走，我也急走；老师快跑，我也快跑；但是老师如果一溜烟地飞奔，那我只好眼巴巴地远远落在后面了！”

当时孔子听了此话，问道：“你这话是什么意思？”

颜回答道：“夫子步亦步，意思是您谈话我也谈话；夫子趋亦趋，是说您同人争论我也同人争论；夫子驰亦驰，是说您阐述古圣先贤之道我也阐述古圣先贤之道。可是，您有时根本不用开口，而人们却都信服您，这一点我就无法学习，只好瞠乎其后了！”

薏苡明珠

【释义】 薏苡：一年生草本，叶狭长，实椭圆，仁白色，可供食用及药用。薏仁米被进谗之人当作了明珠。比喻被人诬蔑，蒙受冤屈。

【出处】 南朝·宋·范晔《后汉书·马援传》。

马援是扶风郡茂陵县人。新莽末年，天下大乱。马援初为陇右军阀隗嚣的属下，后归附汉朝，为汉朝光武帝起初立下不少战功。

建武二十四年（公元48年），武威将军刘尚出兵讨伐武陵的土著部落失败了。这时马援已六十二岁了，便又自告奋勇愿意出征。可是在行军途中，由于天气酷热，士兵染病而死的日见众多，马援自己也病得很重。有人把军队失利的消息报告了光武帝，皇帝即派梁松兼程驰赴前线指责马援，并监督马援的军事。等梁松到了马援军前，马援已经病死。梁松以前与马援有仇恨，便捏造了些诬蔑的话，以致激怒了光武帝，竟然追夺了马援的侯爵。

当初马援在交趾，常吃薏仁米，因为这是一种可供药用的食品，他回来的时候装了一大车，有些人却怀疑那是南方得来的珠

宝，但是马援生前并没有人敢说三道四，现在马援死了，就纷纷上书说他所载回来的都是珠宝，光武帝更加愤怒。马援家属惶恐非常，几乎不敢举行葬礼。

马援的妻子和侄子马严并不知道马援究竟犯了什么罪。一天，他们用草绳把自己绑了，上朝请罪。光武帝把梁松的诉状给他们看，两人这才明白了事情的来龙去脉。于是，他们上书诉冤，陈述事情的真相，一共上书六次，言辞极其悲切哀伤。这期间又有其他官员为马援说话，光武帝这才允许他们为马援举行葬礼。

饮醇自醉

【释义】 醇：好酒。喝了好酒不知不觉地醉了。与品德高尚的人相交，自己也会受到良好的影响。

【出处】 晋·陈寿《三国志·吴书·周瑜传》、南朝·宋·裴松之注引《江表传》。

三国时，吴国的名将周瑜年轻时就才华出众，仪表不凡，他辅佐孙策建立了孙氏政权，孙策死后，又辅佐孙权，被拜为都督。

老将程普见周瑜年纪轻轻，地位便在自己之上，心里很不服气，就想寻机会杀杀周瑜的威风，以抬高自己的身价。

周瑜不愿与程普发生冲突，便处处相让。有一次，周瑜乘车外出，正巧迎面碰上程普坐车而来，就命令自己的车夫将车驶到一旁，让程普先过去。程普见了，心中十分得意。

公元208年，曹操率兵二十万南下，在赤壁被东吴和刘备的联军击败。在这次战争中，周瑜和程普分作左右都督。但战斗策略

是周瑜制定的。事后，程普却贬低周瑜，夸耀自己。周瑜听了，不但不生气，反而说：“我还很年轻，没有程公的帮助，是不可能打胜仗的。”

周瑜一再谦让，使程普有所触动。为消除隔阂，周瑜又多次主动拜访程普，表达自己想和程普结为至交的真诚愿望。程普深受感动，终于抛弃旧怨，和周瑜结为好朋友。他深有感触地说：“与周公瑾相交，真是如饮醇酒，不知不觉间自己就醉了（与周公瑾交，若饮醇醪，不觉自醉）。”

蝇营狗苟

【释义】 像苍蝇那样追逐脏东西，像狗一样摇尾乞怜，苟且偷安。形容没有廉耻的人物的卑劣行为。

【出处】 《诗经·小雅·青蝇》、唐·韩愈《送穷文》。

《诗经》里有一首题为《青蝇》的诗，共三节，每节都以“营营青蝇……”起句。营营，形容往来频繁之状；青蝇，即绿头苍蝇，是蝇类中最惹人厌恶的一个品种。诗的内容是说：“绿头苍蝇真讨厌，赶快把它赶出篱笆外面。和善明理的正派人，决不会听信挑拨离间的谗言。”

这首诗，是用来讽刺昏君和谗臣的，形容他们是贪贿舞弊、争逐微利的卑劣人物，谓之“蝇营”，说他们好比往来营营的青蝇一般，讨厌之至。

唐代文学家韩愈在他的《送穷文》中说：“蝇营狗苟，驱去复还。”他在“蝇营”二字之后，添了“狗苟”二字，从此这个成语就流传了下来。狗，是苟且、贪婪、善于偷偷摸摸的畜生，用来

和可厌的青蝇并列，很是恰当。而且“蝇营”二字同音，“狗苟”二字也同音，这个成语，在字面上组合得相当巧妙。

庸人自扰

【释义】 庸人：平庸的人；自扰：自找麻烦。是指平庸的人无事生事，自找麻烦。

【出处】 宋·欧阳修等《新唐书·陆象先传》。

唐睿宗时，陆象先任监察御史。他为人宽容，才学很高，办事干练，敢于直言，唐睿宗很器重他。

陆象先任职期间，对老百姓十分宽厚仁慈，即使对犯罪的人，也不轻易动刑。属下劝他说：“这地方的百姓十分愚顽，很难管教。你应该用严厉的刑罚来建立自己的威望。不然的话，以后就没人怕你了。”陆象先不以为然地说：“我的看法和你完全不同。老百姓的事情在于治理，你治理得好，社会安定，老百姓安居乐业，他们便会服从你，为什么一定要用严刑来树立自己的威望呢？”

有一次，一个小官吏犯了罪，陆象先只是训诫了他一顿，劝他以后不要重犯，而属下认为这样处理太轻，应该用棍子重重责打一顿。陆象先严肃地对他们说：“人都是有感情的，而且每个人的感情都相差不远。我责备了他，他难道会不理解我的话吗？他是你的手下，他犯了罪，难道你就没有责任吗？如果一定要用刑的话，一定从你开始！”那个属下听了，满脸羞惭地退了下去。

后来，陆象先曾多次对他所管辖的官吏们说：“天下本来没有什么大事，只是有一些见识浅陋的人，平庸无能之辈，自己骚扰自

己，结果把一些很容易解决的事情也办糟了（天下本无事，庸人扰之而烦耳）。我为的是要从根本上来解决问题，以后就可以减少许多麻烦。”在陆象先的努力下，属地被治理得井井有条。

优孟衣冠

【释义】 优：古代演戏的人。原指优孟穿戴着孙叔敖的衣帽，模仿其人神态，以讽谏楚王。后指演戏，或比喻假扮古人或仿效他人。

【出处】 汉·司马迁《史记·滑稽列传》。

春秋时期，楚国有一位著名的宫廷艺人，名叫优孟，很正直，也乐于助人。当时楚国令尹孙叔敖帮助楚庄王治理国事，立下了很多功劳，楚庄王十分器重他。孙叔敖去世时，曾告诉自己的儿子，如果将来穷得过不下去了，可以请优孟帮忙。孙叔敖死后，他的儿子果然生活得十分困苦，于是向优孟求助。

优孟穿上孙叔敖生前衣服，戴上了他的帽子，并且刻意模仿孙叔敖坐、立的姿势和他谈话时的语气、神态、动作。经过一段时间的揣摩和练习，优孟的言行举止完全像孙叔敖一样了。

楚庄王过生日那天，优孟前去祝寿。楚庄王大惊，以为是孙叔敖死而复生了，又十分高兴，要求他再回朝廷任丞相。优孟说：“请让我回家同妻子商量商量，三天后给您回音。”

过了三天，优孟又去见楚庄王。楚庄王急忙问：“怎么样，你妻子同意了吗？”

优孟说：“她不同意。她说楚国的丞相万万做不得！你看那个孙叔敖，生前忠心耿耿地辅佐大王治理国家，使楚国因此强大起

来，并且称了霸，可是他死后怎么样呢？ 他的儿子竟然一贫如洗，只得靠打柴糊口。 我看，与其做孙叔敖那样的丞相，还不如自杀好一些啊！”

楚庄王听出了优孟的弦外之音，这才发觉站在面前的人并非死而复生的孙叔敖，心中不禁有所震动。 接下去，优孟又唱了一支歌，追忆孙叔敖生前的品行和功绩以及死后的冷落。 如泣如诉的歌唱，深深地感动了楚庄王。 于是，楚庄王派人找来了孙叔敖的儿子，封给他寝丘四百户土地作为邑地，并允许他终生享用。

予取予求

【释义】 予：我。 指从我这里求取。 后指任意索取。 也指随心所欲。

【出处】 春秋·鲁·左丘明《左传·僖公七年》。

春秋前期的申国是个很弱小的国家。 因为申侯是楚国女子嫁到申国所生，所以楚文王对他非常宠信。 申侯贪得无厌，只知一味在楚王面前巴结奉承，楚国贵族集团里的很多人都很讨厌他，但楚文王对他百依百顺，所以大家也只能是敢怒而不敢言。

楚文王快要死的时候，把申侯叫到跟前，将一块玉璧赐给他，并对他说：“你在我身边这么些年，我虽然很喜欢你，处处护着你，但我也最了解你。 你这个人啊，占有大量的财物却永远不知道满足，贪心太重了！ 这些年来，你从我这里求取这个，求取那个，我倒也不挑你毛病，睁一只眼，闭一只眼就是了（唯我知女，女专利而不厌，予取予求，不女疵瑕也）。 现在我活不了多久了。 日后人们岂能像我这样对待你呢？ 他们将会苛刻地要求你，并向

你索取大笔的钱财。你的罪过必定是免不了的。所以，我死以后，你一定要快点离开楚国，逃出去。但千万不要逃亡到小国去，因为他们没有足够的力量保护你，不会容纳你的。”

楚文王安葬以后，申侯便逃到郑国去了。

余音绕梁

【释义】　余音：乐曲结束后留在耳边的声音，仍绕着屋梁回荡。形容动人的音乐或话语给人留下深刻的印象，令人回味无穷。

【出处】　《列子·汤问》。

战国时，韩国有一个名叫韩娥的歌女，不仅长得美丽，而且歌声悠扬悦耳。

有一次，韩娥来到齐国的国都临淄城，因为盘缠用完了，便在西城门卖唱。她优美的歌声清脆嘹亮，宛转悠扬，使围观的人们听得出了神。虽然韩娥唱完了歌已经离开，可是她那悦耳的歌声似乎并没有消失，仿佛仍在屋梁周围荡漾回响，大家以为她并没有走呢！

这个故事载于《列子·汤问》，原文是：“昔韩娥东之齐，匮食，过雍门，鬻歌假食，既去而余音绕梁欐，三日不绝。”

余勇可贾

【释义】　余勇：没有用尽的力量；贾：卖。还有没用尽的力量可以卖给别人。比喻还有力量没有使完。表示气概豪迈，斗

志昂扬，没有懈怠。

【出处】 春秋·鲁·左丘明《左传·成公二年》。

公元前589年，齐国出兵攻打鲁国。鲁国向卫国求援，卫穆公便派遣孙良夫、石稷、宁相等人带兵援救，却遭遇了失败。

孙良夫有些气馁，石稷说：“我们已经败了，敌军又气势汹汹地压来，这时如果不顶住就会全军覆灭的。不如您带领大家撤退，我留在这里。”与此同时，为了稳住军心，减缓齐军的攻势，他又四处扬言说：援军的大批战车正在赶来。

齐国军队听到这个消息，又见卫国军队原地不动，也疑虑起来，便停止了前进。

孙良夫趁机去了晋国，请求晋国支援。晋景公便命中军元帅郤克率三军、战车八百乘，会同鲁、卫、曹及狄人的军队进攻齐军。两军对峙于靡笄山下。齐国上卿高固为左军统率，他凭个人之勇，突然冲进晋军营垒，举石块投掷晋军兵车，缴获战车后，又抓住一名将军跳回战车。他在战车后系上桑树根，驰回到齐军营垒前向众人炫示：“欲勇者，贾余余勇可也。”意思是：我的勇气还没有用完，谁需要的话，可以来买我的勇气。

但后来，齐国军队还是被晋军击败了。

鱼目混珠

【释义】 拿鱼眼睛当珍珠，以假货冒充真品。

【出处】 汉·魏伯阳《参同契·卷上》。

传说从前有个名叫满愿的人，买了一颗珍珠。这颗珍珠又大又圆，光彩耀眼，惹人喜爱。满愿把它精心地收藏起来。满愿的

邻居寿量，一次拾到一个鱼眼珠，自以为是颗珍珠，于是，也精心收藏起来。

后来有人生了病，需要用珍珠配药才能医治，便出很高的价钱到处收买珍珠。满愿知道后，就把自己珍藏的珍珠拿了出来。寿量也把自己珍藏的鱼眼拿了出来。满愿的珍珠，闪闪发光，耀眼夺目；寿量的鱼眼珠，虽然也很大很圆，却暗淡无光。两个放在一起，立刻就能辨出真假。

《参同契》记载这个故事后说："鱼目岂为珠，蓬蒿不成檟。"（蓬蒿：野草；檟：茶树的古称。蓬蒿不成檟的意思是说，野草不能冒充茶树。）

与狐谋皮

【释义】 同狐狸商量，要剥下它的皮。比喻跟有直接利害关系的人去商量损害其利益的事，根本办不到。也作"与虎谋皮"。

【出处】 晋·苻朗《苻子》。

春秋时，鲁国国君想让孔子担任司寇一职，便去征求左丘明的意见。左丘明回答："孔丘是当今公认的圣人，圣人担任官职，其他人就得离开官位，您与那些因此事而可能离开官位的人去商议，能有什么结果呢？我听说过这样一个故事：周朝时有一个人非常喜欢穿皮衣服，还爱吃精美的饭食。有一次，他打算缝制一件价值昂贵的狐狸皮袍子，于是就与狐狸商量说：'把你们的毛皮送给我几张吧。'狐狸一听，全逃到重重叠叠的山岭里去了。他又想用肥美的羊肉祭祀，于是去找羊说：'请帮帮我的忙，把你们的肉割下二斤，我准备祭祀……'没等他说完，羊就吓得狂呼乱

叫，互相报信，一起钻进树林里藏了起来。这样，那人十年也没缝成一件狐狸皮袍子，五年也没办成一次祭祀。这是什么道理呢？原因就在于他找错了商议的对象！你现在打算让孔丘当司寇，却与那些因此而辞官的人商议，这不是与狐谋皮，与羊要肉吗？二者有何不同？”

由于“狐”与“虎”谐音，后多作“与虎谋皮”。

玉汝于成

【释义】 汝：你。像爱惜玉一样爱护帮助你，使你成功。多用于在困难的条件下。

【出处】 宋·张载《西铭》。

北宋著名哲学家张载，年轻时喜欢研究兵法，并写信给陕西招讨副使范仲淹，要求参加与西夏的战斗。范仲淹对他的才学很欣赏，就劝他不必专谈兵书，好好读读儒家经书《中庸》。

张载读了《中庸》后，觉得说理太肤浅，就刻苦钻研哲学名著《周易》，逐渐形成了自己唯物主义和朴素辩证法的哲学思想。

张载三十八岁才考中进士，先后做过几任地方官。因为他性情耿直，因此触犯了执政大臣，便辞职回到从小生活过的横渠镇。横渠地方偏僻，条件很差，但张载却不以为苦，恬然自安。人们称他为横渠先生。

在横渠，张载每天手不释卷，常常为了思考疑难问题而废寝忘食。每当深夜，妻儿都已熟睡，而张载往往还在苦思冥想，偶有所得，就披衣下床，点起蜡烛，将其记下来。

公元1076年，张载从自己的哲学及历史著作《正蒙》中抽出

两段，写在书房东西两扇门上，这就是有名的《东铭》和《西铭》。其中《西铭》中有一句“贫贱忧戚，庸玉汝于成也”，这句话的意思是：贫穷低贱和令人忧伤的客观条件，可以磨炼人的意志，用来帮助你达到成功。这正是张载人生经验的总结。

欲盖弥彰

【释义】 弥：更加；彰：显著。企图掩盖事实真相，结果反而更加暴露得清楚。

【出处】 春秋·鲁·左丘明《左传·昭公三十一年》。

春秋时，邾国大夫黑肱背离邾国，投靠鲁国。他的封地随之并入鲁国的版图。孔子所著的《春秋》在昭公三十一年中，记下了这段历史：“冬，黑肱以滥来奔。”

《春秋》的文笔，过去一般文人都认为它是最简练的，叙事、评论、贬责和褒扬，措词用句都很严谨而恰合分寸。《左传》阐述《春秋》说：黑肱并非高贵人物，按《春秋》的编写原则，本可不必记载，更不必写出名字。但是因为国土有变动，那就是重大的事件，不能不记上一笔了。

《左传》为此事发表议论道：“这样看来，一个以封地叛国的人，即使他不是大人物，也会因此而出名，而且会因此而使他的叛国罪名永远无法掩盖，所以君子凡有总想着礼，有作为总想着义，不因为谋利而违背礼，不做不合于义而令人内疚的事。有的人救名而得不到名，有的人想隐姓埋名却名声更响，这就是因为惩罚不义（是故‘君子动则礼，行则思义，不为利回，不为义疚，或求名而不得，或欲盖而名彰，惩不义也’）。”

欲加之罪

【释义】 欲：想要；患：担心；辞：理由，借口。 想要给人加上罪名，还怕找不到借口吗？ 指为所欲为，任意找借口陷害人。 多与“何患无辞”连用。

【出处】 春秋·鲁·左丘明《左传·僖公十年》。

晋献公是个好色之徒，好色到为了美人骊姬而废长立幼的地步。 他死后，骊姬的儿子奚齐顺利继位。

大臣里克对晋献公废长立幼的后事安排非常不满意。 便找来平时与他交往密切的大臣们说：“主公新去，奚齐是个小孩子，哪里懂什么处理政务？ 现在一切事情都是由骊姬处理。 诸位，这样下去，晋国岂不要亡在这妇人的手上？”

有大臣问里克：“依你的看法，我们现在应该怎么办？”

里克说：“杀掉骊姬母子，然后迎立晋公子重耳为君！”众人响应，不久，在里克的周密安排下，奚齐被杀掉了。

里克杀死奚齐，立即派人迎回流亡在外的重耳。 重耳得知奚齐被杀，觉得很是痛心，更不愿意承担不仁不义的罪名，便严词拒绝了让他当国君的请求。

侨居国外的公子夷吾则与重耳不同。 他听说里克杀死了奚齐，重耳又不想当国君，便立即向秦、齐两国借兵，杀回晋国，自立为君，称为晋惠公。

晋惠公掌握了晋国政权，觉得对里克杀君的行为如不严加惩处，会在全国引起不良反应。 为了自己的统治，他决定将里克除掉。

晋惠公命人将里克抓来，严厉地对他说：“说句实话，如果没有你作乱，我夷吾就不可能成为国君。就这一点，我可以放过你；但不杀掉你，人们都要耻笑我豢养乱臣贼子，所以你……”

里克说：“你是国君，你要杀我，不愁没有借口（欲加之罪，何患无辞）。我明白大王的意思了，不必再多说了。”

就这样，晋惠公杀了里克，将弑君之罪推到他的身上，借此想表明自己没有篡位的野心。

鹬蚌相争

【释义】 鹬：一种长嘴的水鸟。蚌：一种硬壳的水性动物。鹬和蚌相互争斗。比喻双方相争不下，结果两败俱伤。

【出处】 汉·刘向《战国策·燕策二》。

战国末期，七个诸侯大国相互攻伐，战争连年不断。有一年，赵国准备攻打燕国。有个名叫苏代的说客去拜见赵惠王，劝说他不去攻燕。他先向赵惠王说了个寓言故事：

一天，蚌趁着天晴，张开两片硬壳，在河滩上晒太阳。有只鹬鸟见了，快速地把嘴伸进蚌壳里去啄肉。蚌急忙把硬壳合上，钳住鹬的嘴不放。

鹬鸟啄肉不成，嘴反被钳住，便威胁蚌说：“好吧，你不松开壳就等着。今天不下雨，明天不下雨，把你干死！”蚌毫不示弱地回敬说：“好吧，你的嘴已被我钳住。今天拔不出，明天拔不出，把你饿死！”就这样，蚌和鹏鸟在河滩上互相争持，谁也不让谁。时间一长，它们都精疲力竭。正好有个渔翁经过这里，见到它们死死缠在一起，谁也不能动弹，便轻易地把它们一起捉住了。

讲完这个故事后，苏代又对赵惠王说：“如果赵国去攻伐燕国，燕国竭力抵抗，双方必然长久相持不下。这样，强大的秦国就会像渔翁那样坐收其利。请大王认真考虑再做决定。”

赵惠王觉得苏代说得很有道理，表示不再去攻伐燕国了。

后来，人们从这个寓言故事中引申出成语“鹬蚌相争”，并常和“渔翁得利”一起连用。“鹬蚌相争，渔人得利”往往用来比喻双方相争，结果两败俱伤，使第三者从中获利。

缘木求鱼

【释义】 缘：攀缘。爬到树上去找鱼。比喻方向不对，虽然努力行动，但收不到效果。

【出处】 《孟子·梁惠王上》。

战国时期，齐宣王想称霸天下。孟子便对齐宣王说：“大王，我所说的‘王道’，对于您来说首先要爱护齐国的百姓；其次是要搞好与邻国的关系。让天下的老百姓都知道您是最仁慈的国君。照此下去，何愁天下不定，百姓没有富裕的生活？这样的‘王道’，大王应该信奉，这可是最有益的道理。”

齐宣王听了孟子的这番话，觉得非常可笑。他对孟子说：“先生，你的主张不错，本大王我十分欣赏。但现在无论从哪方面看都无法实施。比如我，就打算灭楚吞秦，让他们的国君向我称臣，向我进贡。至于其他的那些小国就更不在话下了。”

孟子问：“您最大的欲望是什么呢？”齐宣王笑了笑，但却不作回答。

孟子说：“您现在吃的穿的用的住的，都好到极点，还感到不

能满足，那么您就想要扩张国土，使秦、楚那样的大国都来朝贡您，四方外族也都服从于您，从而做天下的霸主。然而，用您这样的做法满足您这样的欲望，就好像爬到树上去捉鱼一样（以若所为，求若所欲，犹缘木而求鱼也）。”

齐宣王说：“会有这样严重吗？”

孟子说：“恐怕比这更严重。爬上树去捉鱼，虽然捉不到，却没有祸害。以您这样的做法想满足您的欲望，如果费尽力气去干，不但达不到目的，而且一定会带来祸患。”

远交近攻

【释义】 指交际远国，而攻伐近邻之策略。

【出处】 汉·刘向《战国策·秦策》。

战国时代，秦昭襄王有一次向宰相张禄（原名范雎）讨教治国方略。

张禄说：“今日论起秦国的地位来，哪个国家有这么多的天然屏障呢？论起秦国的兵力来，哪个国家有这么多的兵车，这么强大的士兵呢？论起秦国的老百姓来，任何国家的老百姓也没有这么遵守纪律，爱护国家的！除了秦国，哪个国家能够号令诸侯，统一中国呢？大王虽说是一心想要统一天下，可是几十年来却没有大的成就，正是因为秦国只知道一会儿跟这个诸侯订立盟约，一会儿跟那个诸侯打仗，根本没有个一贯的政策。听说最近大王又要发兵去打齐国。”

秦王插嘴说：“这有什么不对的地方？”

张禄说：“齐国离秦国那么远，中间隔着韩国和魏国。要是

出去兵马少了，或许会被齐国打败，让各国诸侯取笑；要是出去的兵马多了，国中也许会出乱子。就算一帆风顺地把齐国打败了，也不过叫韩国跟魏国捡便宜，大王又不能把齐国的土地搬到秦国来。当初魏国越过赵国把中山打败了，没想到中山后来反给赵国并吞了去，为什么呢？还不是因为中山离赵国近，离魏国远吗？我替大王着想，最好是一面跟齐国、楚国交好，一面去打韩国和魏国。离着远的国家既然跟我们有了来往，就不会来管跟他们不相干的事情。把近的国家打下来，就能扩张秦国的地盘，打下一寸土地就是一寸土地，一尺就是一尺。把韩国跟魏国兼并了之后，齐国和楚国还站得住吗？这种像蚕吃桑叶似的由近而远的法子叫‘远交近攻’，是个十分妥当的方法。”

秦王当时就接受了他的计策，照着他的计策去做，把攻打齐国的兵马都搬回来了。从此，秦国就单把韩国和魏国当作进攻的目标了。

月下老人

【释义】 月下老人是我国神话传说中专管婚姻的神。现指代媒人。

【出处】 唐·李复言《续幽怪录》。

唐代的杜陵人韦固，某年到清河郡游学，住在一家旅店里。一天，有个客人给他介绍前任清河郡司马潘昉的女儿，约定第二天黎明在旅店西面的龙兴寺门前相亲。

韦固求亲心切，天还没亮就起床去了。到了龙门寺，只见月光下的台阶上坐着一个老人，正悠悠然地对着月光翻书。韦固走

近问道：“老人家，您这么早读什么书呢？”

老人和蔼地说：“这不是一般的书，是天下人的婚姻簿。”

韦固又问：“那你布囊里装的是什么呢？”

老人说：“是红绳子，专门用来拴系夫妇两人的脚。人刚生下来，就跟另外一个人拴系在一起了，将来要结成亲家的。你的脚也已被拴好了，何苦到处寻求呢？”

韦固说：“那依你讲，我妻子在哪里呢？她家是做什么的？”

老人说：“她是你住的旅店北边卖菜的陈阿婆的女儿。”

韦固不相信，就坐在台阶上等待司马的千金。天刚放亮，路上开始有人来往。这时一个老婆婆挑着一担青菜过来。她瞎了一只眼睛，又瘸了腿，走路摇摇摆摆，怀里抱着个女孩。老人指着她对韦固说：“这人是你的丈母娘，她怀里女孩就是你的妻子。”

韦固听了，一肚子不高兴，大骂：“你这人胡说八道，这么丑的老太婆怎么会是我的岳母，我怎么会娶她的女孩？再说人家还那么小！看来，你是老疯子。”

老人笑笑，一下子消失了。韦固左等右盼，不见司马的千金来相亲，等到日上中天，只好快快归去。这门婚事自然没有谈成。

过了十四年，韦固当上了大官，也娶了妻子。妻子长得非常漂亮，才十七岁。他们两人恩恩爱爱，感情非常好。一天，妻子讲起了自己的身世，说她原本出身官绅家庭，寄养在清河郡卖菜的陈阿婆家里，在她家里长到十岁，父母才把她抱回去……

听了妻子的话，韦固想起龙门寺前的一幕，才相信那个月下老人说得确实不错。

越俎代庖

【释义】 越：跨过；俎：古代祭祀时摆祭品的礼器；庖：厨师。主祭的人跨过礼器去代替厨师办席。比喻超越本人的职务范围去管别人的工作。也作“尸祝代庖”。

【出处】 《庄子·逍遥游》。

唐尧、虞舜时代，帝位是“禅让”相继的。尧让位给舜前，曾找过许由。因为当时尧认为许由是个道德高尚的贤人，所以要把帝位让给他。可是许由不愿接受，他对尧说了一番道理之后，连夜逃到箕山（今河南登封县东南），在颍水之滨隐居起来。

当时许由对尧说：“你治理天下，已很好了；而要我来替代你，这不是让我享受现成的名声吗？所谓‘名’，乃‘实’的附属品；‘实’是主，那么‘名’是客，也就是让我做客吗？我要这么大的天下干什么？请你打消原意，我不能替代你。”

许由又说：“庖人虽不治庖，尸祝不越樽俎而代之矣。”这句话的意思是：庖人，是负责宰杀三牲（牛羊猪）和办理酒席的厨子；尸祝，是掌管祭祀仪式和对鬼神祝祷的司祭者。古时，每逢祭祀，庖人先要整治三牲，尸祝要负责把祭器摆好。然后把酒斟在樽中，把杀好的牛羊猪放在俎上，这才开始祭祀仪式。如果庖人不治庖，尸祝终不能超越自己的职务范围去替代庖人的工作。

由这句话，现在的人们总结出了“越俎代庖”这个成语。

运筹帷幄

【释义】 筹：谋划，策划；帷幄：军用帐幕，也作“帏

幄”。在后方军帐之内做出谋划，指挥前方作战稳操胜券。多与“决胜千里之外”连用。

【出处】 汉·司马迁《史记·高祖本纪》。

“汉初三杰”指的就是萧何、韩信、张良。三人为西汉政权的建立均有大功。三人的作用互补，缺一不可，又不能互相替代。而汉高祖刘邦的最大成功处在于他会用人，这是以布衣而王天下的关键所在。

楚汉相争后，刘邦战胜项羽，建立了西汉王朝。汉六年，刘邦在洛阳南宫大宴群臣。他让众人总结楚灭汉兴的原因。

王陵说：“陛下能与天下共同享利，对有功将士不吝封赏。项羽则嫉贤妒能，有功者不加官，得地者不给赏，当然要失败了。”

刘邦笑笑说：“你们是只知其一，不知其二。在军帐中筹划谋略，使千里之外的作战获胜（夫运筹策帷帐之中，决胜于千里之外），我不如张良；镇守城池，安抚百姓，保证给养，我不如萧何；带甲百万，攻必取，战必胜，我不如韩信。我能有这三位杰出人才辅佐当然必胜无疑。项羽只有一个范增，又不肯信任，所以被我打败了。”

群臣承认刘邦分析得中肯、正确。

成语“运筹帷幄”也就是从这个故事来的。原文中说的是“夫运筹策帷帐之中，决胜于千里之外”，后被压缩为“运筹帷幄”。

运斤成风

【释义】 运：挥动；斤：斧头。挥动斧头砍下去就是一阵

风。 比喻技艺极为熟练。

【出处】 《庄子·徐元鬼》。

庄子的好友惠施学富五车，因观点不同，经常与庄子发生争论。 惠施去世后，有一次，庄子经过他的墓地，不由得百感交集，对随从的人们讲了一个故事：

楚国都城郢有一个人，一次不小心在鼻尖上沾了一点儿石灰，他就请匠人用斧头帮他砍掉这点石灰。

匠人不慌不忙地挥动斧头，只听呼的一声，像一阵风一样砍过去，石灰一点儿不剩地被砍掉，而鼻子一点儿也没有伤着。 那个郑人也面不改色地挺立在那里。

宋国国君宋元公听说此事后，十分好奇，召见那个匠人说：“请你对我也试试，请砍掉我鼻尖上的石灰。”

匠人回答：“小人确实曾做成过这件事，但是能和我这样合作的人已去世很久了。 我再没有合适的对手配合了。”

庄子说完这个故事，感慨地说：“自从惠子死了以后，我已经没有辩论的对手了，再也没人和我辩论了。”

庄子最后称赞了匠人的高超技艺，又称赞了郢人的勇敢沉着，堪称是匠人的合作良友。 后人根据这个故事引出了成语“运斤成风”。

运用之妙，存乎一心

【释义】 存乎：在于；心：思考。 表示作战手段极其灵活、高超。

【出处】 元·脱脱等《宋史·岳飞传》。

公元 1122 年，宋朝派人到黄河以北招募对辽作战的士兵。十九岁的岳飞应征入伍。由于他智勇双全，很快被提拔为头领。

公元 1125 年，金兵在攻灭辽国以后，又大举南侵，其中一路准备渡过黄河扑向宋都汴京（今河南省开封市）。岳飞奉命率领三百名骑兵，赶往渡口阻击金兵。

到了渡口，岳飞趁敌军立足未定之时，指挥骑兵猛冲过去，杀得金兵狼狈逃窜，从而使他们扑向汴京的企图严重受挫。

由于岳飞多次出奇兵重创金兵，副元帅宗泽曾夸奖说："你的智勇才艺，即使古代名将也不过如此。但你只擅长野战，这不是万全之计。我有一部古阵图，你拿去学学，将会前途无量。"

岳飞接过古阵图，婉转地说："多谢元帅厚爱。末将以为，排好阵势再战，这是兵法上常用的；至于运用得巧妙、灵活，那全在于思考（阵而后战，兵法之常；运用之妙，存乎一心）。一个将领最重要的是善于知己知彼，临阵应变，才能出奇制胜。"

宗泽听了点头称是，更加欣赏岳飞的才能。

"运用之妙，存乎一心"，就来源于岳飞用兵的经验总结。

Z

载酒问字

【释义】 带了礼品去向人请教。指人有学问，常有人登门求教。也用来形容勤学好问。

【出处】 汉·班固《汉书·扬雄传》。

扬雄是西汉末年的文学家、思想家和古文字学家。汉成帝时，他担任给事黄门郎的小官。当时，王莽、刘歆和他共事，职位差不多。后来，王莽篡权，当了皇帝，封刘歆做国师，封扬雄为大夫，派他在天禄阁上校书。

不久，刘歆和甄丰父子同谋，想要废黜王莽，恢复汉室。不料事情败露，刘歆自杀身亡。扬雄受到牵连，被王莽免去了大夫的职务。扬雄本来就为人清高，又不是什么贪官污吏，所以罢官之后家里更没钱了，非常贫困。可是他还有个毛病，就是爱喝酒，天天离不了酒，老是处于半醒半醉的状态。现在由于家里非常贫困，不能天天喝酒。有人知道这事后，索性用车载着酒来向他求教学问上的事。

扬雄对文字训诂学颇有研究，当时的人读古书时，会碰上很多难懂的古字，诸如金文、篆书之类，都会来请教他，有的还专门向他学文字学，这就是“问字”。

于是“载酒、问字”这两样事，就这么合到一起，成了一个成语。

凿壁偷光

【释义】 凿：穿过，挖掘。原指西汉时匡衡凿穿墙壁引来邻居家的灯光读书。后形容家境贫困仍能够坚持勤奋刻苦地学习。

【出处】 晋·葛洪《西京杂记》卷二。

匡衡，是西汉精通儒家经典的大学者，汉文帝时任丞相，封乐安侯，能文学善说诗。

年轻时代的匡衡家境很贫困，当时的书价又高，他根本买不起书。他有个邻居家藏书很丰富，但从不外借。匡衡对邻居说：“你家的农活不少，自己做不过来，总是要雇工的。我来给你家干活吧，不要工钱！”

邻居惊奇地问：“你并不是一个闲得无事可干的人，这样做究竟是为什么呢？”

匡衡说：“我喜欢读书，只要你肯借书给我，就等于付给了工钱，不知你意下如何？”邻居一想，他不过是借书看看，书又看不坏，我何乐而不为呢？便很爽快地同意了。

从此匡衡白天给邻居做工，夜里读书。可是他的家里很穷，甚至连蜡烛都买不起，邻居家有蜡烛，又不肯借给他，而且不同意他借光看书。被逼无奈，匡衡只好在自己家的墙壁上穿了一个小洞，在邻居家掌灯的时候，烛光便从小洞里穿了过来，匡衡就借助这点光亮读书。

书来得不易，烛光来得更不易，匡衡对此非常珍惜，读起书来也格外用心。虽然他的天赋不高，但他以惊人的毅力博览群书，很快就成为一名学识渊博的大学者，为他后来的政治活动奠定了坚实的基础。

朝令夕改

【释义】 早晨下达的政令，到晚上就更改。形容政令多变。

【出处】 汉·班固《汉书·食货志》。

西汉初年，各类法律条文非常不完备，而且变数很大，法律的施行以及其公正性往往只取决于执法人员的性格态度，这就给国家的管理和百姓生活带来很大麻烦。当时的智囊晁错在《论贵粟疏》一文中对此有极为清醒的认识和深刻的分析，他在文中写道："每户耕种一百亩土地、收入一百石粮食，要经过春种、夏锄、秋收、冬藏。这还不算，还要砍柴、修官房、出公差，一年四季百姓都得不到休息，甚至连亲友间的往来礼节都废掉了。百姓如此勤苦还不算，更要承受自然灾害和官府的横征暴敛。政府税收毫无节制，早晨发出命令，晚上就改了（赋敛不时，朝令而暮改），逼得百姓有东西只好半价出售，没有的只好高息借贷。更有甚者，不少百姓被逼得卖儿卖女，卖房卖地，如此下去怎还了得？"

晁错将他的《论贵粟疏》一文呈给汉文帝看。看过后，文帝也觉得情况非常严重，立即下令采取一些改良措施，使百姓的生活得到了改善。

朝三暮四

【释义】 朝：早上；暮：晚上。 原是分配栗子时早上三个，晚上四个。 形容使用手段愚弄人。 后用来比喻变换手法，欺骗别人，或主意不定，反复无常。

【出处】 《庄子·齐物论》。

战国时期，宋国有个老人养了一群猴子，人们称他为“狙公”。 他家境并不好，但非常喜爱猴子，宁可自己省吃俭用，也不让猴子们饿肚子。

狙公和猴子们朝夕相处，双方极为融洽。 就连猴子们的想法，狙公看上一眼就会明了，而他说什么，猴子也都能理解。

但是时间长了，狙公不胜负担。 猴子很贪食，没完没了地吃，狙公实在供应不起，只好来减少它们的食物，可又怕它们不顺从，因此想了一个办法。

一天，狙公对猴子们说：“以后每天早上给你们三个栗子，晚上四个，够了吗？”猴子们听了，又跳又叫地发起怒来。

过了一会儿，狙公改口说：“好吧，那就早上给四个，晚上给三个，这样够吃了吗？”猴子们听了，都高兴得抓耳挠腮。

成语“朝三暮四”由此而来，后来加以演化，有了更丰富的意思。

招摇过市

【释义】 招摇：故意张大声势，引人注意；市：街市。 在

公开场合大摇大摆显示声势。形容故意炫耀自己，以求惹人注意。

【出处】 汉·司马迁《史记·孔子世家》。

孔子五十六岁时，在鲁国任掌管刑狱之职的大司寇兼行国相职务。孔子任职三个月以后，社会风气大变。世风良善，社会秩序安定。四面八方来鲁国做客的人，都有宾至如归的感觉。

齐国人知道这件事以后，非常害怕。他们议论道："孔子辅佐鲁国君主，管理国家，将来鲁国一定称霸诸侯。我们齐国与鲁国是近邻，恐怕头一个要被它吞并掉，何不先割地给它表示尊重和友好呢？"

齐国臣子黎钼献计说："我们不妨通过别的办法，先试试看能否阻挠、破坏鲁国强盛的进程，如果实在阻挠不了，那时再向它割地也不晚。"

齐王采纳了黎钼的主张。于是，在全国挑选了八十名美丽且能歌善舞的女子，给她们穿上艳丽的衣服，教会她们跳《康乐》舞。再加上三十辆车，每辆车都用四匹各色花纹的高头大马拉着，一起献给鲁国国君。

齐国人之所以这样做，因为他们知道，鲁国统治者昏庸腐朽，肯定会对这些声色犬马的奢靡生活感兴趣，而孔子则看不惯这一套。这样一来，孔子将因与当权者的意见不合而被疏远，不受重用。果然，齐国人的目的达到了。

齐国人将美女和车马陈列在鲁国都城南面的高门外。这事传遍全城，沸沸扬扬，许多老百姓都对贵族统治者的这种荒唐事进行责骂。

鲁国掌握政权的大贵族季桓子对齐国人送来的礼物垂涎三尺，

多次化了装，穿着便服到城外去观看，然后怂恿鲁君鲁定公接受这批礼品。鲁定公便以巡幸为名，借机出宫观看美女，后来索性成天去看，把国家政事完全抛在了脑后，而后季桓子也顺利地将美女据为己有。

孔子的学生子路很气愤，对孔子说："您可以离开这个国家了。"

孔子犹豫了几天，终于决定到卫国去。季桓子听到孔子出走的消息，叹道："孔先生是因为这帮女乐的缘故在怪罪我啊！"

孔子在卫国的时候，卫国国君卫灵公的夫人南子派人告诉孔子说，她希望会见孔子。南子当时把持卫国国政，且行为不端，孔子不愿见她，但南子死活要见，孔子推辞不掉，只得走了过场，敷衍了事。入宫见南子时，孔子只隔着帷帐向北行了个礼，就匆匆离去。直性子的学生子路为此很不高兴，埋怨老师不该去见这样的女人，孔子急得发誓说："我如果有什么不对的话，老天厌弃我吧！老天厌弃我吧！"

一个多月以后，卫灵公和南子驾车出游，硬拉着孔子跟他们一块儿坐车，大肆张扬炫耀地经过闹市（招摇市过之），却丝毫不提在卫国施行仁政之事。孔子十分厌恶，于是又离开了卫国。

枕戈待旦

【释义】 戈：古代的一种兵器；旦：天亮。枕着武器，等待天亮。形容每时每刻都保持着戒备的心理，或为某种事情整夜不睡，等待指示或命令。

【出处】 晋·刘琨《与亲故书》。

东晋人祖逖和刘琨是很好的朋友，他们的友谊以及他们对知识和本领的态度，可以给我们很大启示。

这二人从小就十分要好。他们在做司州主簿时，既认真学文，又刻苦练武，两人都有远大的抱负：誓驱来犯之敌，复兴晋朝。

两人情深谊挚，同起同坐同吃同睡。为了练好本领，总是惜时如金。黎明时，祖逖一听到鸡叫就把刘琨叫醒，一起到院子里练剑，冬去春来，从不间断。

祖逖经过长期的努力，学得了丰富的军事知识，带兵打仗常常取胜，后来被封为镇西将军。刘琨听说祖逖杀敌立功，已被朝廷重用，使他非常激动。他在给亲友的信中说："吾枕戈待旦，志枭逆虏，常恐祖生先吾著鞭。"意思是：我每天都是枕着兵器躺在床上，一直等到天亮，满心想要报效朝廷，杀退敌兵。就怕祖逖在我之前建立功业——不难看出此中奋发向上、自勉自励的精神，以及好友之间的互相促进。

后来，由于刘琨写得一手好文章，又具有军事才能，在晋愍帝时出任都督，兼管并、冀、幽三州的军事。

两位好友，在各自的岗位上，都为国家干出了一番大事业。

郑人买履

【释义】　履：鞋子。郑国人去买鞋，不相信自己的脚，只相信尺码。讽刺不顾客观实际，只相信教条的人。

【出处】　《韩非子·外储说左上》。

有个郑国人想买一双鞋，又不知道自己的尺寸，就拿了根草绳

依自己脚的大小铰了一段，可到集市上找到鞋铺，才发现忘了带尺码。

店主见他要买鞋，便拿出一双请他试穿，可他却说："不行不行，我忘了带尺码，怎还能买鞋呀？ 我得回去去取！"说完，转身便往家跑。 回家一看，尺码果然放在凳子上，他赶紧拿起草绳，又返身往集市赶。 到了才发现集市早已散了，那铺子也已关了。 他十分气恼，捶胸顿足，连连怪自己太糊涂，以致误了买鞋。

路人看见他的情形十分好笑，问道："你是给谁买鞋呀？"

"我自己。"

"那你为什么不用自己的脚去试鞋，非要去取什么尺码呢？"

那人连忙摇头，道："那怎么行呢？ 我的脚怎么会有尺码那么准确呢？"

之乎者也

【释义】 这是四个文言虚字。 多用于讥讽人咬文嚼字或故意卖弄斯文。

【出处】 宋·文莹《湘山野录》。

宋太祖赵匡胤一次去南京巡视，走到朱雀门前，抬头看见门额上写着"朱雀之门"，便问身旁的大官赵普说："为什么不写'朱雀门'三个字，偏多用一个'之'字呢？"

赵普说："这是把'之'作为助词用的。"

赵匡胤大笑道："之乎者也这些虚字，能助得什么事情啊（之乎者也助得甚事）！"

后来，在民间便流传一句谚语：

之乎者也已焉哉，用得成章好秀才。

止戈为武

【释义】　戈：古代兵器。“武”字是“止”与“戈”两个字合成的，古人认为停止使用武器（“止戈”）才是真正的武功，或能平息暴乱，使干戈平息下来，才是真正的武功。

【出处】　春秋·鲁·左丘明《左传·宣公十二年》。

春秋时期的晋楚战争中，楚军大获全胜，将士们欢欣鼓舞。大夫潘党建议楚庄王说：“大王，我们获得这次胜利，意义非常重大。我听说战胜了敌人要建一个纪念物，将来给子孙看，以使他们不忘先人的武功。我看您也该这样做，将晋军尸首堆积起来，封土为丘，以示纪念。”

“不，不能这样做。”楚庄王若有所思地说，“战争不是为了宣扬武功，而是为了禁止强暴，给百姓带来安定的生活。你认识这个‘武’字吗？‘武’字是由‘止’和‘戈’两个字组成的，‘止戈’才是‘武’！止息兵戈才是真正的武功（夫文，止戈为武）。武功应该具备七种德行：禁止强暴、消除战争、保持强大、巩固基业、安定百姓、团结民众、增加财富。现在晋、楚两国交战，士卒皆有死伤，百姓生活不能安宁。这七种德行，我一种也没有，用什么留给子孙！晋国的军卒为了执行命令而战死，他们也没有错。我们还是先在黄河边上祭祀河神，然后回国吧。”

楚庄王没有修筑纪念物以表彰这次成功，很快就班师回国了。

纸醉金迷

【释义】 原意是指被光芒四射的金纸所迷住。形容奢侈豪华，腐化享乐的生活。

【出处】 宋·陶谷《清异录·纸醉金迷》。

唐昭宗时，有个专治毒疮的医生名叫孟斧。他医术高明，用的药又是偏方、秘方，与其他医生治疗时的用药全然不同，疗效很好，因此，唐昭宗经常召他进宫医治。

过了几年，中原发生战乱，孟斧便举家迁往四川居住。由于他在长安时经常进宫，对宫中的装饰环境非常熟悉，而他又非常有钱，因此在购置新屋后，将其中的一个小房间按照宫中的样子布置起来。

这房间小巧玲珑，窗户明亮，室内的柜橱、桌子、椅子、茶几等家具，全部贴上一层薄薄的金箔。灿烂的阳光透进窗口，照射在这些用金箔包着的器具上，顿时满屋金光闪耀，光彩夺目，令人眼花缭乱。

每次有亲戚或朋友来，孟斧都要请他们参观这个房间，使他们大开眼界，赞叹不已。

这些亲友离开孟斧家后，回去都会对别人说："在孟斧的那个贴金箔的小房间里待一会儿，就会使人纸醉金迷呀（此室暂居，令人金迷纸醉）！"

指鹿为马

【释义】 指着鹿，说成马。比喻公然歪曲事实，混淆

是非。

【出处】 汉·司马迁《史记·秦始皇本纪》。

秦始皇出游南方病死后，他的第十八子胡亥在宦官赵高的精心策划下，如愿以偿地登上了皇帝宝座，他就是历史上的“秦二世”，是个昏庸的人。

为胡亥当皇帝而费尽心机的赵高，此时已官拜郎中令。但他野心勃勃，又设法除掉了丞相李斯，自己当上了丞相。这一下，他大权独揽，事无巨细都由他一人来定。赵高不发话的事，谁也不敢说出自己的意见。赵高还不放心，为了检验朝臣们对他的态度，就做了一个测试。

一天，上朝时，赵高牵来一头鹿，对秦二世说：“臣要献给皇上一匹千里马。”

二世见了大惑不解，说：“这明明是鹿，你怎么说是马呢？”

于是，赵高问大臣们：“你们说这是马还是鹿呢？”

大臣们反应不一，有的惧怕赵高的权势，不敢作声；有的为了讨好赵高，睁着眼睛说瞎话，说是马；只有少数的大臣毫不畏惧地说这不是马，而是鹿。没过多久，那几位说实话的大臣便被赵高害死。从此，满朝文武更加害怕赵高了。

炙手可热

【释义】 炙：烤。手一靠近就觉得热得烫人。比喻气焰盛，权威大。

【出处】 唐·杜甫《丽人行》。

唐玄宗李隆基刚即位时，很有作为，他任用姚崇、宋璟为丞

相，整顿弊政，社会经济得到很大发展，历史上称为“开元盛世”。

但是，晚年的唐玄宗任用李林甫为丞相，政治开始腐败。天宝四年（公元745年），他又封宫妃杨玉环为贵妃，纵情声色，奢侈荒淫，政治越来越腐败了。

杨贵妃有个堂兄叫杨钊。由于杨贵妃得宠，杨钊也平步青云，做了御史，唐玄宗还赐名“国忠”。不久，李林甫死了，唐玄宗便任命杨国忠做丞相，把朝廷政事全部交给杨国忠处理。一时之间，杨家兄妹权势熏天，他们结党营私，把整个朝廷搞得乌烟瘴气，以致不久以后就爆发了安禄山、史思明的叛乱，史称“安史之乱”。可当时，杨家兄妹仍过着花天酒地、穷奢极欲的生活。公元753年三月三日，杨贵妃等到曲江池边游春野宴的排场，更是轰动一时。

诗人杜甫对杨家兄妹这种只顾自己享乐，不管人民死活的行为极为愤慨，写出了著名的《丽人行》一诗，大胆揭露并深刻讽刺了杨家兄妹生活的奢侈和权势的煊赫。“炙手可热势绝伦，慎莫近前丞相嗔”便是诗中的两句，意思是：杨家权重位高，势焰灼人，没人能与之相比，你千万不要走近前去，以免惹得丞相发怒生气。

掷地有声

【释义】 作者才华出众，作品语言铿锵有力。另外还形容出语豪迈，不同凡响。

【出处】 南朝·宋·刘义庆《世说新语·文学》。

孙绰是东晋著名的文学家，他曾在会稽（今浙江绍兴）住了十

多年。会稽山川秀美，深深地吸引着他，几乎使他乐而忘返。回家后，他写了一篇《天台赋》。友人范荣期来访时，他就把赋拿给他看，并说道："我这篇赋节奏铿锵，不同凡响，不信你可试试，把它扔到地上，一定会发出如同金石般铿锵的声音（卿试掷地，要作金石声）！"

范荣期知道这个朋友文才很好，但文章怎能掷地有声呢？就说："不知足下这个金石声属什么调，合不合节拍？"但当他读下去时，果真被作品所描写的景物及形象生动的表达深深吸引住了，以至每读到写得特别精妙的地方，总忍不住啧啧赞叹。

中饱私囊

【释义】 中饱：从中得利。指那些经手钱物和有权的人，利用工作之便侵吞钱财使自己得利。

【出处】 《韩非子·外储说左下》。

春秋末期，晋国的执政大臣赵简子派税官去收赋税。临行前，税官问赵简子："这次收税的税率是多少？"

赵简子回答道："不轻不重最好。税收重了，国家富了，但老百姓穷了；税收轻了，老百姓富了，但国家穷了。你们如果没有私心，这件事就可以做得很好。"

这时，有个叫薄疑的人对赵简子说："依我看，您的国家实际上是中饱（君之国中饱）。"

赵简子还以为薄疑说自己的国家很富足，十分高兴，还故意问薄疑是什么意思。

薄疑直截了当地说："您的国家上面国库是空的，下面百姓是

穷的，而中间那些贪官污吏都富了。”赵简子听了这话十分吃惊，也知道了无论如何，税官是无法摒弃私心的。

中流砥柱

【释义】 砥柱：黄河中的石山，形状如柱，故名。像砥柱山一样屹立于黄河急流之中。比喻在艰难险恶的环境中起巨大支撑作用的力量或英雄人物。

【出处】 《晏子春秋·内篇谏下》。

在河南西部，三门峡东边的黄河里有座砥柱山。据《水经注》记载：上古时代，因这座山堵塞了黄河的河道，河水不能畅通，夏禹治水时，便凿宽山两侧的河道，使河水分流而过，这座山就像一根高大的石柱，矗立在黄河的急流中。于是人们叫这座山为砥柱山。

《晏子春秋·内篇谏下》记载：齐国丞相晏婴怕三位勇士公孙接、田开疆、古冶子犯上作乱，便高下了二桃杀三人之计，由景公赐给他们三人两颗桃子，让他们自己论功吃桃。

三人果然各表功劳，互不相让。公孙接说自己曾打死过野猪和老虎，拿了一桃；田开疆说：“我率领军队几次打败进攻齐国的敌人，我大概更有资格吃一颗桃子吧？”于是他也拿了一颗桃子。

古冶子一看，横眉立目地站起来说：“我曾跟随国君横渡黄河，一头巨鼋咬住了驾车的马，钻进河中间急流的砥柱附近（吾尝从君济于河，鼋衔左骖，以入砥柱之中流）。在这紧要关头，我纵身一跳，在水中逆流行百步，又顺流漂了九里，才杀了巨鼋，救主公脱了险。难道我不比二位更有资格吃一颗桃子吗？”

公孙接和田开疆感到十分惭愧，相继拔剑自刎。古冶子看着两具尸体和两颗桃子也羞愧难当，也举剑自杀了。

中流击楫

【释义】 击：敲打；楫：桨。在河中央敲击船桨。比喻恢复失地或振兴事业的壮烈气概。

【出处】 唐·房玄龄等《晋书·祖逖传》。

西晋末期，天下大乱。祖逖看到自己的国家失去了北方大片领土，无数同胞处于侵略者的铁蹄之下，非常痛心。于是决心要收复失地，重振国威。

晋元帝司马睿迁都建康的时候，祖逖在北府京口召集了一批壮士，日夜操练，准备北上抗敌。他给晋元帝上了一份奏折，文中说：晋朝之所以遭到侵略，皆因藩王争权。今百姓在外族的蹂躏之中，都有奋击之志、报国之心。陛下倘能够发威命将，任我做统帅，则四方豪杰都会响应而来，由此敌兵去除，国耻可雪矣。

晋元帝见奏，十分高兴，立即命祖逖为奋威将军，并拨给他大量给养，让他在当地招兵买马、打造兵器，以期早日实现北征。

一切准备停当后，祖逖带领部下千余人渡江北上。他们的战船驶离南岸，来到波涛滚滚的大江中流，上下将士回望南土，心中像浪花一般翻腾。

祖逖神情庄重地站立船头，手敲船桨，向众人发誓说："祖逖此去，若不能平定中原，驱逐敌寇，则如这滔滔江水，一去不返（祖逖中流击楫而誓曰：'祖逖不能清中原而复济者，有如大江'）！"

祖逖的铮铮誓言极大地鼓舞了船上的勇士，他们紧握刀枪，纷纷表示要同仇敌忾，杀敌报国。祖逖率军渡江之后，厉兵秣马。东晋遗民闻讯，接踵而至，很快组成了一支强大的军队。

祖逖知人善任，果敢勇武，爱护士卒，体贴部下。士卒们都愿为他出生入死、舍命战斗。因此所向披靡，一连打了几个胜仗，收复了不少城池。

终南捷径

【释义】 终南：终南山，位于陕西省境内；捷径：便捷近便的路。到达终南山的近路。比喻谋取官职名利的便捷途径。也比喻可以实现目标的快捷途径。

【出处】 唐·刘肃《大唐新语·隐逸》。

唐朝有个叫卢藏用的人，一生都将心思用在了追求做官上。为了做官，他不惜要尽小聪明。

武则天称帝时，卢藏用考中了进士。他本以为官位唾手可得，不料，中进士后，一等就是好长时间。在当时人们的心目中，隐居的人大都是既有学问又有修养，大家更对隐士有一种神秘感和崇拜心理。

卢藏用看到自己好长时间没有官做，便动开了心思，利用朝野上下的这种观念，做出隐居的姿态，远远地跑到终南山学习辟谷，修炼气功。他想方设法引起人们的注意，让大家都知道他到终南山隐居去了。

卢藏用的这一做法果真起到了作用，他以自己古怪的行为引起了人们的注意，连朝廷主管官吏任免的吏部尚书也认为卢藏用一定

是个人才，立即颁下任命，让他担任左拾遗。

卢藏用去终南山当隐士是为了做官，那真正的隐士是什么样呢？

司马承祯就是个真正的隐士。他从小读书刻苦，但不愿做官，出家当了道士，拜师练气功，在天台山求道修仙。武则天知道司马承祯修行非常好，便下诏要他到朝廷来做官。司马承祯应命在长安住了几天，便准备回天台山继续隐居。离开长安时，许多官员都来送他，卢藏用也在其中。看到司马承祯不做官要回去，卢藏用指着终南山，意味深长地说：

“你何不去这儿？这里面有无穷无尽的乐趣啊！”

司马承祯听了，冷笑着说：“是啊！在我看来，终南山真是一条做官的近路（以仆观之，仕宦之捷径耳）。”一句话，说得卢藏用很尴尬，只好默默地走开了。

庄周梦蝶

【释义】 比喻人生如梦，变幻莫测。

【出处】 《庄子·齐物论》。

战国时，著名哲学家庄周在大白天做了一个梦，梦见自己变成一只色彩斑斓的大蝴蝶，翩翩飞舞在开满鲜花的草地上，一会儿停在黄色的花朵上，一会儿停在白色的花朵上，一会儿又停在紫色的花朵上，多么轻松，多么愉快呀！此时此刻，他根本不知道自己就是庄周，完全沉浸在一片欢乐之中。

忽然，庄周一觉醒来，睁开眼睛，不禁大吃一惊：咦，我怎么是庄周呢？刚才还是一只蝴蝶！他摇了摇头，认真地思索着这样

一个问题：就我个人来讲，不知道是庄周做梦化为蝴蝶，还是蝴蝶做梦化为庄周？ 不管怎样的变化，万物的一生始终都处在梦境之中。

壮士解腕

【释义】 壮士截断手腕。 比喻当机立断，不要因小失大。

【出处】 晋·陈寿《三国志·魏书·陈泰传》。

陈泰是三国时期魏国的将领。 在代理征西将军时，有一年蜀将姜维、夏侯霸分兵三路进攻魏国边境。 陈泰命令雍州刺史王经进驻狄道，结果王经惨败，姜维乘胜把狄道城围住。 陈泰领兵昼夜兼程驰援，路上与邓艾的兵马会合，一同进驻陇西。

邓艾对陈泰说：“如今姜维打了胜仗，士气很高涨。 他们的气势不可阻挡，再说我们是在败军之后，将士信心不足，所以依我看，不如暂时放弃狄道城不管，避开姜维的锋芒。 待他松懈下来再找机会救援狄道，这是割腕自保，失去局部保全整体。 古人说过：毒蛇咬手，壮士就把手腕子砍下去，以保护身体不被毒害（蝮蛇螫手，壮士解腕）。 《孙子兵法》上不是也有兵有所不击、地有所不守这样的话吗？ 我的意见请你斟酌！”

陈泰说：“不行啊，王经已经败了，若让姜维乘胜进兵向东，占据栎阳，积存粮草，收降残兵，招纳羌人、胡人，与我们争夺关、陇要地，那我们就被动了。 现在必须速战，要像迅雷不及掩耳那样袭击他！”

陈泰说服了邓艾，派兵进入高城岭，夜里偷偷登上狄道东南的高山，点起烽火，吹起号角。 狄道城内守兵看见援军已到，士气

倍增，纷纷请战。 姜维看援军来得这样快，以为必有奇谋，心中惊惧，便下令撤军。

惴惴不安

【释义】 惴惴：恐惧不安的样子。 形容因担心害怕而心中感到惶恐不安。

【出处】 《诗经·秦风·黄鸟》。

秦穆公是春秋五霸之一，死于公元前621 年。 他死后，秦国决定用一百七十七名活人殉葬，其中包括子车氏家庭的奄息、仲行、针虎三人在内。 这三人才能出众，对秦国做出过很大贡献，深受百姓爱戴，如今却要无辜被活埋，秦国人对他们无限同情，对统治者灭绝人性的暴行十分憎恨。 他们无可奈何地创作了《黄鸟》一诗，来表达他们的悲哀和愤恨之情。 这首诗保存在《诗经·秦风》里。 它一共有三章，第一章写道：

交交黄鸟，止于棘。
谁从穆公？子车奄息。
维此奄息，百夫之特。
临其穴，惴惴其慄。
彼苍者天，歼我良人！
如可赎兮，人百其身。

它的大意是说：黄雀啾啾叫凄凉，一起落上酸枣树。 谁跟穆公去从死？ 子车奄息好儿郎。 这位奄息人人夸，一百个人比不上。 走近墓穴要活埋，全身发抖心里慌。 那老天为何不睁眼，杀这好人不应当！ 如果可以赎他命啊，愿用百人来抵偿！

第二章写道：

交交黄鸟，止于桑。
谁从穆公？子车仲行。
维此仲行，百夫之防。
临其穴，惴惴其慄。
彼苍者天，歼我良人！
如可赎兮，人百其身！

第三章写道：

交交黄鸟，止于楚。
谁从穆公？子车针虎。
维此针虎，百夫之御。
临其穴，惴惴其慄。
彼苍者天，歼我良人！
如可赎兮，人百其身！

“惴惴其慄”这句诗，后来发展演变为成语“惴惴不安”，形容又发愁又恐惧的样子。

捉襟见肘

【释义】 捉襟：拉一下拉衣襟；肘：胳膊肘。拉一下衣襟就露出胳膊肘。形容衣服破烂，生活困窘。也比喻顾此失彼、无法应付或者照顾不周。

【出处】 《庄子·让王》。

孔子的学生曾参，字子舆，是春秋时期鲁国南武城（今山东省

费县）人。他比孔子小四十六岁，以悟守孝道而闻名。相传儒家经典之一的《大学》是他所著。

曾参对功名利禄看得很淡薄。也许正因为这样，把功名富贵看得一钱不值的先秦道家，便借题发挥，在《庄子·让王》里写了一个关于曾参的故事：

曾参住在卫国的时候，身着一件破破烂烂的麻絮袍子，脸色浮肿，手上和脚上都长满了厚茧。他常常一连三天不生火做饭，十年里也没有添置过一件新衣服。因此，他的衣服和帽子都破旧不堪，以致到了这样的程度：用手扶正一下头上的帽子，帽带子便断了；拉一下衣襟胳膊肘就露了出来（捉襟而肘见）；穿上鞋子就露出脚后跟。他拖着破鞋，嘴里吟诵着《诗经·商颂》里的诗篇，声音像金石乐器奏出来的一般，充满于天地之间。天子不能使他做臣子，诸侯不能够和他交朋友……

自拔来归

【释义】 拔：离开，摆脱；归：归向，投奔。指敌方人员弃暗投明，投奔我方。也指自动地脱离一方投入另一阵营或团体。

【出处】 宋·欧阳修等《新唐书·李勣传》。

李勣，原名徐世勣，字懋功（亦作茂公）。唐高祖李渊赐其姓李，后避唐太宗李世民讳改名为李勣，是唐初名将，曾破东突厥、高句丽，与李靖并称。后被封为英国公，为凌烟阁二十四功臣之一。李勣一生历事唐高祖、唐太宗、唐高宗三朝，出将入相，深得朝廷信任和重任。

唐太宗去世后，唐高宗即位。唐高宗又将李勣升为尚书左仆射，要他参与朝廷最高机密的决策，成为唐高宗时非常显赫的大臣。

隋朝末年，农民起义风起云涌，各路豪杰揭竿而起，都想一统天下。李勣也不甘寂寞，想干出一番大事业，于是投奔到李密（农民起义中瓦岗军后期领袖）的麾下。李密见他足智多谋，而且武艺超群，还善于摆兵布阵，便封他为大将军。李勣率领大军东征西讨，不久便攻下了黎阳城。他命人打开粮仓，将粮食分给穷苦百姓。百姓们看到来了这样一位好官，都夹道欢迎他，并纷纷投奔他的队伍，十天之内他竟扩军二十余万。不久，他带兵投到李渊的部队中，李渊命他做黎阳总管，封他为莱国公，又为他改姓李。

时隔不久，窦建德领兵攻陷黎阳，将李勣的父亲抓走作为人质，仍让李勣看守黎阳。可是窦建德走后，李勣又主动归附李渊，这已是三年之后的事情（俄为窦建德所陷，质其父，使复守黎阳。武德三年，自拔来归）。这样李渊更加器重他，赐给他金盔金甲，命他为监门大将军，讨伐各方叛逆，为唐朝立下了不可磨灭的功劳。

走马看花

【释义】 骑在跑着的马上看花木。原本形容得意、愉快的心情。现在比喻匆忙地不深入细致地观察事物，或比喻不深入细致地调查参观。

【出处】 唐·孟郊《登科后》。

唐朝中期，有位著名的诗人孟郊。他出身贫苦，从小勤奋好学，很有才华。但是，他的仕途却一直很不顺利，从青年到壮年，好几次参加进士考试都落了榜。

穷困潦倒的孟郊甚至连自己的家属都养不起，但他性情耿直不肯走动权贵之门，只肯刻苦攻读，用自己的真才实学，叩开仕途的大门。

唐德宗贞元十三年（797年），孟郊又赴京参加了一次进士考试。这次，他进士及第了，而他也已经四十六岁了。几十年的拼搏，终于如愿以偿，孟郊高兴极了。他穿上崭新的衣服，扎上彩带红花，骑着高头大马，在长安城里尽情地游览。京城美丽的景色使他赞叹，高中进士的喜悦又使他万分得意，于是，他写下了著名的《登科后》一诗：

昔日龌龊不足夸，今朝放荡思无涯。

春风得意马蹄疾，一日看尽长安花。

这首诗的意思是：过去那种穷困窘迫的生活是没有什么值得夸耀的，今天我高中了进士，才真正感到皇恩浩荡；我愉快地骑着马儿奔驰在春风里，一天的时间就把长安城的美景全看完了。

诗人中进士后的喜悦心情在诗中表现得淋漓尽致，其中“春风得意马蹄疾，一日看尽长安花”成为千古名句。同时，人们又从这首诗中引申出“走马观花”和“春风得意”两个成语。

罪不容诛

【释义】 诛：把罪人杀死。罪恶极大，杀了也抵不了所犯的罪恶。形容罪大恶极。

【出处】 汉·班固《汉书·游侠传序》。

西汉时，有个名叫郭解的人，生性勇悍，爱交亡命之徒，拦路抢劫，任意杀人，甚至私铸货币，藏匿罪犯，可以说是无恶不作，成为中原地区的一霸。

后来郭解觉得，这样下去，难免有朝一日会落入法网，就决定洗心革面。他开始帮助别人排忧解难而不要报答，时间久了，人们逐渐忘记了他残忍的本性。

一次，郭解的外甥在喝酒时侮辱人，被侮辱者忍无可忍，失去理性，一刀把他的外甥杀死。那人想起郭解过去生性残忍，定不会放过他，逃也逃不了，便主动到郭解处去自首，请他任意发落。不料郭解对此人说，是他外甥不好，该杀。这件事传开后，人们都很钦佩他的侠义行为。

还有一次，郭解和几个宾客上街漫步。一路上，行人见郭解来了，都让在一边，但有个人却坐在路上不让。宾客们说应该教训教训那个敢于挡路的人。郭解对宾客们说："此人不敬重我，说明我的德行还不够，何必去怪他呢？"

就这样，郭解侠义的名气越来越大。与此同时，许多亡命之徒都来投奔，求他藏匿掩护。郭解也来者不拒，一律加以接待。

公元前127年，汉武帝为了抑制地主豪强，缓和农民的反抗，下令将各郡国的豪强大族以及家产在三千万钱以上的吏民，迁居到京城长安北面的茂陵去居住，郭解也在迁居之列。

郭解举家迁居时，各地来送行的人络绎不绝，赠给的钱竟达一千多万。有个官员怕朝廷追究，便把这些钱暂时封存起来。郭解的侄子当天就把那个官员杀了。不久，那个官员的父亲也被暗

杀。官员家里派人去京城上书，结果派去的人也被谋杀。

武帝很快知道了这件事，下令立即捉拿郭解归案，并调查他的罪状。郭解被捉入监狱后，办案的官员找了一些人询问。询问中，有人说郭解是贤人，但也有人说他非常奸诈，不配称贤人。奇怪的是，第二天一早，人们就在街上发现了说郭解坏话的人的尸体。

御史大夫公孙弘仔细看了奏书和有关文书材料后认为，虽然没有材料证明郭解知道或参与这些谋杀事件，但它确实是由郭解引起的，祸根就出在他身上。他犯的罪比杀人罪还大，理应处死。在公孙弘的坚持下，郭解终于被满门抄斩。

后来，东汉史学家班固指出，像郭解这样的普通百姓，竟有任意杀人之权，判处死刑也抵偿不了他的罪恶（况于郭解之伦，以匹夫之细，窃杀生之权，其罪已不容于诛矣）。

作壁上观

【释义】 壁：营垒，壁垒；观：观望。在壁垒上观望。比喻旁观别人成败，不卷入其中。

【出处】 汉·司马迁《史记·项羽本纪》。

秦朝末年，项羽与叔父项梁起兵反秦，秦二世胡亥急遣大将章邯统领大军镇压。定陶一战，楚军大败，项梁战死。章邯遂挥师攻赵，围困赵王于巨鹿。赵王向楚王紧急求救。楚王以宋义为主将，项羽为副将，率师援赵。宋义力图避开秦军锋芒，保存实力。楚军开抵安阳，竟一驻四十六天，只待秦赵厮杀两败俱伤，才挥戈出击。

项羽几番催促宋义渡河作战，都被拒绝。 宋义甚至说：“冲锋陷阵，我不如你；筹谋划策，则你不如我。”项羽一怒之下，杀了宋义，号令全军，并报告楚王。

楚王只好命项羽为主将。 项羽亲率全军渡过漳水，旋即“破釜沉舟”，每人只发三天干粮，与秦军决一死战。 此时，集结在前线的已有十几支各地援赵部队。 各路援军见秦军势大，都固守营寨，不敢轻易出战。 楚军一到，立即发动猛攻。

一场恶战，杀声震天。 楚军将士似出山猛虎，以一当十，直杀得秦军落花流水，溃不成军。 各路援军却惧怕秦将章邯，不敢出兵迎敌，龟缩在兵营中，站在军营的墙上旁观（作壁上观）。楚军大捷，项羽从此成为各路反秦部队的领袖。

作法自毙

【释义】 毙：死，指受害。 自己立法却使自己遭到法律的伤害。 比喻自作自受。

【出处】 汉·司马迁《史记·商君列传》。

商鞅原是卫国人，复姓公孙，名鞅，因一直得不到施展政治才能的机会，就动身游说秦孝公。 秦孝公听了商鞅对秦国政治、经济、军事方面的透彻分析，大为振奋，立即任命商鞅为左庶长，主持变法。

商鞅变法，首先取消了贵族的特权，规定重新按军功大小给予爵位。 贵族由此失去了无功受禄的特权，对商鞅十分不满；但商鞅有秦孝公支持，贵族虽怀恨在心，却毫无办法。

秦国经变法以后，很快强盛起来，生产效率大大提高，国库充

盈，将士作战勇猛，威震六国。商鞅因变法有功，受封商地十五邑，号商君，人们从此称公孙鞅为商鞅。

变法过程中，太子的老师触犯了法律，贵族和朝臣对这件事抱着幸灾乐祸的态度，看商鞅怎样解决这个棘手的难题。商鞅为了新法能得以实施，请示孝公，依法严厉地做了公正处置。太子曾为老师说情，但无济于事。于是太子对商鞅开始恨之入骨，欲除之而后快。

孝公在位二十二年驾崩，太子嗣位，史称惠文王。贵族们知道惠文王痛恨商鞅，便纷纷制造流言蜚语，有人甚至诬陷商鞅谋反。惠文王十分清楚商鞅没有谋反的动机，更没有谋反的可能，他只是为了出气，便下令逮捕商鞅。

商鞅自孝公死后，自知失去靠山，不敢久居京城，便返回了自己的封地。当他风闻有人诬告他谋反的消息后，情知早晚必遭杀身之祸，便只身逃出家中，打算潜往他国，躲灾避祸。

天色渐渐暗了下来，寒鸦背着夕阳余晖，结队归林。商鞅急于逃离秦境，匆匆赶路，来到关下，不想被守关军士拦住，声称："商君有令，黄昏后非公事不得出城。"

商鞅只好投宿住店。他来到一家旅店，要求住宿，老板走出来说："既是客人，我们当然欢迎。请问您是谁？弄不清身份，我会被杀头的。这是商君的法令，违背不得呀。"

商鞅不敢承认自己的身份，走出旅店，仰天长叹："我这是作法自毙呀！"

商鞅后来被车裂而死。惠文王杀了商鞅，却继续执行商鞅的政策。秦国日益强盛，为后来嬴政统一六国奠定了经济与军事基础。

坐观成败

【释义】 观：看；成败：指结果。 指冷眼旁观别人的成功或失败而不相助。

【出处】 汉·司马迁《史记·田叔列传》。

汉武帝晚年性格变得异常古怪，暴躁多疑，喜怒无常，甚至对自己的儿子及皇后都失去了信任。 当时游方道士及巫师云集长安，以旁门左道惑乱人心，一时巫蛊之风大盛。

奸贼江充深知自己罪孽深重，已引起太子及皇后的痛恨。 他害怕武帝死去后遭到严惩，便向武帝挑拨说宫中蛊气弥漫。 武帝便命他入宫清查，他将皇后及太子寝宫掘地三尺，声称发现许多木偶。 太子去问老师石德到底是怎么回事。 石德说：“宫中的木偶不知何人所为，您又没办法解释清楚。 应该将江充抓起来，必是他在玩弄阴谋。”

太子不敢答应，准备到甘泉宫向武帝说明情况。 江充却再三逼问太子，太子情急之下命人假称王命逮捕江充。 有人怀疑其中有诈，太子不得不亲自仗剑杀掉江充。

江充手下苏文跑到甘泉宫，向皇帝诬告太子谋反。 武帝一面命丞相调兵平息叛乱，一面亲自来到城西建章宫，调动长安附近三处兵马进逼长安。

太子闻讯，急忙乘车来到北军，将调兵的符节交付护军使者任安，命令任安发兵。 任安接受符节，却关起大门，拒不执行命令。 太子引兵西去，途中与丞相部队遭遇，大战五天，死伤数万人，一时京城大乱。 百姓都认为是太子造反，纷纷帮丞相作战，

太子见战事不利只好往南逃去。司直（丞相助理）田仁当时正在南门，他考虑太子毕竟是太子，所以阻拦不力，太子得以逃出。事后，丞相要立即将田仁斩首。御史大夫暴胜阻拦说：“司直是二千石的官员，你无权处置，必须请求皇帝同意才行。”

丞相将田仁释放。武帝听说后大怒，将暴胜抓进监狱，命人质问：“司直放纵反叛，丞相杀司直严肃法纪，你凭什么制止？”

暴胜被吓得神志不清，自杀身亡。随后，武帝又命人收回皇后的印章、绶带，皇后也自杀而死。后来，在汇报北军表现时，武帝更为震怒，他指责任安说：“任安是个混官场的老东西，他所以没有执行太子的调兵军令，是想等双方胜负已定时再表明态度（欲坐观成败），这分明是对我怀有二心。”然后下令将田仁、任安一并腰斩于市。

坐怀不乱

【释义】 女子坐在怀里也不淫乱。形容不好女色，不做非礼越轨之事。

【出处】 明·陶宗仪《南村辍耕录》。

柳下惠，原姓展，名获，字禽，是春秋时期鲁国人，是鲁孝公的儿子公子展的后裔。“柳下”是他的食邑，“惠”则是他的谥号，所以后人称他“柳下惠”。他做过鲁国大夫，后来隐遁，成为“逸民”。

据说一个寒冷的夜晚，柳下惠因城门关闭，进不了城，便夜宿于城门。后来，遇到一无家可归的女子，柳下惠恐她冻死，叫她坐在怀里，解开外衣把她裹紧。同坐了一夜，柳下惠始终没有对

那女子有越轨的举动。这一举动，深受世人称赞，于是柳下惠就被誉为“坐怀不乱”的正人君子的代表。

坐山观虎斗

【释义】 坐在山上观两虎相斗。形容旁观别人的争斗，从而坐收渔利。

【出处】 汉·刘向《战国策·秦策二》。

战国时期，有一年韩国与魏国打起仗来，打了很长时间，不分胜负。秦惠文王打算派兵讨伐，想听听大臣们的意见，可是众说纷纭，莫衷一是。

大夫陈轸回到秦国，秦惠文王就请他帮助谋划。陈轸没有直接回答秦惠文王的问题，他先讲了一个故事：“从前有个叫卞庄子的人，看见两只老虎，就想举剑刺杀它们。旁边的人劝他说：‘你不必着忙，你看两只老虎正在吃牛，一会儿把牛吃光了，它们必然会争夺，由争夺而引起搏斗，结果大虎受伤，小虎死亡。到了那时候，你再将那只受伤的大虎刺杀，岂不是一举而得到两只老虎吗？”

秦惠文王恍然大悟，说：“你的意思是说，先让韩国和魏国打一阵子，等一个失败，另一个受损时，我再出兵讨伐，就可以一次打败他们两个国家，就与那卞庄子刺虎一样，坐山观虎斗，一举两得，是吧？”

陈轸点头，说：“正是这样！”

秦惠文王采纳了陈轸的意见，后来果真获得了胜利。

从这个故事中还可引出一个成语“两败俱伤”。